Klaus-Jürgen Matz:
Wer regierte wann?

Regententabellen zur Weltgeschichte
Von den Anfängen bis zur Gegenwart



Deutscher
Taschenbuch
Verlag

dtv

Vierte, veränderte und fortgeführte Auflage des zuerst 1980 mit dem Titel ›Regententabellen zur Weltgeschichte‹ erschienenen Buches (dtv 3215)

Redaktionsschluß: 15. Dezember 1993

Originalausgabe
1. Auflage Oktober 1980
4. Auflage April 1994: 27.–34. Tausend

Umschlaggestaltung: Celestino Piatti
Gesamtherstellung: C. H. Beck'sche Buchdruckerei, Nördlingen
Printed in Germany · ISBN 3-423-03294-4

Das Buch

Wie hieß der Vorgänger Ramses' II., und welcher römische Kaiser folgte auf Diokletian? Wie lange regierten Karl-August von Sachsen-Weimar und die Zarin Katharina II.? Wer herrschte 1880 in El Salvador? Wer war beim Kriegsausbruch 1914 französischer Regierungschef? Auf solche und ähnliche Fragen nach den Männern und Frauen, die Geschichte machten oder von der Geschichte gemacht wurden, gibt dieses Buch zuverlässige Antwort.
Die Regententabellen verzeichnen Kaiser und Päpste, Zaren und Sultane, Könige und Landesfürsten, Präsidenten, Diktatoren und Regierungschefs sowie für uns wichtige Minister mit ihren Lebens- und Regierungsdaten in chronologischer Folge in insgesamt mehr als 340 untergegangenen oder noch existierenden Staaten und Territorien. Sie reichen vom Pharao Menes (2950 v. Chr.) bis in die jüngste Gegenwart. Das Buch ist universalhistorisch angelegt, jedoch ist den Daten zur deutschen Geschichte ein besonders großer Raum gewidmet: Die Regenten zahlreicher früherer deutscher Territorien sind aufgeführt und für die Zeit nach 1918 die Regierungschefs der Länder sowie die Reichs- und Bundesminister.

Der Autor

Privatdozent Dr. Klaus-Jürgen Matz, geboren 1949 in Rendsburg, lehrt seit 1974 Neuere Geschichte an der Universität Mannheim. Veröffentlichungen zur Sozial-, Zeit- und Landesgeschichte, u.a.: ›Pauperismus und Bevölkerung‹ (1980); ›Reinhold Maier (1889 bis 1971). Eine politische Biographie‹ (1989).

## Vorwort zur zweiten Auflage

Dieses Buch ist 1980 unter dem jetzigen Untertitel zum erstenmal erschienen. Es hat seinerzeit eine lebhafte und weit überwiegend positive Resonanz gefunden. Besonders erfreut war ich über zahlreiche Zuschriften aus dem Kreise der Benutzer – darunter auch solcher aus der damaligen DDR und anderen Ländern des ehemaligen Ostblocks –, die zumeist nützliche Hinweise, Anregungen und Verbesserungsvorschläge enthielten. Dafür schulde ich vielfachen Dank.

Für die Neuauflage sind die Tabellen gründlich durchgesehen und im Bereich der modernen Staaten bis zur Jahreswende 1991/92 fortgeführt worden. Die Zahl der Artikel wurde um etwa 50 vermehrt, ihre Anordnung im Prinzip aber beibehalten. Über die Kriterien von Auswahl und Gliederung geben im Anhang knappe Erläuterungen Aufschluß, deren Lektüre auch zum Verständnis mancher Probleme einer um Exaktheit bemühten Chronologie angeraten sei.

Möge sich dieses Buch als nützliches Hilfsmittel erweisen, als verläßlicher Wegweiser bei der raschen Einordnung von Namen und Daten; möge es aber auch Anregung sein, hinter die bloße Fassade des Nacheinander von Königen und Präsidenten zu blikken, wichtigere Stränge historischer Entwicklung zu verfolgen, deren tiefere Schichten zu erschließen.

Silvester 1991 — Klaus-Jürgen Matz

## Vorwort zur vierten Auflage

Für die Neuauflage sind die Tabellen bis Mitte Dezember 1993 fortgeführt worden. Neu aufgenommen wurden Andorra (Änderung der Verfassung), Bosnien-Herzegowina, Eritrea, Mazedonien und die Slowakei (Unabhängigkeit bzw. internationale Anerkennung), darüber hinaus das Hochstift Würzburg, das als letztes deutsches Territorium im Januar 1806 zum Kurfürstentum erhoben wurde. Kroatien und Slowenien wurden aus dem Kontext Jugoslawiens gelöst.

Januar 1994 — K.-J. M.

uxori carissimae

## Inhaltsübersicht

Abkürzungen und Zeichen . . . . . . . . . . . . . . . . . . . . 9

TEIL I: HISTORISCHE STAATEN
Alter Orient und klassische Antike . . . . . . . . . . . . 13
Europäische Staaten des Mittelalters und der Neuzeit einschließlich der Staaten der Kreuzfahrer . . . . . . . . 45
Islamische Reiche und Dynastien . . . . . . . . . . . . 94
Vorkoloniale Reichsbildungen in Asien, Afrika und Amerika . . . . . . . . . . . . . . . . . . . . . . . . . 105
Kurzlebige nachkoloniale Staaten . . . . . . . . . . . . 111

TEIL II: MODERNE STAATEN
Afrika . . . . . . . . . . . . . . . . . . . . . . . . . . 117
Amerika . . . . . . . . . . . . . . . . . . . . . . . . . 134
Asien, Australien und Ozeanien . . . . . . . . . . . . . 176
Europa . . . . . . . . . . . . . . . . . . . . . . . . . . 212

TEIL III: DEUTSCHLAND
Das Heilige Römische Reich (Deutscher Nation) . . . . 295
(Stammes-)Herzogtümer im mittelalterlichen Heiligen Römischen Reich . . . . . . . . . . . . . . . . . . . 300
Kurfürstentümer des Mittelalters und der Neuzeit . . . . 306
Länder des Deutschen Bundes und des Deutschen Reiches bis 1933/1945 . . . . . . . . . . . . . . . . . 339
Deutsches Reich . . . . . . . . . . . . . . . . . . . . . 358
Bundesrepublik Deutschland . . . . . . . . . . . . . . . 368
Deutsche Demokratische Republik . . . . . . . . . . . . 388
Bundesländer der Bundesrepublik Deutschland . . . . . 389

Anhang
Zur Einrichtung des Bandes . . . . . . . . . . . . . . . 399
Literaturverzeichnis . . . . . . . . . . . . . . . . . . . 408
Die mehrfach genannten Personen . . . . . . . . . . . . 415
Register der Staaten, Länder, Großräume und Dynastien . . . . . . . . . . . . . . . . . . . . . . . 434
(Dieses Register dient zugleich als ausführliches Inhaltsverzeichnis.)

## ABKÜRZUNGEN UND ZEICHEN

| | |
|---|---|
| A | Außenminister |
| Anf. | Anfang |
| Aug. | augustus |
| BCSV | Badische Christlich-Soziale Volkspartei |
| Bf. | Bischof |
| BVP | Bayerische Volkspartei |
| Caes. | caesar |
| CDU | Christlich Demokratische Union Deutschlands |
| Christl. | Christdemokraten, christlich orientierte Partei |
| CSU | Christlich-Soziale Union in Bayern |
| d. | abgesetzt |
| DDP | Deutsche Demokratische Partei |
| Dem. | Demokraten |
| DNVP | Deutschnationale Volkspartei |
| DP | Deutsche Partei |
| DSTP | Deutsche Staatspartei |
| DSU | Deutsche Soziale Union |
| DVP | Deutsche Volkspartei |
| Ebf. | Erzbischof |
| Erzhzg. | Erzherzog |
| FDP | Freie Demokratische Partei |
| FDP/DVP | Freie Demokratische Partei/Demokratische Volkspartei |
| Fed. | Federalists |
| FF | Fianna Fáil (Soldaten des Schicksals) |
| FG | Fine Gael (Familie der Iren) |
| Fortschr. | Linksliberale, fortschrittlich orientierte Partei |
| Frhr. | Freiherr |
| Fst. | Fürst |
| FVP | Freie Volkspartei |
| GB/BHE | Gesamtdeutscher Block/Bund der Heimatvertriebenen und Entrechteten |
| Gegenks. | Gegenkaiser |
| Gf. | Graf |
| Ghzg. | Großherzog |
| Großfst. | Großfürst |
| H. | Hälfte |
| Hm. | Hochmeister |
| Hzg. | Herzog |
| Jh. | Jahrhundert |
| K | Krönung |
| Kath. | Katholisch orientierte Partei |
| Kfst. | Kurfürst |

| | |
|---|---|
| Kg. | König |
| Kom. | Kommunisten |
| Kons. | Konservative |
| Ks. | Kaiser |
| Lab. | Labour Party |
| Ldgf. | Landgraf |
| LDP(D) | Liberal-Demokratische Partei (Deutschlands) |
| Lib. | Liberal orientierte Partei |
| Lib.kons. | Liberalkonservative |
| Min.präs. | Ministerpräsident |
| Mitkg. | Mitkönig |
| Mkgf. | Markgraf |
| NSDAP | Nationalsozialistische Deutsche Arbeiterpartei |
| ordin. | ordiniert, geweiht |
| ÖVP | Österreichische Volkspartei |
| PDS | Partei des Demokratischen Sozialismus |
| Pfalzgf. | Pfalzgraf |
| Präs. | Präsident |
| Prot. | Protestantisch orientierte Partei |
| r. | abgedankt |
| R=Dem. | Republicans (Vorläufer der Demokraten in den USA) |
| Rad. | Radikale, Radikalsozialisten |
| Rep. | Republikaner |
| Reg.chef | Regierungschef |
| Röm.Kg. | Römischer König |
| RVP | Republikanische Volkspartei (in der Türkei) |
| SED | Sozialistische Einheitspartei Deutschlands |
| Soz. | Sozialisten, Sozialdemokraten |
| Soz.dem. | Sozialdemokraten (in Italien zur Unterscheidung von den Sozialisten) |
| SPD | Sozialdemokratische Partei Deutschlands |
| SPÖ | Sozialistische (heute: Sozialdemokratische) Partei Österreichs |
| Unabh.Rep. | Unabhängige Republikaner |
| USPD | Unabhängige Sozialdemokratische Partei Deutschlands |
| V | Vizepräsident |
| Vizekg. | Vizekönig |
| Volksp. | Volkspartei |
| Z | Zentrum |
| † | gestorben |
| * | in verschiedenen Funktionen nachgewiesene Personen (vgl. das Register der mehrfach genannten Personen, S. 405) |
| ——— | Unterbrechung der Dynastie |
| . . . | Lücke |

# TEIL I: HISTORISCHE STAATEN

# ALTER ORIENT UND KLASSISCHE ANTIKE

## Ägypten zur Pharaonenzeit

Großreich seit dem frühen 3. vorchristlichen Jahrtausend. Fremdherrschaft der Assyrer (vgl. Assur) im Norden 670–663 v. Chr., der Perser (vgl. Iran in der Antike) in ganz Ägypten 525–404 und 343–332 v. Chr., 332 v. Chr. von Alexander d. Großen (vgl. Makedonien) erobert.

Thinitische Epoche (um 2950–2640 v. Chr.)

*I. Dynastie* (um 2950–2770 v. Chr.)
(Menes? = Narmer? = Aha?)
Aha (Athothis)
Djer (Kenkenes)
Uadji (Uenephes)
Dewen (Usaphais)
Anedjib (Miebis)
Semerchet (Semempses)
Qa'a (Ubienthes)

*II. Dynastie* (um 2770–2640 v. Chr.)
Hetepsechemui
Raneb (Nebre)
Ninetjer
Peribsen
Chasechemui

Altes Reich (um 2640–2134 v. Chr.)

*III. Dynastie* (um 2640–2575 v. Chr.)

| | |
|---|---|
| Nebka | |
| Djoser | 2624–2605 |
| Sechemchet | |
| Huni | 2600–2575 |

*IV. Dynastie* (um 2575–2465 v. Chr.)

| | |
|---|---|
| Snofru | 2575–2551 |
| Cheops (Chufu) | 2551–2528 |
| Djedefre | 2528–2520 |
| Chephren (Chafre) | 2520–2494 |
| Mykerinos (Menkaure) | 2490–2471 |
| Schepseskaf | 2471–2467 |

*V. Dynastie* (um 2465–2325 v. Chr.)

| | |
|---|---|
| Userkaf | 2465–2458 |
| Sahure | 2458–2446 |
| Neferirkare | 2446–2427 |
| Schepseskare | 2427–2421 |
| Raneferre | 2421–2420 |
| Niuserre | 2420–2396 |
| Menkauhor | 2396–2388 |
| Djedkare (Asosi) | 2388–2355 |
| Unas (Onnos) | 2355–2325 |

*VI. Dynastie* (um 2325–2155 v. Chr.)

| | |
|---|---|
| Teti | 2325–2300 |
| Userkare | |
| Merire (Pepi I.) | 2300–2268 |
| Merenre I. | 2268–2254 |
| Neferkare (Pepi II.) | 2254–2160 |
| Merenre II. Antiemsaf | |
| Nitokris | |

*VII. Dynastie* (um 2155–2147 v. Chr.)
Nach Manetho regierten 70 Könige in 70 Tagen, nach Eusebius nur 5 Könige in 70 Tagen, nach einer jüngeren Untersuchung von W. C. Hayes 9 Könige in 8 Jahren.

*VIII. Dynastie* (um 2147–2134 v. Chr.)
Chronologie, Zahl und Reihenfolge der Herrscher sind nicht sicher.

1. Zwischenzeit (um 2134–2040 v. Chr.)

*IX. Dynastie*
Bildete mit der nachfolgenden X. Dynastie vielleicht eine Einheit. 4 Herrscher sind überliefert:
Meribre Cheti I.
Neferirkare I.
Nebkaure Cheti II.
Setut

*X. Dynastie*
4 Herrscher sind überliefert:
Meryt Hathor
Neferkare II.
Wahkare-Cheti III.
Merikare

Mittleres Reich (um 2040–1650 v. Chr.)

*XI. Dynastie* (2134/2040–1991 v. Chr.)

| | |
|---|---|
| Antef I. | 2134–2118 |
| Antef II. | 2118–2069 |
| Antef III. | 2069–2061 |
| Mentuhotep I. | 2061–2010 (2040 Alleinherrscher) |
| Mentuhotep II. | 2010–1998 |
| Mentuhotep III. | 1998–1991 |

*XII. Dynastie* (1991–1785 v. Chr.)

| | |
|---|---|
| Amenemhet I. | 1991–1962 |
| Sesostris I. | 1962–1926 (1971 Mitregent) |
| Amenemhet II. | 1926–1892 (1929 Mitregent) |
| Sesostris II. | 1892–1878 (1897 Mitregent) |
| Sesostris III. | 1878–1841 |
| Amenemhet III. | 1841–1797 (1844 Mitregent) |
| Amenemhet IV. | 1797–1789 (1798 Mitregent) |
| Nofrusobek (Sebekneferu) | 1789–1785 |

*XIII. Dynastie* (um 1785–1650 v. Chr.)
Zahl und Reihenfolge der Herrscher sind umstritten.

| | |
|---|---|
| (1) Ugaf | 1785–1783 |
| (12) Sobekhotep I. | um 1765 |
| (14) Auibre | |
| (16) Sobekhotep II. | um 1750 |
| (17) Chendjer (Userkare) | |
| (21) Sobekhotep III. | |
| (22) Neferhotep I. | 1741–1730 |
| (24) Sobekhotep IV. | um 1730 |
| (27) Aja | um 1705 |

*XIV. Dynastie* (um 1715–1650 v. Chr.)
Nehsi und andere Kleinkönige im Delta

2. Zwischenzeit (um 1650–1552 v. Chr.)

*XV. Dynastie* (sog. Große Hyksos, um 1650–1540 v. Chr.)

| | |
|---|---|
| Salitis | um 1650 |
| Scheschi | |
| Yakobher | |
| Chian | um 1620 |
| Apopi | 1595–1550 |
| Chamudi | 1550–1540 |

*XVI. Dynastie* (sog. Kleine Hyksos, um 1650–1550 v. Chr.)
Lokaldynastie

*XVII. Dynastie* (Theben, um 1650–1551 v. Chr.)

| | |
|---|---|
| Antef | um 1640 |
| Te'o I. (Sekenenre-Taa, d. Große) | |
| Te'o II. (Sekenenre-Taa, d. Tapfere) | |
| Kamose | 1555–1551 |

Neues Reich (1551–1070 v. Chr.)

*XVIII. Dynastie* (1551–1306 v. Chr.)

| | |
|---|---|
| Ahmose | 1552–1527 |
| Amenophis I. | 1527–1506 |
| Thutmosis I. | 1506–1494 |
| Thutmosis II. | 1493–1490 |
| Hatschepsut | 1490–1468 |
| Thutmosis III. | 1490–1436 |
| Amenophis II. | 1438–1412 |
| Thutmosis IV. | 1412–1402 |
| Amenophis III. | 1402–1364 |
| Amenophis IV. (Echnaton) | 1364–1347 |
| Semenchkare | 1347 |
| Tutanchamun | 1347–1338 |
| Aja | 1337–1333 |
| Haremhab | 1333–1306 |

*XIX. Dynastie* (1306–1186 v. Chr.)

| | |
|---|---|
| Ramses I. | 1306–1304 |
| Sethos I. | 1304–1290 |
| Ramses II. | 1290–1224 |
| Merenptah | 1224–1204 |
| Sethos II. | 1204–1194 |
| Amenmesse | 1194 |
| Siptah | 1194–1188 |
| Tausret (Tewosre) | 1188–1186 |

*XX. Dynastie* (1186–1070 v. Chr.)

| | |
|---|---|
| Sethnacht | 1186–1184 |
| Ramses III. | 1184–1153 |
| Ramses IV. | 1153–1146 |
| Ramses V. | 1146–1142 |
| Ramses VI. | 1142–1135 |
| Ramses VII. | 1135–1129 |

| | |
|---|---|
| Ramses VIII. | 1129–1127 |
| Ramses IX. | 1127–1109 |
| Ramses X. | 1109–1099 |
| Ramses XI. | 1099–1070 |

3. Zwischenzeit (1070–712 v. Chr.)

*XXI. Dynastie* (1070–945 v. Chr.)

| | |
|---|---|
| Smendes | 1070–1044 |
| Psusennes I. | 1040–990 |
| Amenemope | 993–984 |
| Siamun | 978–960 |
| Psusennes II. | 960–945 |

*XXII. Dynastie* (945–722 v. Chr.)

| | |
|---|---|
| Scheschonk I. | 945–924 |
| Osorkon I. | 924–887 |
| Takelothis I. | |
| Scheschonk II. | |
| Osorkon II. | 862–833 |
| Takelothis II. | 839–814 |
| Scheschonk III. | 814–763 |
| Pemui | 763–758 |
| Scheschonk V. | 758–722 |

*XXIII. Dynastie* (808–715 v. Chr.)

| | |
|---|---|
| Petubastis | 808–783 |
| Scheschonk IV. | |
| Osorkon III. | um 760 |
| Takelothis III. | um 740 |
| Rudjamun | um 730 |

*XXIV. Dynastie* (725–712 v. Chr.)

| | |
|---|---|
| Tefnacht | 725–718 |
| Bocchoris | 718–712 |

Spätzeit (712–525 v. Chr.)

*XXV. Dynastie* (712–664 v. Chr.)

| | |
|---|---|
| Pianchi | 740–713 |
| Schabaka | 712–698 |
| Schebitku | 698–690 |
| Taharqa | 690–664 |
| Tanutamun | 664–656 |

| | |
|---|---|
| *XXVI. Dynastie* (664–525 v. Chr.) | |
| Necho I. | 672–664 |
| Psammetich I. | 664–610 |
| Necho II. | 610–595 |
| Psammetich II. | 595–589 |
| Apries | 589–570 |
| Amasis | 570–526 |
| Psammetich III. | 526–525 |

*XXVII. Dynastie.* Persische Herrschaft 525–404 v. Chr. (vgl. Iran in der Antike)

| | |
|---|---|
| *XXVIII. Dynastie* (404–399 v. Chr.) | |
| Amyrtaios | 404–399 |

| | |
|---|---|
| *XXIX. Dynastie* (399–380 v. Chr.) | |
| Nepherites I. | 399–393 |
| Psammuthis | 393 |
| Hakoris | 393–380 |
| Nepherites II. | 380 |

| | |
|---|---|
| *XXX. Dynastie* (380–343 v. Chr.) | |
| Nektanebos I. | 380–362 |
| Teos | 362–360 |
| Nektanebos II. | 360–343 |

*XXXI. Dynastie.* Persische Herrschaft 343–332 v. Chr. (vgl. Iran in der Antike)

**Lagaš**

Sumerischer Stadtstaat in Mesopotamien; unterliegt um 2370 v. Chr. Lugalzaggesi von Umma; nach 2200 v. Chr. erneut kurze Blütezeit.

| | |
|---|---|
| Urnanše | um 2540 |
| Akurgal | |
| Eannatum | |
| Enannatum I. | |
| Entemena | |
| Enannatum II. | |
| Enetarzi | |
| Lugalanda | 2384–2378 |
| Urukagina | 2378–2371 |
| . . . | |

| | |
|---|---|
| Urbaba | um 2170 |
| Gudea | um 2150 |
| Urningirsu | um 2140 |

**Akkad(e)**

Erstes semitisches Großreich in Mesopotamien, um 2190 v. Chr. durch die Gutäer zerstört.

| | |
|---|---|
| Sargon d. Große | 2371–2316 |
| Rimuš | 2315–2307 |
| Maništišu | 2306–2292 |
| Naramsin | 2291–2255 |
| Šarkališarri | 2254–2230 |
| (Anarchie | 2229–2227) |
| Dudu | 2226–2206 |
| Šu-Durul | 2205–2191 |

**Ur III**

Sumerischer Stadtstaat in Mesopotamien. Großmacht unter der nachfolgend aufgeführten III. Dynastie, um 2005 v. Chr. durch die Elamiter vernichtet.

| | |
|---|---|
| Urnammu | 2113–2096 |
| Šulgi | 2095–2048 |
| Amarsin | 2047–2039 |
| Šusin | 2038–2030 |
| Ibbisin | 2029–2006 |

**Isin**

Semitischer (altbabylonischer) Stadtstaat in Mesopotamien. Großmacht im 20.–18. vorchristlichen Jahrhundert, 1794 v. Chr. durch Rimsin von Larsa (vgl. dieses) vernichtet.

| | |
|---|---|
| Išbierra | 2017–1985 |
| Šu'ilišu | 1984–1975 |
| Iddindagan | 1974–1954 |
| Išmedagan | 1953–1935 |
| Lipiteštar | 1934–1924 |
| Urninurta | 1923–1896 |

| | |
|---|---|
| Bursin | 1895–1875 |
| Lipitenlil | 1874–1870 |
| Erra'imitti | 1869–1862 |
| Enlilbani | 1861–1838 |
| Zambia | 1837–1835 |
| Iterpiša | 1834–1831 |
| Urdukuga | 1830–1828 |
| Sinmagir | 1827–1817 |
| Damiqilišu | 1816–1794 |

**Larsa**

Semitischer (altbabylonischer) Stadtstaat in Mesopotamien. Großmacht im 19./18. vorchristlichen Jahrhundert, um 1760 v. Chr. durch Hammurabi von Babylon (vgl. dieses) vernichtet.

| | |
|---|---|
| Naplanum | 2025–2005 |
| Emisum | 2004–1977 |
| Samium | 1976–1942 |
| Zabaja | 1941–1933 |
| Gungunum | 1932–1906 |
| Abisare | 1905–1895 |
| Sumu'el | 1894–1866 |
| Nuradad | 1865–1850 |
| Siniddinam | 1849–1843 |
| Sineribam | 1842–1841 |
| Siniqišam | 1840–1836 |
| Silliadad | 1835 |
| Waradsin | 1834–1823 |
| Rimsin I. | 1822–1763 (1758–1699) |

**Babylon**

Semitischer Stadtstaat in Mesopotamien. Großmacht im 19./18. vorchristlichen Jahrhundert, seit dem 11./10. Jahrhundert zeitweise unter assyrischer Oberherrschaft (vgl. Assur), seit dem späten 7. vorchristlichen Jahrhundert erneut Großmacht. 539 v. Chr. durch Kyros d. Großen (vgl. Iran in der Antike) vernichtet.

Altbabylonisches Reich

| | |
|---|---|
| Sumuabum | 1894–1881 |
| Sumula'el | 1880–1845 |

| | |
|---|---|
| Sabium | 1844–1831 |
| Apilsin | 1830–1813 |
| Sinmuballit | 1812–1793 |
| Hammurabi | 1792–1750 (1728–1686) |
| Samsuiluna | 1749–1712 |
| Abi'ešuh | 1711–1684 |
| Ammiditana | 1683–1647 |
| Ammişaduqa | 1646–1626 |
| Samsuditana | 1625–1594 |

Kassitenreich

| | |
|---|---|
| Gandaš | |
| Agum I. | |
| Kaštiliaš I. | |
| Ušši | |
| Abirattaš | |
| Kaštiliaš II.? | |
| Urzigurumaš | |
| Charbašihu | |
| Tiptakzi | |
| Agum II. | |
| Burnaburiaš I. | |
| unbekannter Kg. | |
| Kaštiliaš III. | |
| Ulamburiaš | |
| Agum III. | |
| Kadašman-Charbe I. | |
| Karaindaš | |
| Kurigalzu I. | |
| Kadašman-Enlil I. | |
| Burnaburiaš II. | 1375–1347 |
| Karachardaš | |
| Nazibugaš | |
| Kurigalzu II. | 1345–1324 |
| Nazimaruttaš | 1323–1298 |
| Kadašman-Turgu | 1297–1280 |
| Kadašman-Enlil II. | 1279–1265 |
| Kudur-Enlil I. | 1264–1256 |
| Šagarakti-Šuriaš | 1255–1243 |
| Kastiliaš IV. | 1242–1235 |
| Enlil-nadin-šumi | |
| Kadašman-Charbe II. | 1227–1225 |
| Adad-šuma-iddina | 1224–1219 |
| Adad-šuma-usur | 1218–1189 |

| | |
|---|---|
| Melišichu | 1188–1174 |
| Marduk-apla-iddina (Merodachbaladan) | 1173–1161 |
| Zababa-šuma-iddina | 1160 |
| Enlil-nadin-achi | 1159–1157 |

Sogenanntes II. Reich von Isin

| | |
|---|---|
| Marduk-kabit-achešu | 1156–1139 |
| Itti-marduk-balatu | 1138–1131 |
| Ninurta-nadin-šumi | 1130–1125 |
| Nabukudurri-ušur (Nebukadnezar I.) | 1124–1103 |
| Enlil-nadin-apli | 1102–1099 |
| Marduk-nadin-ache | 1098–1081 |
| Marduk-šapik-zeri | 1080–1068 |

Neubabylonisches Reich (Chaldäerreich)

| | |
|---|---|
| Nabopolassar | 626–605 |
| Nebukadnezar (II.) | 605–562 |
| Awil-Marduk | 562–560 |
| Neriglissar | 560–556 |
| Labaši-Marduk | 556 |
| Nabonid | 556–539 |

**Mitanni-Reich (Chanigalbat)**

Reich der Churitter im östlichen Kleinasien und nördlichen Mesopotamien. Großmacht im 15./14. vorchristlichen Jahrhundert, um 1270 v. Chr. durch die Assyrer (vgl. Assur) vernichtet.

| | |
|---|---|
| (Kirta?) | |
| Šuttarna I. | um 1550 |
| Parattarna | |
| (Parsatatar?) | |
| Saustatar | |
| Artatama | um 1450 |
| Šuttarna II. | |
| Artaššumara | |
| Tušratta | 1385–? |
| Šuttarna III. | |
| Kurtiwaza | |

Šattuara I.
Wašašatta
Šattuara II.

**Assur**

Großreich in Mesopotamien seit dem 19./18. vorchristlichen Jahrhundert, nach vorübergehendem Abstieg (Abhängigkeit zunächst von Babylon, sodann von Mitanni, vgl. beide) erneut seit dem 14. bzw. späten 12. vorchristlichen Jahrhundert. 612 v. Chr. (Eroberung Ninives) durch Nabopolassar (vgl. Babylon) und die Meder (vgl. Iran in der Antike) zerstört, 609/606 v. Chr. endgültig vernichtet.

| | |
|---|---|
| Šamši-Adad I. | 1813–1781 (1749–1717) |
| Išme-Dagan I. | 1780–1741 |
| ... | |
| Aššuruballit I. | 1365–1330 |
| Enlil-nirari | 1329–1320 |
| Arik-den-ilu | 1319–1308 |
| Adad-nirari I. | 1307–1275 |
| Šalmanassar I. | 1274–1245 |
| Tukulti–ninurta I. | 1244–1208 |
| Aššur-nadin-apli | 1207–1204 |
| Aššurnirari III. | 1203–1198 |
| Enlil-kudur-ussur | 1197–1193 |
| Ninurta-apal-ekur | 1192–1180 |
| Aššurdan I. | 1179–1134 |
| Aššurrešiši I. | 1133–1116 |
| Tiglat-Pileser I. | 1115–1077 |
| Aššured-apal-ekur | 1076–1075 |
| Aššur-bel-kala | 1074–1057 |
| Eriba-Adad II. | 1056–1055 |
| Šamši-Adad IV. | 1054–1051 |
| Aššurnasirpal I. | 1050–1032 |
| Šalmanassar II. | 1031–1020 |
| Aššurnirari IV. | 1019–1014 |
| Aššurrabi II. | 1013–973 |
| Aššurrešiši II. | 972–968 |
| Tiglat-Pileser II. | 967–936 |
| Aššurdan II. | 935–912 |
| Adad-nirari II. | 911–891 |
| Tukulti-ninurta II. | 890–884 |
| Aššurnasirpal II. | 884–859 |
| Šalmanassar III. | 858–824 |
| Šamši-Adad V. | 823–811 |

| | |
|---|---|
| Adad-nirari III. | 810–781 |
| Šalmanassar IV. | 780–772 |
| Aššurdan III. | 771–754 |
| Aššurnirari V. | 753–746 |
| Tiglat-Pileser III. | 745–727 |
| Šalmanassar V. | 726–722 |
| Sargon II. | 721–705 |
| Sanherib | 704–681 |
| Asarhaddon | 680–669 |
| Assurbanipal | 668–631/629? |
| Aššur-etil-ilani | 631/629–627? |
| Sin-šar-iškun | 627?–612 |
| Aššur-muballit | 612–609 |

**Hethiterreich**

Großreich in Kleinasien während des 2. vorchristlichen Jahrtausends, um 1200 dem Ansturm der »Seevölker« erlegen.

Altes Reich

| | |
|---|---|
| Anittas | um 1720 |
| Tutchalijas I. | um 1650 (?) |
| Labarnas I. und Tawanannas | um 1600 |
| Chattusilis I. | um 1580–1550 |
| Mursilis I. | um 1550–1530 |
| Chantilis | um 1529–1505 |
| Amunas | um 1504–1502 |
| Chuzzijas | um 1502–1500 |
| Telipinus | um 1500–1475 |
| Alluwamnas | um 1475–1450 |
| Tachurwailis? | |
| Tutchalijas II. | um 1450–1420 |

Großreich

| | |
|---|---|
| Arnuwandas I. | um 1400 |
| Tutchalijas III. | um 1390–1380 |
| Suppiluliumas I. | um 1380–1354 |
| Arnuwandas II. | um 1354–1350 (?) |
| Mursilis II. | um 1349–1315 |
| Muwatallis | um 1315–1290 |
| Mursilis III. | um 1290–1283 |

| | |
|---|---|
| Chattusilis III. | um 1283–1260 |
| Tutchalijas IV. | um 1260–1215 |
| Arnuwandas III. | um 1220–1200 |
| Suppiluliumas II. | um 1200–1195 |

**Urartu**
Großreich im Gebiet des heutigen Armenien; seit dem späten 8. vorchristlichen Jahrhundert in Abhängigkeit von Assur; um 620 v. Chr. durch die Skythen vernichtet.

| | |
|---|---|
| Sardur I. | 835–825 (?) |
| Išpuina | 825–805 (?) |
| Menua | 805–790 (?) |
| Argišti I. | 790–760 (?) |
| Sardur II. | 760–734 (?) |
| Rusa I. | 734–714 (?) |
| Argišti II. | 714–680 (?) |
| Rusa II. | 680–655 (?) |
| Rusa III. | 655–640 (?) |
| Sardur III. | 640–620 (?) |

**Lydien**
Reich im westlichen Kleinasien, 547 v. Chr. durch Kyros d. Großen (vgl. Iran in der Antike) vernichtet und als persische Provinz eingerichtet.

| | |
|---|---|
| *Heraklide* | |
| Kandaules (Sadyattes I.) | Anf. 7. Jh. |
| | |
| *Mermnaden* | |
| Gyges | um 685/680–652 |
| Ardys II. | um 652–? |
| Sadyattes II. | ?–607 (?) |
| Alyattes | um 607–560 |
| Kroisos (595) | 560–547 |

**Staatsbildungen der Juden in Palästina**
Reichsbildung im späteren 11. vorchristlichen Jahrhundert, nach dem Tode Salomos in die Reiche Israel (durch die Assyrer 722 v. Chr. zerstört) und Juda (durch die Babylonier 587 v. Chr. zerstört) geteilt. Nach babylonischer, persischer, ptolemäischer und seleukidischer Herrschaft bildet

sich nach einem großen Aufstand (167–142 v. Chr.) unter den Makkabäern erneut ein selbständiges Königreich (141 v. Chr.), das 63 v. Chr. in Abhängigkeit von Rom gerät. Zeitweise Klientelstaat, wird Palästina 70 n. Chr. endgültig römische Provinz (Eroberung Jerusalems, Zerstörung des Tempels).

| | |
|---|---|
| Saul | 1012–1004 |
| David | 1004–965 |
| Salomo | 964–926 |

Israel

| | |
|---|---|
| Jerobeam I. | 926–907 |
| Nadab | 907–906 |
| Baesa | 906–883 |
| Ela | 883–882 |
| Simri | 882 |
| Tibni | 882–878 |
| Omri | 878–871 (882 Gegenkg.) |
| Achab | 871–852 |
| Achasja | 852–851 |
| Joram | 851–845 |
| Jehu | 845–818 |
| Joahas | 818–802 |
| Joas | 802–787 |
| Jerobeam II. | 787–747 |
| Sacharja | 747 |
| Sallum | 747 |
| Menachem | 747–738 |
| Pekachja | 737–736 |
| Pekach | 735–732 |
| Hosea | 731–723 |

Juda

| | |
|---|---|
| Rehabeam | 926–910 |
| Abija | 910–908 |
| Asa | 908–868 |
| Josaphat | 868–847 |
| Joram | 847–845 (852 Mitregent) |
| Achasja | 845 |
| Athalia | 845–840 |
| Joas | 840–801 |
| Amazja | 801–773 |

| | |
|---|---|
| Asarja | 773–736 (787 Mitregent) |
| Jotham | 756–741 (Mitregent) |
| Achas | 736–726 (741 Mitregent) |
| Hiskia | 725–697 |
| Manasse | 696–642 |
| Amon | 641–640 |
| Josia | 639–609 |
| Joahas | 609 |
| Jojakim | 608–598 |
| Jojachin | 598–597 |
| Zedekia | 597–587 |

Makkabäerreich

*Hasmonäer* (Könige und Hohepriester)

| | |
|---|---|
| Simon | 141–134 (seit 143 fakt. Herrscher) |
| Johannes Hyrkanus I. | 134–104 |
| Aristobulos I. | 104–103 (Annahme des Königstitels) |
| Antigonos I. | 104 (Mitregent) |
| Alexander Jannäus | 103–76 |
| Salome Alexandra | 76–67 |
| Johannes Hyrkanus II. | 67 (76–67 und 63–40 Hohepriester, †30 v. Chr.) |
| Aristobulos II. | 67–63, †49 v. Chr. |
| Antigonos II. | 40–37 |

Herodeerreiche (römische Klientelstaaten)

| | |
|---|---|
| Herodes d. Große (um 73) | 37–4 v. Chr. |
| Archelaos (in Judäa und Samaria) | 4 v. Chr.–6 n. Chr., †vor 18 |
| Herodes Antipas (in Galiläa) | 4 v. Chr.–39 n. Chr. |
| Philippos (in Batanäa) | 4 v. Chr.–34 n. Chr. |
| Herodes Agrippa I. (10 v. Chr.) | 37/39/41–44 n. Chr. |
| Herodes Agrippa II. (um 28) | 50–vor 100 n. Chr. |

**Iran in der Antike**

Reichsbildungen des 7. vorchristlichen bis 3. nachchristlichen Jahrhunderts. Das Mederreich wird 550 v. Chr. durch Kyros d. Großen (vgl. hier Perserreich), das Perserreich 330 v. Chr. durch Alexander d. Großen (vgl. Makedonien), das Partherreich 226/227 n. Chr. durch die Sassaniden (vgl. hier), deren Reich 636–651 durch die Araber (vgl. Kalifenreich) vernichtet.

Mederreich

| | |
|---|---|
| Deiokes | 700–647 |
| Phraortes | 647–625 |
| Kyaxares | 625–585 |
| Astyages | 585–550 |

Perserreich

*Achämeniden*

| | |
|---|---|
| Kyros d. Große | 559–529 |
| Kambyses | 529–522 |
| Dareios I. | 522–486 |
| Xerxes I. | 485–465 |
| Artaxerxes I. Makrocheir | 465–424 |
| Xerxes II. | 424 |
| Dareios II. Ochos | 424–404 |
| Artaxerxes II. Mnemon | 404–359 |
| Artaxerxes III. Ochos | 359–338 |
| Arses | 338–336 |
| Dareios III. Kodomannos | 336–330 |
| (Artaxerxes IV. Bessos | 330–329) |

Partherreich

*Arsakiden*

| | |
|---|---|
| Arsakes I. | 250–247 (?) |
| Tiridates I. (= wohl Arsakes I.) | 247–210 (?) |
| Artabanos I. | 210–191 (?) |
| Priapatios | 191–176 (?) |
| Phraates I. | 176–171 (?) |
| Mithridates I. | 171–137 (?) |
| Phraates II. | 137–128 (?) |
| Artabanos II. | 128–123 (?) |
| Mithridates II. | 123–88 (?) |
| Gotarzes I. | 91–80 (?) |
| Orodes I. | 80–76 (?) |
| Sinatrukes | 80–69 (?) |
| Phraates III. Theos | 69–57 (?) |
| Mithridates III. | 57–55 (?) |

| | |
|---|---|
| Orodes II. | 55–38 (?) |
| Phraates IV. | 37–2 v. Chr. (?) |
| Tiridates II. | 30–25 v. Chr. (?) |
| Phraates V. = Phraatakes | 2 v. Chr.–4 n. Chr. (?) |
| Orodes III. | 4–7 n. Chr. (?) |
| Vonones I. | 7–12 (?) |
| Artabanos III. | 12–38 (?) |
| Tiridates III. | 36 (?) |
| Vardanes (im westl. Reichsteil) | 38–47 (?) |
| Gotarzes II. (im östlichen Reichsteil) | 38–51 (?) |
| Vonones II. | 51 (?) |
| Vologaeses I. | 51–79 (?) |
| Artabanos IV. | 80–81 (?) |
| Pakoros | 81–115 (?) |
| Oroses | 109–128 (?) |
| Vologaeses II. (in Medien) | 105–147 (?) |
| Mithridates IV. | 128–147 (?) |
| Vologaeses III. | 148–192 (?) |
| Vologaeses IV. | 192–208 (?) |
| Vologaeses V. | 208–222 (?) |
| Artabanos V. | 222–226 (?) |
| Artavasdes | 226–227, †229 (?) |

Sassanidenreich

*Sassaniden*

| | |
|---|---|
| Ardaschir I. | 227–241 (?) |
| Schapur I. | 241–272 (?) |
| Hormizd I. | 272–273 |
| Vahram I. | 273–276 |
| Vahram II. | 276–293 |
| Vahram III. | 293 |
| Narseh | 293–302 |
| Hormizd II. | 302–309 |
| Schapur II. | 309–379 |
| Ardaschir II. | 379–383 |
| Schapur III. | 383–388 |
| Vahram IV. | 388–399 |
| Yezdegird I. | 399–421 |
| Vahram V. | 421–439 |
| Yezdegird II. | 439–457 |
| Hormizd III. | 457–459 |
| Peroz | 459–484 |
| Valasch | 484–488 |

| | |
|---|---|
| Kavadh I. | 488–497 |
| Zamasp | 497–499 |
| Kavadh I. (2. Mal) | 499–531 |
| Chosrau I. | 531–579 |
| Hormizd IV. | 579–590 |
| Vahram Chobin | 590–591 |
| Chosrau II. | 591–628 |
| Kavadh II. | 628 |
| Ardaschir III. | 628–629 |
| Boran | 629–630 |
| Hormizd V. | 630–632 |
| Chosrau III. | 630–632 |
| Yezdegird III. | 632–651 |
| (Peroz | 651–674) |

**Sparta**
Griechischer Staat während des 1. vorchristlichen Jahrtausends unter Doppelkönigen.

*Agiaden*

| | |
|---|---|
| Anaxandridas | 560–520 (?) |
| Kleomenes I. | 520–490 (?) |
| Leonidas I. | 490–480 |
| Pleistarchos | 480–459 |
| Pleistoanax | 459–409 |
| Pausanias | 409–395 |
| Agesipolis I. | 395–380 |
| Kleombrotos I. | 380–371 |
| Agesipolis II. | 371–370 |
| Kleomenes II. | 370–309 |
| Areus I. | 309–265 |
| Akrotatos | 265–262 |
| Areus II. | 262–254 |
| Leonidas II. | 254–235 |
| Kleomenes III. | 235–222 |
| Agesipolis III. | 219–215 |

*Eurypontiden*

| | |
|---|---|
| Ariston | 550–515 (?) |
| Demaratos | 515–491 (?) |
| Leotychidas II. | 491–469 |
| Archidamos II. | 469–427 |
| Agis II. | 427–399 |
| Agesilaos II. | 399–360 |

| | |
|---|---|
| Archidamos III. | 360–338 |
| Agis III. | 338–331 |
| Eudamidas I. | 331–305 (?) |
| Archidamos IV. | 305–275 (?) |
| Eudamidas II. | 275–244 (?) |
| Agis IV. | 244–241 (?) |
| Eudamidas III. | 241–228 (?) |
| Archidamos V. | 228–227 |
| Eukleidas | 227–221 |
| Lykurg | 219–212 (?) |
| Pelops | 212–200 (?) |
| Nabis | 200–192 (?) |

**Korinth zur Zeit der Tyrannis**

Griechischer Staat. Königreich und Oligarchie unter den Bakchiaden, Tyrannis unter den Kypseliden, nach deren Sturz gemäßigte Adelsherrschaft.

*Kypseliden*

| | |
|---|---|
| Kypselos | 657–627 (oder 620–590) |
| Periandros | 627–585 (oder 590–550) |
| Psammetichos | 585–582 (oder 550–547) |

**Athen zur Zeit der Tyrannis**

Griechischer Staat. Adelsherrschaft, Tyrannis unter den Peisistratiden, nach deren Sturz Demokratie (Blütezeit im 5. und 4. vorchristlichen Jahrhundert).

*Peisistratiden*

| | |
|---|---|
| Peisistratos | 560–527 (mit 2 kurzen Unterbrechungen) |
| Hipparchos | 527–514 |
| Hippias | 527–510 |

**Makedonien**

Königreich seit dem 7. vorchristlichen Jahrhundert, 168 v. Chr. durch römische Truppen erobert, 148 v. Chr. als römische Provinz eingerichtet.

*Argeaden*

| | |
|---|---|
| Perdikkas I. | Anf. 7. Jh. v. Chr. |
| Argaios | |

| | |
|---|---|
| Philipp I. | |
| Aeropos I. | |
| Alketas | |
| Amyntas I. | 2. H. d. 6. Jh.s v. Chr. |
| Alexander I. Philhellen | um 495–450 |
| Perdikkas II. | um 450–414/411 |
| Archelaos | um 414/411–400/399 |
| Orestes | um 400/399–397/396 |
| Aeropos II. | um 397/396–394/393 |
| Pausanias | um 394/393–393/392 |
| Amyntas II. | um 394/393–393/392 |
| Amyntas III. | um 393/392–370 |
| Alexander II. | um 370–368 |
| (Ptolemaios v. Aloros | 368–365 Regent) |
| Perdikkas III. | 365–359 |
| Amyntas IV. | 359–357/355 (†336/335) |
| Philipp II. (um 382) | Regent 359, Kg. 357/355, †Sommer 336 |
| Alexander III. d. Große (356) | Kg. Sommer 336, Kg. v. Asien 1. Okt. 331, †10. Juni 323 |
| Philipp III. Arrhidaios | 323–317 |
| Alexander IV. (323) | 323–310/309 |

*Verschiedene Häuser*

| | |
|---|---|
| (Krateros | Reichsfeldherr 323, †321) |
| (Antipatros | Regent 323, †319) |
| (Polyperchon (um 385) | Regent 319, d. 317) |
| (Antigonos I. Monophtalmos (um 382) | Stratege 321, Kg. 306, †301) |
| Kassandros (um 355) | Regent 316, Kg. 305, †Sommer 298 |
| Philipp IV. | Kg. 298, †297 |
| Alexander V. | Kg. 297, †295 |
| Antipatros | Kg. 297, d. 294 |
| Demetrios I. Poliorketes (um 336) | Kg. 306, Kg. d. Makedonen 294, r. 287, †283 |
| Lysimachos (um 360) | Satrap v. Thrakien 323, Kg. 305, Kg. d. Makedonen 287, †Febr. 281 |
| Pyrrhos, Kg. d. Molosser (316) | Kg. d. Makedonen 287, fakt. d. 286, †272 |
| Seleukos I. Nikator* (358/354) | Kg. d. Makedonen 281, †Aug./Sept. 281 |
| Ptolemaios Keraunos | Kg. d. Makedonen 281, †279 |
| (Sosthenes | Stratege 279, †278/277) |

*Antigoniden*

| | |
|---|---|
| Antigonos II. Gonatas (um 320) | Kg. 283, fakt. 276, †239 |
| Demetrios II. (um 275) | Kg. 239, †229 |
| Antigonos III. Doson (um 263) | Regent 229, Kg. 227, †221 |
| Philipp V. (238) | Kg. 229–227 und seit 221, †179 |
| Perseus (um 212) | Kg. 179, d. 168, †165/162 |

**Ptolemäerreich in Ägypten**

Großreich als Nachfolgestaat des Alexanderreiches (vgl. Makedonien), Königreich seit 305 v. Chr., 30 v. Chr. durch Octavian (Augustus) erobert und als römische Provinz eingerichtet.

*Ptolemäer (Lagiden)*

| | |
|---|---|
| Ptolemaios I. Soter (367/366) | Satrap v. Ägypten 323, Kg. 7. Nov. 305, †1. H. 282 |
| Ptolemaios II. Philadelphos (308) | Mitregent Jan. 284, Kg. 1. H. 282, †29. Jan. 246 |
| Ptolemaios III. Euergetes (um 284) | Kg. 29. Jan. 246, †222 |
| Ptolemaios IV. Philopator (nach 240?) | Kg. 222, †Herbst 205 |
| Ptolemaios V. Epiphanes (210) | Mitregent 210, Kg. Sommer 204, †180 |
| Ptolemaios VI. Philometor (183?) | Kg. 180, d. Okt. 164, vgl. unten |
| Ptolemaios VIII. Euergetes II. | Mitregent 170, Kg. 164, d. 163, vgl. unten |
| Ptolemaios VI. Philometor (2. Mal) | Kg. vor 29. Mai 163, †145 |
| Ptolemaios VII. Neos Philopator (162/161) | Kg. 145, †144 |
| Ptolemaios VIII. Euergetes II. (2. Mal) | Kg. 145/144, 131–130 vorübergehend vertrieben, †28. Juni 116 |
| Kleopatra II. | Mitregentin 170, Alleinherrscherin 131–130, †nach 29. Okt. 116 |
| Ptolemaios IX. Soter II. (143/142) | Kg. 115, d. 110, vgl. unten |
| Ptolemaios X. Alexander I. (nach 143/142) | Kg. 110, d. 109, vgl. unten |
| Ptolemaios IX. Soter II. (2. Mal) | Kg. 109, d. 107, vgl. unten |
| Ptolemaios X. Alexander I. (2. Mal) | Kg. 107, †88 |
| Ptolemaios IX. Soter II. (3. Mal) | Kg. 88, †März 80 |
| Ptolemaios XI. Alexander II. (um 105) | Kg. 80 |
| Ptolemaios XII. Neos Dionysos (111/108?) | Kg. 80, d. 58, vgl. unten |

| | |
|---|---|
| Berenike IV. | Alleinherrscherin 58, †55 |
| Kleopatra VI. | Mitregentin 58, †57? |
| Ptolemaios XII. Neos Dionysos (2. Mal) | Kg. 55, †Febr./März 51 |
| Ptolemaios XIII. (61) | Kg. 5. Sept. 52, †Jan. 47 |
| Kleopatra VII. d. Große (69) | Kg. in 5. Sept. 52, †12. Aug. 30 |
| Ptolemaios XIV. Philopator (um 59) | Kg. 47, †Sommer 44 |
| Ptolemaios XV. Kaisarion (47) | Kg. 44, †30 |

**Seleukidenreich**

Großreich als Nachfolgestaat des Alexanderreiches (vgl. Makedonien) in Vorderasien, verliert Pergamon 262 (vgl. dieses), Kappadokien 255 (vgl. dieses), Baktrien 239/238, Judäa ab 167 (vgl. Staatsbildungen der Juden in Palästina, Makkabäerreich), Iran um 160 (vgl. Iran in der Antike, Partherreich) und Mesopotamien 129 (vgl. ebd.). Das Restreich in Nordsyrien und Kilikien wird 64/63 v. Chr. römische Provinz.

*Seleukiden*

| | |
|---|---|
| Seleukos I. Nikator* (358/354) | Satrap v. Babylonien 321–316, Rückkehr nach Babylon 312, Kg. 305, †Aug./Sept. 281 |
| Antiochos I. Soter (324/323) | Mitregent 292, Kg. 281, †2. Juni 261 |
| Antiochos II. Theos (287/286) | Mitregent 266/265, Kg. 261, †Sommer 246 |
| Seleukos II. Kallinikos (265/260) | Kg. 246, †225 |
| Seleukos III. Soter Keraunos (244/243) | Kg. 225, †223 |
| Antiochos III. d. Große (243/242) | Kg. 223, Großkg. 204 (?), †4. Juni bzw. Juli 187 |
| Seleukos IV. Philopator (nach 220) | Kg. 187, †3. Sept. 175 |
| Antiochos IV. Epiphanes (nach 204) | Kg. 175, †Ende 164 |
| Antiochos V. Eupator (um 173) | Kg. 164, †162 |
| Demetrios I. Soter (um 186) | Kg. 162, †150 |
| Alexander I. Balas | Kg. 150, †145 |
| Demetrios II. Nikator | Kg. 145, d. 139/138, vgl. unten |
| Antiochos VI. Epiphanes Dionysos (um 147) | Kg. 145, †142/141 |
| Antiochos VII. Euergetes Sidetes | Kg. 139/138, †129 |

| | |
|---|---|
| Demetrios II. Nikator (2. Mal) | Kg. 129, †125 |
| Seleukos V. | Kg. 125 |
| Alexander II. Zabinas | Kg. 128, †123 |
| Antiochos VIII. Epiphanes Philometor | Mitregent 125, Kg. 123, †96 |
| Antiochos IX. Philopator | Kg. 114/113, †95 |
| Seleukos VI. Epiphanes Nikator | Kg. 96, †95 |
| Antiochos X. Eusebes Philopator | Kg. 95, †83 |
| Antiochos XI. Epiphanes | Kg. 92 |
| Philipp I. Epiphanes Philadelphos | Kg. 92, d. 83 |
| Demetrios III. Theos Philopator | Kg. 95, d. 88 |
| Antiochos XII. Dionysos Epiphanes | Kg. 87, †84 |
| (Tigranes d. Große* | Kg. v. Armenien 95, erobert das Seleukidenreich 83, verliert es 69, †um 55) |
| Antiochos XIII. Philadelphos | Kg. 69, d. 65, vgl. unten |
| Philipp II. | Kg. 65, d. 64, †nach 57 |
| Antiochos XIII. Philadelphos (2. Mal) | Kg. 64, †64 |

**Bithynien**

Herrschaft im nördlichen Kleinasien, nach Abwehrsiegen gegen Lysimachos (vgl. Makedonien) 297 v. Chr. Königreich, 74 v. Chr. testamentarisch an Rom und als römische Provinz eingerichtet.

| | |
|---|---|
| Zipoites | 327/326 (?)–280/279 |
| Nikomedes I. | um 280–250 |
| Ziaelas | um 250–230 |
| Prusias I. | um 230–182 |
| Prusias II. | 182–149 |
| Nikomedes II. Epiphanes | 149–127 |
| Nikomedes III. Euergetes | 127–um 94 |
| Nikomedes IV. Epiphanes Philopator | um 94–74 |

**Pontus**

Herrschaft im nördlichen Kleinasien, nach Abwehrsieg gegen die Seleukiden (vgl. Seleukidenreich) 281 v. Chr. Königreich, 63 v. Chr. römischer Klientelstaat, 63 n. Chr. als römische Provinz eingerichtet.

| | |
|---|---|
| Mithradates I. (338) | 301–266 |
| Ariobarzanes | 266–um 250 |
| Mithradates II. | um 250–220 |
| Mithradates III. | um 220–185 |
| Pharnakes I. | um 185–170 |
| Mithradates IV. Philopator | um 170–150 |
| Mithradates V. Euergetes | um 150–120 |
| Mithradates VI. Eupator (132) | 120–63 |
| Pharnakes II. | 63/48–47 |
| Deiotaros | 63–40 |
| Dareios | 39–37 |
| Polemon I. | 37–8/7 |
| Pythodoras (um 30) | 8/7. v. Chr.–19 n. Chr. |
| Polemon II. | 38 n. Chr.–63 n. Chr. |

**Pergamenisches Reich**

Stadtherrschaft unter seleukidischer Oberherrschaft seit 282 v. Chr., unabhängige Herrschaft 262, Königreich 240, 133 testamentarisch an Rom und 129 v. Chr. als römische Provinz »Asia« eingerichtet.

*Attaliden*

| | |
|---|---|
| Philotairos (um 343) | 282–263 |
| Eumenes I. | 263–241 |
| Attalos I. (269) | 241–197 |
| Eumenes II. Soter (vor 221) | 197–160 |
| Attalos II. Philadelphos (220) | 160–139 |
| Attalos III. Philometor (171) | 139–133 |

**Kappadokien**

Herrschaft im zentralen Kleinasien, seit etwa 225 v. Chr. Königreich, 17/18 n. Chr. als römische Provinz eingerichtet.

| | |
|---|---|
| Ariaramnes | um 255–? |
| Ariarathes III. | ?–220 |
| Ariarathes IV. Eusebes | um 220–163 |
| Ariarathes V. Eusebes Philopator | um 163–130 |
| Nysa | um 130–? |
| Ariarathes VI. Epiphanes | ?–114/111 |
| Ariarathes VII. Philometor | um 111–100 |
| Ariarathes IX. | um 100–86 |
| Ariarathes VIII. | um 95 (Gegenkg.) |
| Ariobarzanes I. Philorhomaios | um 95–63 |

| | |
|---|---|
| Ariobarzanes II. Philopator | um 63–52 |
| Ariobarzanes III. Eusebes | 52–42 |
| Ariarathes X. Eusebes Philadelphos | 42–36 |
| Archelaos Philopatris | 36 v. Chr. – 17 n. Chr. |

**Syrakus**

Griechischer Stadtstaat mit bedeutendem Territorium auf Sizilien seit dem 8. vorchristlichen Jahrhundert. 485–465, 405–344, 317–304 und 275–268 Tyrannis, 304–289 und 268–214 Königreich; 212 v. Chr. durch römische Truppen erobert.

Tyrannen und Könige:

| | |
|---|---|
| Gelon (um 540) | 485–478 |
| Hieron I. (um 540/525) | 478–466 |
| Thrasybulos | 466–466/465 |
| Dionysios I. (um 430) | 405–367 |
| Dionysios II. (um 397) | 367–357 |
| Dion (um 409) | 357–354 |
| Kallippos | 354–353 |
| Hipparinos | 353–351 |
| Nysaios | 351–347 |
| Dionysios II. (2. Mal) | 347–344 |
| Agathokles (um 360) | 317–289 |
| Hieron II. (306) | 275–215 |
| Hieronymos (um 230) | 215–214 |

**Römisches Kaiserreich**

Stadtstaat seit dem 9./8. vorchristlichen Jahrhundert, der bis um 470 v. Chr. von (nur sagenhaft überlieferten) Königen regiert wird. Um 470–30 v. Chr. Republik und Entwicklung zum Weltreich, das den gesamten Mittelmeerraum umfaßt. Seit dem späten 2. vorchristlichen Jahrhundert gerät die Republik in eine tiefe Krise, welche die Alleinherrschaft bzw. Diktatur einzelner oder mehrerer Heerführer provoziert, u. a.: Marius (Konsul 107, 104–100 und 86 v. Chr.); Cinna (Konsul 87–84 v. Chr.); Sulla (Konsul 88 und 80, Diktator 82–79 v. Chr.); Pompejus (Konsul 70, 55 und 52, Teilnehmer am sog. 1. Triumvirat 59–50 v. Chr.); Crassus (Konsul 70 und 55, Teilnehmer am sog. 1. Triumvirat 59–53 v. Chr.); Caesar (Konsul 59, 48, 46–44, Teilnehmer am sog. 1. Triumvirat 59–50, Diktator 49, 48/47 und 46–44, Diktator perpetuus 44 v. Chr.); Lepidus (Teilnehmer am 2. Triumvirat 43–36); Marcus Antonius (Teilnehmer am 2. Triumvirat 43–32) und Octavian (Teilnehmer am 2. Triumvirat 43–32

v. Chr.). Octavian (Augustus) begründet nach seinem Sieg über Marcus Antonius bei Actium 31 v. Chr. den Prinzipat und damit (bei äußerer Aufrechterhaltung republikanischer Tradition und Form) faktisch die Monarchie. Seit 284 n. Chr. mehrfach geteilt, zerfällt das Reich 395 faktisch endgültig in eine westliche und östliche (vgl. für diese Byzantinisches Reich) Reichshälfte.
Mit- und Gegenkaiser nur in Auswahl.

| | |
|---|---|
| *Julisch-Claudisches Haus* | |
| Augustus (Octavian) (63 v. Chr.) | Fakt. Alleinherrscher 30 v. Chr., »Augustus« 16. Jan. 27 v. Chr., † 19. Aug. 14 n. Chr. |
| Tiberius (42 v. Chr.) | Ks. 17. Sept. 14, † 16. März 37 |
| Gaius (Caligula) (12 n. Chr.) | Ks. 18. März 37, † 24. Jan. 41 |
| Claudius (10 v. Chr.) | Ks. 25. Jan. 41, † 13. Okt. 54 |
| Nero (37 n. Chr.) | Ks. 13. Okt. 54, † 9. Juni 68 |
| ——— | |
| Galba (3 v. Chr.) | Ks. 8. Juni 68, † 15. Jan. 69 |
| Otho (32 n. Chr.) | Ks. 15. Jan. 69, † 16. April 69 |
| Vitellius (15 n. Chr.) | Ks. 2. Jan. bzw. 19. April 69, † 20. Dez. 69 |
| *Flavier* | |
| Vespasian (9) | Ks. 1. Juli bzw. 22. Dez. 69, † 23. Juni 79 |
| Titus (39) | Ks. 24. Juni 79, † 13. Sept. 81 |
| Domitian (51) | Ks. 14. Sept. 81, † 18. Sept. 96 |
| *»Adoptivkaiser«* | |
| Nerva (30) | Ks. 18. Sept. 96, † 27.(?) Jan. 98 |
| Trajan (53?) | Ks. 28. Jan. 98, † 7.(?) Aug. 117 |
| Hadrian (76) | Ks. 11. Aug. 117, † 10. Juli 138 |
| Antoninus Pius (86) | Ks. 10. Juli 138, † 7. März 161 |
| Marc Aurel (121) | Ks. 7. März 161, † 17. März 180 |
| Lucius Verus (130) | Ks. 7. März 161, † Anf. 169 |
| Avidius Cassius (125/130) | Gegenks. Anf. April 175, † vor 28. Juli 175 |
| Commodus (161) | Ks. 17. März 180, † 31. Dez. 192 |
| ——— | |
| Pertinax (126) | Ks. 31. Dez. 192, † 28. März 193 |
| Didius Iulianus (133) | Ks. 28. März 193, d. 1. Juni 193, † 2. Juni 193 |
| Pescennius Niger (135/140) | Ks. April 193, † Ende April 194 |
| *Severer* | |
| Septimius Severus (145) | Ks. 9. April 193, † 4. Febr. 211 |
| Clodius Albinus (147) | Gegenks. 193, † 19. Febr. 197 |

| | |
|---|---|
| Caracalla (186/188) | Ks. 4. Febr. 211, †8. April 217 |
| Geta (189) | Ks. 4. Febr. 211, †19./26. Dez. 211 |
| Macrinus (164) | Ks. 11. April 217, †Mitte 218 |
| Elagabal (203/204) | Ks. 16. Mai 218, †11./12. März 222 |
| Severus Alexander (208?) | Ks. 14. März 222, †Febr./März 235 |

---

| | |
|---|---|
| Maximinius Thrax (172/173) | Ks. Febr./März 235, †Mitte April 238 |
| Gordian I. (158/159?) | Ks. Jan. 238, †Jan. 238 |
| Gordian II. (um 192) | Ks. Jan. 238, †Jan. 238 |
| Pupienus (um 164) | Ks. Jan./Febr. 238, †Anf. Mai 238 |
| Balbinus (?) | Ks. Jan./Febr. 238, †Anf. Mai 238 |
| Gordian III. (225) | Ks. Mai/Juni 238, †Anf. 244 |
| Philippus Arabs (204?) | Ks. Anf. 244, †Sept./Okt. 249 |
| Decius (um 190/200) | Ks. Sept./Okt. 249, †Juni 251 |
| Hostilianus (?) | Ks. Juni 251, †vor 15. Juli 251 |
| Trebonianus Gallus (um 206) | Ks. Juni 251, †Aug. (?) 253 |
| Volusianus (um 230) | Ks. Aug. (?) 251, †Aug. (?) 253 |
| Aemilius Aemilianus (um 207) | Ks. Juli/Aug. 253, †Sept./Okt. 253 |
| Valerian (um 200) | Ks. Juni/Aug. 253, gefangen Juni (?) 260, †nach 262? |
| Gallienus (um 213) | Ks. vor 22. Okt. 253, †Sept. 268 |
| Claudius II. Gothicus (214?) | Ks. Sept./Okt. 268, †Sept. 270 |
| Quintillus (?) | Ks. Sept. 270, †Sept. 270 |
| Aurelian (214?) | Ks. Sept. 270, †Sept./Okt. 275 |
| Tacitus (um 200) | Ks. Nov./Dez. 275, Juli (?) 276 |
| Florianus (?) | Ks. Juli (?) 276, †Sept. (?) 276 |
| Probus (232) | Ks. Sommer 276, †Herbst 282 |
| Carus (224?) | Ks. Aug./Sept. 282, †Juli/Aug. 283 |
| Numerianus (um 253) | Ks. Frühjahr 283, †Nov. 284 |
| Carinus (um 250) | Ks. Frühjahr 283, †Aug./Sept. 285 |

Östliche Reichshälfte

| | |
|---|---|
| Diocletian (um 245) | Ks. 20. Nov. 284, im Osten 286, r. 1. Mai 305, †3. Dez. 313 (?) |
| Galerius (um 250) | Caes. 21. Mai 293, Aug. (Ks.) 1. Mai 305, †Anf. Mai 311 |

| | |
|---|---|
| Maximinus Daia (270/285) | Caes. 1. Mai 305, Aug. (Ks.) 1. Mai (?) 310, †Spätsommer 313 |
| Licinius (um 265) | Ks. 11. Nov. (?) 308, r. 19. Sept. 324, †325 |

Westliche Reichshälfte

| | |
|---|---|
| Maximian (um 250) | Aug. (Ks.) 1. April 286, r. 1. Mai 305, vgl. unten |
| Constantius Chlorus (um 250) | Caes. 1. März 293, Aug. (Ks.) 1. Mai 305, †25. Juli 306 |
| Flavius Severus | Caes. 1. Mai 305, Aug. (Ks.) 25. Juli 306, d. April 307, †16. Sept. 307 |
| Maxentius (um 280) | Aug. (Ks.) 28. Okt. 306, †28. Okt. 312 |
| Maximian (2. Mal) | Aug. (Ks.) Febr. 307, r. April 308, †310 |

---

| | |
|---|---|
| Konstantin I. d. Große (285?) | Ks. im Westen 25. Juli 306, Alleinherrscher im Westen 28. Okt. 312, Alleinherrscher im Gesamtreich 18. Sept. 324, †22. Mai 337 |
| Konstantin II. (316) | Ks. (im Westen) 9. Sept. 337, †März/April 340 |
| Constantius (317) | Ks. (im Osten) 9. Sept. 337, Alleinherrscher im Gesamtreich 18. Jan. 350, †3. Nov. 361 |
| Constans (320/323) | Ks. (im Westen) 9. Sept. 337, Alleinherrscher im Westen März/April 340, †18. Jan. 350 |
| Julian Apostata (331) | Ks. 3. Nov. 361, †26. Juni 363 |
| Jovian (331) | Ks. 27. Juni 363, †17. Febr. 364 |

Östliche Reichshälfte

| | |
|---|---|
| Valens (328) | Ks. 28. März 364, †9. Aug. 378 |
| Theodosius I. (347) | Ks. 19. Jan. 379, Alleinherrscher im Gesamtreich 6. Sept. 394, †17. Jan. 395 |

Westliche Reichshälfte

| | |
|---|---|
| Valentinian I. (321) | Ks. im Gesamtreich 25. Febr. 364, im Westen 28. März 364, †17. Nov. 375 |
| Gratian (359) | Ks. 17. Nov. 375, †25. Aug. 383 |
| Valentinian II. (371) | Ks. 22. Nov. 375, †15. Mai 392 |
| Eugenius (um 330) | Ks. 22. Aug. 392, †6. Sept. 394 |

Weströmisches Reich

| | |
|---|---|
| Honorius (384) | Ks. 17. Jan. 395, †15. Aug. 423 |
| (Stilicho (um 365) | Reichsfeldherr und Vormund 17. Jan. 395, d. 14. Aug. 408, †22. Aug. 408) |
| Johannes | Ks. Dez. 423, †Mai 425 |
| Valentinian III. (419) | Ks. 23. Okt. 425, †16. März 455 |
| (Galla Placidia (um 390) | Regentin 421/425–437, †27. Nov. 450) |
| (Aëtius (um 390) | Reichsfeldherr 430, Patricius 433, †21. Sept. 454) |
| Petronius Maximus | Ks. 17. März 455, †31. Mai 455 |
| Avitus (um 400) | Ks. 9. Juli 455, d. 17. Okt. 456, †Ende 456 |
| Majorian | Ks. 28. Dez. 457, †2. Aug. 461 |
| (Rikimer | Patricius Anfang 457, †18. Aug. 472) |
| Libius Severus | Ks. 19. Nov. 461, †14. Nov. 465 |
| Anthemius | Ks. 12. April 467, †11. Juli 472 |
| Olybrius | Ks. April 472, †2. Nov. 472 |
| Glycerius | Ks. 3. März 473, d. 24. Juni 474 |
| Julius Nepos | Ks. 19./24. Juni 474, d. 28. Aug. 475, †9. Mai 480 |
| Romulus Augustulus | Ks. 31. Okt. 475, d. 23. Aug. 476 |

**Numidien und Mauretanien**

Numidien: Reichsbildung im nördlichen Afrika, mit römischer Hilfe gegen Karthago entstanden. Nach Entthronung Jubas II. zur römischen Provinz Africa.

Mauretanien: Römischer Klientelstaat, 25 v. Chr. für Juba II. geschaffen, 41/42 n. Chr. durch römische Truppen erobert und als Provinz Mauretania eingerichtet.

Numidien

| | |
|---|---|
| Massinissa (nach 240) | 201–148 |
| Micipsa | 148–118 |
| Adherbal | 118–112 |
| Hiempsal I. | 118–117 |
| Jugurtha | 118–105 |
| Gauda | 105–? |
| Hiempsal II. | um 88–vor 50 |
| Hiarbas | vor 83–? |
| Juba I. | vor 50–46 |
| Juba II. | 30–25 |

Mauretanien

| | |
|---|---|
| Juba II. | 25 v. Chr.–22/23 n. Chr. |
| Ptolemaeus | 23 n. Chr.–40 |

**Nabatäerreich**

Arabische Reichsbildung im Ostjordanland mit der Hauptstadt Petra, seit etwa 64/63 v. Chr. römischer Klientelstaat, 106 n. Chr. von Kaiser Trajan erobert und als römische Provinz Arabia eingerichtet.

| | |
|---|---|
| Aretas I. | 169–? |
| Aretas II. Herotymos | 110–95 |
| Obodas I. | 95–88 |
| Rabbel I. | 88–87 |
| Aretas III. | 87–62 |
| Malichos I. | 62–30 |
| Obodas II. | 30–9 |
| Aretas IV. | 9 v. Chr.–40 n. Chr. |
| Malichos II. | 40–70 |
| Rabbel II. | 71–106 |

**Armenien**

Reichsbildung nach der Niederlage Antiochos' III. gegen die Römer bei Magnesia (vgl. Seleukidenreich), Großreich unter Tigranes d. Gr., seit 69 v. Chr. in Abhängigkeit von Rom, 20 v. Chr. endgültig römischer Klientelstaat, seit 63/66 n. Chr. Pufferstaat zwischen Römischem und dem Parther- bzw. Sassanidenreich in wechselnder Abhängigkeit von den Nachbarn, 114–117 n. Chr. zeitweise römische Provinz, 428 n. Chr. endgültig dem Sassanidenreich (vgl. Iran in der Antike) zugeschlagen, wird mit diesem Mitte des 7. Jh.s von den Arabern erobert (vgl. Kalifenreich). Seit dem beginnenden 9. Jh. (zunächst mit Duldung des Kalifen) erneute Selbständigkeit, 885 Königreich, 1045 durch die Byzantiner annektiert, nach 1071 zum Seldschukenreich, seither unter türkischer Herrschaft.

*Artaxiaden*

| | |
|---|---|
| Artaxias I. | 188–? |
| Guras | ? |
| Tigranes I. | ? |
| Artavasdes II. | 123–95 |
| Tigranes II. d. Große* | 95–55 |
| Artavasdes III. | 55–34 |
| Artaxias II. | 32–21 |
| Tigranes III. | 20–12 |
| Tigranes IV. | um 10, †36 n. Chr. |
| Artavasdes IV. | um 10 |

*Herrscher aus verschiedenen Häusern*

| | |
|---|---|
| Artavasdes V. | 2–11 n. Chr. |
| Artaxias III. (= Zenon) | 15–34 |
| Mithridates v. Georgien | 35–37 und 42–51 |
| Rhadamistes | 51–53 |
| Tiridates I. | 53–59 |
| Tigranes V. | 60–63 |

*Arsakiden*

| | |
|---|---|
| Tiridates I. (2. Mal) | 63/66–72 |
| Axidares | ? |
| Parthamasiris | ? |
| Vologaeses | 117–? |
| Sohaemos | ? |
| Pakoros | 161–164 |
| Sohaemos (2. Mal) | 164–? |
| Sanatruk | ? |
| Valarsakes | ?–216 |
| Tiridates II. = Chosroes I. | ? |
| Tiridates III. (301 Christ) | 287–um 330 |
| Chosroes II. | um 330–339 |
| Tigranes VII. | um 339–? |
| Arsakes II. | ? |
| Pap | ?–374 |
| Varazdat | 374–378 |
| (Manuel Mamikonian | 378–385 Regent) |
| Arsakes III. | 379–389 |

| | |
|---|---|
| Chosroes III. | 387–392 |
| Vram Schapu | 392–414 |
| Chosroes III. (2. Mal) | 414–415 |
| Schapur (sassanid. Thronfolger) | 415–421 |
| Artakes IV. | 423–428 |

*Bagratiden*

| | |
|---|---|
| Aschot I. | 862–890 (885 König) |
| Sembat I. | 890–914 |
| Aschot II. | 915–929 |
| Abas | 930–953 |
| Aschot III. | 953–977 |
| Sembat II. | 977–989 |
| Gagik I. | 990–1020 |
| Hovhannes Sembat | 1020–1040 |
| Gagik II. | 1041–1045, † 1077/80 |

# EUROPÄISCHE STAATEN DES MITTELALTERS UND DER NEUZEIT EINSCHLIESSLICH DER STAATEN DER KREUZFAHRER

## Byzantinisches Reich

Nachfolgestaat des Römischen Reiches (vgl. dieses). 1204–1261 existieren ein Lateinisches Kaiserreich in Konstantinopel und ein (griechisches) Kaiserreich in Nikaia nebeneinander, ferner mehrere lateinische und griechische (u. a. Kaiserreich Trapezunt) Kleinstaaten auf Reichsboden. Mit der Eroberung von Konstantinopel durch die Türken (29. Mai 1453) bzw. mit der Vernichtung des Kaiserreichs Trapezunt durch dieselben endet die Reichsgeschichte.

*Dynastie des Theodosius*

| | |
|---|---|
| Arkadius (377) | Ks. 17. Jan. 395, †1. Mai 408 |
| Theodosius II. (401) | Ks. 1. Mai 408, †28. Juli 450 |
| Markian (396?) | Ks. 25. Aug. 450, †26. Jan. 457 |

*Thrakische Dynastie*

| | |
|---|---|
| Leon I. (um 400) | Ks. 7. Febr. 457, †18. Jan. 474 |
| Leon II. (um 467) | Ks. 18. Jan. 474, †Ende Nov. 474 |
| Zenon (435/440) | Mitregent 9. Febr. 474, Ks. Ende Nov. 474, d. 9. Jan. 475, vgl. unten |
| Basiliskus | Ks. 9. Jan. 475, d. Ende Aug. 476, †476 |
| Zenon (2. Mal) | Ks. Ende Aug. 476, †9. April 491 |
| Anastasios I. (um 431) | Ks. 11. April 491, †10. Juli 518 |

*Dynastie des Justinian*

| | |
|---|---|
| Justin I. (um 450) | Ks. 10. Juli 518, †1. Aug. 527 |
| Justinian I. (482) | Mitregent 1. April 527, Ks. 1. Aug. 527, †15. Nov. 565 |
| Justin II. | Ks. 15. Nov. 565, †5. Okt. 578 |

---

| | |
|---|---|
| Tiberios | Mitregent 26. Sept. 578, Ks. 6. Okt. 578, †14. Aug. 582 |
| Maurikios (539) | Mitregent 13. Aug. 582, Ks. 14. Aug. 582, †23. Nov. 602 |
| Theodosius (III.) | Mitregent 26. März 590, †23. Nov. 602 |
| Phokas (um 547) | Ks. 23. Nov. 602, †5. Okt. 610 |

*Dynastie des Herakleios*

| | |
|---|---|
| Herakleios I. (575) | Ks. 5. Okt. 610, †11. Febr. 641 |

| | |
|---|---|
| Konstantin III. (611) | Mitregent 22. Jan. 613, Ks. 11. Febr. 641, †24. Mai 641 |
| Herakleios II. Heraklonas (626) | Mitregent 638, Ks. 25. Mai 641, †Ende Sept. 641 |
| Konstans II. (630) | Mitregent Sept. 641, Ks. Ende Sept. 641, †15. Sept. 668 |
| Konstantin IV. Pogonatos (652) | Mitregent 13. April 654, Ks. Sept. 668, †Sept. 685 |
| Justinian II. (669) | Mitregent Herbst 681, Ks. Sept. 685, d. Ende 695, vgl. unten |

---

| | |
|---|---|
| Leontios | Ks. Ende 695, d. Ende 698, †705 |
| Tiberios Apsimaros | Ks. Ende 698, d. Mitte 705, †705 |
| Justinian II. Rhinotmetos (2. Mal) | Ks. Mitte 705, †um 11. Dez. 711 |
| Philippikos Bardanes | Ks. um 11. Dez. 711, d. 3. Juni 713 |
| Anastasios II. | Ks. 4. Juni 713, d. Ende Aug. 715, †719 |
| Theodosius III. | Ks. Ende Aug. 715, d. 18. April 716, †722 |

*Syrische Dynastie*

| | |
|---|---|
| Leon III. (um 675) | Ks. 18. April 716 (K 25. März 717), †18. Juni 741 |
| Konstantin V. Kopronymos (718) | Mitregent 31. März 720, Ks. 19. Juni 741, †23. Sept. 775 |
| Leon IV. Khazar (750) | Mitregent 17. Mai 750, Ks. 24. Sept. 775, †8. Sept. 780 |
| Konstantin VI. (770) | Mitregent 24. April 776, Ks. 9. Sept. 780, d. Frühjahr 790, vgl. unten |
| Irene (752) | Mitregentin 9. Sept. 780, Ks.in Frühjahr 790, d. Dez. 790, Mitregentin Jan. 792, vgl. unten |
| Konstantin VI. (2. Mal) | Ks. Dez. 790, d. 15. Aug. 797, †? |
| Irene (2. Mal) | Ks.in 15. Aug. 797, d. 31. Okt. 802, †9. Aug. 803 |

---

| | |
|---|---|
| Nikephoros I. (um 765) | Ks. 1. Nov. 802, †25. Juli 811 |
| Staurakios | Ks. 26. Juli 811, †2. Okt. 811 |
| Michael I. Rhangabe (782) | Ks. 2. Okt. 811, d. 10. Juli 813, †845 |
| Leon V. | Ks. 10. Juli 813, †24. Dez. 820 |

*Amorische Dynastie*

| | |
|---|---|
| Michael II. | Ks. 25. Dez. 820, †Okt. 829 |

| | |
|---|---|
| Theophilos | Mitregent 12. Mai 821, Ks. Okt. 829, †20. Jan. 842 |
| Theodora | Ks.in (Regentin) 21. Jan. 842, d. 15. März 856, †11. Febr. 867 |
| Michael III. (840) | Ks. 21. Jan. 842, †23. Sept. 867 |
| Bardas | Mitregent 862, †Mai 866 |

*Makedonische Dynastie*

| | |
|---|---|
| Basileios I. (um 812) | Mitregent 26. Mai 866, Ks. 23. Sept. 867, †29. Aug. 886 |
| Leon VI. (um 865) | Mitregent 870, Ks. 30. Aug. 886, †11. Mai 912 |
| Alexandros | Mitregent 871 (?), Ks. 11. Mai 912, †6. Juni 913 |
| Konstantin VII. Porphyrogennetos (905) | Mitregent 9. Juni 911, Ks. 7. Juni 913, †9. Nov. 959 |

---

| | |
|---|---|
| Romanos I. Lakapenos | Ks. 17. Dez. 920, d. 16. Dez. 944, †15. Juni 948 |

*Makedonische Dynastie*

| | |
|---|---|
| Romanos II. (939) | Mitregent 6. April 945, Ks. 10. Nov. 959, †15. März 963 |
| Basileios II. (um 956) | Mitregent 22. April 960, Ks. 16. März 963, fakt. d. 16. Aug. 963, vgl. unten |

---

| | |
|---|---|
| Nikephoros II. Phokas (912) | Ks. 3. Juli 963, †10. Dez. 969 |
| Johannes I. Tzimiskes (um 924) | Ks. 11. Dez. 969, †10. Jan. 976 |

*Makedonische Dynastie*

| | |
|---|---|
| Basileios II. (2. Mal) | Ks. 11. Jan. 976, †15. Dez. 1025 |
| Konstantin VIII. (um 960) | Mitregent 961, Ks. 16. Dez. 1025, †11. Nov. 1028 |
| Romanos III. Argyros | Ks. 12. Nov. 1028, †11. April 1034 |
| Michael IV. Paphlagonios | Ks. 12. April 1034, †10. Dez. 1041 |
| Michael V. Kalaphates | Ks. 10. Dez. 1041, d. 21. April 1042 |
| Zoe und Theodora | Ks.innen 21. April 1042, r. 12. Juni 1042, vgl. unten |
| Konstantin IX. Monomachos | Ks. 12. Juni 1042, †11. Jan. 1055 |
| Theodora | Ks.in 11. Jan. 1055, †21. Aug. 1056 |

---

| | |
|---|---|
| Michael VI. Stratiotikos | Ks. 21. Aug. 1056, r. 31. Aug. 1057, †1059 |

| | |
|---|---|
| Isaak I. Komnenos | Ks. 1. Sept. 1057, r. 25. Dez. 1059, † 1061 |
| Konstantin X. Dukas | Ks. 25. Dez. 1059, † 21. Mai 1067 |
| Eudokia Dukaina | Ks.in 21. Mai 1067, r. 31. Dez. 1067, vgl. unten |
| Romanos IV. Diogenes | Ks. 1. Jan. 1068, d. 19. Aug. 1071, † 4. Aug. 1072 |
| Eudokia Dukaina (2. Mal) | Ks.in 19. Aug. 1071, d. 24. Okt. 1071 |
| Michael VII. Dukas | Ks. 24. Okt. 1071, r. März 1078 |
| Nikephoros III. Botoneiates | Ks. 7. Jan. 1078, r. 1. April 1081 |

*Komnenen*

| | |
|---|---|
| Alexios I. Komnenos (1048) | Ks. 4. April 1081, † 15. Aug. 1118 |
| Johannes II. (1088) | Mitregent 1092, Ks. 16. Aug. 1118, † 8. April 1143 |
| Manuel I. (1122) | Ks. 8. April 1143, † 24. Sept. 1180 |
| Alexios II. (1169) | Mitregent 1172, Ks. 24. Sept. 1180, d. Sept. 1183, † 1183 |
| Andronikos I. (1122?) | Mitregent 16. Mai 1182, Ks. Sept. 1183, † 12. Sept. 1185 |

*Angeloi*

| | |
|---|---|
| Isaak II. Angelos (1155) | Ks. 12. Sept. 1185, d. 8. April 1195, vgl. unten |
| Alexios III. | Ks. 8. April 1195, d. 17. Juli 1203, † 1210 |
| Isaak II. (2. Mal) | Ks. 18. Juli 1203, † 28. Jan. 1204 |
| Alexios IV. (1182) | Ks. 18. Juli 1203, † 28. Jan. 1204 |

---

| | |
|---|---|
| Alexios V. Murtzuphlos | Ks. 28. Jan. 1204, d. 13. April 1204 |

*Laskariden* in Nikaia

| | |
|---|---|
| Konstantin XI. Laskaris | Ks. 13. April 1204, † 19. März 1205 |
| Theodor I. | Ks. in Nikaia März/April 1208, † Anfang 1222 |
| Johannes III. Dukas Vatatzes (1193) | Ks. Anfang 1222, † 3. Nov. 1254 |
| Theodor II. Laskaris (1223) | Ks. 3. Nov. 1254, † Aug. 1258 |
| Johannes IV. (1251) | Ks. Aug. 1258, d. 1. Dez. 1258 |

*Paläologen* in Nikaia und Konstantinopel

| | |
|---|---|
| Michael VIII. Palaiologos (1224) | Ks. 1. Dez. 1258, in Konstantinopel 25. Juli 1261 (2. Krönung 15. Aug. 1261), † 11. Dez. 1282 |

| | |
|---|---|
| Andronikos II. (1260) | Mitregent 8. Nov. 1272, Ks. 11. Dez. 1282, r. 24. Mai 1328, † 13. Febr. 1332 |
| Michael IX. (1277) | Mitregent 1281 (K 21. Mai 1295), † 12. Okt. 1320 |
| Andronikos III. (1297) | Mitregent Juni 1321 (K 2. Febr. 1325), Ks. 24. Mai 1328, † 15. Juni 1341 |
| Johannes V. (1332) | Ks. 15. Juni 1341, d. 12. Aug. 1376, vgl. unten |
| Johannes VI. Kantakuzenos (1296) | Ks. 13. Mai 1347, r. 4. Dez. 1354, † 15. Juni 1383 |
| Andronikos IV. Palaiologos | Ks. 12. Aug. 1376, d. 1. Juli 1379, † 28. Juni 1385 |
| Johannes V. (2. Mal) | Ks. 1. Juli 1379, † 16. Febr. 1391 |
| Johannes VII. | Ks. (Usurpator) 14. April 1390, d. 17. Sept. 1390, vgl. unten |
| Manuel II. (1350) | Ks. Febr. 1391, † 21. Juli 1425 |
| Johannes VII. (2. Mal) | Regent Dez. 1399–Sept. 1402 |
| Johannes VIII. (1391) | Regent 19. Jan. 1421, Ks. 21. Juli 1425, † 31. Okt. 1448 |
| Konstantin XII. Dragases (1404) | Ks. 6. Jan. 1449, † 29. Mai 1453 |

Lateinisches Kaiserreich in Konstantinopel

| | |
|---|---|
| Balduin I. v. Flandern (1171) | Ks. 16. Mai 1204, gefangen 14. April 1205, † 1205 |
| Heinrich I. (1174) | Ks. 20. Aug. 1206, † 11. Juni 1216 |
| Peter v. Courtenay-Auxerre | Ks. 9. April 1217, gefangen Sommer 1217 |
| Jolante | Regentin 1217–1219 |
| Robert v. Courtenay-Auxerre | Ks. 25. März 1221, † 1228 |
| Balduin II. (1217) | Ks. 1228, d. 25. Juli 1261, † 1273 |
| Johann v. Brienne* (um 1144) | Ks. 1231, † März 1237 |

Despotat Epiros/Kaiserreich Thessaloniki

*Angeloi*

| | |
|---|---|
| Michael I. | 1204–1215 |
| Theodor | 1215–1230 |
| Manuel | 1230–1237/1238 |
| Johannes | 1238–1244 |

| | |
|---|---|
| Demetrios | 1244–1246 |
| Michael II. | 1249–1267/1268 |
| Nikephoros I. | 1267–1297 |
| Thomas | 1296–1318 |
| *Orsini* | |
| Nicola | 1318–1323 |
| Giovanni | 1323–1336/1337 |
| Nikephoros II. | 1347 und 1356–1359 |
| Simeon Uros Palaiologos | 1348–1355 |

Despotat Joannina

| | |
|---|---|
| Thomas Preljubovic | 1367–1384 |
| Esau Buondelmonti | 1385–1411 |
| Carlo I. Tocco | 1411–1429 |
| Carlo II. Tocco | 1429–1448 |
| Leonardo Tocco | 1448–1479, t 1494 |

Kaiserreich Trapezunt

| | |
|---|---|
| *Komnenen* | |
| Alexios I. | 1204–1222 |
| Andronikos I. | 1222–1235 |
| Johannes I. | 1235–1238 |
| Manuel I. | 1238–1263 |
| Andronikos II. | 1263–1267 |
| Georgios | 1267–1280 |
| Johannes II. | 1280–1297 |
| Alexios II. | 1297–1330 |
| Andronikos III. | 1330–1332 |
| Manuel II. | 1332 |
| Basileios | 1332–1340 |
| Irene Palaiologina | 1340–1341 |
| Anna Anachoutlou | 1341 |
| Michael | 1341 |
| Anna Anachoutlou (2. Mal) | 1341–1342 |
| Johannes III. | 1342–1344 |
| Michael (2. Mal) | 1344–1349 |
| Johannes Alexios III. | 1349–1390 |

| | |
|---|---|
| Manuel III. | 1390–1412 |
| Alexios IV. | 1412–1429 |
| Johannes IV. Kaloiohannes | 1429–1458 |
| David | 1458–1461 |

**Reich Odoakers und der Ostgoten in Italien**
Königreich als Nachfolgestaat des Weströmischen Reiches in Italien in loser Abhängigkeit vom Oströmisch-Byzantinischen Reich, 552 nach heftigem Abwehrkampf byzantinisch.

| | |
|---|---|
| Odoaker (um 430) | Kg. 23. Aug. 476, †15. März 493 |
| Theoderich d. Große* (um 453) | Kg. d. Ostgoten 474, in Ravenna 5. März 493, †30. Aug. 526 |
| Athalarich (516) | Kg. 30. Aug. 526, †2. Okt. 534 |
| Amalasuntha | Regentin 30. Aug. 526, †30. April 535 |
| Theodahad (vor 479) | Kg. Nov. 534, †Dez. 536 |
| Witigis | Kg. 536, gefangen Mai 540, †541(?) |
| Ildibad | Kg. 540, †Mai (?) 541 |
| Erarich | Kg. 541, †Okt. (?) 541 |
| Totila | Kg. Ende 541, †Juli 552 |
| Teja | Kg. Sommer 552, †Okt. 552 |

**Reich der Wandalen in Afrika**
Germanische Reichsbildung im nördlichen Afrika, 534 byzantinisch.

| | |
|---|---|
| Geiserich (389?) | Kg. 428, in Afrika 429, †25. Jan. 477 |
| Hunerich (411?) | Kg. 477, †23. Dez. 484 |
| Gunthamund | Kg. 484, †3. Sept. 496 |
| Thrasamund | Kg. 496, †6. Mai 523 |
| Hilderich (457?) | Kg. 523, d. 19. Mai 530, †533 |
| Gelimer | Kg. 530, d. März/April 534 |

**Burgunderreich**
Germanische Reichsbildung am Genfer See und um Lyon, 534 zum Frankenreich (vgl. dieses).

| | |
|---|---|
| Gundowech (Gundiok) | 443–um 470 (Lyon) |
| Chilperich I. | 443–um 480 (Genf) |

| | |
|---|---|
| Gundobad | um 480–516 (Lyon) |
| Godegisel | um 480–501 (Genf) |
| Godomar I. | um 480–? (Vienne?) |
| Chilperich II. | um 480–? (Valence?) |
| Sigismund | 516–523 |
| Godomar II. | 524–534 |

**Langobardenreich in Italien**

Germanische Reichsbildung im nördlichen und mittleren Italien, 774 zum Frankenreich (vgl. dieses).

| | |
|---|---|
| Alboin | 560–572 (seit 568 in Italien) |
| Cleph | 572–574 |
| (Interregnum | 574–584) |
| Authari | 584–590 |
| Agilulf | 591–615/616 |
| Adaloald | 615/616–625/626 |
| Arioald | 625/626–636 |
| Rothari | 636–652 |
| Rodoald | 652–653 |
| Aripert I. | 653–661 |
| Godepert und Perctarit | 661–662 |
| Grimoald | 662–671 |
| Garibald | 671 |
| Perctarit (2. Mal) | 671–688 |
| Cunipert | 688–700 |
| Liutpert | 700 |
| Raginpert | 701 |
| Aripert II. | 701–712 |
| Ansprand | 712 |
| Liutprand | 712–744 |
| Hildeprand | 736–744 |
| Ratchis | 744–749 |
| Aistulf | 749–756 (seit 751 in Ravenna) |
| Ratchis (2. Mal) | 756–757 |
| Desiderius | 757–774 |
| Adelchis | 759–774 |

**Westgotenreiche**

Aufnahme der Westgoten ins römische Reichsgebiet 376. Bildung eines Reiches in Südgallien (Tolosanisches Reich) seit 418. Nach der durch die Franken (vgl. Frankenreich) beigebrachten Niederlage bei Vouillé (507)

Verlagerung des Reiches auf die Iberische Halbinsel, 711 durch die Mauren vernichtet.

| | |
|---|---|
| Alarich I. | 395–410 |
| Athaulf | 410–415 |
| Wallia | 415–418 |
| Theoderid | 418–451 |
| Thorismund | 451–453 |
| Theoderich | 453–466 |
| Eurich | 466–484 |
| Alarich II. | 484–507 |
| Gesalech | 507–511 |
| Theoderich d. Große* | 511–526 |
| Amalarich | 526–531 |
| Theudis | 531–548 |
| Theudegisel | 548–549 |
| Agila | 549–554 |
| Athanagild | 551–567 |
| Leowa I. | 568–573 |
| Leowigild | 568–586 |
| Rekkared I. | 586–601 |
| Leowa II. | 601–603 |
| Witterich | 603–610 |
| Gundemar | 610–612 |
| Sisibut | 612–621 |
| Rekkared II. | 621 |
| Swinthila | 621–632 |
| Sisinand | 632–636 |
| Chintila | 636–639 |
| Tulga | 639–642 |
| Chindaswinth | 642–652 |
| Rekkeswinth | 649–672 |
| Wamba | 672–680 |
| Erwich | 680–687 |
| Egika | 687–702 |
| Witiza | 702–710 |
| Roderich | 710–711 |

**Frankenreich**
Königreich in Gallien seit dem Ende des 5. Jahrhunderts, nachfolgend mehrfach geteilt. Unter den Karolingern im 8./9. Jahrhundert Vormacht Europas und Erwerb der Kaiserwürde. 843 in drei Reichsteile zerfallen (vgl. Königreiche Burgund, Frankreich, Heiliges Römisches Reich und Königreich Italien im Mittelalter).

*Merowinger*

| | |
|---|---|
| Chlodwig I. | Kg. 481/482, †Herbst 511 |
| Theuderich I. | Kg. (Reims) Herbst 511, †Ende 533 |
| Theudebert I. | Kg. Ende 533, †548 |
| Theudebald | Kg. 548, †Nov./Dez. 555 |
| Chlodomer | Kg. (Orléans) Herbst 511, †524 |
| Childebert I. | Kg. (Paris) Herbst 511, †23. Dez. 558 |
| Chlotar I. | Kg. (Soissons) Herbst 511, Alleinherrscher 23. Dez. 558, †Nov./Dez. 561 |
| Sigibert I. | Kg. Nov./Dez. 561, †vor 8. Dez. 575 |
| Childebert II. | Kg. 25. Dez. 575, †595/596 |
| Theudebert II. | Kg. 595/596, †nach Mai 612 |
| Theuderich II. | Kg. 595/596, †nach 23. Aug. 613 |
| Sigibert II. | Kg. nach 23. Aug. 613 |
| Guntram | Kg. (Burgund) Nov./Dez. 561, †28. März 592 |
| Charibert I. | Kg. (Paris) Nov./Dez. 561, †Winter 567 |
| Chilperich I. | Kg. Nov./Dez. 561, †Herbst 584 |
| Chlotar II. | Kg. Herbst 584, Alleinherrscher 613–623, †Herbst 629 |
| Dagobert I. | Kg. Frühjahr 623, Alleinherrscher Herbst 629, †19. Jan. 639 |
| Charibert II. | Mitregent (Aquitanien) 630, †vor 8. April 632 |
| Sigibert III. | Mitregent 633/634, †1. Febr. 656 |
| Dagobert II. | Kg. 2. Febr. 656, d. 660/661, vgl. unten |
| Childebert adoptivus | Kg. 660, †662 |
| Childerich II. | Kg. 662, Alleinherrscher 673, †Herbst 675 |
| Chlodwig II. | Kg. (Neustrien/Burgund) 20. Jan. 639, †Herbst 657 |
| Chlotar III. | Kg. (Neustrien/Burgund) Herbst 657, †Frühjahr 673 |
| Theuderich III. | Kg. Frühjahr 673 und seit Herbst 675, Alleinherrscher 24. Dez. 679, †691 |
| Dagobert II. (2. Mal) | Kg. 676, †23. Dez. 679 |
| Chlodwig III. | Kg. 690, †Ende 694 |
| Childebert III. | Kg. Ende 694, †vor 2. März 711 |
| Dagobert III. | Kg. vor 2. März 711, †715/716 |

| | |
|---|---|
| Chilperich II. | Kg. 715/716, †721 |
| Chlotar IV. | Kg. 717, †719 |
| Theuderich IV. | Kg. 721, †Frühjahr 737 |
| (Interregnum | 737–743) |
| Childerich III. | Kg. Febr./März 743, d. Dez. 751 |

*Karolinger*

| | |
|---|---|
| Pippin III. (um 715) | Hausmeier in Neustrien 741, in Austrien 747, Kg. Nov. 751, †24. Sept. 768 |
| Karl I. d. Große (747) | Kg. 9. Okt. 768, Alleinherrscher 4. Dez. 771, Kg. d. Langobarden Anfang Juni 774, Ks. 25. Dez. 800, †28. Jan. 814 |
| Karlmann | Kg. 9. Okt. 768, †4. Dez. 771 |
| Ludwig I. d. Fromme (778) | Kg. (Aquitanien) 15. April 781, Ks. 28. Jan. 814, †20. Juni 840 |
| Lothar I. (795) | Ks. 20. Juni 840, erhält 843 das »Mittelreich« von den Niederlanden bis Italien, †29. Sept. 855 |
| Ludwig II. (um 825) | Ks. (Italien) 6. April 850, †12. Aug. 875 |
| Lothar II. (um 835) | Kg. (Lothringen) 29. Sept. 855, †8. Aug. 869 |
| Karl (um 845) | Kg. (Provence) 29. Sept. 855, †24. Jan. 863 |

**Königreich Italien im Mittelalter**

Zunächst fränkisches Unterkönigtum, seit 888 selbständiges Königreich im Gebiet des nördlichen und mittleren Italien, seit 951/961/1004 mit dem Römischen Reich (vgl. Heiliges Römisches Reich) verbunden.

| | |
|---|---|
| Berengar I. v. Friaul | Kg. Jan. 888, Ks. Ende 915, †7. April 924 |
| Wido v. Spoleto | Kg. 16. Febr. (?) 889, Ks. 21. Febr. 891, †Herbst 894 |
| Lambert | Kg. 1. Mai 891, Ks. 30. Juni 892, †15. Okt. 898 |
| Ludwig (III.)* | Kg. Okt. 900, Ks. Febr. 901, †5. Juni 928 |
| Rudolf (II.)* | Kg. Anfang 922, fakt. r. April 926, †13. Juli 937 |
| Hugo v. Vienne | Kg. Juli 926, †10. April 948 |
| Lothar | Kg. 931, Alleinherrscher 10. April 948, †22. Nov. 950 |

| | |
|---|---|
| Berengar II. v. Ivrea | Kg. 15. Dez. 950, fakt. d. 23. Sept. 951, fortan als Unterkg. bis 961, †6. Aug. 966 |
| Arduin v. Ivrea (um 955) | Kg. 15. Febr. 1002, d. 14. Mai 1004, †14. Dez. 1015 |

**Königreiche Burgund**

Nachfolgestaaten des Frankenreiches seit 879/888, 933 Vereinigung von Nieder- und Hochburgund. Seit 1032 ist das vereinigte Königreich Burgund (Arelat) mit dem Römischen Reich verbunden (vgl. Heiliges Römisches Reich).

| | |
|---|---|
| Boso v. Vienne | Kg. (Niederburgund) 15. Okt. 879, †11. Jan. 887 |
| Ludwig (III.)* | Kg. (Niederburgund) 890, Ks. Febr. 901, †5. Juni 928 |
| Rudolf I. | Kg. (Hochburgund) Jan. 888, †25. Okt. 912 |
| Rudolf II.* | Kg. (Hochburgund) 25. Okt. 912, (Niederburgund) 933, †13. Juli 937 |
| Konrad | Kg. 13. Juli 937, †19. Okt. 993 |
| Rudolf III. | Kg. 19. Okt. 993, †6. Sept. 1032 |

**Asturien**

Christliches Königreich als Nachfolgestaat des Westgotenreichs im nördlichen Teil der Iberischen Halbinsel seit der 1. Hälfte des 8. Jahrhunderts, 910 geteilt (vgl. León).

| | |
|---|---|
| Pelayo | 718/722–737 |
| Favila | 737–739 |
| Alfons I. | 739–757 |
| Fruela I. | 757–768 |
| Aurelio | 768–774 |
| Silo | 774–783 |
| Mauregato | 783–788 |
| Bermudo I. | 788–791 |
| Alfons II. d. Keusche | 791–842 |
| Ramiro I. | 842–850 |
| Ordoño I. | 850–866 |
| Alfons III. | 866–910 |

**León**

Nachfolgestaat Asturiens, mehrfach in Personalunion mit Kastilien, 1230 endgültig mit diesem vereinigt.

| | |
|---|---|
| García I. | 910–914 |
| Ordoño II. | 910–925 |
| Fruela II. | 910–925 |
| Alfons IV. | 925–930 |
| Ramiro II. | 930–951 |
| Ordõno III. | 951–956 |
| Sancho I. | 956–966 |
| Ordoño IV. | 958–960 |
| Ramiro III. | 966–984 |
| Bermudo II. | 984–999 |
| Alfons V. | 999–1028 |
| Bermudo III. | 1028–1037 |
| Ferdinand I. d. Große* | 1037–1065 |
| Alfons VI. d. Tapfere* | 1065–1109 |
| Urraca* | 1109–1126 |
| Alfons VII.* | 1126–1157 |
| Ferdinand II. | 1157–1188 |
| Alfons IX. | 1188–1230 |

**Kastilien**

Nachfolgestaat Asturiens als Grafschaft, 1035 Königreich, mehrfach mit León in Personalunion verbunden, geht nach 1516 im Königreich Spanien auf.

| | |
|---|---|
| Ferdinand I. d. Große* (1016/1018) | Kg. Febr. 1035, †27. Dez. 1065 |
| Sancho II. (um 1040) | Kg. 27. Dez. 1065, †5. Okt. 1072 |
| Alfons VI. d. Tapfere* (1040?) | Kg. 6. Okt. 1072, †30. Juni 1109 |
| Urraca* (1080?) | Kg.in 30. Juni 1109, †8. März 1126 |
| Alfons VII.* (1105) | Kg. 10. März 1126, †21. Aug. 1157 |
| Sancho III. (1135) | Kg. 21. Aug. 1157, †31. Aug. 1158 |
| Alfons VIII. (1155) | Kg. 31. Aug. 1158, †6. Okt. 1214 |
| Heinrich I. (1203?) | Kg. 6. Okt. 1214, †6. Juni 1217 |
| Ferdinand III. d. Heilige (1201?) | Kg. 30. Aug. 1217, †30. Mai 1252 |
| Alfons X. d. Weise* (1221) | Kg. 30. Mai 1252, †4. April 1284 |
| Sancho IV. (1258) | Kg. 4. April 1284, †25. April 1295 |
| Ferdinand IV. (1285) | Kg. 25. April 1295, †7. Sept. 1312 |

| | |
|---|---|
| Alfons XI. d. Gesetzgeber (1311) | Kg. 7. Sept. 1312, †26. März 1350 |
| Peter I. d. Grausame (1334) | Kg. 26. März 1350, †23. März 1369 |

*Trastámara*

| | |
|---|---|
| Heinrich II. (1333/1334) | Kg. 23. März 1369, †29. Mai 1379 |
| Johann I. (1358) | Kg. 29. Mai 1379, †9. Okt. 1390 |
| Heinrich III. (1379) | Kg. 9. Okt. 1390, †25. Dez. 1406 |
| Johann II. (1405) | Kg. 25. Dez. 1406, †21. Juli 1454 |
| Heinrich IV. (1425) | Kg. 21. Juli 1454, †14. Dez. 1474 |
| Isabella I. (1451) | Kg.in 14. Dez. 1474, †26. Nov. 1504 |
| Ferdinand V.* (1452) | Kg. 14. Dez. 1474, †23. Jan. 1516 (Regent 1504–1506 und erneut seit 1506) |
| Johanna d. Wahnsinnige (1479) | Kg.in 26. Nov. 1504, †12. April 1555 (regiert faktisch nicht) |
| Philipp I. d. Schöne (1478) | Kg. 12. Juli 1506, †25. Sept. 1506 |

**Aragón**

Königreich seit 1035, geht nach 1516 im Königreich Spanien auf.

| | |
|---|---|
| Ramiro I. | Kg. Febr. 1035, †8. Mai 1063 |
| Sancho I. Ramírez* (1043) | Kg. 8. Mai 1063, †4. Juni 1094 |
| Peter I.* (1068/69) | Kg. 4. Juni 1094, †28. Sept. 1104 |
| Alfons I.* (um 1073) | Kg. 28. Sept. 1104, †7. Sept. 1134 |
| Ramiro II. | Kg. 7. Sept. 1134, r. 1137, †16. Aug. 1147 |
| Petronella | Kg.in 1137, r. 8. Aug. 1162, †1173 |
| Raimund Berengar | Prinz 1137, †8. Aug. 1162 |
| Alfons II. (1154) | Kg. 8. Aug. 1162, †25. April 1196 |
| Peter II. (1176) | Kg. 25. April 1196, †13. Sept. 1213 |
| Jakob I. d. Eroberer (1208) | Kg. 17. Sept. 1213, †27. Juli 1276 |
| Peter III. d. Große* (1239) | Kg. 27. Juli 1276, †10. Nov. 1285 |
| Alfons III. d. Freigiebige(1265) | Kg. 10. Nov. 1285, †18. Juni 1291 |
| Jakob II. d. Gerechte* (1264) | Kg. 18. Juni 1291, †3. Nov. 1327 |
| Alfons IV. d. Gütige (1299) | Kg. 3. Nov. 1327, †24. Jan. 1336 |
| Peter IV. Ceremonioso (1319) | Kg. 24. Jan. 1336, †5. Jan. 1387 |

| | |
|---|---|
| Johann I. (1350) | Kg. 5. Jan. 1387, †19. Mai 1395 |
| Martin I.* (um 1360) | Kg. 19. Mai 1395, †31. Mai 1410 |

*Trastámara*

| | |
|---|---|
| Ferdinand I. (1380) | Kg. 24. Juni 1412, †2. April 1416 |
| Alfons V.* (1396) | Kg. 2. April 1416, †27. Juni 1458 |
| Johann II.* (1397) | Kg. 27. Juni 1458, †19. Jan. 1479 |
| Ferdinand II.* (1452) | Kg. 19. Jan. 1479, †23. Jan. 1516 |

## Navarra

Königreich seit 905. Der südliche Teil ist seit 1512 mit der Krone Kastilien, der nördliche Teil seit 1589 in Personalunion mit Frankreich verbunden.

| | |
|---|---|
| Sancho I. Garcés | Kg. 905, †926 |
| García I. Sánchez | Kg. 926, †970 |
| Sancho II. Garcés Abarca | Kg. 970, †994 |
| García II. Sánchez | Kg. 994, †1000 |
| Sancho III. d. Große | Kg. 1000, †Febr. 1035 |
| García III. de Najera | Kg. Febr. 1035, †1. Sept. 1054 |
| Sancho IV. de Penalén | Kg. 1. Sept. 1054, †4. Juni 1076 |
| Sancho V. Ramirez* | Kg. 4. Juni 1076, †4. Juni 1094 |
| Peter I.* | Kg. 4. Juni 1094, †28. Sept. 1104 |
| Alfons I.* (um 1073) | Kg. 28. Sept. 1104, †7. Sept. 1134 |
| García IV. | Kg. 8. Sept. 1134, †21. Nov. 1150 |
| Sancho VI. d. Weise (1132) | Kg. 21. Nov. 1150, †27. Juni 1194 |
| Sancho VII. d. Starke (1154) | Kg. 27. Juni 1194, †7. April 1234 |

*Haus Champagne*

| | |
|---|---|
| Theobald I. (1201) | Kg. 7. Mai 1234, †8. Juli 1253 |
| Theobald II. | Kg. 8. Juli 1253, †5. Dez. 1270 |
| Heinrich I. | Kg. 5. Dez. 1270, †22. Juli 1274 |
| Johanna I. | Kg.in 22. Juli 1274, †4. April 1305 |

*Kapetinger*

| | |
|---|---|
| Philipp I. d. Schöne* (1268) | Kg. 16. Aug. 1284, r. 4. April 1305, †29. Nov. 1314 |
| Ludwig I.* (1289) | Kg. 4. April 1305, †8. Juni 1316 |
| Philipp II.* (1291) | Kg. 8. Juni 1316, †3. Jan. 1322 |
| Karl I.* (1295) | Kg. 3. Jan. 1322, †1. Febr. 1328 |
| Johanna II. (1311) | Kg.in 1. Febr. 1328, †8. Okt. 1349 |

*Haus Evreux*

| | |
|---|---|
| Philipp III. (1301) | Kg. 1329, †Sept. 1343 |
| Karl II. d. Böse (1332) | Kg. 8. Okt. 1349, †1. Jan. 1387 |
| Karl III. (1361) | Kg. 1. Jan. 1387, †8. Sept. 1425 |
| Blanka | Kg.in Sept. 1425, †1441 |

*Verschiedene Häuser*

| | |
|---|---|
| Johann II.* (1397) | Kg. Sept. 1425, †19. Jan. 1479 |
| Leonore, Gräfin v. Foix | Kg.in 19. Jan. 1479, †12. Febr. 1479 |
| Francisco Febo, Gf. v. Foix | Kg. Febr. 1479, †3. Febr. 1483 |
| Katharina | Kg.in Febr. 1483, †11. Febr. 1517 (verliert Hochnavarra an die Krone Kastilien 26. Juli 1512) |
| Johann III. d'Albret | Kg. 14. Juni 1484, †17. Mai 1516 |
| Heinrich II. d'Albret | Kg. 12. Febr. 1517, †25. Mai 1555 |
| Johanna III. d'Albret (1528) | Kg.in 25. Mai 1555, †9. Juni 1572 |

*Bourbonen*

| | |
|---|---|
| Anton v. Bourbon, Hzg. v. Vendôme (1518) | Kg. 25. Mai 1555, †17. Nov. 1562 |
| Heinrich III.* (1553) | Kg. 9. Juni 1572, †14. Mai 1610 |

**Schottland**

Geeintes Königreich seit dem beginnenden 11. Jahrhundert, seit 1603 mit England in Personalunion, seit 1707 in Realunion verbunden (vgl. Großbritannien und Nordirland).

| | |
|---|---|
| Malcolm II. (um 954) | Kg. 25. März 1005, †25. Nov. 1034 |
| Duncan I. | Kg. 25. Nov. 1034, †14. Aug. 1040 |
| Macbeth (um 1005) | Kg. 14. Aug. 1040, †15. Aug. 1057 |
| Lulach (um 1032) | Kg. 15. Aug. 1057, †17. März 1058 |
| Malcolm III. (um 1031) | Kg. 17. März 1058, †13. Nov. 1093 |
| Donald Bane (um 1033) | Kg. 13. Nov. 1093, d. Mai 1094, vgl. unten |
| Duncan II. (um 1060) | Kg. Mai 1094, †12. Nov. 1094 |
| Donald Bane (2. Mal) | Kg. 12. Nov. 1094, d. Okt. 1097 |
| Edgar (um 1074) | Kg. 1097, †8. Jan. 1107 (?) |

| | |
|---|---|
| Alexander I. (um 1077) | Kg. 8. Jan. 1107 (?), †25. April 1124 (?) |
| David I. (um 1085) | Kg. 25. April 1124 (?), †24. Mai 1153 |
| Malcolm IV. (1141?) | Kg. 24. Mai 1153, †9. Dez. 1165 |
| Wilhelm I. d. Löwe (1142?) | Kg. 9. Dez. 1165, †4. Dez. 1214 |
| Alexander II. (1198) | Kg. 4. Dez. 1214, †8. Juli 1249 |
| Alexander III. (1241) | Kg. 8. Juli 1249, †19. März 1286 |
| Margarete »The Maid of Norway« (1283) | Kg.in 19. März 1286, †um 26. Sept. 1290 |
| John Balliol (um 1250) | Kg. 17. Nov. 1292, r. 10. Juli 1296, †April 1313 |
| Robert I. Bruce (1274) | Kg. 25. März 1306, †7. Juni 1329 |
| David II. Bruce (1324) | Kg. 7. Juni 1329, †22. Febr. 1371 |

*Stewart (Stuart)*

| | |
|---|---|
| Robert II. (1316) | Kg. 22. Febr. 1371, †19. April 1390 |
| Robert III. (1337) | Kg. 19. April 1390, †4. April 1406 |
| Jakob I. (1394) | Kg. 4. April 1406, †21. Febr. 1437 |
| Jakob II. (1430) | Kg. 21. Febr. 1437, †3. Aug. 1460 |
| Jakob III. (1452) | Kg. 3. Aug. 1460, †11. Juni 1488 |
| Jakob IV. (1473) | Kg. 11. Juni 1488, †9. Sept. 1513 |
| Jakob V. (1512) | Kg. 9. Sept. 1513, †14. Dez. 1542 |
| Maria (1542) | Kg.in 14. Dez. 1542, r. 24. Juli 1567, †8. Febr. 1587 |
| Jakob VI.* (1566) | Kg. 24. Juli 1567, †27. März 1625 |

**Savoyen – Sardinien**

Grafschaft Savoyen seit dem frühen 11. Jahrhundert, 1416 zum Herzogtum erhoben, 1713–1718 in Personalunion mit dem Königreich Sizilien, seit 1720 mit dem Königreich Sardinien, 1861 zum Königreich Italien.

| | |
|---|---|
| Humbert I. Weißhand | Gf. 1003 (?), †nach 1056 |
| Amadeus I. Schwanz | Gf. nach 1056, †nach 1057 |
| Odo (um 1021) | Gf. nach 1057, †um 1060 |
| Peter I. (1048/1050) | Gf. um 1060, †1078 |
| Amadeus II. | Gf. um 1060, †1080 |

| | |
|---|---|
| Humbert II. d. Starke | Gf. um 1080, † 1103 |
| Amadeus III. (1094?) | Gf. 19. Okt. 1103, † 30. März (?) 1148 |
| Humbert III. d. Heilige (1136) | Gf. 1148, † März 1188 |
| Thomas I. (1177/1178) | Gf. März 1188, † 1232/Jan. 1233 |
| Amadeus IV. (1197) | Gf. 1232/Jan. 1233, † 13. Juli 1253 |
| Bonifaz (1244) | Gf. Juli 1253, † Juni 1263 |
| Peter II. »Il Piccolo Carlo« (1203) | Gf. Juni 1263, † 28. Mai 1268 |
| Philipp I. | Gf. 28. Mai 1268, † 16. Aug. 1285 |
| Amadeus V. d. Große (1253) | Gf. 16. Aug. 1285, † 16. Okt. 1323 |
| Eduard (1284) | Gf. 16. Okt. 1323, † 4. Nov. 1329 |
| Haimon (1291) | Gf. 4. Nov. 1329, † 22. Juni 1343 |
| Amadeus VI. »Il Conte Verde« (1334) | Gf. 24. Mai 1343, † 1. März 1383 |
| Amadeus VII. »Il Conte Rosso« (1360) | Gf. 1. März 1383, † 1. Nov. 1391 |
| Amadeus VIII.* (1383) | Gf. 1. Nov. 1391, Hzg. 19. Febr. 1416, r. 7. Nov. 1434, † 7. Jan. 1451 |
| Ludwig (1402) | Regent 7. Nov. 1434, Hzg. 6. Jan. 1440, † 29. Jan. 1465 |
| Amadeus IX. d. Glückliche (1435) | Hzg. 29. Jan. 1465, † 16. April 1472 |
| Philibert I. d. Jäger (1465) | Hzg. 30. März 1472, † 22. April 1482 |
| Karl I. (1468) | Hzg. 22. April 1482, † 14. März 1490 |
| Karl II. Johann Amadeus (1489) | Hzg. 14. März 1490, † 16. April 1496 |
| Philipp II. Ohneland | Hzg. 16. April 1496, † 7. Nov. 1497 |
| Philibert II. d. Schöne (1480) | Hzg. 7. Nov. 1497, † 10. Sept. 1504 |
| Karl III. d. Gute (1486) | Hzg. 10. Sept. 1504, vertrieben März 1536, † 17. Aug. 1553 |
| Emmanuel Philibert »Eisenkopf« (1528) | Hzg. 17. Aug. 1553, fakt. (nach Räumung des Landes durch die Franzosen) 3. April 1559, † 30. Aug. 1580 |
| Karl Emmanuel I. d. Große (1562) | Hzg. 30. Aug. 1580, † 24. Juli 1630 |
| Viktor Amadeus I. (1587) | Hzg. 24. Juli 1630, † 7. Okt. 1637 |
| Franz (1632) | Hzg. 7. Okt. 1637, † 4. Okt. 1638 |

| | |
|---|---|
| Karl Emmanuel II. »Hadrian von Piemont« (1634) | Hzg. 4. Okt. 1638, †12. Juni 1675 |
| Viktor Amadeus II.* (1666) | Hzg. 12. Juni 1675, Kg. v. Sardinien 24. Aug. 1720, r. 3. Sept. 1730, †30. Okt. 1732 |
| Karl Emmanuel III. (1701) | Kg. 3. Sept. 1730, †21. Febr. 1773 |
| Viktor Amadeus III. (1726) | Kg. 21. Febr. 1773, †16. Okt. 1796 |
| Karl Emmanuel IV. (1751) | Kg. 16. Okt. 1796, aus Piemont vertrieben 9. Dez. 1798, r. 4. Juni 1802, †6. Okt. 1819 |
| Viktor Emmanuel I. (1759) | Kg. 4. Juni 1802, Rückkehr nach Piemont 20. Mai 1814, r. 13. März 1821, †10. Jan. 1824 |
| Karl Felix (1765) | Kg. 13. März 1821, †27. April 1831 |
| Karl Albert (1798) | Kg. 27. April 1831, r. 23. März 1849, †28. Juli 1849 |
| Viktor Emmanuel II.* (1820) | Kg. 23. März 1849, Kg. v. Italien 17. März 1861, †9. Jan. 1878 |

**Mailand**

Stadtherrschaft, Herzogtum 1395–1447 und 1450–1796, Republik 1447–1450 und 1797–1805, 1805 zum (napoleonischen) Königreich Italien, 1815–1859 zum (habsburgischen) Lombardo-Venetischen Königreich (vgl. Österreich), am 10. November 1859 durch Savoyen-Sardinien annektiert. 1499–1500, 1500–1512, 1515–1521 und 1524–1525 in Personalunion mit Frankreich, 1525–1529 und 1535–1540 in Personalunion mit dem Heiligen Römischen Reich, 1556–1706 mit Spanien, 1706–1796 und 1815–1859 mit Österreich.

*Visconti*

| | |
|---|---|
| Gian Galeazzo (1351) | Signore 4. Aug. 1378, Alleinherrscher 6. Mai 1385, Hzg. 1. Mai 1395, †3. Sept. 1402 |
| Gian Maria (1389) | Hzg. 3. Sept. 1402, †16. Mai 1412 |
| Ettore und Gian Carlo | Signori 16. Mai 1412, d. 12. Juni 1412 |
| Filippo Maria (1392) | Hzg. 12. Juni 1412, †13. Aug. 1447 |
| (Ambrosianische Republik | 14. Aug. 1447–25. Febr. 1450) |

*Sforza*

| | |
|---|---|
| Francesco I. (1401) | Hzg. 25. März 1450, †8. März 1466 |
| Galeazzo Maria (1444) | Hzg. 20. März 1466, †26. Dez. 1476 |
| Gian Galeazzo Maria (1469) | Hzg. 26. Dez. 1476, †22. Okt. 1494 |
| Lodovico Maria »Il Moro« (1452) | Hzg. 22. Okt. 1494, d. 2. Sept. 1499, vgl. unten |

---

| | |
|---|---|
| Ludwig (XII.)* (1462) | Hzg. 6. Sept. 1499, d. 5. Febr. 1500, vgl. unten |
| Lodovico Maria Sforza (2. Mal) | Hzg. 3. Febr. 1500, endgültig d. 10. April 1500, †27. Mai 1508 |
| Ludwig (XII.) (2. Mal) | Hzg. 17. April 1500, d. 16. Juni 1512, †1. Jan. 1515 |
| Massimiliano Sforza (1491) | Hzg. 16. Juni 1512, d. 8. Okt. 1515, †1530 |
| Franz (I.)* (1494) | Hzg. 11. Okt. 1515, d. 19. Nov. 1521, vgl. unten |
| Francesco II. Sforza (1495) | Hzg. 19. Nov. 1521, d. 3. Okt. 1524, vgl. unten |
| Franz (I.) (2. Mal) | Hzg. 23. Okt. 1524, d. 24. Febr. 1525, †31. März 1547 |
| Francesco II. Sforza (2. Mal) | Hzg. 26. Febr. 1525, d. 12. Nov. 1525, vgl. unten |
| Karl (V.)* (1500) | Hzg. 7. Nov. 1525, r. 29. Nov. 1529, vgl. unten |
| Francesco II. Sforza (3. Mal) | Hzg. 29. Nov. 1529, †1. Nov. 1535 |
| Karl (V.) (2. Mal) | Hzg. 2. Nov. 1535, r. 11. Okt. 1540, †21. Sept. 1558 |
| Philipp (II.)* (1527) | Hzg. 11. Okt. 1540, †13. Sept. 1598 |
| ... | |
| Philipp (V.)* (1683) | Hzg. 10. Jan. 1701, d. 24. Sept. 1706, †9. Juli 1746 |
| Joseph (I.)* (1678) | Hzg. 24. Sept. 1706, r. 12. Jan. 1707, †17. April 1711 |
| Karl (VI.)* (1685) | Hzg. 12. Jan. 1707, †20. Okt. 1740 |
| ... | |
| Franz (II.)* (1768) | Hzg. 1. März 1792, d. 9. Mai 1796, vgl. unten |
| (Cisalpinische Republik | 9. Juli 1797–24. Mai 1799) |
| (Prov. Regentschaft | 24. Mai 1799–2. Juni 1800) |

| | |
|---|---|
| (Cisalpinische Republik | 4. Juni 1800–26. Jan. 1802) |
| (Italienische Republik | 26. Jan. 1802–19. März 1805) |
| (Königreich Italien unter Napoleon* | 19. März 1805–20. April 1814) |
| Franz (II.) (I.)* (1768) (2. Mal) | Hzg. 28. April 1814, Kg. d. Lombardo-Venetischen Kg.reichs 7. April 1815, †2. März 1835 |

**Mantua**

Stadtherrschaft, Grafschaft 1382, Markgrafschaft 1433, Herzogtum 1530, am 13. April 1745 mit dem Herzogtum Mailand vereinigt.

*Gonzaga*

| | |
|---|---|
| Luigi I. (1278) | Capitano generale 26. Aug. 1328, †18. Jan. 1360 |
| Guido (1291) | Capitano generale 18. Jan. 1360, †22. Sept. 1369 |
| Luigi II. (1334) | Signore 22. Sept. 1369, †4. Okt. 1382 |
| Francesco I. (1363) | Gf. 4. Okt. 1382, †8. März 1407 |
| Gian Francesco I. (1395) | Gf. 20. März 1407, Mkgf. 1433, †23. Sept. 1444 |
| Luigi III. »Il Turco« (1414) | Mkgf. 23. Sept. 1444, †11. Juni 1478 |
| Federico I. (1441) | Mkgf. 11. Juni 1478, †14. Juli 1484 |
| Gian Francesco II. (1466) | Mkgf. 14. Juli 1484, †29. März 1519 |
| Federico II. (1500) | Mkgf. 29. März 1519, Hzg. 8. April 1530, †28. Juni 1540 |
| Francesco III. (1533) | Hzg. 28. Juni 1540, †22. Febr. 1550 |
| Guglielmo (1538) | Hzg. 22. Febr. 1550, †14. Aug. 1587 |
| Vincenzo I. (1562) | Hzg. 14. Aug. 1587, †18. Febr. 1612 |
| Francesco IV. (1586) | Hzg. 18. Febr. 1612, †22. Dez. 1612 |
| Ferdinando (1587) | Hzg. 22. Dez. 1612, †29. Okt. 1626 |
| Vincenzo II. (1594) | Hzg. 29. Okt. 1626, †26. Dez. 1627 |

*Gonzaga-Nevers*

| | |
|---|---|
| Karl I. (1580) | Hzg. 26. Dez. 1627, allgemein anerkannt 16. April 1631, †20. Sept. 1637 |
| Karl II. (1629) | Hzg. 20. Sept. 1637, †14. Aug. 1665 |
| Ferdinand Karl (1652) | Hzg. 14. Aug. 1665, †5. Juli 1708 |

*Habsburger*

| | |
|---|---|
| Karl (VI.)* (1685) | Hzg. 5. Juli 1708, †20. Okt. 1740 |
| Maria Theresia* (1717) | Hzg.in 20. Okt. 1740, vereinigt Mantua mit Mailand 13. April 1745, †29. Nov. 1780 |

**Parma und Piacenza**

Herzogtum 1545–1802 und 1814–1859, 1802–1814 unter französischer Herrschaft (Titularhzg. von Parma: Cambacérès*, von Piacenza: Lebrun*), am 18. März 1860 durch Savoyen-Sardinien annektiert.

*Farnese*

| | |
|---|---|
| Pier Luigi (1503) | Hzg. 24. Aug. 1545, †10. Sept. 1547 |
| Ottavio (1520) | Hzg. 16. Sept. 1547, d. 23. Okt. 1549, vgl. unten |
| (Kaiserliche Herrschaft in Piacenza | 12. Sept. 1547–15. Sept. 1556) |
| (Päpstliche Herrschaft in Parma | 23. Okt. 1549–24. Febr. 1550) |
| Ottavio (2. Mal) | Hzg. 24. Febr. 1550 bzw. 15. Sept. 1556, †18. Sept. 1586 |
| Alessandro »Il Gran Capitano« (1545) | Hzg. 18. Sept. 1586, †2. Dez. 1592 |
| Ranuccio I. (1569) | Hzg. 2. Dez. 1592, †5. März 1622 |
| Odoardo (1612) | Hzg. 5. März 1622, †12. Sept. 1646 |
| Ranuccio II. (1630) | Hzg. 12. Sept. 1646, †12. Dez. 1694 |
| Francesco Maria (1678) | Hzg. 12. Dez. 1694, †26. Febr. 1727 |
| Antonio (1679) | Hzg. 26. Febr. 1727, †20. Jan. 1731 |

*Bourbone*

| | |
|---|---|
| Karl I.* (1716) | Hzg. 29. Dez. 1731, d. 26. März 1736, †14. Dez. 1788 |

*Habsburger*

| | |
|---|---|
| Karl (VI.)* (1685) | Hzg. 26. März 1736, †20. Okt. 1740 |
| Maria Theresia* (1717) | Hzg.in 20. Okt. 1740, r. 18. Okt. 1748, †29. Nov. 1780 |

*Bourbonen*

| | |
|---|---|
| Philipp (1720) | Hzg. 18. Okt. 1748, †18. Juli 1765 |
| Ferdinand (1751) | Hzg. 18. Juli 1765, †9. Okt. 1802 |
| . . . | |

*Habsburgerin*

| | |
|---|---|
| Marie Luise (1791) | Hzg.in 11. April 1814, †17. Dez. 1847 |

*Bourbonen*

| | |
|---|---|
| Karl II. Ludwig* (1799) | Hzg. 18. Dez. 1847, d. 20. März 1848, †16. April 1883 |
| Karl III. (1823) | Hzg. 18. Mai 1849, †27. März 1854 |
| Robert (1848) | Hzg. 27. März 1854, d. 9. Juni 1859, †17. Nov. 1907 |
| (Diktator): Luigi Carlo Farini* (1812–1866) | 18. Aug. 1859–16. März 1860 |

**Modena, Reggio und Ferrara**
Herzogtum 1452/1471–1598/1796 und 1814–1859, 1796–1814 unter französischer Herrschaft (vgl. Mailand), am 18. März 1860 durch Savoyen-Sardinien annektiert.

*Este*

| | |
|---|---|
| Borso (1413) | Signore v. Modena, Reggio und Ferrara 1. Okt. 1450, Hzg. v. Modena u. Reggio 18. Mai 1452, Hzg. v. Ferrara 14. April 1471, †19. Aug. 1471 |
| Ercole I. (1431) | Hzg. 19. Aug. 1471, †25. Jan. 1505 |
| Alfonso I. (1476) | Hzg. 25. Jan. 1505, verliert Modena 18. Aug. 1510, Reggio 3. Juli 1512, gewinnt Modena zurück |

| | |
|---|---|
| | 6. Juni 1527, Reggio 29. Sept. 1523, †31. Okt. 1534 |
| Ercole II. (1508) | Hzg. 31. Okt. 1534, †3. Okt. 1559 |
| Alfonso II. (1533) | Hzg. 3. Okt. 1559, †27. Okt. 1597 |
| Cesare (1552) | Hzg. 29. Okt. 1597, verliert Ferrara an den Papst 30. Jan. 1598, †11. Dez. 1628 |
| Alfonso III. (1591) | Hzg. v. Modena u. Reggio 11. Dez. 1628, r. 25. Juli 1629, †24. Mai 1644 |
| Francesco I. (1610) | Hzg. 25. Juli 1629, †14. Okt. 1658 |
| Alfonso IV. (1634) | Hzg. 14. Okt. 1658, †16. Juli 1662 |
| Francesco II. (1660) | Hzg. 16. Juli 1662, †6. Sept. 1694 |
| Rinaldo (1655) | Hzg. 6. Sept. 1694, vertrieben 30. Juli 1702, vgl. unten |
| (Französisch-spanische Besatzung) | 1. Aug. 1702–7. Febr. 1707) |
| Rinaldo (2. Mal) | Hzg. 7. Febr. 1707, †26. Okt. 1737 |
| Francesco III. (1698) | Hzg. 26. Okt. 1737, vertrieben 6. Juni 1742, vgl. unten |
| (Österreichisch-sardische Besatzung) | 6. Juni 1742–30. April 1748) |
| Francesco III. (2. Mal) | Hzg. 30. April 1748, †22. April 1780 |
| Ercole III. Rinaldo (1727) | Hzg. 22. April 1780, d. 6. Okt. 1796, †14. Okt. 1803 |
| ... | |

*Habsburg-Este*

| | |
|---|---|
| Franz IV. (1779) | Hzg. 7. Febr. 1814, †21. Jan. 1846 |
| Franz V. (1819) | Hzg. 21. Jan. 1846, d. 20. Aug. 1859, †20. Nov. 1875 |
| (Diktator): Luigi Carlo Farini* (1812–1866) | 19. Juni 1859–18. März 1860 |

**Venedig**

Faktisch unabhängiger Stadtstaat seit dem 5./6. Jahrhundert unter (seit 697) der Regierung von auf Lebenszeit gewählten Dogen. Beginn der faktischen Dogenherrschaft mit Agnello Participazio 811. Noch vor der Jahrtausendwende Beseitigung der byzantinischen Oberherrschaft. 12. Mai 1797 Sturz der Republik, 17. Okt. 1797 zu Österreich, 19. Jan. 1806 zum Königreich Italien (vgl. Mailand), 30. Mai 1814 erneut zu Österreich, 4. November 1866 zum Königreich Italien.

Dogen:

| | |
|---|---|
| Agnello Participazio | 811–827 |
| Giustiniano Participazio | 827–829 |
| Giovanni Participazio I. | 829–836 |
| Pietro Tradonico | 836–864 |
| Orso Participazio I. | 864–881 |
| Giovanni Participazio II. | 881–887 |
| Pietro Candiano I. | 887 |
| Pietro Tribuno | 887–912 |
| Orso Participazio II. | 912–931 |
| Pietro Candiano II. | 932–939 |
| Pietro Partizipazio | 939–942 |
| Pietro Candiano III. | 942–959 |
| Pietro Candiano IV. | 959–976 |
| Pietro Orseolo I. | 976–978, †997 |
| Vitale Candiano | 978–979 |
| Tribuno Menio | 979–991 |
| Pietro Orseolo II. | 991–1008 |
| Ottone Orseolo | 1008–1026, †1030 |
| Pietro Centranico | 1026–1032 |
| Domenico Fabiano | 1032–1042 |
| Domenico Contarini | 1043–1070 |
| Domenico Selvo | 1070–1084 |
| Vitale Falier | 1084–1096 |
| Vitale Michiel I. | 1096–1102 |
| Ordelaffo Falier | 1102–1118 |
| Domenico Michiel | 1118–1129, †1130 |
| Pietro Polani | 1130–1148 |
| Domenico Morosini | 1148–1156 |
| Vitale Michiel II. | 1156–1172 |
| Sebastiano Ziani | 29. Sept. 1172–13. April 1178 |
| Orio Malipiero | 17. April 1178–14. Juni 1192 |
| Enrico Dandolo (um 1110) | 21. Juni 1192–14. Juni 1205 |
| Pietro Ziani | 5. Aug. 1205–März 1229 |
| Jacopo Tiepolo | 6. März 1229–7. Juni 1249, †19. Juli 1249 |
| Marino Morosini | 13. Juni 1249–1. Jan. 1253 |

| | |
|---|---|
| Ranieri Zen | 25. Jan. 1253–7. Juli 1268 |
| Lorenzo Tiepolo | 15. Juli 1268–15. Aug. 1275 |
| Jacopo Contarini | 6. Sept. 1275–6. März 1280 |
| Giovanni Dandolo | 25. März 1280–2. Nov. 1289 |
| Pietro Gradenigo (um 1249) | 25. Nov. 1289–13. Aug. 1311 |
| Marino Zorzi | 23. Aug. 1311–3. Juli 1312 |
| Giovanni Soranzo | 13. Juli 1312–31. Dez. 1328 |
| Francesco Dandolo | 4. Jan. 1329–31. Okt. 1339 |
| Bartolomeo Gradenigo | 7. Nov. 1339–28. Dez. 1342 |
| Andrea Dandolo (um 1307) | 4. Jan. 1343–7. Sept. 1354 |
| Marino Falier (1274) | 11. Sept. 1354–17. April 1355 |
| Giovanni Gradenigo | 21. April 1355–8. Aug. 1356 |
| Giovanni Dolfin | 13. Aug. 1356–12. Juli 1361 |
| Lorenzo Celsi | 16. Juli 1361–18. Juli 1365 |
| Marco Corner | 21. Juli 1365–13. Jan. 1368 |
| Andrea Contarini | 20. Jan. 1368–5. Juni 1382 |
| Michele Morosini | 10. Juni 1382–15. Okt. 1382 |
| Antonio Venier | 21. Okt. 1382–23. Nov. 1400 |
| Michele Steno | 1. Dez. 1400–25. Dez. 1413 |
| Tommaso Mocenigo | 7. Jan. 1414–4. April 1423 |
| Francesco Foscari (1373) | 15. April 1423–23. Okt. 1457, †1. Nov. 1457 |
| Pasquale Malipiero | 30. Okt. 1457–5. Mai 1462 |
| Cristoforo Moro | 12. Mai 1462–9. Nov. 1471 |
| Nicolò Tron | 23. Nov. 1471–28. Juli 1473 |
| Nicolò Marcello | 13. Aug. 1473–1. Dez. 1474 |
| Pietro Mocenigo | 14. Dez. 1474–23. Febr. 1476 |
| Andrea Vendramin | 5. März 1476–6. Mai 1478 |
| Giovanni Mocenigo | 18. Mai 1478–4. Nov. 1485 |
| Marco Barbarigo | 19. Nov. 1485–14. Aug. 1486 |
| Agostino Barbarigo | 30. Aug. 1486–20. Sept. 1501 |
| Leonardo Loredan | 2. Okt. 1501–22. Juni 1521 |
| Antonio Grimani (1436) | 6. Juli 1521–7. Mai 1523 |
| Andrea Gritti (1455) | 20. Mai 1523–28. Dez. 1538 |
| Pietro Lando | 19. Jan. 1539–9. Nov. 1545 |
| Francesco Donà | 24. Nov. 1545–23. Mai 1553 |
| Marcantonio Trevisan | 4. Juni 1553–31. Mai 1554 |
| Francesco Venier | 11. Juni 1554–2. Juni 1556 |
| Lorenzo Priuli | 14. Juni 1556–17. Aug. 1559 |
| Girolamo Priuli | 1. Sept. 1559–4. Nov. 1567 |
| Pietro Loredan | 26. Nov. 1567–3. Mai 1570 |
| Alvise Mocenigo I. | 11. Mai 1570–4. Juni 1577 |
| Sebastiano Venier | 11. Juni 1577–3. März 1578 |
| Nicolò da Ponte (1490) | 11. März 1578–30. Juli 1585 |
| Pasquale Cicogna | 18. Aug. 1585–2. April 1595 |
| Marino Grimani | 26. April 1595–25. Dez. 1605 |

| | |
|---|---|
| Leonardo Donà | 10. Jan. 1606–16. Juli 1612 |
| Marcantonio Memmo | 24. Juli 1612–29. Okt. 1615 |
| Giovanni Bembo | 2. Dez. 1615–16. März 1618 |
| Nicolò Donà | 5. April 1618–9. Mai 1618 |
| Antonio Priuli | 17. Mai 1618–12. Aug. 1623 |
| Francesco Contarini | 8. Sept. 1623–6. Dez. 1624 |
| Giovanni Corner I. | 4. Jan. 1625–23. Dez. 1629 |
| Nicolò Contarini | 18. Jan. 1630–2. April 1631 |
| Francesco Erizzo (1565) | 10. April 1631–3. Jan. 1646 |
| Francesco da Molin | 20. Jan. 1646–27. Febr. 1655 |
| Carlo Contarini | 27. März 1655–1. Mai 1656 |
| Francesco Corner | 17. Mai 1656–5. Juni 1656 |
| Bertucci Valier | 15. Juni 1656–29. März 1658 |
| Giovanni Pesaro | 8. April 1658–30. Sept. 1659 |
| Domenico Contarini | 16. Okt. 1659–26. Jan. 1675 |
| Nicolò Sagredo | 6. Febr. 1675–14. Aug. 1676 |
| Alvise Contarini | 26. Aug. 1676–15. Jan. 1684 |
| Marcantonio Giustinian | 26. Jan. 1684–23. März 1688 |
| Francesco Morosini (1618) | 3. April 1688–6. Jan. 1694 |
| Silvestro Valier | 25. Febr. 1694–5. Juli 1700 |
| Alvise Mocenigo II. | 16. Juli 1700–6. Mai 1709 |
| Giovanni Corner II. | 22. Mai 1709–12. Aug. 1722 |
| Alvise Mocenigo III. | 24. Aug. 1722–21. Mai 1732 |
| Carlo Ruzzini | 2. Juni 1732–5. Jan. 1735 |
| Alvise Pisani | 17. Jan. 1735–17. Juni 1741 |
| Pietro Grimani | 30. Juni 1741–7. März 1752 |
| Francesco Loredan | 18. März 1752–20. Mai 1762 |
| Marco Foscarini (1696) | 31. Mai 1762–31. März 1763 |
| Alvise Mocenigo IV. (1701) | 19. April 1763–31. Dez. 1778 |
| Paolo Renier (1710) | 14. Jan. 1779–14. Febr. 1789 |
| Lodovico Manin (1726) | 9. März 1789–12. Mai 1797, †23. Okt. 1802 |

**Florenz und Toskana**

Stadtherrschaft der Familie Medici in Florenz 1434–1494, 1512–1527 und seit 1530, Republik 1494–1512 und 1527–1530, Herzogtum Florenz 1532–1569, Großherzogtum Toskana 1569–1799 und 1809–1859, Königreich Etrurien 1801–1807, 1807–1809 französische Besatzung, am 22. März 1860 durch Savoyen-Sardinien annektiert.

*Medici*

| | |
|---|---|
| Cosimo d. Alte (1389) | Gonfaloniere 26. Sept. 1434, †1. Aug. 1464 |
| Piero I. d. Gichtige (1416) | Signore 1. Aug. 1464, †3. Dez. 1469 |

| | |
|---|---|
| Giuliano I. (1453) | Signore 3. Dez. 1469, †26. April 1478 |
| Lorenzo I. d. Prächtige (1449) | Signore 3. Dez. 1469, †8. April 1492 |
| Piero II. (1471) | Signore 8. April 1492, vertrieben 8. Nov. 1494, †28. Dez. 1503 |

---

| | |
|---|---|
| (Republik | 8. Nov. 1494–14. Sept. 1512) |
| Piero Soderini (1452) | Gonfaloniere 10. Dez. 1502, d. 31. Dez. 1512, †13. Juni 1522 |

*Medici*

| | |
|---|---|
| Giovanni* (1475) | Signore 14. Sept. 1512, r. März 1513, †1. Dez. 1521 |
| Giuliano II. (1479) | Signore März 1513, †17. März 1516 |
| Lorenzo II. (1492) | Signore März 1516, †4. Mai 1519 |
| Giulio* (1478) | Signore 4. Mai 1519, r. Nov. 1523, †25. Sept. 1534 |
| Ippolito (1511) | Signore 30. Juli 1524, d. 16. Mai 1527, †1535 |

---

| | |
|---|---|
| (Republik | 1527–1530) |

*Medici*

| | |
|---|---|
| Alessandro (1510?) | Capo della Repubblica Okt. 1530, Hzg. v. Florenz 1. Mai 1532, †6. Jan. 1537 |
| Cosimo I. (1519) | Regent 9. Jan. 1537, Hzg. 20. Sept. 1537, Ghzg. d. Toskana 27. Aug. 1569, †21. April 1574 |
| Francesco Maria (1541) | Ghzg. 21. April 1574, †19. Okt. 1587 |
| Ferdinando I. (1549) | Ghzg. 19. Okt. 1587, †7. Febr. 1609 |
| Cosimo II. (1590) | Ghzg. 7. Febr. 1609, †28. Febr. 1621 |
| Ferdinando II. (1610) | Ghzg. 28. Febr. 1621, †23. Mai 1670 |
| Cosimo III. (1639) | Ghzg. 23. Mai 1670, †31. Okt. 1723 |
| Gian Gastone (1671) | Ghzg. 31. Okt. 1723, †9. Juli 1737 |

*Habsburg-Lothringer*

| | |
|---|---|
| Franz Stefan* (1708) | Ghzg. 9. Juli 1737, †18. Aug. 1765 |

| | |
|---|---|
| Peter Leopold* (1747) | Ghzg. 18. Aug. 1765, r. 20. Febr. 1790, †1. März 1792 |
| Ferdinand III.* (1769) | Ghzg. 21. Juli 1790, d. 27. März 1799, vgl. unten |

*Bourbonen*

| | |
|---|---|
| Ludwig I. (1773) | Kg. v. Etrurien 21. März 1801, †27. Mai 1803 |
| (Karl) Ludwig II.* (1799) | Kg. 27. Mai 1803, d. 27. Okt. 1807, †16. April 1883 |

*Bonaparte*

| | |
|---|---|
| Elisa Bonaparte-Baciocchi (1777) | Ghzg.in 3. März 1809, d. 1. Febr. 1814, †6. Aug. 1820 |

*Habsburg-Lothringer*

| | |
|---|---|
| Ferdinand III. (2. Mal) | Ghzg. 1. Mai 1814, †18. Juni 1824 |
| Leopold II. (1797) | Ghzg. 18. Juni 1824, d. 27. April 1859, †29. Jan. 1870 |

**Neapel**

Königreich 1282–1815. Vor 1282, 1442–1458, 1503–1707, 1718–1806 und seit 1815 mit Sizilien vereinigt.

*Anjou*

| | |
|---|---|
| Karl I.* (1226) | Kg. (auf Neapel beschränkt) 4. Sept. 1282, †7. Jan. 1285 |
| Karl II. (1254) | Kg. 7. Jan. 1285, †5. Mai 1309 |
| Robert d. Weise (1277) | Kg. 5. Mai 1309, †26. Jan. 1343 |
| Johanna I. (um 1326) | Kg.in 26. Jan. 1343, d. 26. Aug. 1381, †22. Mai 1382 |
| Karl III. v. Durazzo* (1345?) | Kg. 2. Juni 1381, †24. Febr. 1386 |
| Ludwig I. (1339) | Kg. 22. Mai 1382, †20. Sept. 1384 |
| Ludwig II. (1377) | Kg. 14. Juli 1386, d. Febr. 1400, †29. April 1417 |
| Ladislaus (1379) | Kg. 24. Febr. 1386, fakt. 10. Juli 1400, †3. Aug. 1414 |
| Johanna II. (1373) | Kg.in 3. Aug. 1414, †2. Febr. 1435 |
| Ludwig III. (1403) | Kg. 1424, †Nov. 1434 |
| René* (1408) | Kg. 2. Febr. 1435, d. 12. Juni 1442, †10. Juli 1480 |

| | |
|---|---|
| *Aragón* | |
| Alfons I.* (1396) | Kg. 12. Juni 1442, †27. Juni 1458 |
| Ferrante (1423) | Kg. 27. Juni 1458, †25. Jan. 1494 |
| Alfons II. (1448) | Kg. 25. Jan. 1494, r. 23. Jan. 1495, †19. Nov. 1495 |
| Ferrandino (1467) | Kg. 23. Jan. 1495, d. 22. Febr. 1495, vgl. unten |
| ——— | |
| Karl (VIII.)* (1470) | Kg. 21. Febr. 1495, d. 7. Juli 1495, †7. April 1498 |
| *Aragón* | |
| Ferrandino (2. Mal) | Kg. 7. Juli 1495, †7. Okt. 1496 |
| Federico (um 1451) | Kg. 7. Okt. 1496, d. 2. Aug. 1501, †9. Sept. 1504 |
| ——— | |
| Ludwig (XII.)* (1462) | Kg. 2. Aug. 1501, d. 14. Mai 1503, †1. Jan. 1515 |
| ... | |
| Karl (VI.)* (1685) | Kg. Sept. 1707, d. März 1734, †20. Okt. 1740 |
| ... | |
| (Parthenopäische Republik | 23. Jan. 1799–23. Juni 1799) |
| ... | |
| Joseph Bonaparte* (1768) | Kg. 30. März 1806, r. 2. Juli 1808, †28. Juli 1844 |
| Joaquin Murat (1767) | Kg. 15. Juli 1808, d. 19. Mai 1815, † 13. Okt. 1815 |

**Sizilien**

Königreich seit 1130, zeitweise mit Neapel als Königreich »beider Sizilien« vereinigt, 1409–1713 dauerhaft mit dem Königreich Aragón bzw. mit Spanien in Personalunion verbunden, am 17. Dezember 1860 durch Savoyen-Sardinien annektiert.

| | |
|---|---|
| *Hauteville* | |
| Roger II. (1095) | Kg. 25. Dez. 1130, † 26. Febr. 1154 |
| Wilhelm I. d. Böse | Kg. 26. Febr. 1154, †14. Mai 1166 |
| Wilhelm II. d. Gute (1153) | Kg. 14. Mai 1166, †16. Nov. 1189 |
| Tankred v. Lecce (1130/34) | Kg. 16. Nov. 1189, †20. Febr. 1194 |
| Wilhelm III. | Kg. 20. Febr. 1194, d. Okt./Nov. 1194, †kurz vor 1200 |

| | |
|---|---|
| *Staufer* | |
| Heinrich (VI.)* (1165) | Kg. 25. Dez. 1194, †28. Sept. 1197 |
| Friedrich (II.)* (1194) | Kg. 28. Sept. 1197 (K: 17. Mai 1198), †13. Dez. 1250 |
| Konrad (IV.)* (1228) | Kg. 13. Dez. 1250, †21. Mai 1254 |
| Konradin* (1252) | Kg. 21. Mai 1254, fakt. d. 10. Aug. 1258, †29. Okt. 1268 |
| Manfred (1232) | Kg. 10. Aug. 1258, †26. Febr. 1266 |
| *Anjou* | |
| Karl I.* (1226) | Kg. 6. Jan. 1266, d. (in Sizilien) 4. Sept. 1282, †7. Jan. 1285 |
| *Aragón* | |
| Peter I. d. Große* (1239) | Kg. 4. Sept. 1282, †10. Nov. 1285 |
| Jakob I. d. Gerechte* (1264) | Kg. 10. Nov. 1285, r. 15. Jan. 1296, †3. Nov. 1327 |
| Friedrich II. (1271) | Kg. 15. Jan. 1296, †25. Juni 1337 |
| Peter II. | Kg. 19. April 1321, Alleinherrscher 25. Juni 1337, †15. Aug. 1342 |
| Ludwig (1337) | Kg. 15. Aug. 1342, †16. Okt. 1355 |
| Friedrich III. d. Einfältige (1342) | Kg. 16. Okt. 1356, †27. Juli 1377 |
| Maria | Kg.in 27. Juli 1377, †25. Mai 1402 |
| Martin I. d. Junge | Kg. 29. Nov. 1391, Alleinherrscher 25. Mai 1402, †25. Juli 1409 |
| Martin II. d. Alte* (um 1360) | Kg. 25. Juli 1409, †31. Mai 1410 |
| . . . | |
| *Savoyen* | |
| Viktor Amadeus (II.)* (1666) | Kg. 24. Dez. 1713, d. 2. Aug. 1718, †30. Okt. 1732 |
| *Habsburger* | |
| Karl (VI.)* (1685) | Kg. 2. Aug. 1718, d. Juli 1735, †20. Okt. 1740 |
| *Bourbonen* | |
| Karl IV.* (1716) | Kg. 15. Mai 1734, r. Aug. 1759, †14. Dez. 1788 |
| Ferdinand III. (I.) (1751) | Kg. 5. Okt. 1759, Kg. beider Sizilien 22. Dez. 1816, †4. Jan 1825. |

| | |
|---|---|
| Franz I. (1777) | Kg. 4. Jan. 1825, †8. Nov. 1830 |
| Ferdinand II. (1810) »Re Bomba« | Kg. 8. Nov. 1830, †22. Mai 1859 |
| Franz II. (1836) | Kg. 22. Mai 1859, d. 21. Okt. 1860, †27. Dez. 1894 |

**Jerusalem**

Königreich seit 1100, Verlust der letzten festländischen Gebiete 1291, danach bloßes Titularkönigtum in Personalunion mit dem Königreich Zypern. Die Stadt Jerusalem selbst befindet sich 1187–1229 und seit 1244 in der Hand der Muslime.

| | |
|---|---|
| Gottfried (IV.) v. Bouillon* (um 1060) | Vogt d. Hl. Grabes Juli 1099, †18. Juli 1100 |
| Balduin I. v. Boulogne* (1058) | Kg. 25. Dez. 1100, †2. April 1118 |
| Balduin II. v. Le Bourg* | Kg. 14. April 1118, †21. Aug. 1131 |
| Fulko v. Anjou (um 1090) | Kg. 14. Sept. 1131, †10. Nov. 1143 |
| Melisendis | Kg.in 25. Dez. 1143, fakt. d. 1. April 1152, †Sept. 1161 |
| Balduin III. (um 1130) | Kg. 25. Dez. 1143, fakt. Alleinherrscher 1. April 1152, †10. Febr. 1162 |
| Amalrich I. (1136) | Kg. 18. Febr. 1162, †11. Juli 1174 |
| Balduin IV. (1161) | Kg. 15. Juli 1174, †März 1185 |
| Balduin V. (1177) | Kg. März 1185, †Ende Aug. 1186 |
| Sibylle | Kg.in Sept. 1186, verliert Jerusalem 2. Okt. 1187, †Herbst 1190 |
| Guido v. Lusignan | Kg. (als Gemahl Sibylles) Sept. 1186, d. Herbst 1190, †Mai 1194 |
| Isabella I. | Kg.in Herbst 1190, †1205 |
| Konrad I. v. Montferrat | Kg. (als Gemahl Isabellas) 24. Nov. 1190, †28. April 1192 |
| Heinrich I. v. d. Champagne | Kg. (als Gemahl Isabellas) 5. Mai 1192, †10. Sept. 1197 |
| Amalrich II.* | Kg. (als Gemahl Isabellas) Jan. 1198, †1. April 1205 |
| Maria v. Montferrat »La Marquise« | Kg.in 1205 (K: 2. Okt. 1210), †1212 |
| Johann I. v. Brienne* (um 1144) | Kg. (als Gemahl Marias) 2. Okt. 1210, fakt. r. 9. Nov. 1225, †März 1237 |
| Isabella II. (Jolanthe) (1212) | Kg.in 1212, †5. Mai 1228 |
| Friedrich (II.)* (1194) | Kg. (als Gemahl Isabellas) 9. Nov. |

| | |
|---|---|
| | 1225, K in Jerusalem: 18. März 1229, †13. Dez. 1250 (verliert Jerusalem erneut 23. Aug. 1244) |
| Konrad II. (IV.)* (1228) | Kg. 5. Mai 1228, fakt. 13. Dez. 1250, †21. Mai 1254 |
| Konrad III. (Konradin)* (1252) | Kg. 21. Mai 1254, †29. Okt. 1268 |
| Hugo I.* | Kg. 24. Sept. 1269, †4. März 1284 |
| Johann II.* (um 1267) | Kg. Mai 1284, †20. Mai 1285 |
| Heinrich II.* (um 1271) | Kg. 15. Aug. 1286, verliert bis Aug. 1291 sämtliche festländischen Besitzungen (Fall Akkons 18. Mai 1291), †1324 |

**Antiochien**

Fürstentum seit 1099, seit 1201 mit Tripolis in Personalunion verbunden. Verlust Antiochiens an die Muslime 18. Mai 1268.

| | |
|---|---|
| Boemund I. (um 1065) | 1099–1111 |
| Tankred (als Regent) | 1100–1112 |
| Roger vom Prinzipat (als Regent) | 1112–1119 |
| Balduin II. v. Jerusalem* (als Regent) | 1119–1126 |
| Boemund II. (1108) | 1111/1126–1130 |
| Konstanze (1128) | 1130–1163 |
| Raimund v. Poitiers (als Gemahl) | 1136–1149 |
| Rainald v. Chatillon (als Gemahl) | 1153–1163, †1187 |
| Boemund III. (1145) | 1162/1163–1201 |

**Tripolis**

Grafschaft seit 1109, Republik seit 1287. Am 26. April 1289 von den Muslimen erobert.

| | |
|---|---|
| (Raimund I. v. Toulouse | 1102–1105) |
| Wilhelm Jordan v. Cerdagne | 1105/1109–1110 |
| Bertrand v. Toulouse | 1110–1112 |
| Pons | 1112–1137 |
| Raimund II. (1115) | 1137–1152 |
| Raimund III. (1142) | 1152–1187 |
| Boemund I. (IV.) | 1187–1233 |
| Boemund II. (V.) | 1233–1252 |

| | |
|---|---|
| Boemund III. (VI.) | 1252–1275 |
| Boemund IV. | 1275–1287 |

**Edessa**

Grafschaft seit 1098. Am 25. Dezember 1144 von den Muslimen erobert.

| | |
|---|---|
| Balduin I. v. Boulogne* (1058) | 1098–1100, †1118 |
| Balduin II. v. Le Bourg* | 1100–1118, †1131 |
| Joscelin I. | 1119–1131 |
| Joscelin II. | 1131–1144, †1159 |

**Kleinarmenien**

Gründung des armenischen Flüchtlings Ruben aus der Bagratiden-Dynastie (vgl. Armenien) um 1080 im Gebiet von Kilikien bis jenseits des Euphrat, nach Belehnung durch Kaiser Heinrich VI. (vgl. Heiliges Römisches Reich) 1198 Königreich, 1375 von den ägyptischen Mamelucken (vgl. Lokaldynastien in Ägypten) erobert, nach 1393 als bloßes Titularkönigreich in Personalunion mit dem Königreich Zypern verbunden.

| | |
|---|---|
| Konstantin I. | 1092?–1100? |
| Thoros I. | 1100?–1129 |
| Leo I. | 1129–1137, †1141 |
| (Byzantinische Herrschaft | 1137–1143/51) |
| Thoros II. | 1143–1168 |
| Ruben II. | 1168–1170 |
| Mleh | 1170–1174 |
| Ruben III. | 1174–1185 |
| Leo II. | Fst. 1185, Kg. Jan. 1198, †Sommer 1219 |
| (Adam von Baghras | Regent 1219–1220) |
| (Konstantin der Hethumier | Regent 1220–1226) |
| Isabella | Kg.in 1219, heiratet 1226 Hethum, den Sohn des Regenten |
| Hethum I. | Kg. 1226, r. 1269 |
| Leo III. | Kg. 1269–1289 |

Unter den weiteren Herrschern sind Hethum II., Leo V., Konstantin IV. und Konstantin V. Nach der Eroberung seines Landes flieht der letzte kleinarmenische König, Leo VI., 1375 nach Westen (†1393).

## Zypern

Königreich seit 1197, 1489 an Venedig verkauft, 1571 von den Türken erobert, seit 1878 von Großbritannien verwaltet.

| | |
|---|---|
| Amalrich I.* | 1197–1205 |
| Hugo I. (1195) | 1205–1218 |
| Heinrich I. (1217) | 1218–1253 |
| Hugo II. (1252) | 1253–1267 |
| Hugo III.* | 1267–1284 |
| Johann I.* (um 1267) | 1284–1285 |
| Heinrich II.* (um 1271) | 1285–1324 |
| Hugo IV. | 1324–1359 |
| Peter I. | 1359–1369 |
| Peter II. | 1369–1382 |
| Jakob I. | 1382–1398 |
| Janus | 1398–1432 |
| Johann II. | 1432–1458 |
| Charlotte | 1458–1460, †1487 |
| Jakob II. | 1460–1473 |
| Jakob III. | 1473–1474 |
| Katharina Cornaro (1454) | 1474–1489, †1510 |

## Herzogtum Burgund

Um 900 begründetes Herzogtum, das nach dem Tode Karls des Kühnen (1477) französisches Kronland wird (Friede zu Senlis 1493).

| | |
|---|---|
| Richard d. Gerechte (um 876) | marchio um 900, †1. Sept. (?) 921 |
| Rudolf* | marchio 921, fakt. r. 923, †14. Jan. 936 |
| Hugo d. Schwarze | marchio 923, †952 |
| Giselbert v. Chalon | marchio 952, †956 |
| Otto | Hzg. 956, †965 |
| Odo-Heinrich | Hzg. 965, †15. Okt. 1002 |
| Otto-Wilhelm (958/959) | Hzg. 1002, r. 1004/1005, †21. Sept. 1026 |

*Kapetinger*

| | |
|---|---|
| Robert (II.)* (um 970) | Fakt. Hzg. 1004/1005, r. 1015, †20. Juli 1031 |
| Heinrich (I.)* (1008) | Hzg. 1015, r. 1032, †4. Aug. 1060 |
| Robert I. (um 1011) | Hzg. 1032, †21. März 1076 |
| Hugo I. (um 1056) | Hzg. 1076, r. Okt./Nov. 1079, †29. Aug. 1093 |

| | |
|---|---|
| Eudo I. (um 1060) | Hzg. 1079, †1102 |
| Hugo II. (um 1085) | Hzg. 1102, †1143 |
| Eudo II. (um 1110) | Hzg. 1143, †Sept. 1162 |
| Hugo III. (um 1148) | Hzg. 1162, †1192 |
| Eudo III. (1166) | Hzg. 1192, †6. Juli 1218 |
| Hugo IV. (1212) | Hzg. 1218, †1272 |
| Robert II. | Hzg. 1272, †1305 |
| Hugo V. | Hzg. 1305, †1315 |
| Eudo IV. | Hzg. 1315, †1349 |
| Philipp I. v. Rouvres (1345) | Hzg. 1349, †21. Nov. 1361 |

*Valois*

| | |
|---|---|
| Philipp II. d. Kühne (1342) | Hzg. 6. Sept. 1363, †27. April 1404 |
| Johann Ohnefurcht (1371) | Hzg. 28. April 1404, †10. Sept. 1419 |
| Philipp III. d. Gute (1396) | Hzg. 10. Sept. 1419, †15. Juni 1467 |
| Karl d. Kühne (1433) | Hzg. 15. Juni 1467, †5. Jan. 1477 |

**Herzogtum Lothringen**

Fränkisches regnum (vgl. Frankenreich), 925 zum Deutschen Reich (vgl. Heiliges Römisches Reich), 928 als Herzogtum eingerichtet, zerfällt seit 959/965 in Nieder- und Oberlothringen. Niederlothringen wird 1139 erneut in die Herzogtümer Brabant und Limburg geteilt. Der Name Lothringen bleibt fortan am Herzogtum Oberlothringen haften, das 1766 endgültig an Frankreich fällt.

| | |
|---|---|
| Giselbert (um 890) | 928–939 |
| Heinrich* (919/921) | 940, †955 |
| Otto, Gf. v. Verdun | 940–944 |
| Konrad d. Rote | 944–953, †955 |
| Brun I., Ebf. v. Köln* (925) | 953–965 |

Niederlothringen

| | |
|---|---|
| Karl (953) | 977–991, †nach 991 |
| Otto (vor 985) | 991–1005, †1012 (?) |
| Gottfried I. | 1012–1023 |
| Gozelo I.* | 1023–1044 |
| Gozelo II. | 1044–1046 |
| Friedrich | 1046–1065 |
| Gottfried II. d. Bärtige* | 1065–1069 |
| Gottfried III. d. Bucklige | 1069–1076 |

| | |
|---|---|
| Konrad* (1074) | 1076–1087, †1101 |
| Gottfried IV. v. Bouillon* (um 1060) | 1087–1100 |
| Heinrich, Gf. v. Limburg | 1101–1106, †1119 |
| Gottfried V. v. Löwen | 1106–1128, †1139 |
| Walram, Gf. v. Limburg | 1128–1139 |

Oberlothringen

*Ardennerhaus–Bar*

| | |
|---|---|
| Friedrich I. | 959–978 |
| Dietrich I. | 978–1026 |
| Friedrich II. | 1026/1027 |
| Friedrich III. | 1026/1027–1033 |

*Ardennerhaus–Verdun*

| | |
|---|---|
| Gozelo I.* | 1033–1044 |
| Gottfried (II.) d. Bärtige* | 1044–1047, †1069 |

*Chatenois*

| | |
|---|---|
| Adalbert | Hzg. 1047, †1048 |
| Gerhard | Hzg. 1048, †6. März 1070 |
| Dietrich II. | Hzg. 1070, †23. Jan. 1115 |
| Simon I. | Hzg. 1115, †19. April 1139 |
| Matthäus I. | Hzg. 1139, †13. Mai 1176 |
| Simon II. | Hzg. 1176, r. 1205, †14. Jan. 1207 |
| Friedrich I. | Hzg. 1205, r. 1206, †1207 |
| Friedrich II. | Hzg. 1206, †10. Okt. 1213 |
| Theobald I. | Hzg. 1213, †März 1220 |
| Matthäus II. | Hzg. 1220, †24. Juni 1251 |
| Friedrich III. (1238) | Hzg. 24. Juni 1251, †31. Dez. 1303 |
| Theobald II. | Hzg. 1. Jan. 1304, †13. Mai 1312 |
| Friedrich IV. (1282) | Hzg. 13. Mai 1312, †23. Aug. 1328 |
| Rudolf (1318) | Hzg. 23. Aug. 1328, †26. Aug. 1346 |
| Johann I. (1346) | Hzg. 26. Aug. 1346, †27. Sept. 1390 |
| Karl I. d. Kühne (1364) | Hzg. 27. Sept. 1390, †25. Jan. 1431 |
| Isabella (1410?) | Hzg.in 25. Jan. 1431, †27. Febr. 1453 |
| René I. v. Anjou* (1408) | Hzg. (als Gemahl Isabellas) 25. Jan. 1431, r. 27. Febr. 1453, †10. Juli 1480 |

| | |
|---|---|
| Johann II. (1425) | Hzg. 26. März 1453, †13. Dez. 1470 |
| Nikolaus I. (1448) | Hzg. 13. Dez. 1470, †24. Juli 1473 |
| *Vaudémont* | |
| René II. (1451) | Hzg. 24. Juli 1473, †10. Dez. 1508 |
| Anton II. d. Gute (1489) | Hzg. 10. Dez. 1508, †14. Juni 1544 |
| Franz I. (1517) | Hzg. 14. Juni 1544, †12. Juni 1545 |
| Nikolaus II. (1524) | Hzg. 12. Juni 1545, r. 1552, †24. Jan. 1577 |
| Karl II. (1543) | Hzg. 1552, †14. Mai 1608 |
| Heinrich (1563) | Hzg. 14. Mai 1608, †31. Juli 1624 |
| Franz II. (1572) | Hzg. 31. Juli 1624, r. 26. Nov. 1625, †14. Okt. 1632 |
| Karl III. (1604) | Hzg. 26. Nov. 1625, d. 19. Jan. 1634, vgl. unten |
| Nikolaus Franz (1609) | Hzg. 1634, r. 1659, †27. Jan. 1670 |
| Karl III. (2. Mal) | Hzg. 1659, †18. Sept. 1675 |
| Karl IV. Leopold (1643) | Hzg. 18. Sept. 1675, †18. April 1690 |
| Leopold Joseph (1679) | Hzg. 18. April 1690, †27. März 1729 |
| Franz Stefan* (1708) | Hzg. 27. März 1729, d. Febr. 1736, †18. Aug. 1765 |

---

| | |
|---|---|
| Stanislaus Leszczynski* (1677) | Hzg. Febr. 1736, †23. Febr. 1766 |

**Bulgarisches Großreich**

Reichsbildung (Khanat) südlich der Donau durch Byzanz 681 vertraglich anerkannt. Seit 918 Zartum, wird das Reich 1014 durch Basileios II. (vgl. Byzantinisches Reich) zerstört, seit 1185/1186 durch die ursprünglich walachische Dynastie der Asen neu belebt, 1393/96 schließlich durch die Türken unterworfen.

Erstes Bulgarisches Reich

| | |
|---|---|
| Asparuch | 681–702 |
| Tervel | 702–718 |
| unbekannter Herrscher | 718–725 |

| | |
|---|---|
| Sevar | 725–739 |
| Kormisoš | 739–756 |
| Vinech | 756–762 |
| Teletz | 762–765 |
| Sabin | 765–767 |
| Umar | 767 |
| Toktu | 767–772 |
| Pagan | 772(?) |
| Telerig | 772–777 |
| Kardam | 777–803(?) |
| Krum | 803–814 |
| Dokum | 814 |
| Dicevg | 814 |
| Omurtag | 814–831 |
| Malomir | 831–836 |
| Presian (vielleicht mit seinem Vorgänger identisch) | 836–852 |
| Boris I. Michael | 852–889 (Christ 864, †907) |
| Vladimir | 889–893 |
| Symeon I. d. Große | 893–927 (Zar 918) |
| Peter | 927–969 |
| Boris II. | 969–971 |

Makedonisches Reich

| | |
|---|---|
| Samuel | 976–1014 |
| (Gabriel Radomir | 1014–1015) |
| (Johannes Vladislav | 1015–1018) |

Zweites Bulgarisches Reich

| | |
|---|---|
| Asen I. | 1186–1196 |
| Peter | 1196–1197 |
| Kalojan | 1197–1207 |
| Boril | 1207–1218 |
| Ivan Asen II. | 1218–1241 |
| Koloman Asen | 1241–1246 |
| Michael Asen | 1246–1256 |
| Konstantin Tich | 1257–1277 |
| Ivajlo | 1277–1279 |
| Ivan Asen III. | 1279–1280 |
| Georg I. Terter | 1280–1292 |
| Smiletz | 1292–1298 |
| Čaka | 1299 |
| Theodor Svetoslav | 1300–1322 |
| Georg II. Terter | 1322–1323 |

| | |
|---|---|
| Michael Šišman | 1323–1330 |
| Ivan Stephan | 1330–1331 |
| Ivan Alexander | 1331–1371 |
| Ivan Šišman | 1371–1393 |
| Ivan Stracimir, Despot v. Vidin | um1360–1396 |

**Großmährisches Reich**

Westslawische Reichsbildung des frühen 9. Jahrhunderts, 906/907 dem Ansturm der Ungarn erlegen.

| | |
|---|---|
| Mojmir I. | 830–846 |
| Rastislaw | 846–870 |
| Swatopluk I. | 870–894 |
| Mojmir II. | 894–904 (?) |
| Swatopluk II. | 894–898/907 (?) |

**Kroatien im Mittelalter**

Südslawische Reichsbildung des 9. Jahrhunderts, seit 924 Königreich, nach dem Aussterben der Herrscherdynastie mit dem Königreich Ungarn in Personalunion vereinigt (1102).

| | |
|---|---|
| Trpimir I. | 845–864 (?) |
| Domagoj | 864–876 (?) |
| Zdeslav | 876–879 |
| Branimir | 879–892 |
| Mutimir | 892–910 |
| Tomislav I. | 910–928 (König 924) |
| Trpimir II. | 928–935 |
| Krešimir I. | 935–945 |
| Miroslav | 945–949 |
| Krešimir II. | 949–969 |
| Stephan Držislav | 969–997 |
| Krešimir III. | 1000–1030 |
| Stephan I. | 1030–1058 |
| Peter Krešimir IV. | 1058–1074 |
| Slawać | 1074–1075 |
| Demetrius Zwenimir | 1075–1089 |
| Stephan II. und Peter | 1089–1097 |

**Serbisches Großreich**

Reichsbildungen seit der Mitte des 9. Jahrhunderts, in Zeta seit dem Ende des 10., in Raszien seit dem Ende des 11. Jahrhunderts. Unter Stephan Nemanja Bildung eines Großreichs (1217 Königreich, 1346 Zartum), das 1389 den Türken unterliegt und 1459 endgültig unter türkische Herrschaft gerät.

| | |
|---|---|
| Stephan Nemanja | Großzupan um 1166, r. 25. März 1196, †um 1200 |
| Stephan d. Erstgekrönte | Großzupan 1196, Kg. 1217, †um 1228 |
| Stephan Radoslav | um 1228–1234 |
| Stephan Vladislav | um 1234–1243 |
| Stephan Uroš I. | 1243–1276 |
| Stephan Dragutin | 1276–1282 |
| Stephan Uroš II. Milutin | 1282–1321 |
| Stephan Uroš III. Dečansk | 1321–1331 |
| Stephan Dušan | Kg. 1331, Zar 16. April 1346, †20. Dez. 1355 |
| Stephan Uroš (Zar) | 1355–1371 |
| Vukašin (König) | 1365–1371 |
| Lazar (Fürst) | 1371–1389 |
| Stephan Lazarević (Fürst) | 1389–1427, seit 1402 Despot |
| Georg Branković (Fürst) | 1427–1456, seit 1429 Despot |
| Lazar Branković (Despot) | 1456–1458 |

**Fürstentum/Königreich Serbien**

Seit 1804 Aufstandsbewegungen gegen die türkische Herrschaft, 1830 tributäres Fürstentum unter türkischer Suzeränität, 1878 selbständiges Fürstentum, 1882 Königreich, 1918 zum Königreich der Serben, Kroaten und Slowenen (vgl. Jugoslawien).

| | |
|---|---|
| Karajordje (um 1768) | Führer im Aufstand seit 1804, geflohen 3. Okt. 1813, †25. Juli 1817 |
| Miloš Obrenović (1780) | Fst. 6. Nov. 1817, anerkannt 29. Aug. 1830, r. 13. Juni 1839, vgl. unten |
| Milan Obrenović (1819) | Fst. 13. Juni 1839, †8. Juli 1839 |
| Michael Obrenović (1823) | Fst. 8. Juli 1839, d. 7. Sept. 1842, vgl. unten |
| Alexander Karajordjević (1806) | Fst. 14. Sept. 1842 bzw. 18. Juni 1843, d. 23. Dez. 1858, †4. Mai 1885 |

| | |
|---|---|
| Miloš Obrenović (2. Mal) | Fst. 23. Dez. 1858, †26. Sept. 1860 |
| Michael Obrenović (2. Mal) | Fst. 26. Sept. 1860, †10. Juni 1868 |
| Milan I. Obrenović (1854) | Fst. 2. Juli 1868, souverän 1878, Kg. 6. März 1882, r. 6. März 1889, †11. Febr. 1901 |
| Alexander I. Obrenović (1876) | Kg. 6. März 1889, †11. Juni 1903 |
| Peter I. Karajordjević* (1844) | Kg. 15. Juni 1903, Kg. d. Serben, Kroaten und Slowenen 1. Dez. 1918, †16. Aug. 1921 |

**Montenegro**

Seit 1697 geistliches Fürstentum unter der Oberhoheit der Pforte (vgl. Türkei), 1852 Fürstentum, 1878 souverän, 1910 Königreich, 1918 zunächst zu Serbien, dann zum Königreich der Serben, Kroaten und Slowenen (vgl. Jugoslawien).

| | |
|---|---|
| Peter I. Petrović Njegoš (1747) | Vladika (Fürstbf.) 1782, †29. Okt. 1830 |
| Peter II. Petrović Njegoš (1813) | Vladika (Fürstbf.) 1830, †31. Okt. 1851 |
| Danilo I. (II.) Petrović Njegoš (1828) | Vladika (Fürstbf.) 1851, Fst. 1852, †13. Aug. 1860 |
| Nikita I. Petrović Njegoš (1841) | Fst. 13. Aug. 1860, Kg. 28. Aug. 1910, d. Nov. 1918, †1. März 1921 |

**Walachei**

Rumänisches Fürstentum seit dem 13. Jahrhundert, im 16. und vor allem seit Beginn des 17. Jahrhunderts in Abhängigkeit vom Osmanischen Reich (vgl. Türkei). 1859 mit der Moldau vereinigt, bildet sie mit dieser sodann das Fürstentum Rumänien.

| | |
|---|---|
| Tihomir | um 1290–um 1310 |
| Ioan Basarab I. | um 1310–1352 |
| Nicolae Alexandru | Fst. 1352, †16. Nov. 1364 |
| Vladislav I. | 1364–um 1377 |
| Radu I. | um 1377–um 1383 |
| Dan I. | um 1383–1386 |
| Mircea d. Alte | Fst. 23. Sept. 1386, †31. Jan. 1418 |

| | |
|---|---|
| Vlad I. (in einem Teilgebiet) | 1394–1397 |
| Michael I. | Fst. 31. Jan. 1418, † Aug. 1420 |
| Dan II. | Aug. 1420–Febr./März 1431 (mit Unterbrechungen) |
| Radu II. d. Kahle | Fst. Mai–Nov. 1421, Sommer 1423, Herbst 1424, Mai 1426 und Jan.–Frühjahr 1427 |
| Alexander I. | Febr./März 1431–Dez. 1436 |
| Vlad Dracul | Fst. Dez. 1436–Herbst 1442, Frühjahr–Herbst 1443 und vor Dez. 1447 |
| Mircea | Herbst–Dez. 1442 |
| Basarab II. | Dez. 1442–Frühjahr 1443 |
| Iancu de Hunedoara (Janos Hunyadi) | Fst. Dez. 1447, † 11. Aug. 1456 |
| Vladislav II. | Dez. 1447–Okt. 1448, vgl. unten |
| Vlad Tepes | Okt./Nov. 1448, vgl. unten |
| Vladislav II. (2. Mal) | Dez. 1448–April/Juni 1456 |
| Vlad Tepes (2. Mal) | Sommer 1456–Sommer 1462 |
| Radu cel Frumos | Sommer 1462–Jan. 1475 (mit Unterbrechungen) |
| Basarab Laiota | Fst. Nov./Dez. 1473, Frühjahr 1474 und Jan. 1475 bis Nov. 1476, vgl. unten |
| Vlad Tepes (3. Mal) | Nov.–Dez. 1476 |
| Basarab Laiota (2. Mal) | Dez. 1476–Nov. 1477 |
| Basarab Tepelus | Nov. 1477–Sept. 1481, vgl. unten |
| Vlad Calugarul | Sept.–Nov. 1481, vgl. unten |
| Basarab Tepelus (2. Mal) | Nov. 1481–März/April 1482 |
| Vlad Calugarul (2. Mal) | Fst. April 1482, † Sept. 1495 |
| Radu cel Mare | Fst. 15. Sept. 1495, † April 1508 |
| Mihnea cel Rau | Fst. April 1508 bis Okt. 1509, † 12. März 1510 |
| Mircea | Okt. 1509–Jan. 1510 |
| Vlad cel Tinar | Fst. Febr. 1510, † 23. Jan. 1512 |
| Neagoe Basarab | Fst. 23. Jan. 1512, † 15. Sept. 1521 |
| Teodosie | Sept.–Dez. 1521 |
| Vlad (Dragomir Calugarul) | Okt.–Nov. 1521, † Jan. 1522 |
| Radu de la Afumati | 1522–4. April 1523, vgl. unten |
| Vladislav III. | April–Nov. 1523, vgl. unten |
| Radu Badica | Nov. 1523–Jan. 1524 |
| Radu de la Afumati (2. Mal) | Jan.–Juni 1524, vgl. unten |
| Vladislav III. (2. Mal) | Juni–Sept. 1524, vgl. unten |
| Radu de la Afumati (3. Mal) | Sept. 1524–April 1525, vgl. unten |
| Vladislav III. (3. Mal) | 19. April 1525–18. Aug. 1525 |

| | |
|---|---|
| Radu de la Afumati (4. Mal) | Fst. Aug. 1525, †2. Jan. 1529 |
| Moise | Jan. 1529–Juni 1530, †Aug. 1530 |
| Vlad Inecatul | Juni 1530–Sept. 1532 |
| Vlad Vintila | Sept. 1532–Juni 1535 |
| Radu Paisie | Juni 1535–März 1545 |
| Mircea Ciobanul | Jan. 1545–16. Nov. 1552, vgl. unten |
| Radu Ilie | Nov. 1552–Mai 1553 |
| Mircea Ciobanul (2. Mal) | Mai 1553–28. Febr. 1554, vgl. unten |
| Patrascu cel Bun | Fst. März 1554, †26. Dez. 1557 |
| Mircea Ciobanul (3. Mal) | Fst. Jan. 1558, †21. Sept. 1559 |
| Petru cel Tinar | 21. Sept. 1559–Juni 1568, †19. Aug. 1569 |
| Alexander II. | 14. Juni 1568–30. April 1574, vgl. unten |
| Vintila | Anf. Mai 1574 |
| Alexander II. (2. Mal) | Fst. Mai 1574, †Sept. 1577 |
| Mihnea Turcitul | Sept. 1577–Juli 1583, vgl. unten |
| Petru Cercel | Juli 1583–16. April 1585, †März/April 1590 |
| Mihnea Turcitul (2. Mal) | 16. April 1585–Mai/Juni 1591, †Okt. 1601 |
| Stefan Surdul | Juni 1591–Juli 1592 |
| Alexander cel Rau | Aug. 1592–Sept. 1593 |
| Michael II. d. Tapfere* | Fst. Sept. 1593, †19. Aug. 1601 |

Nach dem Tode Michaels des Tapferen gerät die Walachei in völlige Abhängigkeit vom Osmanischen Sultan (vgl. Türkei), der die weiteren Fürsten bis ins 19. Jahrhundert einsetzt (u. a. zwischen 1716 und 1821 die griechischen Fanarioten).

**Moldau**

Rumänisches Fürstentum seit dem 14. Jahrhundert, im 16. und vor allem seit Beginn des 17. Jahrhunderts in Abhängigkeit vom Osmanischen Reich (vgl. Türkei). 1859 mit der Walachei vereinigt, bildet sie mit dieser das Fürstentum Rumänien.

| | |
|---|---|
| Dragos | 1352–1353 |
| Sas | 1354–1358 |
| Balc | 1359 |
| Bogdan I. | 1359–1365 |
| Latco | 1365–1373 |
| Costea | 1373–1375 |

| | |
|---|---|
| Petru al Musatei (Peter I.) | 1375–1391 |
| Roman I. | 1391–1394 |
| Stefan I. | 1394–1399 |
| Ologul (Iuga) | 1399–1400 |
| Alexander d. Gute | Fst. 11. Febr. 1400, †1. Jan. 1432 |
| Ilias | 1. Jan. 1432–Nov. 1433, vgl. unten |
| Stefan II. | Nov. 1433–Aug. 1435, vgl. unten |
| Ilias (2. Mal) und Stefan II. (2. Mal) | Aug. 1435–Dez. 1442, vgl. unten |
| Stefan II. (3. Mal) | Dez. 1442–April 1444, vgl. unten |
| Stefan II. (4. Mal) und Peter II. | 26. April 1444–April 1445, vgl. unten |
| Stefan II. (5. Mal) | Fst. vor Juli 1445, †13. Juli 1447 |
| Peter II. (2. Mal) und Roman II. | 13. Juli 1447–Sept. 1447, vgl. unten |
| Roman II. (2. Mal) | Fst. Sept. 1447, d. 23. Febr. 1448, †2. Juli 1448 |
| Peter II. (3. Mal) | Febr. 1448–März 1449 |
| Ciubar | Winter 1448–1449 |
| Alexandrel | Fst. bis 12. Okt. 1449, vgl. unten |
| Bogdan II. | Fst. 12. Okt. 1449, †Okt. 1451 |
| Peter Aron | Okt. 1451–Febr. 1452, vgl. unten |
| Alexandrel (2. Mal) | Febr. 1452–1454, vgl. unten |
| Peter Aron (2. Mal) | 1454–1455, vgl. unten |
| Alexandrel (3. Mal) | 1455 |
| Peter Aron (3. Mal) | Fst. 25. Mai 1455, d. 14. April 1457, †1469 |
| Stefan d. Große | Fst. 14. April 1457, †2. Juli 1504 |
| Bogdan III. d. Blinde | 2. Juli 1504–20. April 1517 |
| Stefanita | Fst.in 20. April 1517, †14. Jan. 1527 |
| Peter Rares | Jan. 1527–18. Sept. 1538, vgl. unten |
| Stefan Lacusta | 18. Sept. 1538–Dez. 1540 |
| Alexander Cornea | Dez. 1540–Febr. 1541 |
| Peter Rares (2. Mal) | Fst. Febr. 1541, †3. Sept. 1546 |
| Ilias | Fst. 3. Sept. 1546, d. 11. Juni 1551, †Jan. 1562 |
| Stefan | Fst. 11. Juni 1551, †1. Sept. 1552 |
| Ioan Joldea | Sept. 1552 |
| Alexander Lapusneanu | Sept. 1552–18. Nov. 1561, vgl. unten |
| Despot Voda (J. Heraklides) | Fst. 18. Nov. 1561, †6. Nov. 1563 |
| Stefan Tomsa | Aug. 1563–März 1564, †Mai 1564 |

| | |
|---|---|
| Alexander Lapusneanu (2. Mal) | Fst. März 1564, d. März 1568, †5. Mai 1568 |
| Bogdan Lapusneanu | März 1568–Febr. 1572 |
| Ion Voda | Fst. Febr. 1572, †13./14. Juni 1574 |
| Peter Schiopul | 14. Juni 1574–23. Nov. 1577, vgl. unten |
| Ioan Potcoava | Nov.–Dez. 1577 |
| Peter Schiopul (2. Mal) | Jan. 1578–Nov./Dez. 1579, vgl. unten |
| Iancu Sasul | Nov. 1579–Sept. 1582, †28. Sept. 1582 |
| Peter Schiopul (3. Mal) | Fst. Sept. 1582, d. 29. Aug. 1591, †11. Juli 1594 |
| Aron d. Schreckliche | Sept. 1591–Juni 1592, vgl. unten |
| Peter Cazacul | Aug. 1592–3. Nov. 1592 |
| Aron d. Schreckliche (2. Mal) | Fst. 28. Sept. 1592, d. 4. Mai 1595, †Juni 1597 |
| Stefan Razvan | 4. Mai 1595–Aug. 1595 |
| Ieremia Moghila | Aug. 1595–Mai 1600 |
| Michael d. Tapfere* | Mai 1600–Sept. 1600, †19. Aug. 1601 |

Im 17. Jahrhundert gerät die Moldau in völlige Abhängigkeit vom osmanischen Sultan (vgl. Türkei), der die weiteren Fürsten bis ins 19. Jahrhundert einsetzt (u. a. zwischen 1711 und 1821 die griechischen Fanarioten).

**Deutschordensstaat/Herzogtum Preußen**

Ordensstaat 1226/31–1283 im späteren Ostpreußen begründet (Deutscher Orden selbst 1198 in Palästina begründet, Sitz des Hochmeisters bis 1271 Montfort, bis 1291 Akkon, bis 1309 Venedig, bis 1457 die Marienburg, seither Königsberg). 1525 in ein weltliches Herzogtum umgewandelt, 1618 zu Brandenburg.

| | |
|---|---|
| Hermann v. Salza (um 1170) | Hm. 1209/11, †20. März 1239 |
| Konrad v. Thüringen (1206/07) | Hm. Frühsommer 1239, †24. Juli 1240 |
| Gerhard v. Malberg | Hm. 1241 (?), d. 1244 (?), †29. Nov.? |
| Heinrich v. Hohenlohe | Hm. 1244, †15. Juli 1249 |
| Günther v. Wüllersleben | Hm. 1250, †3./4. Juli 1252 (?) |
| Poppo v. Osterna | Hm. 1252, r. 1256, †6. Nov. ? |
| Anno v. Sangershausen | Hm. 1256, †6. Juli 1273 |
| Hartmann v. Heldrungen | Hm. 1273, †19. Aug. 1282 |

| | |
|---|---|
| Burchard v. Schwanden | Hm. 1283, r. 1290, †27. Juli 1309/1310 |
| Konrad v. Feuchtwangen (vor 1230) | Hm. 1291, †5. Juli 1296 |
| Gottfried v. Hohenlohe | Hm. 1297, r. 18. Okt. 1303, †19. Nov. 1309 |
| Siegfried v. Feuchtwangen | Hm. 18. Okt. 1303, †5. März 1311 |
| Karl v. Trier | Hm. 28. Aug. 1311, †Febr. 1324 |
| Werner v. Orseln | Hm. 1324, †1330 |
| Luther, Hzg. v. Braunschweig (um 1275) | Hm. 1331, †18. April 1335 |
| Dietrich, Burggf. zu Altenburg | Hm. 1335, †6. Okt. 1341 |
| Ludolf König | Hm. 1342, d. 1345, †1348 (?) |
| Heinrich Dusmer | Hm. 1345, r. 14. Sept. 1351, †? |
| Winrich v. Kniprode (um 1310) | Hm. 16. Sept. 1351, †24. Juni 1382 |
| Konrad Zollner v. Rotenstein (um 1325/30) | Hm. 1382, †20. Aug. 1390 |
| Konrad v. Wallenrode | Hm. 12. März 1391, †20. Aug. 1393 |
| Konrad v. Jungingen (um 1355) | Hm. 30. Nov. 1393, †30. März 1407 |
| Ulrich v. Jungingen (um 1360) | Hm. 26. Juni 1407, †15. Juli 1410 |
| Heinrich v. Plauen (vor 1370) | Hm. 9. Nov. 1410, d. 14. Okt. 1413, †9. Nov. 1429 |
| Michael Küchmeister (um 1370) | Hm. 9. Jan. 1414, r. März 1422, †15. Dez. 1423 |
| Paul v. Rusdorf (um 1380) | Hm. 10. März 1422, d. 2. Jan. 1441, †9. Jan. 1441 |
| Konrad v. Erlichshausen | Hm. 12. April 1441, †7. Nov. 1449 |
| Ludwig v. Erlichshausen | Hm. 21. März 1450, †4. April 1467 |
| Heinrich Reuß v. Plauen | Hm. 17. Okt. 1469, †2. Jan. 1470 |
| Heinrich Reffle v. Richtenberg | Hm. 29. Sept. 1470, †20. Febr. 1477 |
| Martin Truchseß v. Wetzhausen | Hm. 4. Aug. 1477, †2. Jan. 1489 |
| Johann v. Tiefen | Hm. 1. Sept. 1489, †25. Aug. 1497 |
| Friedrich v. Sachsen | Hm. 29. Sept. 1498, †13. Dez. 1510 |
| Albrecht v. Brandenburg-Ansbach (1490) | Hm. 13. Febr. 1511, Hzg. 8. April 1525, †20. März 1568 |
| Albrecht Friedrich (1553) | Hzg. 20. März 1568, †27. Aug. 1618 |

**Kurland**

Ordensstaat 1561 in ein weltliches Herzogtum umgewandelt, 1795 zu Rußland.

| | |
|---|---|
| *Kettler* | |
| Gotthard (1517) | Livländ. Landmeister 15. Sept. 1559, Hzg. 6. März 1562, †17. Mai 1587 |
| Friedrich (1569) | Hzg. 17. Mai 1587, †17. Aug. 1641 |
| Jakob (1610) | Hzg. 17. Aug. 1641, †1. Jan. 1682 |
| Friedrich Kasimir (1650) | Hzg. 1. Jan. 1682, †20. Jan. 1698 |
| Friedrich Wilhelm (1692) | Hzg. 20. Jan. 1698, †21. Jan. 1711 |
| Ferdinand (1655) | Hzg. 21. Jan. 1711, †4. Mai 1737 |
| *Biron* | |
| Ernst Johann (1690) | Hzg. 13. Juli 1737, r. 25. Nov. 1769, †28. Dez. 1772 |
| Peter (1724) | Regent 25. Nov. 1769, Hzg. 28. Dez. 1772, d. 28. März 1795, †13. Jan. 1800 |

**Großfürstentum Litauen**

Reichsbildung des 13. Jahrhunderts, seit 1386 mehrfach in Personalunion mit Polen, 1569 durch die Union von Lublin endgültig mit diesem vereinigt.

| | |
|---|---|
| Mindaugas | Fst. vor 1243/1244, †5. Aug. 1263 |
| Traidenis | Fst. 1270, †1282 |
| *Jagellonen (Gediminiden)* | |
| Vytenis | Fst. 1293, †1315/1316 |
| Gediminas | Großfst. 1316, †1341/1342 |
| Jaunutis | Großfst. 1341, d. 1345 |
| Algirdas (Olgerd) | Großfst. 1345, †Sommer 1377 |
| Keistutis (Kynstute) | Mitregent 1345, Großfst. 1381, †Aug. 1382 |
| Jagiello* (um 1351) | Großfst. 1377, d. 1381, erneut Großfst. 1382, Kg. v. Polen 17. Febr./4. März 1386, seit 1387 supremus dux in Litauen (als Großfst. fakt. r.), †1. Juni 1434 |

| | |
|---|---|
| Skirgal | Großfst. (principalis dux) 1387, fakt. entmachtet 1392, † 1397 |
| Witold (um 1350) | Fst. 1387, Großfst. 1392 (offiziell erst 1411), † 27. Okt. 1430 |
| Swidrigiello | Großfst. 1430, d. Aug. 1432, † 1452 |
| Sigismund I. | Großfst. 1432, † 20. März 1440 |
| Kasimir* (1427) | Großfst. 29. Juni 1440, † 7. Juni 1492 |
| Alexander* (1461) | Großfst. 20. Juli 1492, † 19. Aug. 1506 |
| Sigismund II.* (1467) | Großfst. 1506, † 1. April 1548 |
| Sigismund III.* (1520) | Großfst. 1548, Union von Lublin 1. Juli 1569, † 7. Juli 1572 |

**Slowakei als Satellitenstaat NS-Deutschlands**
Unabhängiger Staat 14. März 1939, am 5. April 1945 in die Tschechoslowakei zurückgegliedert.

Staatspräsident:

| | |
|---|---|
| Jozef Tiso (1881–1947) | 26. Okt. 1939–5. April 1945 |

**Kroatien im 20. Jahrhundert als Satellitenstaat der Achsenmächte**
Unabhängiger Staat 10. April 1941, im Mai 1945 nach Jugoslawien zurückgegliedert.

Staatsoberhäupter:

| | |
|---|---|
| Tomislav II. (1900–1948) | 18. Mai 1941–11. Sept. 1943 |
| Ante Pavelič* (1889–1959) | 16. April 1941–8. Mai 1945 |

Regierungschefs:

| | |
|---|---|
| A. Pavelić* | 16. April 1941–2. Sept. 1943 |
| N. Mandić | 2. Sept. 1943–8. Mai 1945 |

# ISLAMISCHE REICHE UND DYNASTIEN

**Kalifenreich**
Reichsbildung während des 7. Jahrhunderts in Arabien, Nordafrika und dem Vorderen Orient. Im 9. Jahrhundert Verfall der Macht, 1258 nach der Eroberung Bagdads durch die Mongolen endgültig vernichtet. Residenzen: Medina, seit 635/660 Damaskus, seit 762 Bagdad, seit 836 Samarra, seit 892 erneut Bagdad. Den Titel eines Kalifen beanspruchen seit 910 auch die Fatimiden (vgl. Lokaldynastien in Ägypten), seit 929 die Omaijaden in Spanien (vgl. diese), seit der Mitte des 13. Jahrhunderts die Mamelucken in Ägypten für abbasidische Schattenherrscher (vgl. Lokaldynastien in Ägypten), seit 1517 die osmanischen Sultane (vgl. Türkei). Die Kalifenwürde erlischt mit der Absetzung Abdulmedschids II. am 4. März 1924.

| | |
|---|---|
| Mohammed (um 570) | Flieht nach Medina Sept. 622, erobert Mekka 11. Jan. 630, †8. Juni 632 |
| Abu Bakr (um 573) | Kalif 632, †22. Aug. 634 |
| Omar I. (um 580) | Kalif 634, †3. Nov. 644 |
| Othman (um 574) | Kalif 644, †17. Juni 656 |
| Ali (um 600) | Kalif 656, †24. Jan. 661 |
| *Omaijaden* | |
| Muawija I. (um 605) | Kalif 660, †April 680 |
| Yazid I. | Kalif 680, †Nov. 683 |
| Muawija II. | Kalif 683, †Jan./Febr. 684 |
| Marwan I. | Kalif 684, †7. Mai 685 |
| Abdalmalik (646) | Kalif 685, †8. Okt. 705 |
| Walid I. (um 670) | Kalif 705, †23. Febr. 715 |
| Sulaiman (679/80) | Kalif 715, †22. Sept. 717 |
| Omar II. (682/83) | Kalif 717, †31. Jan. 720 |
| Yazid II. | Kalif 720, †28. Jan. 724 |
| Hischam (691) | Kalif 724, †6. Febr. 743 |
| Walid II. (708) | Kalif 743, †17. April 744 |
| Ibrahim | Kalif 744, d. 26. Nov. 744, †25. Jan. 750 |
| Marwan II. | Kalif 744, d. 25. Jan. 750, †5. Aug. 750 |
| *Abbasiden* | |
| Abul Abbas | Kalif 6. Nov. 749, allgemein anerkannt 25. Jan. 750, †9. Juni 754 |
| al-Mansur (712) | Kalif 754, †7. Okt. 775 |

| | |
|---|---|
| al-Mahdi (742) | Kalif 775, †4. Aug. 785 |
| al-Hadi | Kalif 785, †15. Sept. 786 |
| Harun al-Raschid (763/66) | Kalif 786, †24. März 809 |
| al-Amin (787) | Kalif 809, †25. Sept. 813 |
| al-Mamun (786) | Kalif 813, †7. Aug. 833 |
| al-Mutasim (795/97) | Kalif 833, †5. Jan. 842 |
| al-Wahtik (811/15) | Kalif 842, †10. Aug. 847 |
| al-Mutawakkil (822) | Kalif 847, †11. Dez. 861 |
| al-Mustansir (837) | Kalif 861, †25. Juni 862 |
| al-Mustain (831) | Kalif 862, r. 5. Jan. 866, †Okt. 866 |
| al-Mutazz (845) | Kalif 866, d. 11. Juli 869, †Juli / Aug. 869 |
| al-Muhtadi | Kalif 869, †21. Juni 870 |
| al-Mutamid (842/44) | Kalif 870, †15. Okt. 892 |
| al-Mutadid (855/62) | Kalif 892, †5. April 902 |
| al-Muktafi (877) | Kalif 902, †13. Aug. 908 |
| al-Muktadir (895) | Kalif 908, †31. Okt. 932 |
| al-Kahir | Kalif 932, d. 24. April 934, †Okt. 950 |
| al-Radi (909) | Kalif 934, †23. Dez. 940 |
| al-Mutakki | Kalif 940, d. 12. Okt. 944, †Juli 968 |
| al-Mustakfi | Kalif 944, d. 29. Jan. 946, †Sept./ Okt. 949 |
| al-Muti | Kalif 946, r. 5. Aug. 974, †Sept./ Okt. 974 |
| al-Tai (929/30) | Kalif 974, d. 1. Okt. 991, †3. Aug. 1003 |
| al-Kadir (947/48) | Kalif 991, †29. Nov. 1031 |
| al-Kaim | Kalif 1031, †2. April 1075 |
| al-Muktadi (1056) | Kalif 1075, †Febr. 1094 |
| al-Muztazhir (1077) | Kalif 1094, †6. Aug. 1118 |
| al-Mustarschid (1093/94) | Kalif 1118, †29. Aug. 1135 |
| al-Raschid (1107) | Kalif 1135, d. 17. Sept. 1136, †6. Juni 1138 |
| al-Muktafi (1096) | Kalif 1136, †12. März 1160 |
| al-Mustandschid (1116) | Kalif 1160, †20. Dez. 1170 |
| al-Mustadi (1142) | Kalif 1170, †Ende März 1180 |
| al-Nasir (um 1155) | Kalif 1180, †6. Okt. 1225 |
| al-Zahir | Kalif 1225, †11. Juli 1226 |
| al-Mustansir | Kalif 1226, †Nov./Dez. 1242 |
| al-Mustasim (1212/13) | Kalif 1242, d. 10. Febr. 1258, †20. Febr. 1258 |

**Lokaldynastien in Ägypten**

Ägypten wird 639–42 von den Arabern erobert (vgl. Kalifenreich). 868–905 und 935–969 faktisch vom Kalifat gelöst, seit 969 auch formal von diesem getrennt, 1516–17 durch den osmanischen Sultan Selim I. (vgl. Türkei) erobert.

*Tuluniden*

| | |
|---|---|
| Ahmad Ibn Tulun | Fakt. selbständiger Gouverneur von Ägypten 15. Sept. 868, †10. Mai 884 |
| Khumaraweih | Gouverneur 884, †7. Febr. 896 |
| Djaish | Gouverneur 896, d. 26. Juli 896 |
| Harun | Gouverneur 896, †1. Jan. 905 |

*Ichschididen*

| | |
|---|---|
| Mohammed al-Ichschidid (882) | Fakt. selbständiger Gouverneur von Ägypten 935, †24. Juli 946 |
| Abul Kasim | Gouverneur 946, †961 |
| Ali | Gouverneur 961, †966 |
| Kafur | Wesir 946, Gouverneur 966, †23. April 968 |
| Abul Fawaris Ahmad | Gouverneur 968, d. 969 |

*Fatimiden* (in Afrika, seit 969 in Ägypten)

| | |
|---|---|
| al-Mahdi (871) | Kalif 15. Jan. 910, †4. März 934 |
| al-Kaim (893) | Kalif 934, †18. Mai 946 |
| al-Mansur (914) | Kalif 946, †18. März 953 |
| al-Muizz (931) | Kalif 953, erobert Fustat (Kairo) 7. Juli 969, †10. Dez. 975 |
| al-Aziz (955) | Kalif 976, †14. Okt. 996 |
| al-Hakim (985) | Kalif 996, †13. Febr. 1021 |
| al-Zahir (1005) | Kalif 1021, †13. Juni 1036 |
| al-Mustansir (1029) | Kalif 1036, †29. Dez. 1094 |
| al-Mustali (1074) | Kalif 1094, †8. Dez. 1101 |
| al-Amir (1096) | Kalif 1101, †7. Okt. 1130 |
| al-Hafiz (um 1074) | Kalif 1131, †11. Okt. 1149 |
| al-Zafir (1133) | Kalif 1149, †16. April 1154 |
| al-Faizz (1149) | Kalif 1154, †20. Juli 1160 |
| al-Adid (1151) | Kalif 1160, d. 6. Sept. 1171, †13. Sept. 1171 |

*Ayyubiden*

| | |
|---|---|
| Saladin (1137/38) | Wesir 26. März 1169, fakt. Herrscher 6. Sept. 1171, Sultan Mai 1175, †3. März 1193 |
| al-Aziz (1172) | Sultan 1193, †29. Nov. 1198 |

| | |
|---|---|
| al-Mansur (1186) | Sultan 1198, d. 1199 |
| al-Adil I. (1144) (Saphadin) | Sultan 1199, †31. Aug. 1218 |
| al-Kamil (1177/80) | Sultan 1218, †8. März 1238 |
| al-Adil II. (1221) | Sultan 1238, d. 31. Mai 1240, †9. Febr. 1248 |
| al-Salih (1207) | Sultan 1240, †21. Nov. 1249 |
| al-Malik | Sultan 1249, †1250 |
| Schadschar al-Durr (um 1220) | Sultanin 1250, heiratet Aibak 1250, †28. April 1258 |

*Mamelucken (Bahriden)*
24 Herrscher zwischen 1250 und 1390, u. a.:

| | |
|---|---|
| Aibak (Ibek) | 1250–1257 |
| Nur-ed-Din Ali | 1257–1259 |
| Saif-ed-Din Kutuz | 1259–1260 |
| Baibars | 1260–1277 |
| Baraka Khan | 1277–1279 |
| Kalawun | 1279–1290 |
| al-Asraf Khalil | 1290–1293 |
| al-Nasir | 1293–1294, 1299–1309, 1310–1341 |
| Kathbuga | 1294–1296 |
| al-Hasan | 1347–1351, 1354–1361 |
| al-Salih | 1381–1382, 1389–1390 |

*Mamelucken (Burdschiten)*
23 Herrscher zwischen 1382 und 1517, u.a.:

| | |
|---|---|
| Barkuk | 1382–1389, 1390–1399 |
| al-Muadschad | 1412–1421 |
| al-Asraf Saif-ed-Din Barsbaj | 1422–1438 |
| al-Asraf Saif-ed-Din Kuid Bey | 1468–1496 |
| al-Asraf Kansuh al-Ghuri | 1501–1516 |
| al-Malik al-Asraf (Tuman Bey II.) | 1516–1517 |

**Omaijaden in Spanien (al-Andalus)**

Vom Kalifen faktisch unabhängiges Emirat seit 755 (756?), Kalifat seit 929, nach 1031 Zerfall in mehrere Kleinstaaten.

| | |
|---|---|
| Abdarrahman I. (731) | Emir 755 (756?), †15. Nov. 788 |
| Hischam I. (758) | Emir 788, †17. Sept. 796 |
| Hakam I. (770) | Emir 796, †23. Mai 822 |
| Abdarrahman II. (792) | Emir 822, †22. Sept. 852 |
| Mohammed I. | Emir 852, †4. Aug. 886 |
| Mundhir | Emir 886, †29. Juni 888 |

| | |
|---|---|
| Abdallah (844) | Emir 888, † 19. Okt. 912 |
| Abdarrahman III. (889) | Emir 912, Kalif 929, † 15. Okt. 961 |
| Hakam II. (915) | Kalif 961, † 1. Okt. 976 |
| Hischam II. (966) | Kalif 976, d. 22. Febr. 1009, vgl. unten |
| Mohammed II. | Kalif 1009, d. 5. Nov. 1009 |
| Suleiman | Kalif 1009, d. 21. Juni 1010, vgl. unten |
| Hischam II. (2. Mal) | Kalif 1010, † Mai 1013 |
| Suleiman (2. Mal) | Kalif 1013, † 28. Juni 1016 |
| Ali ibn Hamud | Kalif 1016 bis 22. März 1018 |
| Abdarrahman IV. | Kalif 1018 bis 1019 |
| al-Kasim | Kalif 1019 bis 26. Dez. 1023 |
| Mohammed III. | Kalif 9. Febr. 1024 bis 17. Juni 1025 |
| Jajia | Kalif 1025 bis 1. März 1026 |
| Hischam III. (975) | Kalif 1026, d. 30. Nov. 1031, † 1037 |

**Lokaldynastien in Marokko**

Reichsbildungen des 8. bis 17. Jahrhunderts, deren Zentrum stets im heutigen Marokko lag (Hauptstädte Fes, Marrakesch, Meknes und Rabat), deren Territorium oft jedoch weit darüber hinausreichte. Seit 30. März 1912 französisches bzw. spanisches Protektorat.

*Idrisiden* (Imame):

| | |
|---|---|
| Idris I. | 789–791 |
| Idris II. | 791–828 |
| Mohammed | 828–836 |
| Ali I. | 836–849 |
| Jahja I. | 849–863 |
| Jahja II. | 863–866 |
| Ali II. | 866–? |
| Jahja III. | ?–905 |
| Jahja IV. | 905–919/920 |

*Almoraviden* (Emire):

| | |
|---|---|
| Jusuf | 1061–1106 |
| Ali | 1106–1143 |
| Taschfin | 1143–1145/1147 |
| Ibrahim | 1145/1147 |
| Ischak | 1146/1147 |

*Almohaden* (Emire):

| | |
|---|---|
| Abdalmumin | 1130/1147–1163 |
| Abu Jakub Jusuf | 1163–1184 |
| Abu Jusuf Jakub al-Mansur | 1184–1199 |
| Mohammed al-Nasir | 1199–1213 |
| Jusuf al-Mustansir | 1214–1224 |
| Abdalwahid | 1224 |
| al-Adil | 1224–1227 |
| al-Mamun | 1227–1232 |
| al-Raschid | 1232–1242 |
| al-Said | 1242–1248 |
| al-Murtada | 1248–1266 |
| Abulullah Abu Dabbus | 1266–1269 |

*Meriniden* (Sultane):

| | |
|---|---|
| Abu Jusuf Jakub | 1258/1269–1286 |
| Abu Jakub Jusuf | 1286–1307 |
| Abu Tabit | 1307–1308 |
| Abu Rabia | 1308–1310 |
| Abu Said Othman | 1310–1331 |
| Abul Hasan | 1331–1351 |
| Abu Inan Faris | 1351–1358 |

...

(unter 24 weiteren Herrschern bis 1465: Verfall des Reichs)

*Wattasiden* (Sultane):

| | |
|---|---|
| Mohammed al-Saih al-Mahdi | 1472–1505 |
| Abu Abdallah Mohammed | 1505–1524 |
| Abul Abbas Ahmad | 1524–1548/1550 |

*Saadier* (Sultane und Kalifen):

| | |
|---|---|
| Mohammed I. | 1554–1557 |
| Abdallah al-Ghalib | 1557–1574 |
| Abu Abdallah Mohammed II. | 1574–1576 |
| Abu Marwan Abdalmalik I. | 1576–1578 |
| Ahmad I. al-Mansur | 1578–1603 |
| Abu Abdallah Mohammed III. | 1603–1607 |
| Zaidan al-Nasir | 1607–1628 |
| Abu Marwan Abdalmalik II. | 1628–1631 |
| al-Walid | 1631–1636 |
| Mohammed IV. | 1636–1654 |
| Ahmad II. | 1654–1659 |

*Alauiten* (Sultane):

| | |
|---|---|
| al-Raschid (1631) | 1666–1672 |
| Ismail (1646) | 1672–1727 |

| | |
|---|---|
| Ahmed ad-Dehbi | 1727–1728 |
| Abdalmalik | 1728 |
| Ahmed ad-Dehbi (2. Mal) | 1728–1729 |
| Abdallah | 1729–1735 |
| Ali | 1735–1736 |
| Abdallah (2. Mal) | 1736 |
| Mohammed (I.) | 1736–1738 |
| al-Mostadi | 1738–1740 |
| Abdallah (3. Mal) | 1740–1745 |
| Zin al-Abidin | 1745 |
| Abdallah (4. Mal) | 1745–1757 |
| Mohammed (II.) | 1757–1790 |
| Yazid | 1790–1792 |
| Sliman | 1792–1822 |
| Abdarrahman | 1822–1859 |
| Mohammed (III.) | 1859–1873 |
| Hassan (I.) (1836) | 1873–1894 |
| Abdalaziz (1878–1943) | 1894–1908 |
| Hafid | 1908–1912 |

**Lokaldynastien im Iran**

Nach 651 bildet der Iran einen Teil des Kalifenreichs. Später entstehen zahlreiche lokale Herrschaften, die meist in formaler Abhängigkeit vom Kalifen bleiben, u. a.:

*Tahiriden* (820–872, in Khorasan, arab. Ursprungs)
*Saffariden* (867–902, in Khorasan und Seistan, arab. Ursprungs)
*Samaniden* (875–999, in Transoxianien, iran. Ursprungs)
*Ghasnawiden* (962–1187, im östl. Iran bis Indien, türk. Ursprungs)
*Ziyariden* (828–1077, in Mazarandan, iran. Ursprungs)
*Buhaiwiden* (um 900–1055, iran. Ursprungs)

*Seldschuken* (seit 1040 faktische Alleinherrscher im Iran)

| | |
|---|---|
| Toghryl Beg | 1038–1063 |
| Alp Arslan (1030/31) | 1063–1072 |
| Malik Schah I. (1054) | 1072–1092 |
| Mahmud | 1092–1094 |
| Barkiyaruq | 1094–1104 |
| Malik Schah II. | 1104–1105 |
| Mohammed | 1105–1118 |
| Sanjar | 1118–1157 |

Danach Zerfall in Lokaldynastien, die Anfang des 13. Jahrhunderts dem Ansturm der Mongolen erliegen. Die mongolische Eroberung ist um 1250 abgeschlossen.

*Ilchane* (Mongolen, seit Gazan Khan mohammedanisch):

| | |
|---|---|
| Hulagu | 1261–1265 |
| Abaqa | 1265–1282 |
| Ahmad | 1282–1284 |
| Arghun | 1284–1291 |
| Gaikhatu | 1291–1295 |
| Baidu | 1295 |
| Gazan Khan (Mahmud) | 1295–1306 |
| Oljaytu Khudabande | 1304–1316 |
| Abu Said | 1316–1335 |

*Timuriden*

| | |
|---|---|
| Timur Leng (1336) | 1380/1386–1405 |
| Schah Rukh | 1405/1409–1447 |
| Ulugh Beg | 1447–1449 |
| Abdul-Latif | 1449 |
| Abdullah | 1449–1451 |
| Abu Said | 1451–1469 |

**Reich der Rum-Seldschuken in Kleinasien**

Türkische Reichsbildung mit Zentrum in Konya, 1308 aufgelöst.

| | |
|---|---|
| Suleiman I. | 1078–1086 |
| Kilidsch Arslan I. | 1092–1107 |
| Malik Schah | 1107–1116 |
| Masud I. | 1116–1156 |
| Kilidsch Arslan II. | 1156–1192 |
| Kaikosru I. | 1192–1196 |
| Suleiman II. | 1196–1204 |
| Kilidsch Arslan III. | 1204 |
| Kaikosru I. (2. Mal) | 1204–1210 |
| Kaikaus I. | 1210–1220 |
| Kaikubad I. | 1220–1237 |
| Kaikosru II. | 1237–1245 |
| Kaikaus II. | 1246–1257 |
| Kilidsch Arslan IV. | 1248–1265 |
| Kaikubad II. | 1249–1257 |
| Kaikosru III. | 1265–1282 |
| Masud II. | 1282–1304 |
| Kaikubad III. | 1284–1307 |
| Masud III. | 1307–1308 |

**Islamische Dynastien in Indien**

Islamisches Sultanat von Delhi 1206 begründet, 1858 durch das englische Indiengesetz aufgehoben (seit dem 18. Jahrhundert faktische Abhängigkeit von Großbritannien).

| | |
|---|---|
| *Sklavendynastie* | |
| Kutub-ed-Din Aibak | 1206–1210 |
| Iletmisch | 1211–1236 |
| Rassija | 1236–1240 |
| ... | |
| Balban | 1266–1287 |
| Kaikubad | 1287–1290 |
| | |
| *Dynastie Childschi* | |
| Firus Schah | Sultan 13. Juni 1290, † 19. Juli 1296 |
| Ala-ed-Din | Sultan 3. Okt. 1296, † 2. Jan. 1316 |
| Schihab Ad Din Omar | Sultan 2. Jan. 1316, d. 1. April 1316 |
| Kutub-ed-Din Mubarak | Sultan 1. April 1316, † 14. April 1320 |
| ———— | |
| Nasir-ed-Din Chusrau | Sultan 14. April 1320, † 5. Sept. 1320 |
| | |
| *Dynastie Tughluk* | |
| Tughluk I. | Sultan 8. Sept. 1320, † Anfang 1325 |
| Mohammed I. | Sultan Anfang 1325, † 20. März 1351 |
| Firus | Sultan 20. März 1351, † 2. Hälfte Sept. 1388 |
| Tughluk II. | Sultan Sept. 1388, d. Anfang 1389 |
| Abu Bakr | Sultan Anfang 1389, d. 31. Aug. 1389 |
| Mohammed II. | Sultan 31. Aug. 1389, † 20. Jan. 1394 |
| Humajun Khan | Sultan 20. Jan. 1394, † März 1394 |
| Mahmud | Sultan März 1394, † Febr. 1413 |
| Dawlat Khan | Sultan Febr. 1413, d. 28. Mai 1414 |
| | |
| *Dynastie Sajjjd* | |
| Khidr Khan | Sultan 28. Mai 1414, † 20. Mai 1421 |

| | |
|---|---|
| Mubarak Schah | Sultan 22. Mai 1421, † 19. Febr. 1434 |
| Mohammed Schah | Sultan 19. Febr. 1434, † 1444 |
| Alam Schah | Sultan 1444, r. April 1451 |
| *Dynastie Lodi* | |
| Bahlol | Sultan 19. April 1451, † 17. Juli 1489 |
| Sikandar | Sultan 17. Juli 1489, † 21. Nov. 1517 |
| Ibrahim | Sultan 21. Nov. 1517, † 22. April 1526 |
| *Moguln* | |
| Babur (1483) | Schah 27. April 1526, † 26. Dez. 1530 |
| Humajun (1508) | Schah 28. Dez. 1530, fakt. d. und vertrieben 17. Mai 1540, vgl. unten |
| *Suri-Dynastie* | |
| Sher Schah | 1540–1545 |
| Islam Schah | 1545–1554 |
| Adil Schah | 1554–1555 |
| *Moguln* | |
| Humajun (2. Mal) | Kehrt aus dem Exil zurück 23. Juli 1555, † 27. Jan. 1556 |
| Akbar d. Große (1542) | Schah 14. Febr. 1556, † 26. Okt. 1605 |
| Dschahangir (1569) | Schah 3. Nov. 1605, † 28. Okt. 1627 |
| Dawar Baksch | Schah Nov. 1627, † 31. Dez. 1627 |
| Schah Dschahan (1592) | Schah 24. Febr. 1628, d. 26. Juni 1658, † 22. Jan. 1666 |
| Aurangzeb (1618) (= Alamgir I.) | Schah 26. Juni 1658, † 2. März 1707 |
| Alam I. (1643) (= Bahadur I.) | Schah 27. April 1707, † 28. Febr. 1712 |
| Dschahandar (1661) | Schah 21./23. April 1712, d. 21. Jan. 1713, † 13. Febr. 1713 |
| Farruch Sijar (1687) | Schah 21. Jan. 1713, d. 1. März 1719, † 28. Mai 1719 |
| Rafi ad-Daradschat (1704) | Schah 1. März 1719, d. 8. Juni 1719, † 11. Juni 1719 |

| | |
|---|---|
| Dschahan II. (1702) | Schah 8. Juni 1719, d. 7. Sept. 1719 |
| Mohammed Nasir (1701) | Schah 29. Sept. 1719, Eroberung Delhis durch Nadir Schah (vgl. Iran) 1739 (Fakt. Ende des Mogulreichs), †23. April 1748 |
| (Ahmad Bahadur (1725) | 1748–1754, †1775) |
| (Alamgir II. (1688) | 1754–1759) |
| (Dschahan II. (2. Mal) | 1759) |
| (Dschahan III. | 1759) |
| (Alam II. (1728) | 1759–1806) |
| (Mohammed Akbar II. (1759) | 1806–1837) |
| (Bahadur II. (1775) | 1837–1857/58, †1862) |

# VORKOLONIALE REICHSBILDUNGEN IN ASIEN, AFRIKA UND AMERIKA

## Reichsbildungen in Indien

Reich von Magadha

| | |
|---|---|
| *Haryanka-Dynastie* (um 546–414 v. Chr.) | |
| Bimbisara | 6./5. Jh. v. Chr. |
| Ajatasatru | 5. Jh. v. Chr. |
| Udayin | 5. Jh. v. Chr. |
| . . . | |
| | |
| *Schischunaga-Dynastie* (um 414–346 v. Chr.) | |
| Schischunaga | 5./4. Jh. v. Chr. |
| Kalaschoka | 4. Jh. v. Chr. |
| . . . | |
| | |
| *Nanda-Dynastie* (um 346–322/313 v. Chr.) | |
| Mahapadma Nanda | 4. Jh. v. Chr. |
| . . . | |
| | |
| *Maurya-Dynastie* (322/313–185 v. Chr.) | |
| Tschandragupta Maurya | um 320–290 v. Chr. |
| Bindusara | um 290–268 v. Chr. |
| Aschoka | um 268–232 v. Chr. |
| . . . | |
| | |
| *Shunga-Dynastie* (185–73 v. Chr.) | |
| Pusyamitra | nach 185/181 v. Chr. |
| . . . | |
| | |
| *Kanva-Dynastie* (73–28 v. Chr.) | |
| Vasudeva | 1. Jh. v. Chr. |
| . . . | |

Kuschanreich

. . .

| | |
|---|---|
| Kanischka | zwischen 78 und 225 n. Chr. |
| Vasischka | |
| Huvischka | |
| Vasudeva I. | |

Guptareich (Magadha)

| | |
|---|---|
| Tschandragupta I. | um 320–325 |
| Samudragupta | um 325–380 |
| Tschandragupta II. | um 380–414 |
| Kumaragupta I. | um 414–455 |
| Skandagupta | um 455–467 |
| Purugupta | |
| Narasimhagupta | |
| Kumaragupta II. | |
| Budhagupta | um 476–495 |

**Reich der Khmer**

Begründung des Reiches durch die Vereinigung von Funan und Chen-la um 560 n. Chr. Im 14. und 15. Jahrhundert mehrfach durch Thaiherrscher erobert, seit dem letzten Viertel des 17. Jahrhunderts in völliger Abhängigkeit von Thailand (Siam), 1863 französisches Protektorat.

| | |
|---|---|
| Bhavavarman I. | um 560–600 |
| Mahendravarman | um 600–616 |
| Isanavarman I. | um 616–635 |
| Bhavavarman II. | um 640 |
| Jayavarman I. | um 650/660 |

Zerfall des Reiches, um 800 Neubegründung durch:

| | |
|---|---|
| Jayavarman II. | um 800–850 |
| Jayavarman III. | 850–877 |
| Indravarman I. | 877–889 |
| Yasovarman I. | 889–um 910 |
| Harshavarman I. | um 910–921 |
| Isanavarman II. | um 921–928 |
| Jayavarman IV. | 928–941 |
| Harshavarman II. | 942–944 |
| Rajendravarman | 944–968 |
| Jayavarman V. | 968–1001 |
| Suryavarman I. | 1002–1050 |
| Udayadityavarman | 1050–1065 |
| Harshavarman III. | 1065–um 1080 |
| Jayavarman VI. | um 1080–um 1107 |
| Dharanindravarman I. | 1107–1113 |
| Suryavarman II. | 1113–um 1150 |
| Dharanindravarman II. | um 1150–vor 1160 |
| . . . | |
| Jayavarman VII. | 1181–um 1220 |

. . .

| | |
|---|---|
| Jayavarman VIII. | 1243–1295 |
| Srindravarman | 1295–1307 |
| Srindrajayavarman | 1307–1327 |
| Jayavarmadiparamesvara | 1327–1340 |
| . . . | |
| Ponhea Yat (Verlegung der Hauptstadt von Angkor nach Phnom Penh) | 1432–1467 |
| . . . | |
| Barom Rechea III. | 1599–1600 |
| Barom Rechea IV. | 1603–1618 |
| Barom Rechea V. | 1618–1620 |
| Jayajettha | 1620–1642 |
| Ramadhipati | 1642–1658 |
| Padumaraja | 1658–1675 |
| Ang Non | 1675–1690 |

**Mongolenreich**

Begründung des Großreichs durch Dschingis Khan seit 1206, schon im 13. Jahrhundert mehrfache Teilungen. Letzter unbestrittener Großkhan war Temür (1307).

| | |
|---|---|
| Dschingis Khan (um 1155) | 1206–1227 |
| Ögedei | 1229–1241 |
| Töregene Khatun, Regentin | 1241–1246 |
| Güyük | 1246–1248 |
| Oghul Kaimisch, Regentin | 1248–1251 |
| Möngke (1209) | 1251–1259 |
| Khubilai Khan* (1215) | 1260–1294 |
| Temür* | 1294–1307 |

**Reich der Goldenen Horde**

Teilreich und Nachfolgestaat des Mongolenreichs im westlichen Zentralasien, nach der Niederlage Toktamischs gegen Timur Leng (vgl. Islamische Reiche, Lokaldynastien im Iran) in Auflösung (1395).

| | |
|---|---|
| Batu (um 1205) | 1241–1256 |
| Sartaq | 1256–1257 |
| Ulagči | 1257 |

| | |
|---|---|
| Berke | 1257–1267 |
| Möngke Temür | 1267–1280 |
| Tuda Möngke | 1280–1287 |
| Teleboga | 1287–1291 |
| Tochtu | 1291–1312 |
| Özbeg | 1313–1341 |
| Tinibeg | 1341–1342 |
| Ğambek I. | 1342–1357 |
| Berdi Beg | 1357–1359 |
| Qulpa | 1359–1360 |
| Nevruz | 1360 |
| . . . | |
| Toktamisch | 1377–1395, †1406/1407 |

**Mali**

Reich in Westafrika. Großmacht im 13./14. Jahrhundert, nach 1400 rascher Verfall, um 1670 Ende der staatlichen Existenz.

| | |
|---|---|
| Bilali | 1175–1200 |
| Mussa Keita | 1200–1218 |
| Nare Famaghan | 1218–1230 |
| Sundjata Keita (Mari Djata I.) | 1230–1255 |
| Mansa Wule I. | 1255–1270 |
| Wali | 1270–1274 |
| Kalifa | 1274–1275 |
| Abu Bakr I. | 1275–1285 |
| Sakura | 1285–1300 |
| Gau | 1300–1305 |
| Mamadu | 1305–1310 |
| Abu Bakr II. | 1310–1312 |
| Mansa Mussa | 1312–1337 |
| Maghan I. | 1337–1341 |
| Suleiman | 1341–1360 |
| Kasa | 1360 |
| Mari Djata II. | 1360–1374 |
| Mussa II. | 1374–1387 |
| Maghan II. | 1387–1390 |

**Songhai (Gao)**

Reich in Westafrika. Großmacht im 15./16. Jahrhundert, gerät 1591 unter die Oberhoheit Marokkos.

| | |
|---|---|
| Sonni Ali | 1468–1492 |
| Sonni Bakary | 1492–1493 |
| Askia Mohammed I. d. Große | 1493–1528 |
| Askia Mussa | 1528–1531 |
| Askia Mohammed II. | 1531–1537 |
| Ismail | 1537–1539 |
| Ishak I. | 1539–1549 |
| Daud | 1549–1582 |
| Mohammed III. | 1582–1586 |
| Mohammed Bani | 1586–1588 |
| Ishak II. | 1588–1591 |

**Aztekenreich**

Letztes der mexikanischen Reiche, im 15. Jahrhundert begründet. 1519 bis 1521 durch Hernán Cortés vernichtet und dem spanischen Kolonialreich einverleibt.

| | |
|---|---|
| (Acamapichtli) | |
| (Huitzilihuitl) | |
| (Chimalpopoca) | |
| Itzcoatl | 1428–1440 |
| Moctezuma I. Ilhuicamina | 1440–1469 |
| Axayacatl | 1469–1483 |
| Tizoc | 1483–1486 |
| Ahuizotl | 1486–1503 |
| Moctezuma II. Xocoyotzin (1467) | Herrscher 1503, gefangen 14. Nov. 1519, †29./30. Juni 1520 |
| Cuitlahuac | Herrscher Juni 1520, †Sept. 1520 |
| Cuauhtemoc (1495) | Herrscher Sept. 1520, d. 13. Aug. 1521, †28. Febr. 1525 |

**Inkareich**

Letztes der Andenreiche, im 15. Jahrhundert begründet. 1532–1533 durch Francisco Pizarro vernichtet und dem spanischen Kolonialreich einverleibt.

(Manco Capac)
(Sinchi Roca)
(Lloque Yupanqui)
(Mayta Capac)
(Capac Yupanqui)
(Inka Roca)

| | |
|---|---|
| (Yahuar Huacac) | |
| (Viracocha) | |
| Pachacutec Yupanqui | Inka 1438, r. 1471 |
| Tupac Yupanqui | Inka 1471, †1493 |
| Huayna Capac (um 1480) | Inka 1493, †1527 |
| Huascar | Inka 1527, gefangen 1532, †1533 |
| Atahualpa | Regent in Quito 1527, Inka 1530, gefangen 16. Nov. 1532, †29. Aug. 1533 |
| (Manco Capac II. | Inka Nov. 1533, †Spätsommer 1545) |
| (Sayri Tupac) | Inka 1545, r. 1558, †1561) |
| (Titu Cusi | Inka 1558, †1566) |
| (Tupac Amaru | Inka 1566, †Mai 1572) |

# KURZLEBIGE NACHKOLONIALE STAATEN

**Zentralamerikanische Konföderation**
Von Spanien unabhängig 15. September 1821, zunächst Teil des mexikanischen Kaiserreichs, nach dem Sturz des Kaisers Lösung von Mexiko und Proklamation der Konföderation 1. Juli 1823. Durch den Austritt der Bundesglieder (Nicaragua 30. April 1838, Honduras 26. Oktober 1838, Costa Rica 14. November 1838, Guatemala 13. April 1839, El Salvador 30. Januar 1841) aufgelöst.

Präsidenten:

| | |
|---|---|
| Manuel José de Arce (1787–1847) | 29. April 1825–1829 |
| José Francisco Barrundia (1779–1854) | 25. Juni 1829–1830 |
| Francisco Morazán (1792–1842) | 16. Sept. 1830–1. Febr. 1839 |

**Texas**
Proklamation der Unabhängigkeit von Mexiko 2. März 1836, am 1. März 1845 durch die Vereinigten Staaten annektiert.

Präsidenten:

| | |
|---|---|
| Sam Houston (1793–1863) | 22. Okt. 1836–1838 |
| Mirabeau B. Lamar (1798–1859) | 10. Dez. 1838–1841 |
| Houston (2. Mal) | 13. Dez. 1841–1844 |
| Anson Jones (1798–1858) | 9. Dez. 1844–1845 |

**Konföderierte Staaten von Amerika**
Nach der Sezession South Carolinas (20. Dezember 1860), Mississippis (2. Januar 1861), Floridas (10. Januar 1861), Alabamas (11. Januar 1861), Georgias (19. Januar 1861), Louisianas (26. Januar 1861) von den Vereinigten Staaten am 4. Februar 1861 begründet. Weitere Mitglieder: Texas (23. Februar 1861), Virginia (17. April 1861), Arkansas (6. Mai 1861), North Carolina (20. Mai 1861) und Tennessee (8. Juni 1861). Hauptstadt: Montgomery, seit 21. Mai 1861 Richmond, Va. Nach der Kapitulation von Appomatox Court House (9. April 1865) faktisch aufgelöst und in die Vereinigten Staaten reintegriert.

Präsident:

| | |
|---|---|
| Jefferson Davis (1808–1889) | 18. Febr. 1861–1865 |

**Südafrikanische Republik (Transvaal)**

1852/53 von burischen Trekkern begründet, 1877–1880/81 von Großbritannien annektiert, 1883 erneut selbständig, im Burenkrieg am 1. September 1900 endgültig von Großbritannien annektiert (Friedensschluß 31. Mai 1902). Daneben existierte 1842/54 bis 1900/02 der Oranje-Freistaat als weitere Burenrepublik.

Präsidenten:

| | |
|---|---|
| Martinus Wessels Pretorius (1819–1901) | 5. Jan. 1855–16. Nov. 1871 (mit Unterbrechung 1860–64) |
| Thomas Francois Burgers (1834–1881) | 30. Juni 1872–12. April 1877 |
| Paulus „Oom" Kruger (1825–1904) | 16. April 1883–31. Mai 1902 |

**(Süd-) Jemen**

Demokratische Volksrepublik 30. Nov. 1967, am 22. Mai 1990 mit dem (Nord-) Jemen zur Republik Jemen vereinigt.

Staatsoberhäupter:

| | |
|---|---|
| Kahtan Mohammed as Scha'abi (1920–1981) | 30. Nov. 1967–22. Juni 1969 |
| Salim Rabi Ali (1934–1978) | 22. Juni 1969–26. Juni 1978 |
| Ali Nasir Mohammed (1944) | 26. Juni 1978–27. Dez. 1978 |
| Abd al-Fatah Ismail (1942–1986) | 27. Dez. 1978–21. April 1980 |
| Ali Nasir Mohammed (2. Mal) | 21. April 1980–24. Jan. 1986 |
| Haidar Abu Bakr al-Attas (1940) | 7. Febr. 1986–22. Mai 1990 |

**Südvietnam**

Faktisch unabhängig Juli 1954, Einzug des Vietcong in Saigon 30. April 1975, am 2. Juli 1976 mit Nordvietnam vereinigt (vgl. Vietnam).

Staatsoberhäupter:

| | |
|---|---|
| Bao Dai (1913) | (1949) 1954–30. April 1955 |
| Ngo Dinh Diem (1901–1963) | 26. Okt. 1955–1. Nov. 1963 |
| Duong Van Minh (1923) | 2. Nov. 1963–30. Jan. 1964 |
| Nguyen Khanh (1927) | 30. Jan. 1964–8. Febr. 1964 |
| Duong Van Minh (2. Mal) | 8. Febr. 1964–16. Aug. 1964 |
| Nguyen Khanh (2. Mal) | 16. Aug. 1964–25. Aug. 1964 |
| Duong Van Minh/Nguyen Khanh/ Tran Thien Khiem (Triumvirat) | 27. Aug. 1964–25. Okt. 1964 |
| Phan Khac Suu | 25. Okt. 1964–12. Juni 1965 |
| Nguyen Van Thieu (1923) | 19. Juni 1965–21. April 1975 |
| Tran Van Huong | 21. April 1975–27. April 1975 |
| Duong Van Minh (3. Mal) | 27. April 1975–30. April 1975 |
| Huynh Tan Phat (1913) | 1. Mai 1975–2. Juli 1976 |

# TEIL II. MODERNE STAATEN

# AFRIKA

## Ägypten

Faktisch selbständige Monarchie (unter osmanischer Oberherrschaft bis 1882/1914, unter britischer Herrschaft 1882–1922) seit 1805/1811/1840, Vizekönigreich 1866, Sultanat 1914, Königreich 1922, Republik 18. Juni 1953 (1958–1961 in einer Union mit Syrien als Vereinigte Arabische Republik).

| | |
|---|---|
| Mehmed Ali (1769) | Wali 2. Nov. 1805, anerkannt 13. Feb. 1841, fakt. d. 1. Sept. 1848, †2. Aug. 1849 |
| Ibrahim (1786/1789) | Wali 1. Sept. 1848, †10. Nov. 1848 |
| Abbas I. (1813) | Wali 30. Nov. 1848, †13. Juli 1854 |
| Said (1822) | Wali 14. Juli 1854, †18. Jan. 1863 |
| Ismail (1830) | Wali 18. Jan. 1863, Vizekg. (Khedive) 1866, d. 26. Juni 1879, †2. März 1895 |
| Taufik (1852) | Khedive 26. Juni 1879, †7. Jan. 1892 |
| Abbas II. Hilmi (1874) | Khedive 7. Jan. 1892, d. 20. Dez. 1914, †20. Dez. 1944 |
| Husain Kamil (1853) | Sultan 20. Dez. 1914, †9. Okt. 1917 |
| Fuad I. (1868) | Sultan 9. Okt. 1917, Kg. 16. März 1922, †28. April 1936 |
| Faruk (1920) | Kg. 28. April 1936, d. 22. Juli 1952, †18. März 1965 |
| Fuad II. (1952) | Kg. 26. Juli 1952, d. 18. Juni 1953 |

Präsidenten:

| | |
|---|---|
| Ali Mohammed Nagib (1901–1984) | 18. Juni 1953–14. Nov. 1954 |
| Gamal Abdel Nasser (1918–1970) | 17. Nov. 1954–28. Sept. 1970 |
| Anwar as-Sadat (1918–1981) | 28. Sept. 1970–6. Okt. 1981 |
| Hosni Mubarak (1928) | 6./14. Okt. 1981– |

**Algerien**

Unabhängige Republik 3. Juli 1962.

Präsidenten:

| | |
|---|---|
| Mohammed Ahmed Ben Bella (1916) Min.präs. seit 7. Aug. 1962 | 20. Sept. 1963–19. Juni 1965 |
| Houari Boumedienne (1925–1978) | 19. Juni 1965–27. Dez. 1978 |
| Chadli Benjedid (1929) | 8. Febr. 1979–11. Jan. 1992 |
| Mohammed Boudias (1917–1992) | 14. Jan. 1992–29. Juni 1992 |
| Ali Kafi (1928) | 2. Juli 1992– |

**Angola**

Unabhängige Republik 11. November 1975.

Präsidenten:

| | |
|---|---|
| Agostinho Neto (1922–1979) | 11. Nov. 1975–10. Sept. 1979 |
| José Eduardo dos Santos (1942) | 20. Sept. 1979– |

**Äquatorialguinea**

Unabhängige Republik 12. Oktober 1968.

Präsidenten:

| | |
|---|---|
| Francisco Macias Nguema (1924–1979) | 12. Okt. 1968–5. Aug. 1979 |
| Teodoro Obiang Nguema (1946) | 25. Aug. 1979– |

**Äthiopien (Abessinien)**

Kaiserreich mit alter, bis in das 2. nachchristl. Jahrhundert zurückreichender Tradition. Mit Jekuno Amlak (1270–1285) kehrt die zuvor vertriebene salomonische Dynastie auf den Thron zurück. Äthiopien erlebt unter Amda Seyon (1314–1344), Said Ared (1344–1372), David I. (1382–1411) und Zara Jakob (1434–1468) einen Höhepunkt der Machtentfaltung, im 16. Jahrhundert unter Lebna Dengel (1508–1540) und Claudius (1540–1559) den Verfall und die portugiesische Intervention. Unter Fazilidas (1632–1667), Johannes I. (1667–1682) und Jassu d. Großen (1682–1706) erneut zur Blüte gelangt, verfällt das Reich im 18. und 19. Jahrhundert in Anarchie. Mit Theodor II. beginnt die Geschichte des modernen Kaiserreichs. Seit 21. März 1975 Republik.

| | |
|---|---|
| Theodor II. (1820) | Ks. 11. Febr. 1855, †14. April 1868 |
| Johannes IV. Kasai (um 1832) | Ks. 1872, †12. März 1889 |
| Menilek II. (1844) | Ks. 9. März 1889, fakt. r. 1909, †12. Dez. 1913 |
| Josua (1897) | Ks. 15. Mai 1911, d. 27. Sept. 1916, †7. Nov. 1935 |
| Woiseru Zauditu | Ks. in 27. Sept. 1916, d. 7. Okt. 1928, †2. April 1930 |
| Haile Selassie (1892) | Regent 1916, Kg. (Negus) 7. Okt. 1928, Ks. 2. Nov. 1930, d. 12. Sept. 1974, †27. Aug. 1975 |

Staatsoberhäupter; bis 21. März 1975 Regierungschefs:

| | |
|---|---|
| Aman Mikael Andom (1923–1974) | 12. Sept. 1974–24. Nov. 1974 |
| Täfäri Bänti (1922–1977) | 28. Nov. 1974–3. Febr. 1977 |
| Mengistu Haile Mariam (1938) | 11. Febr. 1977–21.Mai 1991 |
| Tesfaye Gebre-Kidan | 21. Mai 1991–29. Mai 1991 |
| Meles Zenawi (1955) | 29. Mai/22. Juli 1991– |

**Benin**

Unabhängige Republik »Dahomé« 2. August 1960, als »Benin« seit 30. November 1975.

Präsidenten:

| | |
|---|---|
| Hubert Maga (1916) | 11. Dez. 1960–28. Okt. 1963 |
| Christophe Soglo (1909) | 28. Okt. 1963–20. Jan. 1964 |
| Suru Migan Apithy (1913) | 20. Jan. 1964–27. Nov. 1965 |
| Soglo (2. Mal) | 22. Dez. 1965–17. Dez. 1967 |
| Alphonse Alley (1930) | 22. Dez. 1967–31. Juli 1968 |
| Emile Derlin Zinsou (1918) | 1. Aug. 1968–9. Dez. 1969 |
| Maurice Kouandété (1939) | 10. Dez. 1969–7. Mai 1970 |
| Maga (2. Mal) | 7. Mai 1970–7. Mai 1972 |
| Justin Ahomadegbe (1917) | 7. Mai 1972–26. Okt. 1972 |
| Mathieu Kérékou (1933) | 26. Okt. 1972–3. April 1991 |
| Nicéphore Soglo (1934) | 4. April 1991– |

**Botswana**
Unabhängige Republik 30. September 1966.

Präsidenten:

| | |
|---|---|
| Sir Seretse Khama (1921–1980) | 30. Sept. 1966–13. Juli 1980 |
| Quett Masire (1925) | 18. Juli 1980– |

**Burkina Faso**
Unabhängige Republik »Obervolta« 5. August 1960, als »Burkina Faso« seit 4. August 1984.

Präsidenten:

| | |
|---|---|
| Maurice Yameogo (1921) | 8. Dez. 1960–3. Jan. 1966 |
| Sangoulé Lamizana (1916) | 3. Jan. 1966–24. Nov. 1980 |
| Saye Zerbo (1932) | 25. Nov. 1980–7. Nov. 1982 |
| Jean-Baptiste Ouédraogo (1942) | 7. Nov. 1982–4. Aug. 1983 |
| Thomas Sankara (1950–1987) | 5. Aug. 1983–15. Okt. 1987 |
| Blaise Compaoré (1951) | 31. Okt. 1987– |

**Burundi**
Unabhängiges Königreich 1. Juli 1962, Republik 28. November 1966.

| | |
|---|---|
| Mwambutsa IV. (1912) | Kg. (Mwami) 1. Juli 1962, fakt. d. 8. Juli 1966, †26. April 1977 |
| Ntare V. (1947) | Regent 8. Juli 1966, Kg. (Mwami) 1. Sept. 1966, d. 28. Nov. 1966, †29./30. April 1972 |

Präsidenten:

| | |
|---|---|
| Michel Micombéro (1939–1983) | 29. Nov. 1966–1. Nov. 1976 |
| Jean-Baptiste Bagaza (1946) | 9. Nov. 1976–3. Sept. 1987 |
| Pierre Buyoya (1948) | 9. Sept. 1987–10. Juli 1993 |
| Melchior Ndadaye (1953–1993) | 10. Juli 1993–21. Okt. 1993 |

**Côte d'Ivoire** (= Elfenbeinküste, darf amtlich seit 1. Januar 1986 nicht mehr übersetzt werden)
Unabhängige Republik 7. August 1960.

Präsident:

| | |
|---|---|
| Félix Houphouët-Boigny (1905–1993) | 27. Nov. 1960–7. Dez. 1993 |

**Djibouti**
Unabhängige Republik 27. Juni 1977.

Präsident:

| | |
|---|---|
| H. Hassan Gouled Aptidon (1916) | 27. Juni 1977– |

**Eritrea**
Unabhängige Republik 24. Mai 1993.

Präsident:

| | |
|---|---|
| Isayas Afewerki (1945) | 24. Mai 1993– |

**Gabun**
Unabhängige Republik 17. August 1960.

Präsidenten:

| | |
|---|---|
| Léon M'ba (1902–1967) | 17. Aug. 1960–28. Nov. 1967 |
| Omar Albert Bernard Bongo (1935) | 1. Dez. 1967– |

**Gambia**
Unabhängige Monarchie (Staatsoberhaupt: Königin Elisabeth II. von Großbritannien) 18. Februar 1965, Republik 24. April 1970.

Präsident:

| | |
|---|---|
| Sir Dawda K. Jawara (1924) Premierminister seit 18. Febr. 1965 | 28. April 1970– |

**Ghana**
Unabhängige Monarchie (Staatsoberhaupt: Königin Elisabeth II. von Großbritannien) 6. März 1957, Republik 1. Juli 1960, parlamentarische Republik September 1969–Januar 1972.

Staatsoberhäupter:

| | |
|---|---|
| Kwame Nkrumah (1909–1972) Premierminister seit 6. März 1957 | 1. Juli 1960–24. Febr. 1966 |
| Joseph A. Ankrah (1915) | 25. Febr. 1966–2. April 1969 |
| Akwasi Afrifa (1936–1979) | 2. April 1969–1. Okt. 1969 |
| Afrifa/Harlley/Ocran (Junta) | 1. Okt. 1969–31. Aug. 1970 |
| Edward Akufo-Addo (1906–1979) | 1. Sept. 1970–12. Jan. 1972 |
| Ignatius Koti Akyeampong (1931–1979) | 13. Jan. 1972–5. Juli 1978 |
| William Fred Akuffo (1937–1979) | 5. Juli 1978–4. Juni 1979 |
| Jerry John Rawlings (1947) | 4. Juni 1979–24. Sept. 1979 |
| Hilla Limann (1934) | 24. Sept. 1979–31. Dez. 1981 |
| Rawlings (2. Mal) | 31. Dez. 1981– |

Premierminister der parlamentarischen Republik:

| | |
|---|---|
| Kofi Abrefa Busia (1913–1978) | 3. Sept. 1969–12. Jan. 1972 |

**Guinea**

Unabhängige Republik 2. Oktober 1958.

Präsidenten:

| | |
|---|---|
| Ahmed Sekou Touré (1922–1984) Premierminister seit 2. Okt. 1958 | 15. Jan. 1961–26. März 1984 |
| Lansana Béavogui (1923–1984) | 27. März 1984–3. April 1984 |
| Lansana Conté (1934) | 3. April 1984– |

**Guinea-Bissau**

Unabhängige Republik 9. September 1974.

Präsidenten:

| | |
|---|---|
| Luis de Almeida Cabral (1931) | 9. Sept. 1974–14. Nov. 1980 |
| João Bernardo Vieira (1939) | 14. Nov. 1980– |

**Kamerun**
Unabhängige Republik 1. Januar 1960, 1961–1972 föderative Struktur.

Präsidenten:

| | |
|---|---|
| Ahamadu Ahidjo (1924) | 5. Mai 1960–4. Nov. 1982 |
| Paul Biya (1933) | 6. Nov. 1982– |

**Kap Verde**
Unabhängige Republik 5. Juli 1975.

Präsidenten:

| | |
|---|---|
| Aristides Pereira (1924) | 5. Juli 1975–22. März 1991 |
| Antonio Mascarenhas Monteiro (1944) | 22. März 1991– |

**Kenia**
Unabhängige Monarchie (Staatsoberhaupt: Königin Elisabeth II. von Großbritannien) 12. Dezember 1963, Republik 12. Dezember 1964.

Präsidenten:

| | |
|---|---|
| Yomo Kenyatta (1891–1978) Premierminister seit 12. Dez. 1963 | 12. Dez. 1964–22. Aug. 1978 |
| Daniel arap Moi (1924) | 22. Aug. 1978– |

**Komoren**
Unabhängige Republik 6. Juli 1975.

Präsidenten:

| | |
|---|---|
| Ahmad Abdallah Abderemane (1918–1989) | 6. Juli 1975–3. Aug. 1975 |
| Said Mohammed Jaffar | 10. Aug. 1975–2. Jan. 1976 |
| Ali Soilih (1937–1978) | 2. Jan. 1976–13. Mai 1978 |
| Abdallah Abderemane (2. Mal) | 22. Okt. 1978–26. Nov. 1989 |
| Said Mohammed Djohar | 27. Nov. 1989– |

**Kongo**
Unabhängige Republik 15. August 1960.

Präsidenten:

| | |
|---|---|
| Fulbert Youlou (1917–1972) | 15. Aug. 1960–15. Aug. 1963 |
| Alphonse Massemba-Débat (1921–1977) | 15. Aug.1963–4. Sept. 1968 |
| Alfred Raoul (1930) | 4. Sept. 1968–31. Dez. 1968 |
| Marien Ngouabi (1938–1977) | 1. Jan. 1969–18. März 1977 |
| Joachim Yhombi Opango (1938) | 4. April 1977–5. Febr. 1979 |
| Denis Sassou Ngouesso (1943) | 8. Febr. 1979–31. Aug. 1992 |
| Pascal Lissouba (1931) | 31. Aug. 1992– |

**Lesotho**
Unabhängige Monarchie 4. Oktober 1966.

| | |
|---|---|
| Moshoeshoe II. (1938) | Kg. 4. Okt. 1966, 2. April bis 5. Dez. 1970 vorübergehend abgesetzt und exiliert, 6. Nov. 1990 entmachtet |
| Letsie III. | Kg. 12. Nov. 1990 |

Premierminister:

| | |
|---|---|
| Leabua Jonathan (1914) | 4. Okt. 1966–20. Jan. 1986 |
| Justinus Metsing Lekhanya (1938) | 20. Jan. 1986–30. April 1991 |
| Elias Phisoana Ramaema (1933) | 1. Mai 1991–2. April 1993 |
| Ntsu Mokhele | 2. April 1993– |

**Liberia**
Unabhängige Republik 26. Juli 1847.

Präsidenten:

| | |
|---|---|
| William S. Tubman (1895–1971) | 7. Mai 1943–23. Juli 1971 |
| William R. Tolbert (1913–1980) | 23. Juli 1971–12. April 1980 |
| Samuel K. Doe (1952–1990) | 13. April 1980–9. Sept. 1990 |
| Amos Sawyer | 2. Aug. 1990–18. Aug. 1993 |
| Bismarck Kuyon | 18. Aug. 1993– |

Seit Ende 1989 Bürgerkrieg. Rivalisierende Machtansprüche.

**Libyen**
Unabhängiges Königreich 24. Dezember 1951, Republik 1. September 1969.

| | |
|---|---|
| Idris I. (1890) | Kg. 24. Dez. 1951, d. 1. Sept. 1969, †25. Mai 1983 |

Staatsoberhaupt:

| | |
|---|---|
| Muammar al-Khadhafi (1942) | 1. Sept. 1969– |

(als Staatspräsident am 1. März 1979 zurückgetreten, dennoch als »Führer der Revolution« weiterhin faktischer Machthaber)

**Madagaskar**
Unabhängige Republik 26. Juni 1960.

Präsidenten:

| | |
|---|---|
| Philibert Tsiranana (1912–1978) | 30. Juli 1960–11. Okt. 1972 |
| Gabriel Ramanantsoa (1906–1979) | 11. Okt. 1972–5. Febr. 1975 |
| Richard Ratsimandrava (†1975) | 5. Febr. 1975–11. Febr. 1975 |
| Gilles Andriamahazo (1919) | 11. Febr. 1975–15. Juni 1975 |
| Didier Ratsiraka (1936) | 16. Juni 1975–26. März 1993 |
| Albert Zafy (1928) | 27. März 1993– |

**Malawi**
Unabhängige Monarchie (Staatsoberhaupt: Königin Elisabeth II. von Großbritannien) 6. Juli 1964, Republik 6. Juli 1966.

Präsident:

| | |
|---|---|
| Hastings Banda (1905) Premierminister seit 6. Juli 1964 | 6. Juli 1966– |

**Mali**
Unabhängige Republik 20. Juni 1960 (bis 20. August 1960 in einer Föderation mit dem Senegal).

Präsidenten:

| | |
|---|---|
| Mobido Keita (1915–1977) | 23. Sept. 1960–19. Nov. 1968 |
| Moussa Traore (1936) | 19. Nov. 1968–26. März 1991 |
| Amadou Toumani Touré (1948) | 31. März 1991–8. Juni 1992 |
| Alpha Oumar Konaré (1946) | 8. Juni 1992– |

**Marokko**
Unabhängiges Sultanat 3. März 1956, Königreich 14. August 1957.

*Alauiten*

| | |
|---|---|
| Mohammed V. (1909) | Sultan 17. Nov 1927–20. Aug. 1953 und seit 12. Nov. 1955, souverän 3. März 1956, Kg. 14. Aug. 1957, †26. Febr. 1961 |
| Hassan II. (1929) | Kg. 26. Febr. 1961 |

**Mauretanien**
Unabhängige Republik 28. November 1960.

Präsidenten:

| | |
|---|---|
| Mochtar Uld Daddah (1924) | 20. Aug. 1961–10. Juli 1978 |
| Mustafa Uld Mohammed Salek (1927) | 10. Juli 1978–3. Juni 1979 |
| Mohammed Mahmud Uld Luly (1943) | 3. Juni 1979–4. Jan. 1980 |
| Mohammed Khuma Uld Heydalla (1940) | 4. Jan. 1980–12. Dez. 1984 |
| Maouya Sid Ahmed Taya (1943) | 12. Dez. 1984– |

**Mauritius**
Unabhängige Monarchie (Staatsoberhaupt: Königin Elisabeth II. von Großbritannien) 12. März 1968. Republik 12. März 1992.

Präsident:

| | |
|---|---|
| Cassam Uteem (1941) | 30. Juni 1992– |

Premierminister:

| | |
|---|---|
| Seewoosagar Ramgoolam (1900–1985) | 12. März 1968–15. Juni 1982 |
| Aneerood Jugnauth (1941) | 15. Juni 1982– |

**Moçambique**
Unabhängige Republik 25. Juni 1975.

Präsidenten:

| | |
|---|---|
| Samora Machel (1933–1986) | 25. Juni 1975–19. Okt. 1986 |
| Joaquim Alberto Chissano (1939) | 3. Nov. 1986– |

**Namibia**
Unabhängige Republik 21. März 1990.

Präsident:

| | |
|---|---|
| Sam Nujoma (1929) | 21. März 1990– |

**Niger**
Unabhängige Republik 3. August 1960.

Präsidenten:

| | |
|---|---|
| Hamani Diori (1916) | 10. Nov. 1960–15. April 1974 |
| Seyni Kountché (1931–1987) | 15. April 1974–10. Nov. 1987 |
| Ali Saibou (1940) | 15. Nov. 1987–15. April 1993 |
| Mahomane Ousmane | 16. April 1993– |

**Nigeria**
Unabhängige Monarchie (Staatsoberhaupt: Königin Elisabeth II. von Großbritannien) 1. Oktober 1960, Republik 1. Oktober 1963.

Präsidenten:

| | |
|---|---|
| Benjamin Nnamdi Azikiwe (1904) | 1. Okt. 1963–16. Jan. 1966 |
| Johnson T. U. Ironsi (1924–1966) | 17. Jan. 1966–29. Juli 1966 |
| Yakubo Gowon (1934) | 1. Aug. 1966–29. Juli 1975 |
| Murtala Ramat Mohammed (1937–1976) | 30. Juli 1975–13. Febr. 1976 |
| Olusegun Obasanjo (1937) | 13. Febr. 1976–30. Sept. 1979 |
| Alhaji Shehu Shagari (1925) | 1. Okt. 1979–31. Dez. 1983 |
| Mohammed Buhari (1942) | 1. Jan. 1984–27. Aug. 1985 |
| Ibrahim Babangida (1941) | 27. Aug. 1985–26. Aug. 1993 |
| Ernest Shonekan | 31. Aug. 1993–17. Nov. 1993 |
| Sani Abacha | 17. Nov. 1993– |

Premierminister der parlamentarischen Monarchie/Republik:

| | |
|---|---|
| Sir Abubakar Tafawa Balewa (1912–1966) | 1. Okt. 1960–15. Jan. 1966 |

**Rwanda**
Unabhängige Republik 1. Juli 1962.

Präsidenten:

| | |
|---|---|
| Grégoire Kayibanda (1924) | 1. Juli 1962–5. Juli 1973 |
| Juvenal Habyarimana (1937) | 5. Juli 1973– |

**Sambia**
Unabhängige Republik 24. Oktober 1964.

Präsidenten:

| | |
|---|---|
| Kenneth Kaunda (1924) | 24. Okt. 1964–2. Nov. 1991 |
| Frederick Chiluba (1943) | 2. Nov. 1991– |

**São Tomé und Principe**
Unabhängige Republik 12. Juli 1975.

Präsidenten:

| | |
|---|---|
| Manuel Pinto da Costa (1938) | 12. Juli 1975–3. April 1991 |
| Miguel Trovoada (1936) | 3. April 1991– |

**Senegal**
Unabhängige Republik 20. Juni 1960 (bis 20. August 1960 in einer Förderation mit Mali).

Präsidenten:

| | |
|---|---|
| Léopold Sédar Senghor (1906) | 5. Sept. 1960–31. Dez. 1980 |
| Abdou Diouf (1935) | 1. Jan. 1981– |

**Seychellen**
Unabhängige Republik 28. Juni 1976.

Präsidenten:

| | |
|---|---|
| James Richard Mancham (1939) | 28. Juni 1976–5. Juni 1977 |
| France Albert René (1935) | 5. Juni 1977– |

**Sierra Leone**
Unabhängige Monarchie (Staatsoberhaupt: Königin Elisabeth II. von Großbritannien) 27. April 1961, Republik 19. April 1971.

Präsidenten:

| | |
|---|---|
| Siaka Stevens* (1905) | 21. April 1971–28. Nov. 1985 |
| Joseph Saidu Momoh (1937) | 28. Nov. 1985–29. April 1992 |
| Valentine Strasser (um 1965) | 6. Mai 1992– |

Premierminister der parlamentarischen Monarchie:

| | |
|---|---|
| Sir Milton Margai (1895–1964) | 27. April 1961–28. April 1964 |
| Albert Michael Margai (1910) | 30. April 1964–17. März 1967 |
| Siaka Stevens* (1905) | 21. März 1967 |
| Andrew Yuxon-Smith (1933) | 27. März 1967–19. April 1968 |
| Stevens (2. Mal) | 26. April 1968–19. April 1971 |

**Somalia**

Unabhängige Republik 1. Juli 1960.

Präsidenten:

| | |
|---|---|
| Aden Abdullah Osman (1908) | 1. Juli 1960–30. Juni 1967 |
| Abdarraschid Ali Shermarke (1919–1969) | 1. Juli 1967–15. Okt. 1969 |
| Mohammed Siad Barre (1919) | 21. Okt. 1969–27. Jan. 1991 |
| Ali Mahdi Mohammed (1939) (Seit Nov. 1991 Anarchie) | 28. Jan. 1991– |

**Südafrikanische Republik**

Unabhängiges Dominion im britischen Commonwealth (Staatsoberhaupt: der jeweilige britische Monarch) 31. Mai 1910, Republik 31. Mai 1961, seit 3. September 1984 mit Präsidialverfassung.

Präsidenten:

| | |
|---|---|
| Charles Roberts Swarts (1894–1982) | 31. Mai 1961–31. Mai 1967 |
| Theophilus E. Dönges (1898–1968) | 31. Mai 1967–10. Jan. 1968 |
| Jacob Johannes Fouché (1898–1980) | 10. Jan. 1968–10. April 1975 |
| Nicolaas Diederichs (1903–1978) | 19. April 1975–21. Aug. 1978 |
| Balthazar Vorster* (1915–1983) | 4. Okt. 1978–4. Juni 1979 |
| Marais Viljoen (1915) | 19. Juni 1979–19. Juni 1984 |
| Pieter Willem Botha* (1916) | 14. Sept. 1984–14. Aug. 1989 |
| Frederik de Klerk (1936) | 15. Aug. 1989– |

Premierminister bis zur Einführung der Präsidialverfassung:

| | |
|---|---|
| Louis Botha (1862–1919) | 31. Mai 1910–27. Aug. 1919 |
| Jan Christiaan Smuts (1870–1950) | 3. Sept. 1919–23. Juni 1924 |
| James Barry Hertzog (1866–1942) | 30. Juni 1924–7. Sept. 1939 |

| | |
|---|---|
| Smuts (2. Mal) | 7. Sept. 1939–28. Mai 1948 |
| Daniel François Malan (1874–1959) | 3. Juni 1948–30. Nov. 1954 |
| Johannes G. Strijdom (1893–1958) | 30. Nov. 1954–24. Aug. 1958 |
| Hendrik F. Verwoerd (1901–1966) | 2. Sept. 1958–6. Sept. 1966 |
| Balthazar Vorster* (1915–1983) | 13. Sept. 1966–20. Sept. 1978 |
| Pieter Willem Botha* (1916) | 28. Sept. 1978–3. Sept. 1984 |

**Sudan**

Unabhängige Republik 1. Januar 1956 (1958–1964, 1969–1986 und seit 1989 als Militärdiktatur mit Präsidialcharakter).

Staatsoberhäupter:

| | |
|---|---|
| Ibrahim Abboud (1900–1983) | 17. Nov. 1958–15. Nov. 1964 |
| Ismail Ashari* (1902–1969) | 9. Juni 1965–25. Mai 1969 |
| Mohammed an-Numeiri (1930) | 25. Mai 1969–6. April 1985 |
| Suwar al-Dahab (1931) | 6. April 1985–26. April 1986 |
| Ahmed al-Mirghani | 6. Mai 1986–30. Juni 1989 |
| Omar Hassan Ahmed al-Beshir (1944) | 30. Juni 1989– |

Regierungschefs während der parlamentarischen Regierung:

| | |
|---|---|
| Ismail Ashari* (1902–1969) | 9. Jan. 1954/1. Jan. 1956–4. Juli 1956 |
| Abdullah Khalil (1891–1970) | 5. Juli 1956–17. Nov. 1958 |
| Ahmed Maghub (1908) | 9. Juni 1965–27. Juli 1966 |
| Sadek al-Mahdi (1936) | 27. Juli 1966–April 1967 |
| Maghub (2. Mal) | April 1967–25. Mai 1969 |
| al-Mahdi (2. Mal) | 6. Mai 1986–30. Juni 1989 |

**Swaziland**

Unabhängige Monarchie 6. September 1968.

| | |
|---|---|
| Sobhuza II. (1899) | Kg. 1921, souverän 6. Sept. 1968, †21. Aug. 1982 |
| Mswati III. (1968) | Kg. Jan. 1983 |

**Tansania**

Unabhängige Monarchie »Tanganjika« (Staatsoberhaupt: Königin Elisabeth II. von Großbritannien) 9. Dezember 1961, Republik 9. Dezember 1962, Bildung der Föderation »Tansania« (Name seit 29. Oktober 1964) zusammen mit Sansibar (unabhängig 10. Dezember 1963) am 27. April 1964.

Präsidenten:

| | |
|---|---|
| Julius Nyerere* (1922) | 9. Dez. 1962–27. Okt. 1985 |
| Ali Hassan Mwinyi (1925) | 27. Okt. 1985– |

Premierminister der parlamentarischen Monarchie:

| | |
|---|---|
| Julius Nyerere* (1922) | 9. Dez. 1961–22. Jan. 1962 |
| Raschidi Kawawa (1928) | 22. Jan. 1962–9. Dez. 1962 |

**Togo**

Unabhängige Republik 27. April 1960.

Präsidenten:

| | |
|---|---|
| Sylvanus Olympio (1902–1963) | 27. April 1960–12. Jan. 1963 |
| Nicolas Grunitzky (1913–1969) | 16. Jan. 1963–13. Jan. 1967 |
| Gnassingbe Eyadema (1935) | 13. Jan. 1967– |

**Tschad**

Unabhängige Republik 11. August 1960.

Präsidenten:

| | |
|---|---|
| François Tombalbaye | |
| Félix Malloum (1932) | 15. April 1975–29. April 1979 |
| Lol Mohammed Chawa (1939) | 29. April 1979–21. Aug. 1979 |
| Goukouni Oueddei (1944) | 21. Aug. 1979–7. Juni 1982 |
| Hissen Habré (1942) | 20. Juni 1982–2. Dez. 1990 |
| Idris Déby (1952) | 4. Dez. 1990– |

**Tunesien**

Unabhängige Monarchie 20. März 1956, Republik 25. Juli 1957.

| | |
|---|---|
| Mohammed VIII. al-Amin (1881) | Bey 14. Mai 1943, souverän 20. März 1956, d. 25. Juli 1957, †1. Okt. 1962 |

Präsidenten:

| | |
|---|---|
| Habib Burgiba (1903) Ministerpräsident seit 15. April 1956 | 25. Juli 1957–7. Nov. 1987 |
| Zine el Abidine Ben Ali (1936) | 7. Nov. 1987– |

**Uganda**

Unabhängige Monarchie (Staatsoberhaupt: Königin Elisabeth II. von Großbritannien) 9. Oktober 1962, Republik 9. Oktober 1963.

Präsidenten:

| | |
|---|---|
| Mutesa II., Kabaka von Buganda (1924–1969) | 9. Okt. 1963–2. März 1966 |
| Milton Obote (1925) Premierminister seit 9. Okt. 1962 | 2. März 1966–25. Jan. 1971 |
| Idi Amin (1924) | 25. Jan. 1971–11. April 1979 |
| Yusuf Lule (1911–1985) | 13. April 1979–20. Juni 1979 |
| Godfrey Binaisa (1920) | 25. Juni 1979–11. Mai 1980 |
| Paulo Muwanga, Chef einer Junta (1944) | 18. Mai 1980–15. Dez. 1980 |
| Obote (2. Mal) | 15. Dez. 1980–27. Juli 1985 |
| Tito Okello (1914) | 29. Juli 1985–25. Jan. 1986 |
| Yoweri Museweni (1946) | 30. Jan. 1986– |

**Zaire**

Unabhängige Republik »Kongo (Léopoldville)« 30. Juni 1960, als »Zaire« seit 27. Oktober 1971.

Präsidenten:

| | |
|---|---|
| Joseph Kasavubu (1910–1969) | 30. Juni 1960–24. Nov. 1965 |
| Sese Seko Mobutu (1930) | 25. Nov. 1965– |

Regierungschefs bis 1966:

| | |
|---|---|
| Patrice Lumumba (1925–1961) | 30. Juni 1960–5. Sept. 1960 |
| Joseph Ileo (1922) | 5. Sept. 1960–27. Juli 1961 |
| Cyrille Adoula (1921–1978) | 3. Aug. 1961–30. Juni 1964 |
| Moise Tschombé (1919–1969) | 10. Juli 1964–8. Okt. 1965 |
| Evariste Kimba (1926–1966) | 18. Okt. 1965–14. Nov. 1965 |
| Léonard Mulamba (1928) | 25. Nov. 1965–26. Okt. 1966 |

**Zentralafrikanische Republik**

Unabhängige Republik 13. August 1960, »Kaiserreich« 4. Dezember 1976, erneut Republik 21. September 1979.

Staatsoberhäupter:

| | |
|---|---|
| David Dacko (1930) | 13. August 1960–1. Jan. 1966 |
| Jean Bédel Bokassa (1921) als »Kaiser Bokassa I.« seit 4. Dez. 1976 | 1. Jan. 1966–21. Sept. 1979 |
| Dacko (2. Mal) | 21. Sept. 1979–1. Sept. 1981 |
| André Kolingba (1935) | 1. Sept. 1981–22. Okt. 1993 |
| Ange-Félix Patassé (1937) | 22. Okt. 1993– |

**Zimbabwe**

Als »Rhodesien« von der weißen Minderheit einseitig ausgerufene parlamentarische Monarchie (Premierminister: Ian Smith 1964/1965–1978/1979) unter Königin Elisabeth II. von Großbritannien 11. November 1965, Republik 2. März 1970 (Staatspräsidenten: Clifford Dupont 1970–1976, John Wrathall 1976–1978, Henry Everard 1978–1979), gemischtrassige Übergangsregierung (Smith/Muzorewa/Sithole/Chirau) 21. März 1978, als »Simbabwe-Rhodesien« (nach der »internen Lösung«) unter Mehrheitsregierung der Schwarzen (Staatspräsident: Josiah Z. Gumede; Premierminister: Abel Muzorewa) 1. Juni 1979, erneut britische Kronkolonie »Südrhodesien« (nach dem Londoner Rhodesienabkommen) 12. Dezember 1979. Unabhängige Republik 17. April 1980, seit Dezember 1987 mit Präsidialverfassung.

Präsidenten:

| | |
|---|---|
| Canaan Banana (1936) | 18. April 1980–30. Dez. 1987 |
| Robert Mugabe (1925) Premierminister seit 18. April 1980 | 30. Dez. 1987– |

AMERIKA

**Antigua und Barbuda**

Unabhängige Monarchie (Staatsoberhaupt: der jeweilige britische Monarch) 1. November 1981.

Premierminister:

| | |
|---|---|
| Vere Cornwall Bird (1908) Soz. | 1. Nov. 1981– |

**Argentinien**

Unabhängige Föderation der »Vereinigten Staaten am Rio de la Plata« 9. Juli 1816. Nachfolgend harte Auseinandersetzungen zwischen Föderalisten und Unitariern. Eine effektive Zentralgewalt für den ganzen Staat existiert nur 1826–1827 und seit 1860/1862. Die Provinz Buenos Aires wird 1829–1832 und 1835–1852 von Juan Manuel de Rosas (1793–1877) diktatorisch regiert, 1852–1860 ist sie völlig unabhängig.

Präsidenten:

| | |
|---|---|
| Bernardino Rivadavia (1780–1845) | 24. Dez. 1826–5. Juli 1827 |
| Vicente López y Planes (1784–1856) | 5. Juli 1827–17. Aug. 1827 |
| Bartolomé Mitre (1821–1906) | 14. Okt. 1862–12. Okt. 1868 |
| Domingo Faustino Sarmiento (1811–1888) | 12. Okt. 1868–12. Okt. 1874 |
| Nicolás Avellaneda (1836–1888) | 12. Okt. 1874–12. Okt. 1880 |
| Julio Argentino Roca (1843–1914) | 12. Okt. 1880–12. Okt. 1886 |
| Miguel Juárez Celman (1844–1907) | 12. Okt. 1886–6. Aug. 1890 |
| Carlos Pellegrini (um 1848–1906) | 6. Aug. 1890–12. Okt. 1892 |
| Luis Sáenz Peña (1823–1907) | 12. Okt. 1892–23. Jan. 1895 |
| José Evaristo Uriburu (1831–1914) | 23. Jan. 1895–12. Okt. 1898 |
| Roca (2. Mal) | 12. Okt. 1898–12. Okt. 1904 |
| Manuel Quintana (1834–1906) | 12. Okt. 1904–12. März 1906 |
| José Figueroa Alcorta (1860–1931) | 12. März 1906–12. Okt. 1910 |
| Roque Sáenz Peña (1851–1914) | 12. Okt. 1910–11. Aug. 1914 |
| Victorino de la Plaza (1839–1919) | 11. Aug. 1914–12. Okt. 1916 |
| Hipólito Irigoyen (1850–1933) | 12. Okt. 1916–12. Okt. 1922 |

| | |
|---|---|
| Marcelo Torcuato de Alvear (1868–1942) | 12. Okt. 1922–12. Okt. 1928 |
| Irigoyen (2. Mal) | 12. Okt. 1928–7. Sept. 1930 |
| José Felix Uriburu (1868–1932) | 7. Sept. 1930–18. Febr. 1932 |
| Agustín P. Justo (1878–1943) | 20. Febr. 1932–20. Febr. 1938 |
| Roberto M. Ortiz (1886–1942) | 20. Febr. 1938–22. Juni 1942 |
| Ramón S. Castillo (1873–1944) | 27. Juni 1942–5. Juni 1943 |
| Arturo Rawson (1885–1952) | 6. Juni 1943–8. Juni 1943 |
| Pedro Pablo Ramirez (1884–1962) | 8. Juni 1943–24. Febr. 1944 |
| Edelmiro Fárrell (1887–1980) | 10. März 1944–4. Juni 1946 |
| Juan Domingo Perón (1895–1974) | 4. Juni 1946–19. Sept. 1955 |
| Eduardo Lonardi (1896–1956) | 21. Sept. 1955–13. Nov. 1955 |
| Pedro Aramburú (1903–1970) | 13. Nov. 1955–1. Mai 1958 |
| Arturo Frondizi (1908) | 1. Mai 1958–28. März 1962 |
| José Maria Guido (1910–1975) | 29. März 1962–12. Okt. 1963 |
| Arturo Illia (1900–1983) | 12. Okt. 1963–28. Juni 1966 |
| Juan Carlos Ongania (1914) | 29. Juni 1966–8. Juni 1970 |
| Roberto Levingston (1920) | 18. Juni 1970–22. März 1971 |
| Alejandro Lanisse (1918) | 26. März 1971–25. Mai 1973 |
| Hector Cámpora (1909–1980) | 25. Mai 1973–13. Juli 1973 |
| Raul Lastiri (1915–1978) | 13. Juli 1973–12. Okt. 1973 |
| Perón (2. Mal) | 12. Okt. 1973–1. Juli 1974 |
| Isabel Martinez Perón (1931) | 1. Juli 1974–24. März 1976 |
| Jorge Rafael Videla (1925) | 26. März 1976–29. März 1981 |
| Roberto Eduardo Viola (1924) | 29. März 1981–11. Dez. 1981 |
| Leopoldo Fortunato Galtieri (1926) | 11. Dez. 1981–17. Juni 1982 |
| Reynaldo B. A. Bignone (1928) | 1. Juli 1982–10. Dez. 1983 |
| Raúl Alfonsin (1927) Bürgerunion | 10. Dez. 1983–8. Juli 1989 |
| Carlos Saul Meném (1932) Peronist | 9. Juli 1989– |

**Bahamas**

Unabhängige Monarchie (Staatsoberhaupt: der britische Monarch) 10. Juli 1973.

Premierminister:

| | |
|---|---|
| Lynden Oscar Pindling (1930) Lib. | 10. Juli 1973–20. Aug. 1992 |
| Hubert Ingraham (1947) Linkslib. | 22. Aug. 1992– |

**Barbados**

Unabhängige Monarchie (Staatsoberhaupt: der jeweilige britische Monarch) 30. November 1966.

Premierminister:

| | |
|---|---|
| Errol Walton Barrow (1920–1987) Lab. | 30. Nov. 1966–7. Sept. 1976 |
| John Michael G. Adams (1931–1985) Kons. | 7. Sept. 1976–11. März 1985 |
| Bernard St. John Kons. | 11. März 1985–1. Juni 1986 |
| Barrow (2. Mal) | 1. Juni 1986–2. Juni 1987 |
| Lloyd Erskine Sandiford (1937) Lab. | 2. Juni 1987– |

**Belize**

Unabhängige Monarchie (Staatsoberhaupt: der jeweilige britische Monarch) 21. September 1981.

Premierminister:

| | |
|---|---|
| George C. Price (1919) Soz. | 21. Sept. 1981–15. Dez. 1984 |
| Manuel Esquivel (1940) Kons. | 15. Dez. 1984–4. Sept. 1989 |
| Price (2. Mal) | 5. Sept. 1989–1. Juli 1993 |
| Esquivel (2. Mal) | 2. Juli 1993– |

**Bolivien**

Unabhängige Republik 6. August 1825.

Präsidenten:

| | |
|---|---|
| Simón Bolivar* (1783–1830) | 1825 |
| Antonio José de Sucre (1795–1830) | 1826–1828 |
| José Miguel Velasco († 1859) | 1828–1829 |
| Andrés Santa Cruz* (1792–1865) | 1829–1839 |
| Velasco (2. Mal) | 1839–1841 |
| José Ballivián (1804–1852) | 1841–1847 |
| Velasco (3. Mal) | 1847–1848 |
| Manuel Isidro Belzú (1808–1865) | 1848–1855 |
| Jorge Córdoba (1822–1861) | 1855–1857 |
| José María Linares (1810–1861) | 1857–1861 |
| José Maria de Achá († 1868) | 1861–1864 |
| José Mariano Melgarejo (1818–1871) | 1864–1871 |
| Agustín Morales (1810–1872) | 1871–1872 |

| | |
|---|---|
| Adolfo Ballivián (1831–1874) | 1872–1874 |
| Tomás Frias (1802–1882) | 1874–1876 |
| Hilarión Daza (1840–1894) | 1876–1878 |
| Narciso Campero (1815–1896) | 1878–1884 |
| Gregorio Pacheco (1823–1899) | 1884–1888 |
| Aniceto Arce (1824–1906) | 1888–1892 |
| Mariano Baptista (1832–1907) | 1892–1896 |
| Severo Fernández Alonso | 1896–1899 |
| José Manuel Pando (um 1850–1917) | 6. August 1899–4. Aug. 1904 |
| Ismael Montes (1861–1933) | 6. Aug. 1904–12. Aug. 1909 |
| Heliodoro Villazón (1849–1939) | 12. Aug. 1909–6. Aug. 1913 |
| Montes (2. Mal) | 6. Aug. 1913–6. Aug. 1917 |
| José Gutiérrez Guerra (1869–1929) | 15. Aug. 1917–12. Juli 1920 |
| Bautista Saavedra (1870–1939) | 12. Juli 1920–1. Sept. 1925 |
| José Cabino Villanueva (1874–1955) | 1. Sept. 1925–12. Jan. 1926 |
| Hernando Siles (1883–1942) | 12. Jan. 1926–27. Juni 1930 |
| Carlos Blanco Galindo (1882–1943) | 25. Juni 1930–5. März 1931 |
| Daniel Salamanca (1869–1935) | 5. März 1931–28. Nov. 1934 |
| José Luis Tejada Sorzano (1881–1936) | 28. Nov. 1934–17. Mai 1936 |
| José David Toro (1898) | 17. Mai 1936–13. Juli 1937 |
| German Busch Becerra (1904–1939) | 13. Juli 1937–23. Aug. 1939 |
| Carlos Quintanilla | 23. Aug. 1939–12. März 1940 |
| Enrique Peñaranda (1892–1970) | 12. März 1940–20. Dez. 1943 |
| Gualberto Villaroel (1908–1946) | 20. Dez. 1943–21. Juli 1946 |
| Nestor Guillen | 22. Juli 1946–1. Aug. 1946 |
| Tomás Monje Gutiérrez | 15. Aug. 1946–9. März 1947 |
| Enrique Hertzog (1897) | 10. März 1947–23. Okt. 1949 |
| Mamerto Urriolagoitia (1895) | 24. Okt. 1949–15. Mai 1951 |
| Hugo Ballivián | 16. Mai 1951–8. April 1952 |
| Hernán Siles Suazo (1914) | 11. April 1952–16. April 1952 |
| Victor Paz Estenssoro (1907) | 16. April 1952–17. Juni 1956 |
| Siles Suazo (2. Mal) | 17. Juni 1956–6. Aug. 1960 |
| Paz Estenssoro (2. Mal) | 6. Aug. 1960–4. Nov. 1964 |
| René Barrientos Ortuño (1919–1969) | 4. Nov. 1964–5. Jan. 1966 |
| Alfredo Ovando Candia (1918–1982) | 5. Jan. 1966–6. Aug. 1966 |
| Barrientos Ortuño (2. Mal) | 6. Aug. 1966–27. April 1969 |
| Luis Adolfo Siles Salinas (1925) | 27. April 1969–26. Sept. 1969 |
| Ovando Candia (2. Mal) | 26. Sept. 1969–6. Okt. 1970 |

| | |
|---|---|
| Juan Torres Gonzáles (1921–1976) | 7. Okt. 1970–21. Aug. 1971 |
| Hugo Banzer Suárez (1927) | 23. Aug. 1971–21. Juli 1978 |
| Juan Peréda Asbun (1931) | 21. Juli 1978–24. Nov. 1978 |
| David Padilla Arancibia (1924) | 24. Nov. 1978–6. Aug. 1979 |
| Walter Guevara Arze (1911) | 6. Aug. 1979–1. Nov. 1979 |
| Alberto Natusch Busch (1933) | 1. Nov. 1979–16. Nov. 1979 |
| Lidia Gueiler Tejada (1926) | 18. Nov. 1979–17. Juli 1980 |
| Luis Garcia Meza Tejada (1930) | 18. Juli 1980–4. Aug. 1981 |
| Celso Torrelio Villa (1933) | 4. Sept. 1981–19. Juli 1982 |
| Guido Vildoso Calderón | 21. Juli 1982–10. Okt. 1982 |
| Siles Suazo (3. Mal) | 10. Okt. 1982–5. Aug. 1985 |
| Paz Estenssoro (3. Mal) | 6. Aug. 1985–6. Aug. 1989 |
| Jaime Paz Zamora (1939) | 6. Aug. 1989–6. Aug. 1993 |
| Gonzalo Sánchez de Lozada (1931) | 6. Aug. 1993– |

**Brasilien**

Unabhängiges Kaiserreich 7. September 1822, Republik 15. November 1889.

*Bragança*

| | |
|---|---|
| Peter I.* (1798) | Ks. 12. Okt. 1822, r. 7. April 1831, †24. Sept. 1834 |
| Peter II. (1826) | Ks. 7. April 1831, mündig 1840, d. 15. Nov. 1889, †5. Dez. 1891 |

Präsidenten:

| | |
|---|---|
| Manuel Deodora da Fonseca (1827–1892) | 15. Nov. 1889–23. Nov. 1891 |
| Floriano Peixoto (1842–1895) | 24. Nov. 1891–15.Nov. 1894 |
| Prudente de Moraes Barros (1841–1902) | 15. Nov. 1894–15. Nov. 1898 |
| Manuel Ferraz de Campos Salles (1841–1913) | 15. Nov. 1898–15. Nov. 1902 |
| Francisco de Paula Rodrigues Alves (1848–1919) | 15. Nov. 1902–15. Nov. 1906 |
| Afonso Moreira Penna (1847–1909) | 15. Nov. 1906–14. Juni 1909 |
| Nilo Peçanha (1857–1924) | 14. Juni 1909–15. Nov. 1910 |
| Hermes Rodrigo da Fonseca (1855–1923) | 15. Nov. 1910–15. Nov. 1914 |
| Wenceslao Braz Pereira (1868–1967) | 15. Nov. 1914–15. Nov. 1918 |

| | |
|---|---|
| Rodrigues (2. Mal; tritt sein Amt wegen Erkrankung nicht an) | 15. Nov. 1918–16. Jan. 1919 |
| Delphim Moreira (1868–?) | 15. Nov. 1918–28. Juli 1919 |
| Epitacio da Silva Pessoa (1865–1942) | 28. Juli 1919–15. Nov. 1922 |
| Arturo da Silva Bernardes (1875–1955) | 15. Nov. 1922–15. Nov. 1926 |
| Washington L. Pereira de Souza (1870–1957) | 15. Nov. 1926–25. Okt. 1930 |
| Julio Prestes (1882–1946) | 25. Okt. 1930–4. Nov. 1930 |
| Getulio Dornelles Vargas (1883–1954) | 26. Okt. 1930–29. Okt. 1945 |
| José Linhares (1886–1957) | 30. Okt. 1945–31. Jan. 1946 |
| Eurico Gaspar Dutra (1885–1974) | 31. Jan. 1946–31. Jan. 1951 |
| Vargas (2. Mal) | 31. Jan. 1951–24. Aug. 1954 |
| João Café Filho (1899–1970) | 24. Aug. 1954–8. Nov. 1955 |
| Carlos Coimbra da Luz (1894–1961) | 8. Nov. 1955–11. Nov. 1955 |
| Nereu Ramos (1889–1958) | 11. Nov. 1955–31. Jan. 1956 |
| Juscelino Kubitschek (1902–1976) | 31. Jan. 1956–31. Jan. 1961 |
| Janio Quadros (1917–1992) | 31. Jan. 1961–25. Aug. 1961 |
| João Belchior Marques Goulart (1918–1976) | 7. Sept. 1961–2. April 1964 |
| Humberto Castelo Branco (1900–1967) | 15. April 1964–15. März 1967 |
| Arturo da Costa e Silva (1902–1969) | 15. März 1967–30. Okt. 1969 |
| Emilio Garrastazu Medici (1905–1985) | 30. Okt. 1969–15. März 1974 |
| Ernesto Geisel (1908) | 15. März 1974–15. März 1979 |
| João Baptista de Oliveira Figueredo (1918) | 15. März 1979–15. März 1985 |
| Tancredo de Almeida Neves (1910–1985) (wegen Krankheit amtsunfähig) | 15. März 1985–21. April 1985 |
| José Sarney (1930) | 22. April 1985–15. März 1990 |
| Fernando Collor de Melo (1949) Kons. | 15. März 1990–29. Sept./29. Dez. 1992 |
| Itamar Franco (1931) | 29. Sept./29. Dez. 1992– |

**Chile**

Unabhängige Republik 5. April 1818.

Präsidenten:

| | |
|---|---|
| Bernardo O'Higgins (1776–1842) | 5. April 1818–28. Jan. 1823 |
| Ramón Freire (1787–1851) | 28. Jan. 1823–2. Mai 1827 |
| Francisco Antonio Pinto (1785–1858) | 9. Mai 1827–18. Sept. 1831 |
| Joaquín Prieto (1786–1854) | 18. Sept. 1831–18. Sept. 1841 |
| Manuel Bulnes (1799–1866) | 18. Sept. 1841–18. Sept. 1851 |
| Manuel Montt (1809–1880) | 18. Sept. 1851–18. Sept. 1861 |
| José Joaquín Pérez (1800–1889) | 18. Sept. 1861–18. Sept. 1871 |
| Federico Errázuriz Zañartu (1825–1877) | 18. Sept. 1871–18. Sept. 1876 |
| Anibal Pinto (um 1825–1884) | 18. Sept. 1876–18. Sept. 1881 |
| Domingo Santa María (1825–1889) | 18. Sept. 1881–18. Sept. 1886 |
| José Manuel Balmaceda (1838/1840–1891) | 18. Sept. 1886–19. Sept. 1891 |
| Jorge Montt (1847–1922) | 18. Dez. 1891–18. Sept. 1896 |
| Federico Errázuriz Echaurren (1850–1901) | 18. Sept. 1896–12. Juli 1901 |
| Germán Riesco (1854–1916) | 18. Aug. 1901–1. Jan. 1905 |
| Rafael Rayes | 1. Jan. 1905–18. Sept. 1906 |
| Pedro Montt (1848–1910) | 18. Sept. 1906–16. Aug. 1910 |
| Elias Fernández Albano (1845–1910) | 16. Aug. 1910–6. Sept. 1910 |
| Emiliano Figueroa | 6. Sept. 1910–18. Sept. 1911 |
| Ramón Barros Luco (1835–1919) | 18. Sept. 1911–23. Dez. 1915 |
| Juan Luis Sanfuentes Andonaegui (1858–1930) | 23. Dez. 1915–25. Juni 1920 |
| Luis Barros Borgoño (1858–1943) | 25. Juni 1920–23. Dez. 1920 |
| Arturo Alessandri y Palma (1868–1950) | 23. Dez. 1920–2. Okt. 1925 |
| Emilio Figueroa-Larrain (1860–1931) | 23. Dez. 1925–9. April 1927 |
| Carlos Ibáñez del Campo (1877–1960) | 9. April 1927–26. Juli 1931 |
| Pedro Poazo Letelier | 26. Juli 1931–27. Juli 1931 |
| José Esteban Montero (1879–1948) | 27. Juli 1931–18. Aug. 1931 |
| Manuel Trucco | 18. Aug. 1931–3. Sept. 1931 |
| Montero (2. Mal) | 4. Okt. 1931–5. Juni 1932 |
| Carlos Dávila (1884–1955) | 5. Juni 1932–23. Juni 1932 |
| Marmaduke Grove | 13. Juni 1932 |

| | |
|---|---|
| Dávila (2. Mal) | 17. Juni 1932–13. Sept. 1932 |
| Bartolomé Blanche Espejo | 13. Sept. 1932–1. Okt. 1932 |
| Abraham Oyandel Urrutia | 2. Okt. 1932–24. Dez. 1932 |
| Alessandri (2. Mal) | 25. Dez. 1932–25. Dez. 1938 |
| Pedro Aguirre Creda (1879–1941) | 25. Dez. 1938–25. Nov. 1941 |
| Gerónimo Méndez Arancibia (1884–1959) | 25. Nov. 1941–1. April 1942 |
| Juan Antonio Rios Morales (1888–1946) | 1. April 1942–27. Juni 1946 |
| Alfredo Duhalde | 27. Juni 1946–3. Aug. 1946 |
| Vicente Merino Bielech | 3. Aug. 1946–3. Nov. 1946 |
| Gabriel González Videla (1898–1980) | 3. Nov. 1946–3. Nov. 1952 |
| Ibáñez del Campo (2. Mal) | 3. Nov. 1952–3. Nov. 1958 |
| Jorge Alessandri (1896–1986) Kons. | 3. Nov. 1958–3. Nov. 1964 |
| Eduardo Frei (1911–1982) Christl. | 3. Nov. 1964–3. Nov. 1970 |
| Salvador Allende (1908–1973) Soz. | 3. Nov. 1970–11. Sept. 1973 |
| Augusto Pinochet (1915) | 11. Sept. 1973–11. März 1990 |
| Patricio Aylwin (1918) Christl. | 11. März 1990– |

**Costa Rica**

Von Spanien unabhängig 15. September 1821, zunächst Bundesstaat des mexikanischen Kaiserreichs, später Teilrepublik der Zentralamerikanischen Föderation, unabhängiger Staat 14. November 1838, Konstituierung der Republik 1848.

Präsidenten:

| | |
|---|---|
| Juan Rafael Mora (1814–1860) | 26. Jan. 1849–14. Aug. 1859 |
| José María Montralegre | 14. Aug. 1859–8. Mai 1863 |
| Jésús Jiménez (1823–1897) | 8. Mai 1863–8. Mai 1866 |
| José María Castro (1816–1892) | 8. Mai 1866–1. Sept. 1868 |
| Jiménez (2. Mal) | 1. Sept. 1868–27. April 1870 |
| Bruno Carranza | 28. April 1870–8. Aug. 1870 |
| Tomás Guardia (1832–1882) | 8. Aug. 1870–21. Nov. 1873 |
| Salvador González | 21. Nov. 1873–1. Dez. 1873 |
| Rafael Barroeta | 2. Dez. 1873–28. Febr. 1874 |
| Guardia (2. Mal) | 28. Febr. 1874–19. Mai 1876 |
| Aniveto Esquivel | 19. Mai 1876–20. Juli 1876 |
| Vicente Herrera | 30. Juli 1876–11. Sept. 1876 |
| Guardia (3. Mal) | 17. Sept. 1876–7. Juli 1882 |

| | |
|---|---|
| Próspero Fernández (1834–1885) | 20. Juli 1882–12. März 1885 |
| Bernardo Soto y Alfaro (1854–1931) | 13. März 1885–Nov. 1889 |
| Durán | Nov. 1889–8. Mai 1890 |
| José Joaquín Rodriguez (1838–1917) | 8. Mai 1890–8. Mai 1894 |
| Rafael Iglesias y Castro (1861–1924) | 8. Mai 1894–8. Mai 1902 |
| Ascensión Esquivel (1848–1927) | 8. Mai 1902–8. Mai 1906 |
| Cleto González Viquez (1858–1937) | 8. Mai 1906–8. Mai 1910 |
| Ricardo Jiménez Oreamuno (1859–1945) | 8. Mai 1910–8. Mai 1912 |
| González Viquez (2. Mal) | 8. Mai 1912–8. Mai 1914 |
| Alfredo González Flores | 8. Mai 1914–27. Jan. 1917 |
| Frederico Tinoco Granados (1870–1931) | 11. April 1917–6. Mai 1919 |
| Julio Acosta Garcia (1876–1954) | 7. Mai 1919–13. Aug. 1919 |
| Juan Bautista Quirós | 13. Aug. 1919–8. Mai 1920 |
| Acosta García (2. Mal) | 8. Mai 1920–8. Mai 1924 |
| Jiménez Oreamuno (2. Mal) | 8. Mai 1924–8. Mai 1928 |
| González Viquez (3. Mal) | 8. Mai 1928–8. Mai 1932 |
| Jiménez Oreamuno (3. Mal) | 8. Mai 1932–8. Mai 1936 |
| León Cortés Castro (1882–1946) | 8. Mai 1936–8. Mai 1940 |
| Rafael Angel Calderón Guardia (1900–1971) | 8. Mai 1940–8. Mai 1944 |
| Teodoro Picado Michalski (1901–1960) | 8. Mai 1944–24. April 1948 |
| Santos León Herrera | 24. April 1948–3. Mai 1948 |
| José Figueres Ferrer (1907–1990) | 3. Mai 1948–16. Jan. 1949 |
| Otilio Ulate Blanco (1896–1973) | 16. Jan. 1949–26. Sept. 1952 |
| Alberto Oreamuno Flores | 26. Sept. 1952–Juni 1953 |
| Figueres Ferrer (2. Mal) | Juni 1953–8. Mai 1958 |
| Mario Echandi Jiménez (1915) | 8. Mai 1958–8. Mai 1962 |
| Francisco José Orlich Bolmarcich (1907–1969) Fortschr. | 8. Mai 1962–8. Mai 1966 |
| José Tréjos Fernández (1916) Kons. | 8. Mai 1966–8. Mai 1970 |
| Figueres Ferrer (3. Mal) Fortschr. | 8. Mai 1970–8. Mai 1974 |
| Daniel Oduber Quirós (1921–1991) Fortschr. | 8. Mai 1974–8. Mai 1978 |
| Rodrigo Carazo Odio (1926) Kons. | 8. Mai 1978–8. Mai 1982 |
| Luis Alberto Monge Alvarez (1926) Fortschr. | 8. Mai 1982–8. Mai 1986 |
| Oscar Arias Sánchez (1941) Fortschr. | 8. Mai 1986–8. Mai 1990 |

| | |
|---|---|
| Rafael Angél Calderón Fournier (1949) Kons. | 8. Mai 1990– |

**Cuba**

Von Spanien unabhängig 10. Dezember 1898, zunächst unter Verwaltung der USA, unabhängige Republik 20. Mai 1902, zwischen 28. September 1906 und 28. Januar 1909 wieder unter direkter Verwaltung der USA, sozialistische Republik 1. Januar bzw. 7. Februar 1959.

Präsidenten:

| | |
|---|---|
| Tomás Estrada Palma (1836–1908) | 20. Mai 1902–28. Sept. 1906 |
| Jośe Miguel Gómez (1858–1921) | 28. Jan. 1909–20. Mai 1913 |
| Mario García Menocal (1868–1941) | 20. Mai 1913–20. Mai 1921 |
| Alfredo Zayas y Alonso (1861–1934) | 20. Mai 1921–20. Mai 1925 |
| Gerardo Machado Morales (1871–1939) | 20. Mai 1925–12. Aug. 1933 |
| Carlos Manuel de Céspedes y Ortiz | 12. Aug. 1933–5. Sept. 1933 |
| Ramón Grau San Martín (1889–1969) | 10. Sept. 1933–15. Jan. 1934 |
| Carlos Hevia | 15. Jan. 1934–17. Jan. 1934 |
| Carlos Mendieta Montefur (1873–1960) | 18. Jan. 1934–11. Dez. 1935 |
| José A. Barnet (1864–1945) | 12. Dez. 1935–20. Mai 1936 |
| Miguel Mariano Gómez Arias (1890–1950) | 20. Mai 1936–23. Dez. 1936 |
| Federico Laredo Bru (1875–1946) | 28. Dez. 1936–10. Okt. 1940 |
| Fulgencio Batista Zaldivar (1901–1973) | 10. Okt. 1940–10. Okt. 1944 |
| Grau San Martín (2. Mal) | 10. Okt. 1944–10. Okt. 1948 |
| Carlos Prio Socarrás (1903) | 10. Okt. 1948–10. März 1952 |
| Batista Zaldivar (2. Mal) | 10. März 1952–1. Jan. 1959 |
| Manuel Urrutia Lleo (1901–1981) | 1. Jan. 1959–17. Juli 1959 |
| Osvaldo Dórticos Torrado (1919–1983) | 17. Juli 1959–2. Dez. 1976 |
| Fidel Castro Ruz* (1927) | 2. Dez. 1976– |

Regierungschef seit der Revolution:

| | |
|---|---|
| Fidel Castro Ruz* (1927) | 16.Febr. 1959– |

**Dominica**
Unabhängige Republik 3. November 1978.

Präsidenten:

| | |
|---|---|
| Fred Degazon | 1978–1979 |
| Jenner Armour | 1979–1980 |
| Aurelius Marie | 1980–1983 |
| Clarence Seignoret | 1983– |

Regierungschefs:

| | |
|---|---|
| Patrick John (1935) Soz. | 3. Nov. 1978–21. Juni 1979 |
| Oliver Seraphin (1946) Soz. | 21. Juni 1979–21. Juli 1980 |
| Mary Eugenia Charles (1919) Kons. | 27. Juli 1980– |

**Dominikanische Republik**
Unabhängige Republik 18. November 1844, vom 18. März 1861 bis 3. Mai 1865 mit der spanischen Krone vereinigt, seither wieder selbständig, 1916–1922 faktische Verwaltung durch die US-Marine.

Präsidenten:

| | |
|---|---|
| Pedro Santana (1801–1863) | 1844–1848 |
| Manuel Jiménez | 1848–1849 |
| Santana (2. Mal) | 1849 |
| Buenaventura Baez (1810–1884) | 1849–1853 |
| Santana (3. Mal) | 1853–1856 |
| Baez (2. Mal) | 1856–1858 |
| José Desiderio Valverde | 1858–1859 |
| Santana (4. Mal) | 1859–1861 |
| Pedro Antonio Pimentel | 1865 |
| Baez (3. Mal) | 1865–1866 |
| José María Cabral | 1866–1868 |
| Baez (4. Mal) | 1868–1873 |
| Ignacio González | 1874–1876 |
| Ulises Francisco Espaillet (1823–1878) | 1876 |
| González (2. Mal) | 1876 |
| Baez (5. Mal) | 1876–1878 |
| Cesáreo Guillermo | 1878–1879 |
| Gregorio Luperón | 1879–1880 |
| Fernando Arturo de Meriño (1833–1906) | 1880–1884 |
| Ulises Heureaux (1845–1899) | 1884–1885 |
| Francisco Gregorio Billini (1838–1898) | 1885–1887 |

| | |
|---|---|
| Heureaux (2. Mal) | 1887–1899 |
| Juan Wenceslao Figuereo | 1. Aug. 1899–31. Aug. 1899 |
| Horacio Vásquez (1855–1936) | 1. Sept. 1899–14. Nov. 1899 |
| Juan Isidro Jiménez (1846–1919) | 19. Nov. 1899–2. Mai 1902 |
| Vásquez (2. Mal) | 2. Mai 1902–23. März 1903 |
| Alejandro Woss y Gil | 27. April 1903–20. Nov. 1903 |
| Jiménez (2. Mal) | 28. Dez. 1903–2. April 1904 |
| Carlos Morales (1867–1914) | 19. Juni 1904–12. Jan. 1906 |
| Ramón Cacéres (1868–1911) | 12. Jan. 1906–19. Nov. 1911 |
| Eladio Victoria | 2. Dez. 1911–28. Nov. 1912 |
| Ebf. Adolfo Nouel (1862–1937) | 1. Dez. 1912–1. März 1913 |
| José Bordas | 13. April 1913–13. April 1914 |
| Ramón Baez | 27. Aug. 1914–5. Dez. 1914 |
| Jiménez (3. Mal) | 5. Dez. 1914–8. Mai 1916 |
| Federico Henriquez (1848–1922) | 16. Mai 1916–6. Okt. 1922 |
| Juan Bautista Vicini Burgos (†1924) | Okt. 1922–12. Juli 1924 |
| Vásquez (3. Mal) | 12. Juli 1924–18. Febr. 1930 |
| Rafael Estrella Urena | 2. März 1930–16. Aug. 1930 |
| Rafael Leónida Trujillo (1891–1961) | 18. Aug. 1930–18. Juni 1938 |
| Jacinto Bienvenudo Reynado (1878–1940) | 18. Juni 1938–7. März 1940 |
| Manuel Troncoso de la Concha | 12. März 1940–Mai 1942 |
| Trujillo (2. Mal) | Mai 1942–16. Mai 1952 |
| Hector B. Trujillo (1909) | 16. Mai 1952–3. Aug. 1960 |
| Joaquín Videla Balaguer (1907) | 3. Aug. 1960–31. Dez. 1961 |
| Rafael Bonnelly (1904) | 1. Jan. 1962–17. Jan. 1962 |
| Huberto Bogaert | 17. Jan. 1962–19. Jan. 1962 |
| Bonnelly (2. Mal) | 19. Jan. 1962–27. Febr. 1963 |
| Juan Bosch Gavino (1909) | 27. Febr. 1963–25. Sept. 1963 |
| Emilio de los Santos | 26. Sept. 1963–22. Dez. 1963 |
| Donald Reid Cabral | 22. Dez. 1963–24. April 1965 |
| Elias Wessin y Wessin | 28. April 1965–11. Mai 1965 |
| Antonio Imbert Barreras | 7. Mai 1965–30. Aug. 1965 |
| Francisco Caamaño (Konst. Regierung) | 25. April 1965–3. Sept. 1965 |
| Hector García Godoy (1921) | 3. Sept. 1965–1. Juli 1966 |
| Balaguer (2. Mal) | 1. Juli 1966–16. Aug. 1978 |
| Antonio Guzmán Fernández (1911–1982) | 16. Aug. 1978–4. Juli 1982 |
| Salvador Jorge Blanco (1926) | 16. Aug. 1982–16. Aug. 1986 |
| Balaguer (3. Mal) | 16. Aug. 1986– |

**Ecuador**

Von Spanien als Teil Großkolumbiens unabhängig 1822, unabhängige Republik 17. Mai bzw. 10. August 1830.

Präsidenten:

| | |
|---|---|
| Juan José Flores (1800–1864) | 17. Mai 1830–8. Aug. 1835 |
| Vicente Rocafuerte (1783–1847) | 8. Aug. 1835–31. Jan. 1839 |
| Flores (2. Mal) | 31. Jan. 1839–17. Juni 1845 |
| Vicente Ramón Roca (1792–1858) | 8. Dez. 1845–10. Mai 1850 |
| Diego Noboa y Arteta (1789–1870) | 8. Dez. 1850–13. Sept. 1851 |
| José María Urbina (1808–1891) | 13. Sept. 1851–16. Okt. 1856 |
| Francisco Robles (1811–1893) | 16. Okt. 1856–1. Mai 1859 |
| Guillermo Franco | 21. Aug. 1859–25. Nov. 1860 |
| Gabriel García Moreno (1821–1875) | 1. Mai 1859–4. Sept. 1865 |
| Gerónimo Carrión (1812–1873) | 7. Sept. 1865–6. Nov. 1867 |
| Javier Espinosa (1815–1870) | 20. Jan. 1868–16. Jan. 1869 |
| García Moreno (2. Mal) | 17. Jan. 1869–6. Aug. 1875 |
| Antonio Borrero (1827–1912) | 9. Okt. 1875–8. Sept. 1876 |
| Ignacio de Veintemilla (1828–1908) | 25. Dez. 1876–9. Juli 1883 |
| José María Plácido Caamaño (1838–1901) | 10. Febr. 1884–30. Juni 1888 |
| Antonio Flores (1833–1912) | 17. Aug. 1888–1. Juli 1892 |
| Luis Cordero (1833–1912) | 1. Juli 1892–16. April 1896 |
| Eloy Alfaro (1842–1912) | 16. April 1896–1. Sept. 1901 |
| Leónidas Plaza Gutiérrez (1866–1932) | 1. Sept. 1901–31. Aug. 1905 |
| Lisardo García (1842–1937) | 1. Sept. 1905–15. Jan. 1906 |
| Alfaro (2. Mal) | 17. Jan. 1906–14. Aug. 1911 |
| Emilio Estrada († 1911) | 1. Sept. 1911–22. Dez. 1911 |
| Plaza Gutiérrez (2. Mal) | 8. April 1912–31. Aug. 1916 |
| Alfredo Baquerizo Moreno (1859–1951) | 1. Sept. 1916–31. Aug. 1920 |
| José Luis Tamayo († 1947) | 1. Sept. 1920–31. Aug. 1924 |
| Gonzálo Hernández Córdoba († 1938) | 1. Sept. 1924–9. Juli 1925 |
| Francisco Gómez de la Torre | 9. Juli 1925–1. April 1926 |
| Isidro Ayora | 1. April 1926–24. Aug. 1931 |
| Luis Larrea Alba | 24. Aug. 1931–15. Okt. 1931 |
| Baquerizo Moreno (2. Mal) | 15. Okt. 1931–2. Sept. 1932 |
| Alberto Guerrero Martínez | 2. Sept. 1932–6. Dez. 1932 |
| Juan de Dios Martínez Mera (1875–1955) | 6. Dez. 1932–18. Okt. 1933 |
| Abelardo Montalvo | 20. Okt. 1933–31. Aug. 1934 |

| | |
|---|---|
| José María Velasco Ibarra (1893–1979) | 1. Sept. 1934–21. Aug. 1935 |
| Antonio Pons | 21. Aug. 1935–26. Sept. 1935 |
| Federico Páez | 26. Sept. 1935–23. Okt. 1937 |
| Alberto Enríquez († 1962) | 23. Okt. 1937–10. Aug. 1938 |
| Manuel Maria Borrero | 10. Aug. 1938–3. Dez. 1938 |
| Aurelio Mosquera Narváez (1884–1939) | 2. Dez. 1938–19. Nov. 1939 |
| Carlos Alberto Arroyo del Rio (1893) | 19. Nov. 1939–11. Dez. 1939 |
| Andrés F. Córdova | 11.Dez. 1939–10. Aug. 1940 |
| Julio E. Moreno | 10. Aug. 1940–31. Aug. 1940 |
| Arroyo del Rio (2. Mal) | 1. Sept. 1940–29. Mai 1944 |
| Velasco Ibarra (2. Mal) | 31. Mai 1944–24. Aug. 1947 |
| Carlos Mancheno Cajas | 24. Aug. 1947–3. Sept. 1947 |
| Mariano Suárez Veintimilla | 3. Sept. 1947–15. Sept. 1947 |
| Carlos J. Arosemena Tola (1894–1952) | 17. Sept. 1947–31. Aug. 1948 |
| Galo Plaza Lasso (1906–1987) | 1. Sept. 1948–31. Aug. 1952 |
| Velasco Ibarra (3. Mal) | 1. Sept. 1952–31. Aug. 1956 |
| Camilo Ponce Enríquez (1912) | 1. Sept. 1956–31. Aug. 1960 |
| Velasco Ibarra (4. Mal) | 1. Sept. 1960–8. Nov. 1961 |
| Carlos J. Arosemena Monroy (1919) | 8. Nov. 1961–11. Juli 1963 |
| Ramón Castro Jijón (1915) | 11. Juli 1963–29. März 1966 |
| Clemente Yerovi Indaburú (1904) | 30. März 1966–16. Nov. 1966 |
| Otto Arosemena Gómez (1925) | 16. Nov. 1966–31. Aug. 1968 |
| Velasco Ibarra (5. Mal) | 1. Sept. 1968–16. Febr. 1972 |
| Guillermo Rodríguez Lara (1926) | 16. Febr. 1972–11. Jan. 1976 |
| Alfredo Poveda Burbano (1926–1990) | 11. Jan. 1976–10. Aug. 1979 |
| Jaime Roldos (1940–1981) Soz. | 10. Aug. 1979–24. Mai 1981 |
| Osvaldo Hurtado Larrea (1939) Christl. | 25. Mai 1981–10. Aug. 1984 |
| León Febres Cordero (1931) Kons. | 10. Aug. 1984–10. Aug. 1988 |
| Rodrigo Borja y Cevallos (1937) Soz. | 10. Aug. 1988–10. Aug. 1992 |
| Sixto Durán Ballén (1921) Kons. | 10. Aug. 1992– |

**El Salvador**

Von Spanien unabhängig 21. September 1821, zunächst Bundesstaat des mexikanischen Kaiserreichs, später Teilrepublik der Zentralamerikanischen Föderation, unabhängiger Staat 30. Januar 1841.

Präsidenten:

| | |
|---|---|
| Juan Lindo* (um 1795–nach 1852) | 1841–1842 |
| Antonio J. Cañas | 1842 |
| Pedro Arce | 1842 |
| Escolástico Marin | 1842 |
| Juan José Guzmán | 1842–1844 |
| Francisco Malespin (†1846) | 1844–1845 |
| Guzmán (2. Mal) | 1845–1846 |
| F. Palacio | 1846 |
| Eugenio Aguilar | 1846–1848 |
| Doroteo Vasconcelos (†nach 1880) | 1848–1851 |
| J. F. Quiróz | 1851–1852 |
| Francisco Dueñas (†nach 1875) | 1852–1854 |
| José María San Martín | 1854–1856 |
| Rafael Carupo | 1856–1858 |
| Miguel Santín del Castillo | 1858–1860 |
| Gerardo Barrios (†1864/1865) | 28. Jan. 1860–26. Okt. 1863 |
| Duenãs (2. Mal) | 12. Febr. 1864–15. April 1871 |
| Santiago González | 15. April 1871–11. Jan. 1876 |
| Andrés Vallés | 12. Jan. 1876–19. Juli 1876 |
| Rafael Zaldivar (1834–nach 1896) | 19. Juli 1876–14. Mai 1885 |
| Francisco Menéndez (†1890) | 22. Mai 1885–22. Juni 1890 |
| Carlos Ezeta (1855–1903) | 22. Juni 1890–16. Juni 1894 |
| Rafael Gutiérrez | 21. Juni 1894–13. Nov. 1898 |
| Tomás Regolado (1864–1906) | 13. Nov. 1898–1. März 1903 |
| Pedro José Escalón (1847–1923) | 1. März 1903–28. Febr. 1907 |
| Fernando Figueroa (1849–1912) | 1. März 1907–28. Febr. 1911 |
| Manuel Enrique Araujo (†1913) | 1. März 1911–9. Febr. 1913 |
| Carlos Meléndez (1861–1919) | 11. Febr. 1913–Aug. 1914 |
| Alfonso Quiñones Molina (1876–1950) | 29. Aug. 1914–28. Febr. 1915 |
| Meléndez (2. Mal) | 1. März 1915–28. Febr. 1919 |
| Jorge Meléndez (1871–?) | 1. März 1919–28. Febr. 1923 |
| Quiñones Molina (2. Mal) | 1. März 1923–28. Febr. 1927 |
| Pio Rómeo Bosque | 1. März 1927–28. Febr. 1931 |
| Arturo Araujo | 1. März 1931–29. Febr. 1932 |
| Maximiliano Hernández Martínez (1882–1966) | 1. März 1932–9. Mai 1944 |
| Andrés Ignacio Menéndez | 9. Mai 1944–21. Okt. 1944 |
| Osmin Aguirre Salinas | 21. Okt. 1944–8. März 1945 |
| Salvador Castañeda Castro (1888–1965) | 8. März 1945–15. Dez. 1948 |
| Manuel de Jesús Córdoba | 15. Dez. 1948–19. Febr. 1949 |
| Oscar Osorio (1910–1969) | 19. Febr. 1949–14. Sept. 1956 |
| José María Lemus (1911) | 15. Sept. 1956–26. Okt. 1960 |

| | |
|---|---|
| Miguel Angel Castillo | 26. Okt. 1960–25. Jan. 1961 |
| Anibal Portillo | 25. Jan. 1961–25. Jan. 1962 |
| Eusebio Rodolfo Cordón Cera | 25. Jan. 1962–30. Juni 1962 |
| Julio A. Rivera Carballo (1921–1973) | 1. Juli 1962–30. Juni 1967 |
| Fidel Sánchez Hernández (1918) | 1. Juli 1967–30. Juni 1972 |
| Arturo A. Molina (1927) | 1. Juli 1972–20. Juni 1977 |
| Carlos Humberto Romero (1924) | 1. Juli 1977–15. Okt. 1979 |
| Junta (J. A. Gutiérrez u. A. A. Majano) | 15. Okt. 1979–13. Dez. 1980 |
| José Napoleón Duarte (1925–1990) | 13. Dez. 1980–29. April 1982 |
| Alvaro Magana (1925) | 29. April 1982–1. Juni 1984 |
| Duarte (2. Mal) Christl. | 1. Juni 1984–1. Juni 1989 |
| Alfredo Cristiani Burkard (1948) Kons. | 1. Juni 1989– |

**Grenada**

Unabhängige Monarchie (Staatsoberhaupt: der britische Monarch) 7. Februar 1974.

Premierminister:

| | |
|---|---|
| Eric Gairy (1923) | 7. Febr. 1974–13. März 1979 |
| Maurice Bishop (1944–1983) | 15. März 1979–19. Okt. 1983 |
| Nicholas Brathwaite (Interimspremier nach Intervention der Vereinigten Staaten 25. Okt. 1983) | Dez. 1983–Dez. 1984 |
| Herbert Blaize (1918–1989) Kons. | 5. Dez. 1984–19. Dez. 1989 |
| Brathwaite (2. Mal) | 16. März 1990– |

**Guatemala**

Von Spanien unabhängig 15. September 1821, zunächst Bundesstaat des mexikanischen Kaiserreichs, später Teilrepublik der Zentralamerikanischen Föderation, unabhängiger Staat 13. April 1839.

Präsidenten:

| | |
|---|---|
| Mariano Rivera Paz | 13. April 1839–14. Dez. 1841 |
| Venancio López | 14. Dez. 1841–14. Mai 1842 |
| Rivera Paz (2. Mal) | 14. Mai 1842–11. Dez. 1844 |
| Rafael Carrera (1814–1865) | 11. Dez. 1844–13. Okt. 1848 |
| Juan Antonio Martínez | 13. Okt. 1848–28. Nov. 1848 |

| | |
|---|---|
| José Bernardo Escobar | 28. Nov. 1848–30. Dez. 1848 |
| Mariano Paredes (um 1800–1856) | 1. Jan. 1849–21. Okt. 1851 |
| Carrera (2. Mal) | 21. Okt. 1851–15. April 1865 |
| Vicente Cerna | 24. Mai 1865–2. Juni 1871 |
| Miguel Garcias Gránados († 1878) | 3. Juni 1871–3. Juni 1873 |
| Justo Rufino Barrios (1835–1885) | 4. Juni 1873–2. April 1885 |
| Alejandro Sinibaldi | 2. April 1885–15. April 1885 |
| Manuel Lisandro Barillas (1864–1907) | 15. April 1885–März 1892 |
| José María Reina Barrios (1853–1898) | 15. März 1892–8. Febr. 1898 |
| Manuel Estrada Cabrera (1857–1924) | 31. Aug. 1898–8. April 1920 |
| Carlos Herrera (1856–1930) | 8. April 1920–4. März 1922 |
| José María Orellana (1872–1926) | 4. März 1922–26. Sept. 1926 |
| Lázáro Chacón (1873–1931) | 27. Sept. 1926–13. Dez. 1930 |
| Bautillo Palma | 13. Dez. 1930–16. Dez. 1930 |
| Manuel María Orellana | 17. Dez. 1930–31. Dez. 1930 |
| José María Reyna Andrade | 2. Jan. 1931–15. Febr. 1931 |
| Jorge Ubico Castañeda (1878–1946) | 15. Febr. 1931–1. Juli 1944 |
| Federico Ponce Vaidez | 1. Juli 1944–21. Okt. 1944 |
| Jacob Arbenz Guzmán (1913–1971) | 19. Dez. 1944–1. März 1945 |
| Juan José Arévalo (1904–1990) | 11. März 1945–1. März 1951 |
| Arbenz Guzmán (2. Mal) | 1. März 1951–27. Juni 1954 |
| Carlos Diaz | 27. Juni 1954–29. Juni 1954 |
| Elfego Monzón | 29. Juni 1954–8. Juli 1954 |
| Carlos Castillo Armas (1914–1957) | 8. Juli 1954–26. Juli 1957 |
| Luis A. González López (1900–1957) | 27. Juli 1957–25. Okt. 1957 |
| Guillermo Flores Avendaño | 28. Okt. 1957–2. März 1958 |
| Miguel Ydigoras Fuentes (1895–1982) | 2. März 1958–31. März 1963 |
| Enrique Peralta Azurdia (1908) | 31. März 1963–30. Juni 1966 |
| Julio Mendez Montenegro (1915) | 1. Juli 1966–30. Juni 1970 |
| Carlos Araña Osorio (1918) | 1. Juli 1970–30. Juni 1974 |
| Kjell Laugerud García (1930) | 1. Juli 1974–30. Juni 1978 |
| F. Romeo Lucas García (1923) | 1. Juli 1978–23. März 1982 |
| Efrain Rios Montt (1926) | 23. März 1982–8. Aug. 1983 |
| Oscar Humberto Mejia Victores (1930) | 8. Aug. 1983–14. Jan. 1986 |
| Marco Vinicio Cerezo Arévalo (1942) Christl. | 14. Jan. 1986–13. Jan. 1991 |
| Jorge Serrano Elias (1945) Kons. | 14. Jan. 1991–1. Juni 1993 |
| Ramiro de León Carpio | 6. Juni 1993– |

**Guayana**

Unabhängige Monarchie (Staatsoberhaupt: Königin Elisabeth II. von Großbritannien) 26. Mai 1966, Republik 23. Februar 1970, seit 1980 mit Präsidialsystem.

Präsidenten:

| | |
|---|---|
| Arthur Chung (1918) | 23. Febr. 1970–6. Okt. 1980 |
| Forbes S. Burnham (1923–1985) Premierminister seit 26. Mai 1966 | 6. Okt. 1980–6. Aug. 1985 |
| Hugh Desmond Hoyte (1929) | 6. Aug. 1985–10. Okt. 1992 |
| Cheddi Jagan (1918) | 10. Okt. 1992– |

**Haiti**

Unabhängiger Staat 1. Januar 1804, Kaiserreich 8. Dezember 1804, Republik 17. Oktober 1806, im Norden Königreich 26. März 1811, wiedervereinigte Republik 26. November 1820, erneut Kaiserreich 26. August 1849, erneut Republik 15./20. Januar 1859.

| | |
|---|---|
| Jean Jacques Dessalines = Jakob I. (1758) | Staatsoberhaupt 1. Jan. 1804, Ks. 8. Dez. 1804, † 17. Okt. 1806 |
| Henri Christophe = Heinrich I. (1767) (im Norden) | Präsident (im Norden) 17. Okt. 1806, Kg. 26. März 1811, † 8. Okt. 1820 |

Präsidenten:

| | |
|---|---|
| Alexandre Pétion (1770–1818) (im Süden) | 27. Dez. 1806–29. März 1818 |
| Jean Pierre Boyer (1776–1850) (bis 1820 nur im Süden) | 29. März 1818–21. März 1843 |
| Charles Hérard (1787–1850) | 21. März 1843–3. Mai 1844 |
| Philippe Guerrier (um 1773–1845) | 3. Mai 1844–15. April 1845 |
| Jean Louis Pierrot | 16. April 1845–Febr. 1846 |
| Jean Baptiste Riché (1780–1847) | 1. März 1846–27. Febr. 1847 |
| Faustin Soulouque = Faustin I. (1782) | Präs. 1. März 1847, Ks. 26. Aug. 1849, flieht 15. Jan. 1859, † 4. Aug. 1867 |
| Fabre Geffrard (1806–1879) | 20. Jan. 1859–13. März 1867 |
| Sylvain Salnave († 1869) | 14. Mai 1867–19. Dez. 1869 |
| Nissage Saget | 19. März 1870–13. Mai 1874 |
| Michel Dominique | 11. Juni 1874–15. April 1876 |
| Boisrand Canal | 17. Juli 1876–17. Juli 1879 |

Präsidenten:

| | |
|---|---|
| Etienne Felicité Salomon (1820–1888) | 23. Okt. 1879–10. Aug. 1888 |
| Télémaque († 1888) | 24. Aug. 1888–19. Sept. 1888 |
| François Denis Légitime (1833–1905) | 23. Okt. 1888–22. Aug. 1889 |
| Louis Mondastin Floréal Hippolyte (1827–1896) | 9. Okt. 1889–24. März 1896 |
| Tirésias Simon Sam, gen. Sim Sam | 31. März 1896–12. Mai 1902 |
| Boisrand Canal (2. Mal) | 9. Mai 1902–21. Dez. 1902 |
| Alexis Nord (1822–1910) | 21. Dez. 1902–2. Dez. 1908 |
| Antoine Simon | 20. Dez. 1908–2. Aug. 1911 |
| Michel Cincinnatus Leconte († 1912) | 14. Aug. 1911–8. Aug. 1912 |
| Tancrède Auguste († 1913) | Aug. 1912–2. Mai 1913 |
| Michel Oreste (1859–?) | 4. Mai 1913–27. Jan. 1914 |
| Oreste Zamour († 1915) | 8. Febr. 1914–29. Okt. 1914 |
| Joseph Davilmare Théodore | 7. Nov. 1914–23. Febr. 1915 |
| Jean Velbrun-Guillaume († 1915) | 4. März 1915–28. Juli 1915 |
| Philippe Sudré Dartiguenave | 12. Aug. 1915–15. Mai 1922 |
| Joseph Louis Bornó (1865–1942) | 15. Mai 1922–23. April 1930 |
| Etienne Roy | 15. Mai 1930–Nov. 1930 |
| Stenio Vincent (1874–1959) | 18. Nov. 1930–April 1941 |
| Elie Lescot | April 1941–12. Jan. 1946 |
| Dumarsais Estimé (1900–1953) | 15. Aug. 1946–10. Mai 1950 |
| Paul Magloire (1907) | 8. Okt. 1950–12. Dez. 1956 |
| Joseph Nemours Pierre-Louis | 12. Dez. 1956–7. Febr. 1957 |
| Frank Sylvain | 7. Febr. 1957–2. April 1957 |
| Léon Cantave | 20. Mai 1957–26. Mai 1957 |
| Daniel Fignolé | 26. Mai 1957–14. Juni 1957 |
| Antoine Kebreau (1909–1963) | 14. Juni 1957–15. Okt. 1957 |
| François Duvalier (1909–1971) | 15. Okt. 1957–21. April 1971 |
| Jean Claude Duvalier (1951) | 22. April 1971–7. Febr. 1986 |
| Henri Namphy (1933) | 7. Febr. 1986–7. Febr. 1988 |
| Leslie Manigat (1930) | 7. Febr. 1988–20. Juni 1988 |
| Namphy (2. Mal) | 20. Juni 1988–17. Sept. 1988 |
| Prosper Avril | 18. Sept. 1988–10. März 1990 |
| Ertha Pascal Trouillot | 13. März 1990–7. Febr. 1991 |
| Jean Bertrand Aristide (1953) | 7. Febr. 1991– (seit 30. Sept. 1991 außer Landes) |

**Honduras**

Von Spanien unabhängig 15. September 1821, zunächst Bundesstaat des mexikanischen Kaiserreichs, später Teilrepublik der Zentralamerikanischen Föderation, unabhängiger Staat 26. Oktober 1838.

Präsidenten:

| | |
|---|---|
| Francisco Zelaya | 1839–1840 |
| Francisco Ferrera (1794–1851) | 1841–1844 |
| Coronado Chavez | 1844–1847 |
| Juan Lindo* (um 1795–nach 1852) | 1847–1852 |
| Trinidad Cabañas († 1871) | 1852–1855 |
| Francisco Aguilar | 1855–1856 |
| Santos Guardiola († 1862) | 1856–1862 |
| Victoriano Castellamios († 1862) | 1862 |
| José Francisco Montes | 1862–1863 |
| José María Medina († 1878) | 1863–1872 |
| Carlos Arias († 1890) | 1872–1874 |
| Marco Aurelio Soto (1846–1908) | 1874–1875 |
| Ponciano Leiva | 1875–1876 |
| Soto (2. Mal) | 1876–1883 |
| Luis Bográn | 1883–1891 |
| Leiva (2. Mal) | 1891–1893 |
| Domingo Vázquez | 1893–1894 |
| Policarpio Bonilla (1858–1926) | 22. Febr. 1894–1. Febr. 1899 |
| Terencio Sierra († 1907) | 1. Febr. 1899–30. Jan. 1903 |
| Manuel Bonilla (1849–1913) | 1. Febr. 1903–11. April 1907 |
| Miguel E. Dávila († 1927) | 15. Aug. 1907–28. März 1911 |
| Francisco Beltrán | 28. März 1911–2. Febr. 1912 |
| M. Bonilla (2. Mal) | 2. Febr. 1912–21. März 1913 |
| Francisco Bertrand | 21. März 1913–8. Sept. 1919 |
| Rafael López Gutiérrez († 1924) | 1. Nov. 1919–10. März 1924 |
| Fausto Dávila (1858–1928) | 27. März 1924–31. März 1924 |
| Vicente Tosta († 1928) | 1. April 1924–1. Febr. 1925 |
| Miguel Paz Baraona († 1931) | 1. Febr. 1925–1. Febr. 1929 |
| Vicente Mejia Colindres (1878–1966) | 1. Febr. 1929–1. Febr. 1933 |
| Tiburcio Carias Andino (1876–1969) | 1. Febr. 1933–31. Dez. 1948 |
| Juan Manuel Gálvez (1887–?) | 1. Jan. 1949–Dez. 1954 |
| Julio Lozano Diaz (1895?–1957) | Dez. 1954–21. Okt. 1956 |
| Roque I. Rodríguez | 21. Okt. 1956–21. Dez. 1957 |
| José Ramón Villeda Morales (1908–1971) | 21. Dez. 1957–3. Okt. 1963 |
| Osvaldo López Arellano (1921) | 4. Okt. 1963–5. Juni 1971 |

| | |
|---|---|
| Ramón Ernesto Cruz | 6. Juni 1971–4. Dez. 1972 |
| López Arellano (2. Mal) | 4. Dez. 1972–22. April 1975 |
| Juan Alberto Melgar Castro (1930) | 22. April 1975–7. Aug. 1978 |
| Policarpio Juan Paz García | 8. Aug. 1978–27. Jan. 1982 |
| Roberto Suazo Cordova (1928) Lib. | 27. Jan. 1982–27. Jan. 1986 |
| José Simón Azcona Hoyo (1927) Lib. | 27. Jan. 1986–27. Jan. 1990 |
| Rafael Leonardo Callejas Romero (1943) Kons. | 27. Jan. 1990– |

**Jamaika**

Unabhängige Monarchie (Staatsoberhaupt: der britische Monarch) 6. August 1962.

Premierminister:

| | |
|---|---|
| Sir Alexander Bustamente (1884–1977) Kons. | 6. Aug. 1962–22. Febr. 1967 |
| David Sangster (1911–1967) Kons. | 22. Febr. 1967–11. April 1967 |
| Hugh Shearer (1923) Kons. | 11. April 1967–1. März 1972 |
| Michael Norman Manley (1913) Soz. | 2. März 1972–1. Nov. 1980 |
| Edward Seaga (1930) (Kons.) | 1. Nov. 1980–13. Febr. 1989 |
| Manley (2. Mal) | 13. Febr. 1989–28. März 1992 |
| Percifal J. Patterson (1935) Soz. | 30. März 1992– |

**Kanada**

Unabhängige Monarchie (Staatsoberhaupt: der britische Monarch) 1. Juli 1867.

Premierminister:

| | |
|---|---|
| Sir John Alexander Macdonald (1815–1891) Kons. | 1. Juli 1867–5. Nov. 1873 |
| Alexander Mackenzie (1822–1892) Lib. | 7. Nov. 1873–17. Okt. 1878 |
| Macdonald (2. Mal) | 17. Okt. 1878–6. Juni 1891 |
| John Abbott (1821–1893) Kons. | 16. Juni 1891–24. Nov. 1892 |
| John Sparrow David Thompson (1844–1894) Kons. | 5. Dez. 1892–12. Dez. 1894 |

| | |
|---|---|
| Mackenzie Bowell (1823–1917) Kons. | 21. Dez. 1894–27. April 1896 |
| Charles Tupper (1821–1915) Kons. | 1. Mai 1896–8. Juli 1896 |
| Sir Wilfried Laurier (1841–1919) Lib. | 11. Juli 1896–6. Okt. 1911 |
| Robert Laird Borden (1854–1937) Kons. | 10. Okt. 1911–10. Juli 1920 |
| Arthur Meighen (1874–1961) Kons. | 10. Juli 1920–29. Dez. 1921 |
| William Lyon Mackenzie King (1874–1950) Lib. | 29. Dez. 1921–28. Juni 1926 |
| Meighen (2. Mal) | 29. Juni 1926–25. Sept. 1926 |
| Mackenzie King (2. Mal) | 25. Sept. 1926–6. Aug. 1930 |
| Richard Bedford Bennett (1870–1947) Kons. | 7. Aug. 1930–23. Okt. 1935 |
| Mackenzie King (3. Mal) | 23. Okt. 1935–15. Nov. 1948 |
| Louis St. Laurent (1882–1973) Lib. | 15. Nov. 1948–21. Juni 1957 |
| John George Diefenbaker (1895–1979) Kons. | 21. Juni 1957–22. April 1963 |
| Lester Bowles Pearson (1897–1972) Lib. | 22. April 1963–19. April 1968 |
| Pierre Elliott Trudeau (1919) Lib. | 20. April 1968–4. Juni 1979 |
| Charles Joe Clark (1939) Kons. | 4. Juni 1979–3. März 1980 |
| Trudeau (2. Mal) | 3. März 1980–30. Juni 1984 |
| John Turner (1929) Lib. | 30. Juni 1984–17. Sept. 1984 |
| Martin Brian Mulroney (1939) Kons. | 17. Sept. 1984–25. Juni 1993 |
| Kim Campbell (1947) Kons. | 25. Juni 1993–4. Nov. 1993 |
| Jean Chrétien (1934) Lib. | 4. Nov. 1993– |

**Kolumbien**

Als »Großkolumbien« unabhängige Republik 7. August 1819, 1830 Abspaltung Venezuelas und Ecuadors, 1903 Panamas. Im 19. Jahrhundert zeitweise unter den Namen »Neu-Granada« und »Granadinische Konföderation«.

Präsidenten:

| | |
|---|---|
| Simón Bolivar* (1783–1830) | 1821–1830 |
| Joaquín Mosquera (1787–1877) | 1830–1832 |
| Francisco de Paula Santander (1792–1842) | 1832–1836 |

| | |
|---|---|
| José Ignacio de Márquez (1793–1880) | 1837–1841 |
| Pedro Alcántara Herrón (1800–1872) | 1841–1845 |
| Tomás Cipriano de Mosquera (1789–1878) | 1845–1849 |
| José Hilario López (1798–1869) | 1849–1853 |
| Manuel María Mallarino (1808–1872) | 1854–1857 |
| Mariano Ospina (1806–um 1875) | 1857–1861 |
| Julio Arboleda (1817–1862) | 1861–1862 |
| de Mosquera (2. Mal) | 1862–1864 |
| Manuel Murillo Toro (1816–1880) | 1864–1866 |
| de Mosquera (3. Mal) | 1866–1867 |
| Santos Acosta | 1867–1868 |
| Santos Gutiérrez (1820–1872) | 1868–1870 |
| Eustorgio Salgar (1831–1885) | 1. April 1870–31. März 1872 |
| Murillo Toro (2. Mal) | 1. April 1872–31. März 1874 |
| Santiago Pérez (1830–1900) | 1. April 1874–31. März 1876 |
| Aquileo Parra (1825–1900) | 1. April 1876–31. März 1878 |
| Julián Trujillo (1828–1883) | 1. April 1878–31. März 1880 |
| Rafael Nuñez (1825–1894) | 1. April 1880–31. März 1882 |
| Francisco Javier Zaldúa (1811–1882) | 1. April 1882–Dez. 1882 |
| José Eusebio Otálora (1828–1884) | 22. Dez. 1882–31. März 1884 |
| Nuñez (2. Mal) | 1. April 1884–1888 |
| Carlos Holguin (1832–1894) | 1888–7. Aug. 1892 |
| Nuñez (3. Mal) | 7. Aug. 1892–18. Sept. 1894 |
| Miguel Antonio Caro (1843–1909) | 18. Sept. 1894–7. Aug. 1898 |
| Manuel A. Sanclemente (1814–1902) | 7. Aug. 1898–31. Juli 1900 |
| José Manuel Marroquin (1827–1908) | 31. Juli 1900–7. Aug. 1904 |
| Rafael Reyes Prieto (1850–1921) | 7. Aug. 1904–8. Juli 1909 |
| Jorge Holguin († 1928) | 8. Juli 1909–3. Aug. 1909 |
| Ramón González Valencia (1854–1928) | 3. Aug. 1909–7. Aug. 1910 |
| Carlos E. Restrepo (1867–1937) | 7. Aug. 1910–7. Aug. 1914 |
| José Vicente Concha (1867–1929) | 7. Aug. 1914–7. Aug. 1918 |
| Marco Fidel Suárez (1855–1927) | 7. Aug. 1918–11. Nov. 1921 |
| J. Holguin (2. Mal) | 11. Nov. 1921–7. Aug. 1922 |
| Pedro Nel Ospina (1867–1927) | 7. Aug. 1922–7. Aug. 1926 |

| | |
|---|---|
| Miguel Abadia Méndez (1867–1947) | 7. Aug. 1926–7. Aug. 1930 |
| Enrique Olaya Herrera (1881–1937) | 7. Aug. 1930–7. Aug. 1934 |
| Alfonso López Pumarejo (1886–1959) | 7. Aug. 1934–7. Aug. 1938 |
| Eduardo Santos (1888–?) | 7. Aug. 1938–7. Aug. 1942 |
| López Pumarejo (2. Mal) | 7. Aug. 1942–Juli 1945 |
| Alberto Lleras Camargo (1906–1990) | 7. Aug. 1945–7. Aug. 1946 |
| Mariano Ospina Pérez (1891–1976) | 7. Aug. 1946–7. Aug. 1950 |
| Laureano Gómez Castro (1889–1965) | 7. Aug. 1950–13. Juni 1953 |
| Gustavo Rojas Pinilla (1900–1975) | 13. Juni 1953–10. Mai 1957 |
| Gabriel Paris | 10. Mai 1957–7. Aug. 1958 |
| Lleras Camargo (2. Mal) Lib. | 7. Aug. 1958–7. Aug. 1962 |
| Guillermo León Valencia (1909–1971) Kons. | 7. Aug. 1962–7. Aug. 1966 |
| Carlos Lleras Restrepo (1908) Lib. | 7. Aug. 1966–7. Aug. 1970 |
| Misael Pastrana Borrero (1923) Kons. | 7. Aug. 1970–7. Aug. 1974 |
| Alfonso López Michelsen (1917) Lib. | 7. Aug. 1974–7. Aug. 1978 |
| Julio C. Turbay Ayala (1916) Lib. | 7. Aug. 1978–7. Aug. 1982 |
| Belisario Betancurt Cuartes (1923) Kons. | 7. Aug. 1982–7. Aug. 1986 |
| Virgilio Barco Vargas (1921) Lib. | 7. Aug. 1986–7. Aug. 1990 |
| César Gaviria Trujillo (1947) Lib. | 7. Aug. 1990– |

**Mexiko**

Unabhängiges Kaiserreich 28. September 1821, föderative Republik 4. Oktober 1824, erneut Kaiserreich 10. April 1864, erneut Republik 14. Mai 1867.

| | |
|---|---|
| Augustín I. (Iturbide) (1783) | Ks. 18. Mai 1822, d. 20. März 1823, † 19. Juli 1824 |

Präsidenten:

| | |
|---|---|
| Manuel Fernández Guadelupe Victoria (1768–1843) | 10. Okt. 1824–7. Jan. 1828 |
| Manuel Gómez Pedraza (1789–1851) | 7. Jan. 1828–4. Dez. 1828 |

| | |
|---|---|
| Vicente Guerrero (1783–1831) | 7. Dez. 1828–1. Juni 1829 |
| Anastasio Bustamente (1780–1853) | 1. Jan. 1830–14. Aug. 1832 |
| Melchior Múzquiz | 14. Aug. 1832–24. Dez. 1832 |
| Gómez Pedraza (2. Mal) | 24. Dez. 1832–1. April 1833 |
| Antonio López de Santa Ana (1797–1876) | 1. April 1833–28. Jan. 1835 |
| Miguel de Barragán (1789–1836) | 28. Jan. 1835–27. Febr. 1836 |
| José Justo Caro | 27. Febr. 1836–11. April 1837 |
| Bustamente (2. Mal) | 11. April 1837–15. Juli 1840 |
| Nicolás Bravo (um 1785–1854) | 15. Juli 1840–22. Sept. 1841 |
| Javier Echeverria | 22. Sept. 1841–28. Sept. 1841 |
| López de Santa Ana (2. Mal) | 10. Okt. 1841–20. Sept. 1844 |
| Valentin Canalizo (1794–?) | 20. Sept. 1844–Dez. 1844 |
| José Joaquín Herrera (1792–1854) | 15. Jan. 1845–30. Dez. 1845 |
| Mariano Paredes y Arrillaga (1797–1849) | 4. Jan. 1846–28. Juli 1846 |
| López de Santa Ana (3. Mal) | 28. Juli 1846–14. Sept. 1847 |
| Pedro Maria Anaya (1795–1854) | 14. Sept. 1847–8. Jan. 1848 |
| Manuel de la Peña y Peña (1789–?) | 8. Jan. 1848–2. Juni 1848 |
| Herrera (2. Mal) | 3. Juni 1848–15. Jan. 1851 |
| Mariano Arista (1802–1855) | 15. Jan. 1851–6. Jan. 1853 |
| Juan Bautista Ceballos | 6. Jan. 1853–7. Febr. 1853 |
| Manuel M. Lombardini | 7. Febr. 1853–17. März 1853 |
| López de Santa Ana (4. Mal) | 17. März 1853–16. Aug. 1855 |
| Martín Carrera (1807–?) | 16. Aug. 1855–11. Sept. 1855 |
| Rómulo Diaz de la Vega († 1877) | 11. Sept. 1855–4. Okt. 1855 |
| Ignacio Comonfort (1812–1863) | 10. Dez. 1855–21. Jan. 1858 |
| Felipe Zuloaga | 23. Jan. 1858–23. Dez. 1858 |
| Miguel Miramón (1832–1867) | 31. Jan. 1859–22. Dez. 1860 |
| Benito Juárez (1806–1872) | 11. Jan. 1861–18. Juli 1872 |
| Maximilian (1832) (neben B. Juárez, vgl. oben) | Ks. 10. April 1864, d. 14. Mai 1867, † 19. Juni 1867 |

Präsidenten:

| | |
|---|---|
| Sebastián Lerdo de Tejada (1825–1889) | 19. Juli 1872–20. Nov. 1876 |
| Juan N. Méndez (1820–1894) | 6. Dez. 1876–15. Febr. 1877 |
| Porfirio Diaz (1830–1915) | 15. Febr. 1877–1. Dez. 1880 |
| Manuel González (1833–1893) | 1. Dez. 1880–1. Dez. 1884 |
| Diaz (2. Mal) | 1. Dez. 1884–25. Mai 1911 |
| Francisco León de la Barra (1863–1939) | 26. Mai 1911–1. Nov. 1911 |
| Francisco Indalecio Madero (1873–1913) | 1. Nov. 1911–22. Febr. 1913 |

| | |
|---|---|
| Victoriano Huerta (1854–1916) | 18. Febr. 1913–15. Juli 1914 |
| Francisco Carbajal | 15. Juli 1914–12. Aug. 1914 |
| Roque González Garza | 17. Jan. 1915–9. März 1915 |
| Venustiano Carranza (1859–1920) | 19. Okt. 1915–6. Mai 1920 |
| Adolfo de la Huerta (1881–1955) | 24. Mai 1920–1. Dez. 1920 |
| Alvaro Obregón (1880–1928) | 1. Dez. 1920–30. Nov. 1924 |
| Plutarco Elias Calles (1877–1945) | 1. Dez. 1924–30. Nov. 1928 |
| Emilio Portes Gil (1891–1978) | 1. Dez. 1928–4. Febr. 1930 |
| Pascual Ortiz Rubio (1877–1963) | 5. Febr. 1930–3. Sept. 1932 |
| Abelardo L. Rodríguez (1889–1967) | 4. Sept. 1932–30. Nov. 1934 |
| Lázaro Cárdenas (1895–1970) | 1. Dez. 1934–30. Nov. 1940 |
| Manuel Avila Camacho (1897–1955) | 1. Dez. 1940–30. Nov. 1946 |
| Miguel Alemán Valdés (1903–1983) | 1. Dez. 1946–30. Nov. 1952 |
| Adolfo Ruiz Cortines (1891–1973) | 1. Dez. 1952–30. Nov. 1958 |
| Adolfo López Mateos (1910–1969) | 1. Dez. 1958–30. Nov. 1964 |
| Gustavo Diaz Ordaz (1911–1979) | 1. Dez. 1964–30. Nov. 1970 |
| Luis Echeverria Alvarez (1922) | 1. Dez. 1970–30. Nov. 1976 |
| José López Portillo (1920) | 1. Dez. 1976–30. Nov. 1982 |
| Miguel de la Madrid Hurtado (1934) | 1. Dez. 1982–30. Nov. 1988 |
| Carlos Salinas de Gortari (1948) | 1. Dez. 1988– |

**Nicaragua**

Von Spanien unabhängig 15. September 1821, zunächst Bundesstaat des mexikanischen Kaiserreichs, später Teilrepublik der Zentralamerikanischen Föderation, unabhängiger Staat 30. April 1838.

Präsidenten:

| | |
|---|---|
| José Núñez | 1838–1839 |
| Patricio Rivas | 1839 |
| Joaquín Cosio | 1839 |
| Tomás Valladares | 1839–1840 |
| Rivas (2. Mal) | 1840–1841 |
| Pablo Buitrago | 1841 |
| Juan de Dios Orozco | 1841–1845 |
| José León Sandoval | 1845–1847 |
| José Guerrero | 1847–1848 |
| Norberto Ramírez | 1848–1851 |

| | |
|---|---|
| Laureano Pineda | 1851–1853 |
| Frutos Chamorro (1806–1855) | 1853–1855 |
| José María Estrada (um 1802–1856) | 1855–1856 |
| William Walker (1822–1860) | 1856–1857/1860 |
| Rivas (3. Mal) | 1855–1857 |
| Tomás Martinez (1812–1873) | 1857–1867 |
| Fernando Guzmán | 1. März 1867–1. März 1871 |
| Vicente Cuadra | 1. März 1871–1. März 1875 |
| Pedro Joaquín Camorra | 1. März 1875–1. März 1879 |
| Joaquín Zavala | 1. März 1879–1. März 1883 |
| Adán Cárdenas (1836–1916) | 1. März 1883–1. März 1887 |
| Evaristo Carazo (1822–1889) | 1. März 1887–30. Aug. 1889 |
| Roberto Sacaza | 30. Aug. 1889–1. Juni 1893 |
| José Santos Zelaya (1853–1919) | 1. Febr. 1894–16. Dez. 1909 |
| José Madriz | 16. Dez. 1909–20. Aug. 1910 |
| José Dolores Estrada | 20. Aug. 1910–1. Jan. 1911 |
| Juan José Estrada († 1947) | 1. Jan. 1911–9. Mai 1911 |
| Adolfo Diaz (1877–1964) | 9. Mai 1911–31. Dez. 1916 |
| Emiliano Chamorro Vargas (1871–1966) | 1. Jan. 1917–31. Dez. 1920 |
| Diego Manuel Chamorro † 1923) | 1. Jan. 1921–12. Okt. 1923 |
| Bartolome Martinez | 12. Okt. 1923–7. Dez. 1924 |
| Carlos Solórzano | 1. Jan. 1925–14. Jan. 1926 |
| Chamorro Vargas (2. Mal) | 17. Jan. 1926–12. Nov. 1926 |
| Diaz (2. Mal) | 15. Nov. 1926–31. Dez. 1928 |
| José María Moncada (1867–1945) | 1. Jan. 1929–31. Dez. 1932 |
| Juan Bautista Sacasa (1874–1946) | 1. Jan. 1933–6. Juni 1936 |
| Juliano Irias | 6. Juni 1936–18. Dez. 1936 |
| Anastasio Somoza García (1896–1956) | 1. Jan. 1937–1. Mai 1947 |
| Leonardo Arguello (1875–1947) | 1. Mai 1947–26. Mai 1947 |
| Benjamin Lascayo Sacasa (1884–1959) | 28. Mai 1947–15. Aug. 1947 |
| Victor Manuel Román y Reyes (1873–1950) | 15. Aug. 1947–6. Mai 1950 |
| Somoza García (2. Mal) | 21. Mai 1950–29. Sept. 1956 |
| Luis Somoza Debayle (1922–1967) | 29. Sept. 1956–30. April 1963 |
| René Schick Gutiérrez (1909–1966) | 1. Mai 1963–3. Aug. 1966 |
| Lorenzo Guerrero Gutiérrez (1900) | 3. Aug. 1966–30. April 1967 |
| Anastasio Somoza Debayle (1925–1980) | 1. Mai 1967–30. April 1972 |

| | |
|---|---|
| M. Laclayo/L. Cordero/ F. Aguerro | 1. Mai 1972–30. Nov. 1974 |
| A. Somoza Debayle (2. Mal) | 1. Dez. 1974–17. Juli 1979 |
| Sandinistische Junta | 19. Juli 1979–9. Jan. 1985 |
| Daniel Ortega Saavedra (1945) Koordinator der Junta seit 1979 | 10. Jan. 1985–25. April 1990 |
| Violeta Barrios de Chamorro (1929) | 25. April 1990– |

**Panama**

Unabhängige Republik 3. November 1903.

Präsidenten:

| | |
|---|---|
| Manuel Amador Guerrero (1833–1909) | 17. Febr. 1904–30. Sept. 1908 |
| José Domingo de Obaldia (1845–1910) | 1. Okt. 1908–1. März 1910 |
| Carlos A. Mendoza | 1. März 1910–5. Okt. 1910 |
| Pablo Arosemena (1836–?) | 5. Okt. 1910–1. Okt. 1912 |
| Belisario Porras (1856–1942) | 1. Okt. 1912–30. Sept. 1916 |
| Ramón Valdés († 1918) | 1. Okt. 1916–4. Juni 1918 |
| Ciro Luis Urriola | 4. Juni 1918–12. Okt. 1918 |
| Porras (2. Mal) | 12. Okt. 1918–30. Sept. 1924 |
| Roberto Chiari (1869–1937) | 1. Okt. 1924–30. Sept. 1928 |
| Florencio Harmodio Arosemena (1873–1945) | 1. Okt. 1928–3. Jan. 1931 |
| Harmodio Arias (1886–1962) | 3. Jan. 1931–16. Jan. 1931 |
| Ricardo Alfaro (1882–1971) | 16. Jan. 1931–5. Juni 1932 |
| Arias (2. Mal) | 5. Juni 1932–8. Juni 1936 |
| Juan Demostenes Arosemena (1879–1939) | 8. Juni 1936–16. Dez. 1939 |
| Augusto Samuel Boyd (1879–1957) | 18. Dez. 1939–30. Sept. 1940 |
| Arnulfo Arias (1901–1988) | 1. Okt. 1940–8. Okt. 1941 |
| Ricardo Adolfo de la Guardia (1899–1969) | 8. Okt. 1941–15. Juni 1945 |
| Enrique Adolfo Jiménez | 15. Juni 1945–7. Aug. 1948 |
| Domingo Diaz Arosemena (1875–1949) | 7. Aug. 1948–23. Aug. 1949 |
| Daniel Chanis Pinzón | 23. Aug. 1949–20. Nov. 1949 |
| Roberto F. Chiari (1905–1981) | 20. Nov. 1949–24. Nov. 1949 |
| A. Arias (2. Mal) | 24. Nov. 1949–9. Mai 1951 |

| | |
|---|---|
| Alcibiades Arosemena (1882–1958) | 9. Mai 1951–30. Sept. 1952 |
| José Antonio Remón Cantera (1908–1955) | 1. Okt. 1952–2. Jan. 1955 |
| José Ramón Guizado (1899–1964) | 3. Jan. 1955–15. Jan. 1955 |
| Ricardo M. Arias Espinosa | 15. Jan. 1955–30. Sept. 1956 |
| Ernesto de la Guardia (1904) | 1. Okt. 1956–30. Sept. 1960 |
| R. F. Chiari (2. Mal) | 1. Okt. 1960–30. Sept. 1964 |
| Marcos Aurelio Robles (1905) | 1. Okt. 1964–30. Sept. 1968 |
| A. Arias (3. Mal) | 1. Okt. 1968–11. Okt. 1968 |
| José Maria Pinilla (1919) | 13. Okt. 1968–18. Dez. 1969 |
| Demetrio Lakas Bahas (1925) | 19. Dez. 1969–11. Okt. 1978 |
| Aristides Royo (1940) | 11. Okt. 1978–30. Juli 1982 |
| Ricardo de la Espriella (1935) | 30. Juli 1982–13. Febr. 1984 |
| Jorge Illueca (1918) | 13. Febr. 1984–11. Okt. 1984 |
| Nicolás Barletta (1938) | 11. Okt. 1984–28. Sept. 1985 |
| Eric Arturo del Valle (1937) | 28. Sept. 1985–26. Febr. 1988 |
| Manuel Solis Palma | 26. Febr. 1988–1. Sept. 1989 |
| Francisco Rodriguez Poveda | 1. Sept. 1989–20. Dez. 1989 |
| Guillermo Endara Galimany (1936) | 20. Dez. 1989– |

Faktische Machthaber:

| | |
|---|---|
| Omar Torrijos Herrera (1929–1981) | Okt. 1972–Juli 1981 |
| Manuel Noriega Morena (1934) | Juli 1981–Dez. 1989 |

**Paraguay**

Unabhängige Republik 14. Mai 1811.

Präsidenten bzw. Konsuln und Diktatoren:

| | |
|---|---|
| José Gasparo Tomás Rodríguez de Francia (1766–1840) | 1811/1814–20. Sept. 1840 |
| Carlos Antonio López (1790–1862) | 1842/1844–10. Sept. 1862 |
| Francisco Solano López (1827–1870) | Sept. 1862–1. März 1870 |
| Cirilo Antonio Rivarola († 1871) | 10. Dez. 1870–12. Dez. 1871 |
| Salvador Jovellanos (1833–?) | 12. Dez. 1871–25. Nov. 1874 |
| Juan Bautista Gill († 1877) | 25. Nov. 1874–12. April 1877 |
| Higinio Uriarte | 12. April 1877–25. Nov. 1878 |
| Candido Barreiro († 1880) | 27. Nov. 1878–Sept. 1880 |

| | |
|---|---|
| Adolfo Saguier | Sept. 1880–25. Nov. 1881 |
| Bernardino Caballero (1831–1886) | 25. Nov. 1881–25. Nov. 1886 |
| Patricio Escobar | 25. Nov. 1886–25. Sept. 1890 |
| Juan B. González († 1912) | 25. Sept. 1890–Juni 1894 |
| Marcos Morinigo | Juni 1894–25. Nov. 1894 |
| Juan Bautista Egusquiza | 25. Nov. 1894–25. Nov. 1898 |
| Emilio Aceval (1854–1931) | 25. Nov. 1898–11. Jan. 1902 |
| Hector Carvallo | 11. Jan. 1902–25. Nov. 1902 |
| Juan Antonio Escurra | 25. Nov. 1902–11. Aug. 1904 |
| Juan Gaona (1846–1912) | 18. Okt. 1904–8. Dez. 1905 |
| Cecilio Baez (1862–1941) | 8. Dez. 1905–25. Nov. 1906 |
| Benigno Ferreira (1846–1920) | 25. Nov. 1906–4. Juli 1908 |
| Emiliano González Navero (1861–1938) | 5. Juli 1908–25. Nov. 1910 |
| Manuel Gondra | 25. Nov. 1910–11. Jan. 1911 |
| Albino Jara (1878–1912) | 19. Jan. 1911–5. Juli 1911 |
| Liberato Marcial Rojas | 5. Juli 1911–Dez. 1911 |
| Pedro Peña (1867–1943) | 1. Jan. 1912–25. März 1912 |
| González Navero (2. Mal) | 25. März 1912–31. Juli 1912 |
| Eduardo Schaerer (1873–1941) | 15. Aug. 1912–15. Aug. 1916 |
| Manuel Franco († 1919) | 15. Aug. 1916–5. Juni 1919 |
| José P. Montero | 5. Juni 1919–15. Aug. 1920 |
| Gondra (2. Mal) | 15. Aug. 1920–1. Okt. 1921 |
| Félix Paiva | 31. Okt. 1921–3. Nov. 1921 |
| Eusebio Ayala (1875–1942) | 3. Nov. 1921–10. April 1923 |
| Eligio Ayala († 1930) | 10. April 1923–12. April 1924 |
| Luis Alberto Riart (1891?–1951) | 12. April 1924–15. Aug. 1924 |
| Eligio Ayala (2. Mal) | 15. Aug. 1924–15. Aug. 1928 |
| José Particio Guggiari (1884–1957) | 15. Aug. 1928–26. Okt. 1931 |
| González Navero (3. Mal) | 26. Okt. 1931–28. Jan. 1932 |
| Guggiari (2. Mal) | 28. Jan. 1932–15. Aug. 1932 |
| Eusebio Ayala (2. Mal) | 15. Aug. 1932–18. Febr. 1936 |
| Rafael Franco | 19. Febr. 1936–16. Aug. 1937 |
| Félix Paiva (2. Mal) | 16. Aug. 1937–15. Aug. 1939 |
| José Félix Estigarribia (1888–1940) | 15. Aug. 1939–5. Sept. 1940 |
| Higinio Moriñigo | 8. Sept. 1940–3. Juni 1948 |
| Juan Manuel Frutos | 3. Juni 1948–15. Aug. 1948 |
| Juan Natalicio González | 15. Aug. 1948–30. Jan. 1949 |
| Raimundo Rolón | 30. Jan. 1949–26. Febr. 1949 |
| Felipe Molas López (1901–1954) | 26. Febr. 1949–10. Sept. 1949 |
| Federico Chaves | 10. Sept. 1949–4. Mai 1954 |
| Tomás Romero Pereira | 4. Mai 1954–11. Juli 1954 |
| Alfredo Stroessner (1912) | 11. Juli 1954–3. Febr. 1989 |

| | |
|---|---|
| Andrés Rodriguez (1925) | 3. Febr. 1989–15. Aug. 1993 |
| Juan Carlos Wasmosy (1939) | 15. Aug. 1993– |

**Peru**

Unabhängige Republik 28. Juli 1821.

Präsidenten:

| | |
|---|---|
| José de San Martín (1778–1850) (Protektor) | 1821–1822 |
| Simón Bolivar* (1783–1830) | 1823–1829 |
| Augustín Gamarra (1785–1841) | 1829–1833 |
| Luis José de Orbegozo (1795–1847) | 1833–1835 |
| Felipe Santiago Salaverry (1806–1836) | 1835–1836 |
| Andrés Santa Cruz* (1792–1865) | 1836–1839 |
| Gamarra (2. Mal) | 1839–1841 |
| Manuel Menéndez | 1841–1845 |
| Ramón Castilla (1797–1867) | 1845–1851 |
| José Rufino Echénique (1808–1887) | 1851–1855 |
| Castilla (2. Mal) | 1855–1862 |
| Miguel de San Román († 1863) | 1862–1863 |
| Juan Antonio Pezet y Rodríguez (1810–1879) | 1863–1865 |
| Echénique (2. Mal) | 1865 |
| Mariano Ignacio Prado (1826–1901) | 1865–1868 |
| La Fuente | 1868 |
| José Balta (1816–1872) | 1868–1872 |
| Silvestro Gutiérrez († 1872) | 1872 |
| Manuel Pardo (1834–1878) | 1872–1876 |
| Prado (2. Mal) | 1876–1879 |
| Nicolás de Pierola (1839–1913) | 1879–1881 |
| Francisco García Calderón (1834–1905) | 1881 |
| Miguel Iglesias (1822–1901) | 1881–1885 |
| Antonio Arenas | 1885–1886 |
| Andrés Avelino Cáceres (1836–1923) | 1886–1890 |
| Remigio Morales Bermúdez (1836–1894) | 1890–1894 |
| Justiniano Borgoño | 1894 |
| Avelino Cáceres (2. Mal) | 10. Aug. 1894–19. März 1895 |

| | |
|---|---|
| Manuel Candamo (1842–1904) | 21. März 1895–8. Sept. 1895 |
| de Pierola (2. Mal) | 8. Sept. 1895–8. Sept. 1899 |
| Eduardo López de Romaña (1847–?) | 8. Sept. 1899–8. Sept. 1903 |
| Candamo (2. Mal) | 30. Sept. 1903–7. Mai 1904 |
| Serapio Calderón | Mai 1904–Sept. 1904 |
| José Pardo y Barreda (1864–1947) | 23. Sept. 1904–24. Sept. 1908 |
| Augusto Bernardino Leguia (1863–1932) | 24. Sept. 1908–24. Sept. 1912 |
| Guillermo Enrique Billinghurst (1851–1915) | 24. Sept. 1912–4. Febr. 1914 |
| Oscar Raimundo Benavides (1876–1946) | 15. Mai 1914–18. Aug. 1915 |
| J. Pardo y Barreda (2. Mal) | 18. Aug. 1915–4. Juli 1919 |
| Leguia (2. Mal) | 20. Juli 1919–25. Aug. 1930 |
| Manuel Ponce | 25. Aug. 1930–28. Aug. 1930 |
| Luis Sánchez Cerro († 1933) | 28. Aug. 1930–1. März 1931 |
| Ricardo Leoncio Elias | 1. März 1931–5. März 1931 |
| Gustavo A. Jiménez | 5. März 1931–10. März 1931 |
| David Samánez Ocampo (1861–1937) | 10. März 1931–8. Dez. 1931 |
| Sánchez Cerro (2. Mal) | 8. Dez. 1931–30. April 1933 |
| Benavides (2. Mal) | 30. April 1933–8. Dez. 1939 |
| Manuel Prado y Ugarteche (1889–1967) | 8. Dez. 1939–28. Juli 1945 |
| José Luis Bustamente y Rivero (1894–1988) | 28. Juli 1945–27. Okt. 1948 |
| Manuel A. Odria Amoretti (1897–1974) | 27. Okt. 1948–1. Juni 1950 |
| Zenon Noriega | 1. Juni 1950–28. Juli 1950 |
| Odria Amoretti (2. Mal) | 28. Juli 1950–28. Juli 1956 |
| Prado y Ugarteche (2. Mal) | 28. Juli 1956–18. Juli 1962 |
| Ricardo Pérez Godoy | 18. Juli 1962–3. März 1963 |
| Nicolás Lindley López | 3. März 1963–28. Juli 1963 |
| Fernando Belaúnde Terry (1912) | 28. Juli 1963–3. Okt. 1968 |
| Juan Velasco Alvarado (1910–1977) | 3. Okt. 1968–29. Aug. 1975 |
| Francisco Morales Bermúdez (1921) | 29. Aug. 1975–28. Juli 1980 |
| Belaúnde Terry (2. Mal) | 28. Juli 1980–28. Juli 1985 |
| Alan García Pérez (1949) | 28. Juli 1985–28. Juli 1990 |
| Alberto Fujimori (1938) | 28. Juli 1990– |

**Saint Kitts und Nevis**
Unabhängige Monarchie (Staatsoberhaupt: der britische Monarch) 19. September 1983.

Premierminister:

| | |
|---|---|
| Kennedy Alphonse Simmonds (1936) | 19. Sept. 1983– |

**Saint Lucia**
Unabhängige Monarchie (Staatsoberhaupt: der britische Monarch) 22. Februar 1979.

Regierungschefs:

| | |
|---|---|
| John G. M. Compton (1926) | 22. Febr. 1979–2. Juli 1979 |
| Allan Louisy (1940) | 3. Juli 1979–7. Mai 1981 |
| Winston Cenac (1932) | 7. Mai 1981–16. Jan. 1982 |
| Compton (2. Mal) | 5. Mai 1982– |

**Saint Vincent und die Grenadinen**
Unabhängige Monarchie (Staatsoberhaupt: der britische Monarch) 27. Oktober 1979.

Regierungschefs:

| | |
|---|---|
| R. Milton Cato (1915) | 27. Okt. 1979–Juli 1984 |
| James F. Mitchell (1931) | Juli 1984– |

**Suriname**
Unabhängige Republik 25. November 1975.

Präsidenten:

| | |
|---|---|
| Johan H. E. Ferrier (1910) | 25. Nov. 1975–13. Aug. 1980 |
| Henck Chin A Sen (1934) | 16. Aug. 1980–4. Febr. 1982 |
| Ramdat Misier | 4. Febr. 1982–25. Jan. 1988 |
| Ramsewak Shankar | 25. Jan. 1988–24. Dez. 1990 |
| Johan Kraag (1913) | 29. Dez. 1990–16. Sept. 1991 |
| Ronald Venetiaan | 16. Sept. 1991– |

Regierungschef bis zum Staatsstreich von 1980:

| | |
|---|---|
| Henck A. E. Arron (1936) | 25. Nov. 1975–25. Febr. 1980 |

Faktischer Machthaber seit dem Staatsstreich von 1980:

| | |
|---|---|
| Daysi Bouterse (1946) | 25. Febr. 1980– |

**Trinidad und Tobago**

Unabhängige Monarchie (Staatsoberhaupt: der britische Monarch) 31. August. 1962, Republik 1. August 1976.

Präsidenten:

| | |
|---|---|
| Sir Ellis E. I. Clarke (1917) | 28. Jan. 1977–19. März 1987 |
| Noor Mohammed Hassanali (1918) | 19. März 1987– |

Regierungschefs:

| | |
|---|---|
| Eric E. Williams (1911–1981) | 31. Aug. 1962–29. März 1981 |
| George Chambers (1928) | Mai 1981–Dez. 1986 |
| Arthur Robinson (1926) | Dez. 1986–Dez. 1991 |
| Patrick Manning (1946) | 17. Dez. 1991– |

**Uruguay**

Unabhängige Republik 25. August 1825 (1. März 1952 bis 1. März 1967 Kollegialverfassung mit jährlich wechselndem Vorsitzenden des Nationalrats).

Präsidenten:

| | |
|---|---|
| José Fructuosa Rivera (1789–1854) | 1830–1835 |
| Manuel Oribe (1790–1857) | 1835–1838 |
| Rivera (2. Mal) | 1838–1842 |
| Joaquín Suárez | 1843–1852 |
| Juan Francisco Giro (1781–1863) | 1852–1853 |
| Venancio Flores (1809–1868) | 1854–1855 |
| Manuel Bustamente (1785–1863) | 1855–1856 |
| Gabriel Antonio Pereira (1794–1861) | 1. März 1856–1. März 1860 |
| Bernardo Prudencio Berro (1803–1868) | 1. März 1860–1. März 1864 |
| Atanasio Cruz Aguirre (1804–1875) | 1. März 1864–15. Febr. 1865 |
| Flores (2. Mal) | 20. Febr. 1865–1. März 1866 |
| Francisco A. Vidal (1827–1889) | 1. März 1866–19. Febr. 1868 |
| Manuel Flores († 1868) | 19. Febr. 1868–22. Febr. 1868 |
| Lorenzo Batlle (1810–1887) | Febr. 1868–1. März 1872 |
| José L. Gomensoro (1810–1900) | 1. März 1872–1. März 1873 |

| | |
|---|---|
| José Pedro Ellaury (1839–1897) | 1. März 1873–18. Jan. 1875 |
| Pedro Varela (1837–1879) | 22. Jan. 1875–10. März 1876 |
| Lorenzo Latorre (1844–1916) | 10. März 1876–13. März 1880 |
| Vidal (2. Mal) | 13. März 1880–1. März 1882 |
| Máximo Santos (1847–1889) | 1. März 1882–17. Nov. 1886 |
| Máximo Tajes (1852–1912) | 18. Nov. 1886–1. März 1890 |
| Julio Herrera y Obes (1842–1912) | 1. März 1890–März 1894 |
| Juan Idiarte Borda (1844–1897) | 21. März 1894–23. Aug. 1897 |
| Juan Lindolfo Cuestas (1837–1905) | 25. Aug. 1897–1. März 1903 |
| José Batlle y Ordoñez (1856–1929) | 1. März 1903–1. März 1907 |
| Claudio Williman (1863–1934) | 1. März 1907–1. März 1911 |
| Batlle y Ordoñez (2. Mal) | 1. März 1911–1. März 1915 |
| Feliciano Viera (1870–1929) | 1. März 1915–1. März 1919 |
| Baltasar Brum (1883–1933) | 5. März 1919–1. März 1923 |
| José Serrato (1868–1960) | 1. März 1923–1. März 1927 |
| Juan Campisteguy (1859–1937) | 1. März 1927–1. März 1931 |
| Gabriel Terra (1873–1942) | 1. März 1931–März 1938 |
| Alfredo Baldomir (1884–1948) | 19. Juni 1938–1. März 1943 |
| Juan José de Amézaga (1881–1956) | 1. März 1943–1. März 1947 |
| Tomás Berreta (1875–1947) | 1. März 1947–2. Aug. 1947 |
| Luis Batlle y Berres (1897–1964) | 2. Aug. 1947–1. März 1951 |
| Andrés Martinez Trueba (1884–1959) | 1. März 1951–1. März 1952 |

| | |
|---|---|
| Oscar Gestido (1901–1967) | 1. März 1967–6. Dez. 1967 |
| Jorge Pacheco Areco (1920) | 6. Dez. 1967–29. Febr. 1972 |
| Juan Maria Bordaberry (1928) | 1. März 1972–12. Juni 1976 |
| Aparicio Méndez (1904) | 1. Sept. 1976–31. Aug. 1981 |
| Gregorio C. Alvarez (1925) | 1. Sept. 1981–11. Febr. 1985 |
| Julio Maria Sanguinetti (1936) | 1. März 1985–1. März 1990 |
| Luis Alberto Lacalle (1941) | 1. März 1990– |

**Venezuela**

Von Spanien als Teil Großkolumbiens unabhängig 1819, unabhängige Republik 1830/1831.

Präsidenten:

| | |
|---|---|
| José Antonio Páez (1790–1873) | 1831–1835 |
| José María Vargas (1786–1854) | 1835–1836 |

| | |
|---|---|
| Andrés Navarte (1781–1853) | 1836–1837 |
| Carlos Soublette (um 1795–1870) | 1837–1838 |
| Páez (2. Mal) | 1838–1843 |
| Soublette (2. Mal) | 1843–1846 |
| Páez (3. Mal) | 1846–1847 |
| José Tadeo Monagas (1784–1868) | 1847–1851 |
| José Gregorio Monagas (1795–1858) | 1851–1858 |
| Juliano Castro | 1858–1859 |
| Pedro Gual (1784–1862) | 1859–1860 |
| Manuel Felipe Tovar (1803–1866) | 1860–1861 |
| Páez (4. Mal) | 1861–1863 |
| Juan Crisóstomo Falcón (1820–1870) | 1863–1868 |
| J. T. Monagas (2. Mal) | 1868 |
| José Ruperto Monagas | 1869–1870 |
| Antonio Guzmán Blanco (1829–1899) | 1870–1877 |
| Francisco Linares Alcántara | 1877–1879 |
| Guzmán Blanco (2. Mal) | 1879–1884 |
| Joaquín Crespo (1841–1898) | 1884–1886 |
| Guzmán Blanco (3. Mal) | 1886–1887 |
| Hermógenes López (1828–1903) | 1887–1889 |
| Juan Pablo Rojas Paúl (1829–1905) | 1888/1889–1890 |
| Raimundo Andueza Palacio (1851–1900) | 1890–1892 |
| Crespo (2. Mal) | 1892–1898 |
| Ignacio Andrade | 1. März 1898–20. Okt. 1899 |
| Cipriano Castro (1858–1924) | 23. Okt. 1899–Dez. 1908 |
| Juan Vicente Gómez (1857–1935) | 19. Dez. 1908–30. Mai 1929 |
| Juan Bautista Pérez (1869–1952) | 30. Mai 1929–13. Juli 1931 |
| Gómez (2. Mal) | 13. Juli 1931–18. Dez. 1935 |
| Eleazar López Contreras (1883–1973) | 31. Dez. 1935–19. April 1936 |
| Arminio Borjas | 19. April 1936–25. April 1936 |
| López Contreras (2. Mal) | 25. April 1936–April 1941 |
| Isaias Medina Angarita (1897–1953) | 6. Mai 1941–Okt. 1945 |
| Rómulo Betancourt (1908–1981) | 20. Okt. 1945–15. Febr. 1948 |
| Rómulo Gallegos (1884–1969) | 15. Febr. 1948–23. Nov. 1948 |
| Carlos Delgado Chalbaud (1900–1950) | 24. Nov. 1948–13. Nov. 1950 |

| | |
|---|---|
| German Suárez Flammerich (1907) | 27. Nov. 1950–3. Dez. 1952 |
| Marcos Pérez Jiménez (1914) | 3. Dez. 1952–23. Jan. 1958 |
| Wolfgang Larrazábal (1911) | 23. Jan. 1958–14. Nov. 1958 |
| Edgard Sanabria (1911) | 14. Nov. 1958–13. Febr. 1959 |
| Betancourt (2. Mal) Soz. | 13. Febr. 1959–11. März 1964 |
| Raúl Leoni (1905–1972) Soz. | 12. März 1964–11. März 1969 |
| Rafael Caldera (1916) Christl. | 12. März 1969–11. März 1974 |
| Carlos Andrés Pérez Rodríguez (1922) Soz. | 12. März 1974–11. März 1979 |
| Luis Herrera Campins (1925) Christl. | 12. März 1979–2. Febr. 1984 |
| Jaime Lusinchi (1924) Soz. | 2. Febr. 1984–2. Febr. 1989 |
| Pérez Rodriguez (2. Mal) | 2. Febr. 1989–20. Mai/31. Aug. 1993 |
| Ramón José Velásquez (1917) | 4. Juni/31. Aug. 1993– |

**Vereinigte Staaten von Amerika (USA)**

Unabhängige Föderation 4. Juli 1776 (Unabhängigkeitserklärung), Konstituierung der föderativen präsidialen Republik 4. März 1789.

Präsidenten/Vizepräsidenten/(ab 1861) Außenminister:

| | |
|---|---|
| 1. George Washington (1732–1799) Fed. | 30. April 1789–4. März 1797 |
| V: John Adams* (2. Präs.) | 30. April 1789–4. März 1797 |
| 2. John Adams* (1735–1826) Fed. | 4. März 1797–4. März 1801 |
| V: Thomas Jefferson* (3. Präs.) | 4. März 1797–4. März 1801 |
| 3. Thomas Jefferson* (1743–1826) R=Dem. | 4. März 1801–4. März 1809 |
| V: Aaron Burr (1756–1836) | 4. März 1801–4. März 1805 |
| George Clinton (1739–1812) | 4. März 1805–4. März 1809 |
| 4. James Madison (1751–1836) R=Dem. | 4. März 1809–4. März 1817 |
| V: George Clinton (s. o.) | 4. März 1809–20. April 1812 |
| Elbridge Gerry (1744–1814) | 4. März 1813–23. Nov. 1814 |
| 5. James Monroe (1758–1831) R=Dem. | 4. März 1817–4. März 1825 |
| V: Daniel D. Tompkins (1744–1825) | 4. März 1817–4. März 1825 |
| 6. John Quincy Adams (1767–1848) R=Dem. | 4. März 1825–4. März 1829 |

| | |
|---|---|
| V: John C. Calhoun (1782–1850) | 4. März 1825–4. März 1829 |
| 7. Andrew Jackson (1767–1845) | 4. März 1829–4. März 1837 |
| R=Dem. | 4. März 1829–28. Dez. 1832 |
| V: John C. Calhoun (s. o.) | |
| Martin van Buren* (8. Präs.) | 4. März 1833–4. März 1837 |
| 8. Martin van Buren* (1782–1862) Dem. | 4. März 1837–4. März 1841 |
| V: Richard M. Johnson (1780–1850) | 4. März 1837–4. März 1841 |
| 9. William H. Harrison (1773–1841) Whig | 4. März 1841–4. April 1841 |
| V: John Tyler* (10. Präs.) | 4. März 1841–4. April 1841 |
| 10. John Tyler* (1790–1862) Whig | 4. April 1841–4. März 1845 |
| 11. James Knox Polk (1795–1849) Dem. | 4. März 1845–4. März 1849 |
| V: George M. Dallas (1792–1864) | 4. März 1845–4. März 1849 |
| 12. Zachary Taylor (1784–1850) Whig | 4. März 1849–9. Juli 1850 |
| V: Millard Fillmore* (13. Präs.) | 4. März 1849–9. Juli 1850 |
| 13. Millard Fillmore* (1800–1874) Whig | 10. Juli 1850–4. März 1853 |
| 14. Franklin Pierce (1804–1869) Dem. | 4. März 1853–4. März 1857 |
| V: William R. King (1786–1853) | 4. März 1853–18. April 1853 |
| 15. James Buchanan (1791–1868) Dem. | 4. März 1857–4. März 1861 |
| V: John C. Breckinridge (1821–1875) | 4. März 1857–4. März 1861 |
| 16. Abraham Lincoln (1809–1865) Rep. | 4. März 1861–15. April 1865 |
| V: Hannibal Hamlin (1809–1891) | 4. März 1861–4. März 1865 |
| Andrew Johnson* (17. Präs.) | 4. März 1865–15. April 1865 |
| A: William Henry Seward (1801–1872) | 5. März 1861–15. April 1865 |
| 17. Andrew Johnson* (1808–1875) Rep. | 15. April 1865–4. März 1869 |
| A: William Henry Seward (s. o.) | 15. April 1865–4. März 1869 |
| 18. Ulysses Simpson Grant (1822–1885) Rep. | 4. März 1869–4. März 1877 |

| | |
|---|---|
| V: Schuyler Colfax (1823–1885) | 4. März 1869–4. März 1873 |
| Henry Wilson (1812–1875) | 4. März 1873–22. Nov. 1875 |
| A: Elihu B. Washburne (1816–1887) | 5. März 1869–16. März 1869 |
| Hamilton Fish (1808–1893) | 17. März 1869–4. März 1877 |
| 19. Rutherford B. Hayes (1822–1893) Rep. | 4. März 1877–4. März 1881 |
| V: William A. Wheeler (1819–1887) | 4. März 1877–4. März 1881 |
| A: William M. Evarts (1818–1901) | 12. März 1877–4. März 1881 |
| 20. James A. Garfield (1831–1881) Rep. | 4. März 1881–19. Sept. 1881 |
| V: Chester A. Arthur* (21. Präs.) | 4. März 1881–19. Sept. 1881 |
| A: James G. Blaine (1830–1893) | 7. März 1881–19. Sept. 1881 |
| 21. Chester A. Arthur* (1830–1886) Rep. | 20. Sept. 1881–4. März 1885 |
| A: James G. Blaine (s. o.) | 20. Sept. 1881–19. Dez. 1881 |
| Frederick T. Frelinghuysen (1817–1885) | 19. Dez. 1881–4. März 1885 |
| 22. Grover Cleveland (1837–1908) Dem. | 4. März 1885–4. März 1889 |
| V: Thomas A. Hendricks (1819–1885) | 4. März 1885–25. Nov. 1885 |
| A: Thomas F. Bayard (1828–1898) | 7. März 1885–4. März 1889 |
| 23. Benjamin Harrison (1833–1901) Rep. | 4. März 1889–4. März 1893 |
| V: Levi P. Morton (1824–1920) | 4. März 1889–4. März 1893 |
| A: James G. Blaine (s. o.) | 7. März 1889–4. Juni 1892 |
| John Watson Foster (1836–1917) | 29. Juni 1892–23. Febr. 1893 |
| William F. Wharton | 23. Febr. 1893–4. März 1893 |
| 24. Grover Cleveland (2. Mal) | 4. März 1893–4. März 1897 |
| V: Adlai E. Stevenson (1835–1914) | 4. März 1893–4. März 1897 |
| A: Walter Q. Gresham (1832–1895) | 7. März 1893–28. Mai 1895 |
| Richard Olney (1835–1917) | 10. Juni 1895–4. März 1897 |
| 25. William McKinley (1843–1901) Rep. | 4. März 1897–14. Sept. 1901 |

| | |
|---|---|
| V: Garret A. Hobart (1844–1899) | 4. März 1897–21. Nov. 1899 |
| Theodore Roosevelt* (26. Präs.) | 4. März 1901–14. Sept. 1901 |
| A: John Sherman (1823–1900) | 6. März 1897–27. April 1898 |
| William Rufus Day (1849–1923) | 28. April 1898–16. Sept. 1898 |
| John Milton Hay 1838–1905) | 30. Sept. 1898–14. Sept. 1901 |
| 26. Theodore Roosevelt* (1858–1919) Rep. | 14. Sept. 1901–4. März 1909 |
| V: Charles W. Fairbanks (1852–1918) | 4. März 1905–4. März 1909 |
| A: John Milton Hay (s. o.) | 14. Sept. 1901–1. Juli 1905 |
| Elihu Root (1845–1937) | 19. Juli 1905–27. Jan. 1909 |
| Robert Bacon (1860–1919) | 27. Jan. 1909–4. März 1909 |
| 27. William Howard Taft (1857–1930) Rep. | 4. März 1909–4. März 1913 |
| V: James S. Sherman (1855–1912) | 4. März 1909–30. Okt. 1912 |
| A: Philander Chase Knox (1853–1921) | 6. März 1909–4. März 1913 |
| 28. Woodrow Wilson (1856–1924) Dem. | 4. März 1913–4. März 1921 |
| V: Thomas R. Marshall (1854–1925) | 4. März 1913–4. März 1921 |
| A: William R. Bryan (1860–1925) | 5. März 1913–9. Juni 1915 |
| Robert Lansing (1864–1928) | 24. Juni 1915–13. Febr. 1920 |
| Bainbridge Colby (1869–1950) | 23. März 1920–4. März 1921 |
| 29. Warren G. Harding (1865–1923) Rep. | 4. März 1921–2. Aug. 1923 |
| V: Calvin Coolidge* (30. Präs.) | 4. März 1921–2. Aug. 1923 |
| A: Charles E. Hughes (1862–1948) | 5. März 1921–2. Aug. 1923 |
| 30. Calvin Coolidge* (1872–1933) Rep. | 3. Aug. 1923–4. März 1929 |
| V: Charles G. Dawes (1865–1951) | 4. März 1925–4. März 1929 |
| A: Charles E. Hughes (s. o.) | 2. Aug. 1923–4. März 1925 |
| Frank B. Kellogg (1856–1937) | 5. März 1925–4. März 1929 |

| | |
|---|---|
| 31. Herbert Hoover (1874–1964) Rep. | 4. März 1929–4. März 1933 |
| V. Charles Curtis (1860–1936) | 4. März 1929–4. März 1933 |
| A: Henry Lewis Stimson (1867–1950) | 28. März 1929–4. März 1933 |
| 32. Franklin D. Roosevelt (1882–1945) Dem. | 4. März 1933–12. April 1945 |
| V: John Nance Garner (1868–1967) | 4. März 1933–20. Jan. 1941 |
| Henry A. Wallace (1888–1965) | 20. Jan. 1941–20. Jan. 1945 |
| Harry S. Truman* (33. Präs.) | 20. Jan. 1945–12. April 1945 |
| A: Cordell Hull (1871–1955) | 4. März 1933–27. Nov. 1944 |
| Edward R. Stettinius jr. (1900–1949) | 1. Dez. 1944–12. April 1945 |
| 33. Harry S. Truman* (1884–1972) Dem. | 12. April 1945–20. Jan. 1953 |
| V: Alban W. Barkley (1877–1956) | 20. Jan. 1949–20. Jan. 1953 |
| A: Edward Stettinius jr. (s. o.) | 12. April 1945–27. Juni 1945 |
| James F. Byrnes (1879–1972) | 2. Juli 1945–20. Jan. 1947 |
| George C. Marshall (1880–1959) | 20. Jan. 1947–7. Jan. 1949 |
| Dean G. Acheson (1893–1971) | 7. Jan. 1949–20. Jan. 1953 |
| 34. Dwight D. Eisenhower (1890–1969) Rep. | 20. Jan. 1953–20. Jan. 1961 |
| V: Richard M. Nixon* (37. Präs.) | 20. Jan. 1953–20. Jan. 1961 |
| A: John Foster Dulles (1888–1959) | 21. Jan. 1953–15. April 1959 |
| Christian Herter (1895–1966) | 18. April 1959–20. Jan. 1961 |
| 35. John F. Kennedy (1917–1963) Dem. | 20. Jan. 1961–22. Nov. 1963 |
| V: Lyndon B. Johnson* (36. Präs.) | 20. Jan. 1961–22. Nov. 1963 |
| A: Dean Rusk (1909) | 20. Jan. 1961–22. Nov. 1963 |
| 36. Lyndon B. Johnson* (1908–1973) Dem. | 22. Nov. 1963–20. Jan. 1969 |
| V: Hubert Humphrey (1911–1978) | 20. Jan. 1965–20. Jan. 1969 |
| A: Dean Rusk (s. o.) | 22. Nov. 1963–20. Jan. 1969 |
| 37. Richard M. Nixon* (1913) Rep. | 20. Jan. 1969–9. Aug. 1974 |

| | |
|---|---|
| V: Spiro Agnew (1918) | 20. Jan. 1969–10. Okt. 1973 |
| Gerald Ford* (38. Präs.) | 6. Dez. 1973–9. Aug. 1974 |
| A: William Rogers (1913) | 20. Jan. 1969–22. Sept. 1973 |
| Henry Kissinger (1923) | 22. Sept. 1973–9. Aug. 1974 |
| 38. Gerald Ford* (1913) Rep. | 9. Aug. 1974–20. Jan. 1977 |
| V: Nelson Rockefeller (1908–1979) | 19. Dez. 1974–20. Jan. 1977 |
| A: Henry Kissinger (s. o.) | 9. Aug. 1974–20. Jan. 1977 |
| 39. James E. Carter (1924) Dem. | 20. Jan. 1977–20. Jan. 1981 |
| V: Walter Mondale (1928) | 20. Jan. 1977–20. Jan. 1981 |
| A: Cyrus Vance (1917) | 21. Jan. 1977–27. April 1980 |
| Edmund Muskie (1914) | 7. Mai 1980–20. Jan. 1981 |
| 40. Ronald Reagan (1911) Rep. | 20. Jan. 1981–20. Jan. 1989 |
| V: George Bush* (41. Präs.) | 20. Jan. 1981–20. Jan. 1989 |
| A: Alexander Haig (1924) | 23. Jan. 1981–25. Juni 1982 |
| George Shultz (1920) | 14. Juli 1982–20. Jan. 1989 |
| 41. George Bush* (1924) Rep. | 20. Jan. 1989–20. Jan. 1993 |
| V: Dan Quayle (1947) | 20. Jan. 1989–20. Jan. 1993 |
| A: James Baker (1930) | 26. Jan. 1989–23. Aug. 1992 |
| Lawrence S. Eagleburger (1930) | 23. Aug./8. Dez. 1992–20. Jan. 1993 |
| 42. Bill Clinton (1946) Dem. | 20. Jan. 1993– |
| V: Albert Gore (1948) | 20. Jan. 1993– |
| A: Warren Christopher (1925) | 20. Jan. 1993– |

## ASIEN, AUSTRALIEN UND OZEANIEN

### Afghanistan

Unabhängiges Emirat 1747, 1818–1834 in mehrere Khanate zerfallen, Königreich 1926, Republik 17. Juli 1973.

| | |
|---|---|
| Ahmed Schah | 1747–1773 |
| Timur Schah | 1773–1793 |
| Zaman Schah | 1793–1799 |
| Mahmud Schah | 1799–1803 |
| Schah Schudsa | 1803–1810 |
| Mahmud Schah (2. Mal) | 1810–1818 |
| Dost Mohammed Khan | 1834–1839 |
| Schah Schudsa (2. Mal) | 1839–1842 |
| Dost Mohammed Khan (2. Mal) | 1842–1863 |
| Schir Ali Khan | 1863–1866 |
| Afzal Khan | 1866–1867 |
| Azam Khan | 1867–1869 |
| Schir Ali Khan (2. Mal) | 1869–1879 |
| Jaqub Khan | 1879 |
| Musa Khan | 1879–1880 |
| Ayub Khan | 1880–1881 |
| Abdarrahman Khan | 1881–1901 |
| Habibullah Khan (1872) | Emir 3. Okt. 1901, † 20. Febr. 1919 |
| Amanullah Khan (1892) | Emir 20. Febr. 1919, Kg. 1926, Flucht 2. Jan. 1929, † 25. April 1960 |
| Habibullah Ghazi | Kg. 17. Jan. 1929, d. 17. Okt. 1929, † 3. Nov. 1929 |
| Nadir Schah (1880) | Kg. 17. Okt. 1929, † 8. Nov. 1933 |
| Mohammed Zahir Schah (1914) | Kg. 8. Nov. 1933, fakt. Regierungsantritt 1953, d. 17. Juli 1973 |

Präsidenten:

| | |
|---|---|
| Mohammed Daud Khan (1909–1978) | 17. Juli 1973–27. April 1978 |
| Mohammed Taraki (1917–1979) | 2. Mai 1978–16. Sept. 1979 |
| Hafizullah Amin (1922–1979) | 16. Sept. 1979–27. Dez. 1979 |
| Babrak Karmal (1929) | 27. Dez. 1979–20. Nov. 1986 |
| Mohammed Najibullah (1947) | 29. Dez. 1986–16. April 1992 |
| Abdul Rahim Hatif | 18. April 1992–25. April 1992 |
| Sigbattulah Modschaddedi | 28. April 1992–28. Juni 1992 |
| Burhanuddin Rabbani (1940) | 28. Juni 1992 |

**Australien**

Unabhängige Monarchie im britischen Commonwealth (Staatsoberhaupt: der jeweilige britische Monarch) 1. Januar 1901.

Premierminister:

| | |
|---|---|
| Edmund Barton (1849–1920) | Jan. 1901–Sept. 1903 |
| Alfred Deakin (1856–1919) | Sept. 1903–April 1904 |
| John Christian Watson (1867–1941) | April 1904–Aug. 1904 |
| Sir George Reid (1848–1918) | Aug. 1904–Juli 1905 |
| Deakin (2. Mal) | Juli 1905–März 1907 |
| Sir John Forrest (1847–1918) | März 1907–Juli 1907 |
| Deakin (3. Mal) | Juli 1907–Nov. 1908 |
| Andrew Fisher (1862–1928) | Nov. 1908–Juli 1909 |
| Deakin (4. Mal) | Juli 1909–April 1910 |
| Fisher (2. Mal) | April 1910–Juni 1913 |
| Joseph Cook (1860–1947) | Juni 1913–Sept. 1914 |
| Fisher (3. Mal) | Sept. 1914–Aug. 1915 |
| William Mornes Hughes (1864–1952) | Okt. 1915–Febr. 1923 |
| Stanley Melbourne Bruce (1883–1967) | Febr. 1923–Sept. 1929 |
| James Henry Scullin (1876–1953) | Okt. 1929–Dez. 1931 |
| Joseph Aloys Lyons (1874–1939) | Dez. 1931–April 1939 |
| Robert Gordon Menzies (1894–1978) | April 1939–Aug. 1941 |
| Arthur William Fadden (1895) | Aug. 1941–Okt. 1941 |
| John Curtin (1885–1945) | Okt. 1941–Juli 1945 |
| Joseph Benedict Chifley (1885–1951) Lab. | 5. Juli 1945–13. Dez. 1949 |
| Menzies (2. Mal) Lib. | 18. Dez. 1949–20. Jan. 1966 |
| Harold Holt (1908–1967) Lib. | 20. Jan. 1966–17. Dez. 1967 |
| John Grey Gorton (1911) Lib. | 10. Jan. 1968–10. März 1971 |
| William McMahon (1908) Lib. | 15. März 1971–3. Dez. 1972 |
| Edward Gough Whitlam (1916) Lab. | 18. Dez. 1972–12. Nov. 1975 |
| Malcolm Fraser (1930) Lib. | 12. Nov. 1975–11. März 1983 |
| Bob Hawke (1929) Lab. | 11. März 1983–19. Dez. 1991 |
| Paul John Keating (1944) Lab. | 20. Dez. 1991– |

**Bahrein**

Unabhängiges Scheichtum 15. August 1971.

| | |
|---|---|
| Isa Ibn Salman al Chalifa (1933) | Scheich 2. Nov. 1961, souverän 15. Aug. 1971 |

**Bangladesh**

Unabhängige Republik 26. März 1971 (Proklamation) bzw. 16. Dezember 1971 (Kapitulation der pakistanischen Truppen).

Präsidenten:

| | |
|---|---|
| Abu Sayed Chowdhury (1921–1987) | 12. Jan. 1972–25. Dez. 1973 |
| Mahmud Ullah (1921) | 25. Dez. 1973–25. Jan. 1975 |
| Muijbur Rahman* (1920–1975) | 25. Jan. 1975–15. Aug. 1975 |
| Chondakar Mustafa Ahmed (1918) | 15. Aug. 1975–5. Nov. 1975 |
| Abu Sadat M. Sayem (1916) | 6. Nov. 1975–21. April 1977 |
| Zia ur Rahman* (1936–1981) | 21. April 1977–30. Mai 1981 |
| Abdus Sattar (1906) | 30. Mai 1981–24. März 1982 |
| Abdul Fasal Mohammed Ahsannudin Chowdhury (1915) | 27. März 1982–11. Dez. 1983 |
| Hussein Mohammed Ershad (1930) (seit 24. März 1982 bereits faktischer Machthaber) | 12. Dez. 1983–6. Dez. 1990 |
| Shahabuddin Ahmed | 6. Dez. 1990–8. Okt. 1991 |
| Abdurrahman Biswas (1926) | 8.Okt. 1991– |

Regierungschefs bis 1978 und seit 1991:

| | |
|---|---|
| Muijbur Rahman* (1920–1975) | 12. Jan. 1972–15. Aug. 1975 |
| Zia ur Rahman* (1936–1981) | 10. Nov. 1975–29. Juni 1978 |
| Begum Khaleda Zia (1945) | 19. März 1991– |

**Bhutan**

Fürstentum seit dem 8. Jahrhundert, Begründung des heutigen Königshauses 1907.

| | |
|---|---|
| Jigme Wangchuk | 1926–1952 |
| Jigme Dorij Wangchuk (1929–1972) | 1952–1972 |
| Jigme Singye Wangchuk (1955) | 1972– |

**Brunei**
Unabhängiges Sultanat 1. Januar 1984.

| | |
|---|---|
| Hassan al-Bolkiah Waddaulah (1946) | Sultan 1967, souverän 1. Jan. 1984 |

**China**
Königreich unter legendären Königen 2852 v. Chr., historisch belegt seit der Shang-Dynastie im 18. vorchristlichen Jahrhundert, Kaiserreich 221 v. Chr. (mehrfach in Teilreiche zersplittert), Republik 12. Februar 1912, Volksrepublik 1. Oktober 1949. Für National-China vgl. Taiwan.

Legendäre Könige (2852–2205 v. Chr.)
*Hsia-Dynastie* (2205–1766 v. Chr.)
*Shang-Dynastie* (1766–1122 v. Chr.)
*Chou-Dynastie* (1122–249 v. Chr.)

*Chin-Dynastie* (Hauptstadt Chang'an)

| | |
|---|---|
| Shih Huang Ti | 221 v. Chr. – 210 v. Chr. |
| Erh-shih Huang Ti | 210 v. Chr. – 207 v. Chr. |
| Tzu-ying | 207 v. Chr. – 206 v. Chr. |

I. *Han-Dynastie* (Hauptstadt Chang'an)

| | |
|---|---|
| Liu Pang (= Kao-tsu) | 206 v. Chr. – 195 v. Chr. |
| Hui Ti | 195 v. Chr. – 191 v. Chr. |
| Kao Hu (Regentschaft der Kaiserin Lü) | 191 v. Chr. – 180 v. Chr. |
| Wen-Ti | 180 v. Chr. – 157 v. Chr. |
| Ching-Ti | 157 v. Chr. – 141 v. Chr. |
| Wu-Ti | 141 v. Chr. – 87 v. Chr. |
| Chao-Ti | 87 v. Chr. – 75 v. Chr. |
| Hsüan-Ti | 74 v. Chr. – 48 v. Chr. |
| Yüan-Ti | 48 v. Chr. – 33 v. Chr. |
| Ch'eng-Ti | 33 v. Chr. – 6 v. Chr. |
| Ai-Ti | 5 v. Chr. – 2 n. Chr. |
| Ping-Ti | 2 n. Chr. – 6 n. Chr. |
| Ju-Tszu-Ying | 6 n. Chr. – 9 n. Chr. |

*Hsin*-Dynastie (Hauptstadt Chang'an)

| | |
|---|---|
| Wang Mang | 9–23 |

I. *Han*-Dynastie (Hauptstadt Chang'an)

| | |
|---|---|
| Keng-shih | 23–25 |

II. *Han*-Dynastie (Hauptstadt Lo-yang)

| | |
|---|---|
| Kuang-Wu-Ti | 25–58 |
| Ming-Ti | 58–76 |
| Chang-Ti | 78–88 |
| Ho-Ti | 89–105 |
| Shang-Ti | 106–107 |
| An-Ti | 107–126 |
| Shun-Ti | 126–145 |
| Ch'ung-Ti | 145–146 |
| Chih-Ti | 146–147 |
| Huan-Ti | 147–167 |
| Ling-Ti | 168–189 |
| Shao-Ti | 189 |
| Hsien-Ti | 190–220 |

Nach 220 Aufsplitterung Chinas, keine effektive Zentralgewalt.

Zeit der 3 Reiche:
*Wei*-Dynastie (220–265)
*Shu*-Dynastie (221–265)
*Wu*-Dynastie (222–280)

Westliche *Chin*-Dynastie (265–317)
Östliche *Chin*-Dynastie (317–421)
Nördliche *Wei*-Dynastie (386–534)
Westliche *Wei*-Dynastie (535–557)
Östliche *Wei*-Dynastie (534–550)
Nördliche *Ch'i*-Dynastie (550–577)
Nördliche *Chou*-Dynastie (557–581)
Frühe *Sung*-Dynastie (420–479)
Südliche *Ch'i*-Dynastie (479–502)
*Liang*-Dynastie (502–558)
*Ch'en*-Dynastie (557–589)

Erneute Einigung des Reiches unter den Sui seit 581.

*Sui*-Dynastie (Hauptstadt Chang'an)

| | |
|---|---|
| Wen-Ti | 581–604 (Alleinherrscher 589) |
| Yang-Ti | 604–618 |
| Kung-Ti-You | 618 |
| Kung-Ti-T'ung | 618 |

| *T'ang*-Dynastie (Hauptstadt Chang'an) | |
|---|---|
| Kao-tsu | 618–626 |
| T'ai-tsung | 626–649 |
| Kao-tsung | 650–683 |
| Chung-tsung (Regentschaft der Ks. in Wu) | 683 |
| Jui-tsung (Regentschaft der Ks. in Wu) | 683–690 |
| Wu-chou (Ks. in) | 690–705 |
| Chung-tsung (2. Mal) | 705–710 |
| Jui-tsung (2. Mal) | 710–712 |
| Hsüan-tsung | 712–756 |
| Su-tsung | 756–762 |
| Tai-tsung | 762–779 |
| Te-tsung | 779–804 |
| Shun-tsung | 804–805 |
| Hsien-tsung | 805–820 |
| Mu-tsung | 820–824 |
| Ching-tsung | 824–826 |
| Wen-tsung | 826–840 |
| Wu-tsung | 840–846 |
| Hsüan-tsung | 846–859 |
| I-tsung | 859–873 |
| Hsi-tsung | 873–888 |
| Chao-tsung | 888–904 |
| Ai-tsung | 904–906 |

Nach 906 erneute Aufsplitterung Chinas, Zeitalter der 5 Dynastien im Norden und der 10 Staaten im Süden.

Dynastien des Nordens:
*Liang* (906–923)
*T'ang* (923–937)
*Chin* (937–945)
*Han* (947–950)
*Chou* (950–960)

Staaten des Südens (Königreiche):
Wu (901–937)
Nan T'ang (937–976)
Wu-Yüeh (893–978)
Min (898–946)
Nan Han (905–971)
Früheres Shu (905–926)
Späteres Shu (926–965)

Chu (896–951)
Nan P'ing (907–963)
Pei Han (950–979)

960 erneute Einigung des Reiches unter den Sung.

*Sung*-Dynastie (Hauptstadt Pien = K'ai-feng)

| | |
|---|---|
| T'ai-tsu | 960–976 |
| T'ai-tsung | 976–997 |
| Chen-tsung | 997–1022 |
| Jen-tsung | 1022–1063 |
| Ying-tsung | 1063–1068 |
| Shen-tsung | 1068–1085 |
| Che-tsung | 1085–1101 |
| Hui-tsung | 1101–1125 |
| Ch'in-tsung | 1125–1126 |

1126 erobern die Dschurdschen K'ai-feng und beherrschen fortan (bis 1234) als Chin-Dynastie den Norden. Die Sung-Dynastie wird nach Süden vertrieben.

Südliche *Sung*-Dynastie (Hauptstadt Nanking, seit 1138 Hang'chou)

| | |
|---|---|
| Kao-tsung | 1127–1163 |
| Hsiao-tsung | 1163–1190 |
| Kuang-tsung | 1190–1195 |
| Ning-tsung | 1195–1225 |
| Li-tsung | 1225–1265 |
| Tu-tsung | 1265–1275 |
| Kung-Ti | 1275–1276 |
| Tuan-tsung | 1276–1278 |
| P'ing Ti | 1278–1279 |

Die Mongolen erobern 1215 Peking, vernichten 1234 das Chin-Reich und erobern 1279/1280 das südliche Sung-Reich. Sie beherrschen China fortan unter dem Dynastienamen Yüan.

*Yüan*-Dynastie (Hauptstadt Peking)

| | |
|---|---|
| Shih-tsu* | 1260–1294 |
| Ch'eng-tsung* | 1294–1307 |
| Wu-tsung | 1308–1312 |
| Jen-tsung | 1312–1321 |
| Ying-tsung | 1321–1324 |
| T'ai-Ting-Ti | 1324–1329 |

| | |
|---|---|
| Ming-tsung | 1329–1330 |
| Wen-Ti | 1330–1332 |
| Ning-tsung | 1332 |
| Shun-Ti | 1332–1368 |

*Ming*-Dynastie (Hauptstadt Nanking, seit 1403 Peking)

| | |
|---|---|
| T'ai-tsu | 1368–1399 |
| Hui-Ti | 1399–1402 |
| Ch'eng-tsu | 1402–1425 |
| Jen-tsung | 1425–1426 |
| Hsüan-tsung | 1426–1436 |
| Ying-tsung | 1436–1450 |
| Ching-Ti | 1450–1457 |
| Ying-tsung (2. Mal) | 1457–1465 |
| Hsien-tsung | 1465–1488 |
| Hsiao-tsung | 1488–1506 |
| Wu-tsung | 1506–1522 |
| Shih-tsung | 1522–1567 |
| Mu-tsung | 1567–1573 |
| Shen-tsung | 1573–1620 |
| Kuang-tsung | 1620–1621 |
| Hsi-tsung | 1621–1628 |
| Chuang-Lieh-Ti | 1628–1644 |

*Ch'ing*-Dynastie (Mandschu) (Hauptstadt Peking)

| | |
|---|---|
| Shih-tsu (1638) | Ks. 6. Juni 1644, † 1662 |
| Sheng-tsu = K'ang-hsi (1654) | Ks. 1662, † 1722 |
| Shih-tsung = Yung Cheng (1678) | Ks. 1723, † 1736 |
| Kao-tsung = Ch'ien Lung (1711) | Ks. 1736, r. 1795, † 1799 |
| Jen-tsung = Chia Ch'ing (1760) | Ks. 1795, † 1820 |
| Hsüan-tsung = Tao Kuang (1782) | Ks. 2. Sept. 1820, † 24. Febr. 1850 |
| Wen-tsung = Hsien-feng (1831) | Ks. 24. Febr. 1850, † 22. Aug. 1861 |
| Mu-tsung = T'ung-chih (1856) | Ks. 22. Aug. 1861, † 13. Jan. 1875 |
| Te-tsung = Kuang-hsü (1872) | Ks. 13. Jan. 1875, † 14. Okt. 1908 |
| Tz'u-hsi (1835) | Regentin 1861–1887 und seit 1898, † 15. Okt. 1908 |
| Pu-yi = Hsüan-t'ung (1906) | Ks. 14. Okt. 1908, d. 12. Febr. 1912, † 17. Okt. 1967 |

Präsidenten:

| | |
|---|---|
| Sun Yat-sen (1866–1925) | 1. Jan. 1912–14. Febr. 1912 |
| Yüan Shih-k'ai (1859–1916) | 15. Febr. 1912–6. Juni 1916 |

| | |
|---|---|
| Li Yüan-hung (1865–1928) | 6. Juni 1916–14. Aug. 1917 |
| Feng Kuo-chang († 1919/1920) | 14. Aug. 1917–4. Sept. 1918 |
| Hsü Shih-ch'ang (1858–1936) | 4. Sept. 1918–2. Juni 1922 |
| Li Yüan-hung (2. Mal) | 11. Juni 1922–14. Juni 1923 |
| T'sao K'un (1862–1938) | 5. Okt. 1923–2. Nov. 1924 |
| Tuan Ch'i-jui (1864–1936) | 24. Nov. 1924–20. April 1926 |
| Chang Tso-lin (1873–1928) | 17. Juni 1927–4. Juni 1928 |
| Chiang Kai-shek* (1887–1975) | 10. Okt. 1928–15. Dez. 1931 |
| Lin Sen (1867–1943) | 1. Jan. 1932–1943 |
| Chiang Kai-shek (2. Mal) | 30. Mai 1943–21. Jan. 1949 |
| Li Tsung-jön* | 21. Jan. 1949–28. Febr. 1950, seit 4. Dez. 1949 in Taiwan |

Staatsoberhäupter der Volksrepublik:

| | |
|---|---|
| Mao Tse-tung* (1893–1976) | 1. Okt. 1949–27. April 1959 |
| Liu Shao Chi (1899–1969) | 27. April 1959–15. Okt. 1968 |
| Tung Pi Wu (1886–1975) | 15. Okt. 1968–17. Jan. 1975 |
| Chu Te (1886–1976) | 17. Jan. 1975–6. Juli 1976 |
| Jeh Chien-jing (1899) | 7. Okt. 1976–18. Juni 1983 |
| Li Xiannian (1909–1992) | 18. Juni 1983–8. April 1988 |
| Yang Shangkun (1907) | 8. April 1988–27. März 1993 |
| Jiang Zemin* (1926) | Juni 1989– |

Regierungschefs der Volksrepublik:

| | |
|---|---|
| Chou En-lai (1898–1976) | 21. Sept. 1949–8. Jan. 1976 |
| Hua Kuo-feng* (1922) | 7. Febr. 1976–7. Sept. 1980 |
| Zhao Ziyang* (1919) | 9. Sept. 1980–8. April 1988 |
| Li Peng (1928) | 9. April 1988– |

Parteichefs der KPCh:

| | |
|---|---|
| Mao Tse-Tung* (1893–1976) | Mai 1945–Sept. 1976 |
| Hua Kuo-feng* (1922) | Okt. 1976–Juni 1981 |
| Hu Yaobang (1915–1989) | Juni 1981–Jan. 1987 |
| Zhao Ziyang* (1919) | Jan. 1987–Juni 1989 |
| Jiang Zemin* (1926) | Juni 1989– |

**Cypern**

Unabhängige Republik 16. August 1960, seit Sommer 1974 faktisch in einen griechischen und einen türkischen Teilstaat geteilt.

Präsidenten (seit Sommer 1974 nur des griechischen Teils):

| | |
|---|---|
| Ebf. Makarios III. (1913–1977) | 16. Aug. 1960–3. Aug. 1977 |
| Spyros Kyprianou (1932) | 31. Aug. 1977–28. Febr. 1988 |

| | |
|---|---|
| Georges Vassiliou (1930) | 28. Febr. 1988–28. Febr. 1993 |
| Glafkos Klerides (1919) | 28. Febr. 1993– |

Präsident der »Türkischen Republik von Nordcypern« (international nicht anerkannt):

| | |
|---|---|
| Rauf Denktasch (1924) | 21. Juni 1976– |

**Fidschi**

Unabhängige Monarchie (Staatsoberhaupt: Königin Elisabeth II. von Großbritannien) 10. Oktober 1970, Republik 7. Oktober 1987.

Präsident:

| | |
|---|---|
| Penaia Kanatubu Ganilau (1918) | 6. Dez. 1987– |

Premierminister:

| | |
|---|---|
| Ratu Sir Kamisese Mara (1920) | 10. Okt. 1970–13. April 1987 |
| Timoci Bavadra (1935–1989) | 13. April 1987–14. Mai 1987 |
| Sitiveni Rabuka (1949) | 15. Mai 1987–5. Dez. 1987 |
| Kamisese Mara (2. Mal) | 6. Dez. 1987–2. Juni 1992 |
| Rabuka (2. Mal) | 2. Juni 1992– |

**Indien**

Unabhängige Monarchie (Staatsoberhaupt: König Georg VI. von Großbritannien) 15. August 1947, Republik 26. November 1949 (Verfassung vom 26. Januar 1950).

Präsidenten:

| | |
|---|---|
| Radjendra Prasad (1884–1963) | 26. Jan. 1950–13. Mai 1962 |
| Sarvepalli Radhakrishnan (1888–1975) | 13. Mai 1967–13. Mai 1967 |
| Zakir Hussein (1897–1969) | 13. Mai 1967–3. Mai 1969 |
| Varahagiri V. Giri (1894–1980) | 24. Aug. 1969–24. Aug. 1974 |
| Fakhruddin Ali Ahmed (1905–1977) | 24. Aug. 1974–11. Febr. 1977 |
| Neelam Sanjavi Reddy (1913) | 25. Juli 1977–25. Juli 1982 |
| Giani Zail Singh (1916) | 25. Juli 1982–25. Juli 1987 |
| Ramaswamy Venkataraman (1910) | 25. Juli 1987–25. Juli 1992 |
| Shaukar Dayal Sharma (1918) | 25. Juli 1992– |

| | |
|---|---|
| Regierungschefs: | |
| Jawaharlal Nehru (1889–1964) | 15. Aug. 1947–27. Mai 1964 |
| Lal Bahadur Shastri (1904–1966) | 9. Juni 1964–11. Jan. 1966 |
| Indira Gandhi (1917–1984) | 24. Jan. 1966–24. März 1977 |
| Morarji Desai (1897) | 24. März 1977–15. Juli 1979 |
| Charan Singh (1903–1987) | 28. Juli 1979–10. Jan. 1980 |
| Indira Gandhi (2. Mal) | 14. Jan. 1980–31. Okt. 1984 |
| Rajiv Gandhi (1944–1991) | 31. Okt. 1984–29. Nov. 1989 |
| Vishwanath Pratap Singh (1931) | 29. Nov. 1989–7. Nov. 1990 |
| Chandra Shekar (1927) | 10. Nov. 1990–21. Juni 1991 |
| Pamulaparpi Venkata Narasimha Rao (1921) | 21. Juni 1991– |

**Indonesien**

Unabhängige Republik 17. August 1945 bzw. 27. Dezember 1949 (Anerkennung der Unabhängigkeit durch die Niederlande).

| | |
|---|---|
| Präsidenten: | |
| Ahmed Sukarno (1901–1970) | 17. Aug. 1945–22. Febr. 1967 |
| Suharto (1921) | 12. März 1967/27. März 1968– |

**Irak**

Königreich 23. August 1921 (souverän seit 1932), Republik 14. Juli 1958.

| | |
|---|---|
| *Haschemiten* | |
| Faisal I. (1883) | Kg. 23. Aug. 1921, † 8. Sept. 1933 |
| Ghasi (1912) | Kg. 8. Sept. 1933, † 4. April 1939 |
| Faisal II. (1935) | Kg. 4. April 1939, mündig 1953, † 14. Juli 1958 |

| | |
|---|---|
| Präsidenten: | |
| Abd al Karim Kassem (1914–1963) (Min. präs.) | 14. Juli 1958–8. Febr. 1963 |
| Abd as Salam Mohammed Arif (1920–1966) | 8. Febr. 1963–13. April 1966 |
| Abd ar Rahman Arif (1916) | 17. April 1966–17. Juli 1968 |
| Hassan al Bakr (1912–1982) | 17. Juli 1968–15. Juli 1979 |
| Saddam Hussein al Takriti (1937) | 16. Juli 1979– |

**Iran**

Monarchie (Kaiserreich) mit alter, jedoch erst seit der Safawidenzeit kontinuierlicher staatlicher Tradition, Islamische Republik 1. April 1979.

*Safawiden* (Hauptstadt Isfahan)

| | |
|---|---|
| Ismail I. (1487) | Schah 11. März 1502, † 22. Mai 1524 |
| Tahmasp I. (1514) | Schah 23. Mai 1524, † 22. Aug. 1576 |
| Ismail II. | Schah 22. Aug. 1576, † 11. Febr. 1577 |
| Mohammed Khudabande | Schah 11. Febr. 1577, d. 2. Dez. 1587 |
| Abbas I. d. Große (1571) | Schah 2. Dez. 1587, † 19. Jan. 1629 |
| Safi I. | Schah 21. Jan. 1629, † 12. Mai 1642 |
| Abbas II. (1629) | Schah 12. Mai 1642, † 3. Okt. 1667 |
| Suleiman = Safi II. (1645) | Schah 3. Okt. 1667, † 28. April 1694 |
| Husein | Schah 28. April 1694, d. 22. Okt. 1722, † 1728/1729 |
| Tahmasp II. | Schah 31. Okt. 1722, d. 11. Sept. 1731 |
| Abbas III. (1730/1731) | Schah 16. Sept. 1731, d. März 1736, † 1736 |

*Afschariden* (Hauptstadt Isfahan)

| | |
|---|---|
| Nadir Schah (1688) | Schah 8. März 1736, † 19. Juni 1747 |
| Adil | Schah 7. Juli 1747, d. 24. Sept. 1748 |
| Schah Ruk | Schah 1. Okt. 1748, d. 18. Dez. 1749 |

*Zand* (Hauptstadt Schiras)

| | |
|---|---|
| Mohammed Karim Khan | Vakil (= Vizekg.) Jan. 1750, † 13. März 1779 |
| Mohammed Ali | Vakil 13. März 1779, d. 18. Juni 1779 |
| Abu Fath | Vakil 13. März 1779, d. 22. Aug. 1779 |
| Sadiq | Vakil 22. Aug. 1779, † 14. März 1781 |
| Ali Murad | Vakil (Schah) 14. März 1781, † 10. Jan. 1785 |

| | |
|---|---|
| Djafar | Vakil 10. Jan. 1785, † 23. Jan. 1789 |
| Lutf Ali (1769) | Vakil 7. Mai 1789, † 20. Juli 1796 |
| | |
| *Kadscharen* (Hauptstadt Teheran) | |
| Aga Mohammed (1742) | Schah 1794/1796, † 17. Juni 1797 |
| Fath Ali (1768) | Schah 17. Juni 1797, † 20. Okt. 1834 |
| Mohammed Schah | Schah 20. Okt. 1834, † 13. Sept. 1848 |
| Nasir ad-Din (1831) | Schah 13. Sept. 1848, † 1. Mai 1896 |
| Muzaffar ad-Din (1853) | Schah 1. Mai 1896, † 8. Jan. 1907 |
| Mohammed Ali (1872) | Schah 8. Jan. 1907, r. 16. Juli 1909, † 5. April 1925 |
| Ahmed Mirza (1898) | Schah 16. Juli 1909, d. 28. Okt. 1925, † 25. Febr. 1930 |
| | |
| *Pahlevi* (Hauptstadt Teheran) | |
| Reza Khan (1878) | Schah 12. Dez. 1925, d. 16. Sept. 1941, † 26. Juli 1944 |
| Mohammed Reza (1919) | Schah 16. Sept. 1941, fakt. r. 16. Jan. 1979, d. 1. April 1979, † 27. Juli 1980 |

Geistliche Oberhäupter der Islamischen Republik:

| | |
|---|---|
| Rhollah Musawi Chomeini (1900–1989) | 12. Febr. 1979–4. Juni 1989 |
| Hajatoleslam Ali Chamenei* (1940) | 4. Juni 1989– |

Staatspräsidenten:

| | |
|---|---|
| Abolhassan Bani Sadr (1934) | 5. Febr. 1980–22. Juni 1981 |
| Mohammed Ali Rajai* (1933–1981) | 3. Aug. 1981–30. Aug. 1981 |
| Hajatoleslam Ali Chamenei* (1940) | 13. Okt. 1981–4. Juni 1989 |
| Ali Akbar Hashemi Rafsanjani (1934) | 17. Aug. 1989– |

Regierungschefs vom Sturz der Monarchie bis zur Abschaffung des Amtes:

| | |
|---|---|
| Schapur Bahtiar (1914–1991) | 4. Jan. 1979–11. Febr. 1979 |
| Mehdi Basargan (1905) | 5. Febr. 1979–6. Nov. 1979 |

| | |
|---|---|
| Mohammed Ali Rajai* (1933–1981) | 11. Aug. 1980–3. Aug. 1981 |
| Mohammed Javad Bahonar (1933–1981) | 4. Aug. 1981–30. Aug. 1981 |
| Mohammed Reza Mahdavi Kani (1931) | 2. Sept. 1981–15. Okt. 1981 |
| Mir Hosein Mousavi-Chamenei (1941) | 29. Okt. 1981–15. Aug. 1989 |

**Israel**

Unabhängige Republik 14. Mai 1948.

Präsidenten:

| | |
|---|---|
| Chaim Weizmann (1874–1952) | 14. Mai 1948–9. Nov. 1952 |
| Isaak Ben Zwi (1884–1963) | 8. Dez. 1952–23. April 1963 |
| Salman Schazar (1889–1974) | 21. Mai 1963–21. Mai 1973 |
| Ephraim Katzir (1916) | 24. Mai 1973–24. Mai 1978 |
| Yizak Navon (1921) | 29. Mai 1978–5. Mai 1983 |
| Chaim Herzog (1918) | 5. Mai 1983–13. Mai 1993 |
| Ezer Weizman (1924) | 13. Mai 1993– |

Regierungschefs:

| | |
|---|---|
| David Ben Gurion (1886–1973) Soz. | 17. Mai 1948–7. Dez. 1953 |
| Mosche Scharett (1894–1965) Soz. | 7. Dez. 1953–15. Aug. 1955 |
| Ben Gurion (2. Mal) | 2. Nov. 1955–16. Juni 1963 |
| Levi Eshkol (1895–1969) Soz. | 24. Juni 1963–26. Febr. 1969 |
| Golda Meir (1898–1978) Soz. | 14. März 1969–10. April 1974 |
| Yizak Rabin (1922) Soz. | 3. Juni 1974–8. April 1977 |
| Menachem Begin (1913–1992) Likud | 20. Juni 1977–15. Sept. 1983 |
| Yizak Schamir (1914) Likud | 10. Okt. 1983–13. Sept. 1984 |
| Shimon Peres (1923) Soz. | 13. Sept. 1984–10. Okt. 1986 |
| Schamir (2. Mal) | 10. Okt. 1986–13. Juli 1992 |
| Rabin (2. Mal) | 13. Juli 1992– |

**Japan**

Kaiserreich mit alter staatlicher Tradition seit dem 4./7. Jahrhundert.

Shogune aus dem Hause *Tokugawa:*

| | |
|---|---|
| Ieyasu Tokugawa (1543–1616) | 1603–1605 |
| Hidetada (1579–1632) | 1605–1623 |
| Iemitsu (1604–1651) | 1623–1651 |
| Ietsuna (1641–1680) | 1651–1680 |
| Tsunayoshi (1646–1709) | 1680–1709 |
| Ienobu (1662–1712) | 1709–1712 |
| Ietsugu (1709–1716) | 1713–1716 |
| Yoshimune (1684–1751) | 1716–1745 |
| Ieshige (1712–1761) | 1745–1760 |
| Ieharu (1737–1786) | 1760–1786 |
| Ienari (1773–1841) | 1786–1837 |
| Ieyoshi (1793–1853) | 1837–1853 |
| Iesada (1824–1858) | 1853–1858 |
| Iemochi (1846–1866) | 1858–1866 |
| Yoshinubu (1837–1913) | 1866–1868 |

Kaiser seit der Restitution ihrer Macht:

| | |
|---|---|
| Mutsuhito = Meiji Tenno (1852) | Ks. 31. Jan. 1867, fakt. Regierungsantritt 3. Jan. 1868, † 30. Juli 1912 |
| Yoshihito (1879) | Ks. 30. Juli 1912, † 25. Dez. 1926 |
| Hirohito (1901) | Ks. 25. Dez. 1926, † 7. Jan. 1989 |
| Akihito (1933) | Ks. 7. Jan. 1989– |

Regierungschefs seit 1901:

| | |
|---|---|
| Taro Katsura (1847–1913) | Juni 1901–Jan. 1906 |
| Kimmochi Saiondiji (1849–1940) | Jan. 1906–Juni 1908 |
| Katsura (2. Mal) | Juli 1908–Aug. 1911 |
| Saiondiji (2. Mal) | Aug. 1911–Dez. 1912 |
| Katsura (3. Mal) | Dez. 1912–Febr. 1913 |
| Gombei, Gf. Yamamoto (1852–1933) | Febr. 1913–April 1914 |
| Shigenobu Okuma (1838–1922) | April 1914–Okt. 1916 |
| Seiki, Gf. Terauchi (1849–1919) | Okt. 1916–Sept. 1918 |
| Takashi Hara (1865–1921) | Sept. 1918–Nov. 1921 |
| Korekiyo, Gf. Takahashi (1854–1936) | Nov. 1921–Juni 1922 |
| Tamosaburo, Frhr. Kato (1859–1923) | Juni 1922–Aug. 1923 |
| Yamamoto (2. Mal) | Sept. 1923–Dez. 1923 |
| Keigo, Frhr. Kiyoura (1850–1942) | Jan. 1924–Juni 1924 |

| | |
|---|---|
| Takaaki, Fst. Kato (1860–1926) | Juni 1924–Jan. 1926 |
| Reijiro, Baron Wakatsuki (1866–1949) | Jan. 1926–April 1927 |
| Gi-ichi, Baron Tanaka (1863–1929) | April 1927–Juli 1929 |
| Juko Hamaguchi (1870–1931) | Juli 1929–April 1931 |
| Wakatsuki (2. Mal) | April 1931–Dez. 1931 |
| Tsuyoshi Inukai (1855–1932) | Dez. 1931–Mai 1932 |
| Takahashi (2. Mal) | Mai 1932 |
| Makoto, Gf. Saito (1858–1936) | Mai 1932–Juli 1934 |
| Keisuke Okada (1862–1952) | Juli 1934–März 1936 |
| Koki Hirota (1878–1948) | März 1936–Jan. 1937 |
| Senjuro Hayashi (1870–1943) | Febr. 1937–Mai 1937 |
| Fumimaro, Fst. Konoye (1891–1945) | Juni 1937–Jan. 1939 |
| Kiichiro, Frhr. Hiranuma (1867–1952) | Jan. 1939–Aug. 1939 |
| Nobuyuki Abe (1875–1953) | Aug. 1939–Jan. 1940 |
| Mitsumasa Yonai (1880–1948) | Jan. 1940–Juli 1940 |
| Konoye (2. Mal) | Juli 1940–Okt. 1941 |
| Hideki Tojo (1884–1948) | Okt. 1941–Juli 1944 |
| Kuniaki Koiso (1879–1950) | Juli 1944–April 1945 |
| Kantaro, Baron Suzuki (1867–1948) | April 1945–Aug. 1945 |
| Naruhiko, Prinz Higashikuni (1887) | Aug. 1945–Okt. 1945 |
| Kijuro, Baron Shidehara (1872–1951) | 9. Okt. 1945–22. April 1946 |
| Shigeru Yoshida (1878–1967) Lib. kons. | 22. Mai 1946–20. Mai 1947 |
| Tetsu Katayama (1887–1979) Soz. | 24. Mai 1947–9. Febr. 1948 |
| Hitoshi Ashida (1887–1959) | 10. März 1948–7. Okt. 1948 |
| Yoshida (2. Mal) | 14. Okt. 1948–7. Nov. 1954 |
| Ichiro Hatoyama (1883–1959) Lib. kons. | 9. Dez. 1954–23. Dez. 1956 |
| Tanzan Ishibashi (1884–1973) Lib. kons. | 23. Dez. 1956–22. Febr. 1957 |
| Nobosuke Kishi (1896–1987) Lib. kons. | 24. Febr. 1957–15. Juli 1960 |
| Hayato Ikeda (1899–1965) Lib. kons. | 18. Juli 1960–25. Okt. 1964 |
| Eisaku Sato (1901–1975) Lib. kons. | 9. Nov. 1964–5. Juli 1972 |
| Kakuei Tanaka (1918) Lib. kons. | 6. Juli 1972–26. Nov. 1974 |

| | |
|---|---|
| Takeo Miki (1907–1988) Lib. kons. | 9. Dez. 1974–23. Dez. 1976 |
| Takeo Fukuda (1905) Lib. kons. | 24. Dez. 1976–6. Dez. 1978 |
| Masayoshi Ohira (1910–1980) Lib. kons. | 7. Dez. 1978–12. Juni 1980 |
| Zenko Suzuki (1911) Lib. kons. | 18. Juli 1980–26. Nov. 1982 |
| Yasuhiro Nakasone (1918) Lib. kons. | 26. Nov. 1982–6. Nov. 1987 |
| Noboru Takeshita (1924) Lib. kons. | 6. Nov. 1987–2. Juni 1989 |
| Sozuke Uno (1922) Lib. kons. | 2. Juni 1989–8. Aug. 1989 |
| Toshiki Kaifu (1931) Lib. kons. | 9. Aug. 1989–5. Nov. 1991 |
| Kiichi Miyazawa (1919) Lib. kons. | 5. Nov. 1991–5. Aug. 1993 |
| Morihiro Hosokawa (1938) Lib. | 6. Aug. 1993– |

**Jemen**

Selbständiges Imamat 820, seit 1538 bzw. 1849 unter loser Oberherrschaft des Osmanischen Reichs (vgl. Türkei), souveränes Königreich 1918, Republik 27. September 1962, seit dem 22. Mai 1990 mit dem Südjemen vereinigt.

| | |
|---|---|
| Jahja Mohammed Ibn Mohammed | Imam 1904, Kg. 1918, † 17. Febr. 1948 |
| Ahmed an-Nasir (1896) | Kg. 14. März 1948, † 18. Sept. 1962 |
| Mohammed Mansur (1927) | Kg. 19. Sept. 1962, d. 27. Sept. 1962 |

Präsidenten:

| | |
|---|---|
| Abdullah as-Sallal (1917) | 27. Sept. 1962–5. Nov. 1967 |
| Abdarrahman al-Iriani (1917) | 5. Nov. 1967–13. Juni 1974 |
| Ibrahim Mohammed al-Hamidi (1943–1977) | 13. Juni 1974–11. Okt. 1977 |
| Hussein al-Ghashmi († 1978) | 12. Okt. 1977–24. Juni 1978 |
| Ali Abdullah Saleh (1942) | 17. Juli 1978– |

**Jordanien**

Unabhängiges Königreich 22. März 1946.

*Haschemiten*

| | |
|---|---|
| Abdallah (1882) | Emir 1921, Kg. 25. Mai 1946, † 20. Juli 1951 |

| | |
|---|---|
| Talal (1909) | Kg. 20. Juli 1951, r. 11. Aug. 1952, † 8. Juli 1972 |
| Hussein (1935) | Kg. 11. Aug. 1952 |

**Kambodscha**

Unabhängiges Königreich 9. November 1953, Republik »Khmer« 9. Oktober 1970, kommunistische Volksrepublik »Kampuchea« 17. April 1975, Übergangsregime (Koalition) seit November 1991.

| | |
|---|---|
| Norodom Sihanuk (1922) | Kg. 26. April 1941, souverän 9. Nov. 1953, r. 2. März 1955, vgl. unten |
| Norodom Suramarit (1896) | Kg. 2. März 1955, † 3. April 1960 |
| Norodom Sihanuk (2. Mal) | Staatsoberhaupt (ohne Königstitel) 13. Juni 1960, d. 18. März 1970, vgl. unten |

Präsidenten/Staatsoberhäupter:

| | |
|---|---|
| Cheng Heng | 18. März 1970–10. März 1972 |
| Lon Nol* (1913–1985) | 14. März 1972–1. April 1975 |
| Norodom Sihanuk (3. Mal) | 9. Sept. 1975–14. April 1976 |
| Khieu Samphan (1931) | 14. April 1976–7. Jan. 1979 |
| Heng Samrin* (1934) | 8. Jan. 1979–14. Nov. 1991 |
| Norodom Sihanuk (4. Mal) | 20. Nov. 1991–4. Sept. 1993 seit 24. Sept. 1993 als Kg. |

Regierungschefs seit 1969:

| | |
|---|---|
| Lon Nol* (1913–1985) | 13. Aug. 1969–14. März 1972 |
| Son Ngoc Than | 14. März 1972–17. April 1973 |
| In Tam | 11. Mai 1973–8. Dez. 1973 |
| Long Boret | 26. Dez. 1973–17. April 1975 |
| Penn Nouth (1904–1985) | 27. April 1975–14. April 1976 |
| Pol Pot (1925) | 14. April 1976–7. Jan. 1979 |
| Heng Samrin* (1934) | 8. Jan. 1979–27. Juni 1981 |
| Pen Sovan (1925) | 27. Juni 1981–10. Febr. 1982 |
| Chan Sy (1934–1984) | 10. Febr. 1982–26. Dez. 1984 |
| Hun Sen (1951) | Jan. 1985–30. Okt. 1993 |
| Norodom Ranariddh | 16. Juni 1993– |

**Katar**

Unabhängiges Scheichtum 1. September 1971.

| | |
|---|---|
| Ahmed Ibn Abdullah al Thani | Souveräner Scheich 1. Sept. 1971, d. 22. Febr. 1972 |
| Khalifa Ibn Hamad al Thani | Scheich 22. Febr. 1972 |

**Kiribati (Gilbert-Inseln)**

Unabhängige Republik 12. Juli 1979.

Präsidenten:

| | |
|---|---|
| Jeremiah Tabai | 12. Juli 1979–5. Juli 1991 |
| Teatae Teannaki | 5. Juli 1991– |

**Korea**

Alte staatliche Tradition als Königreich, meist in loser Abhängigkeit von China oder Japan. Kaiserreich 1896, japanisches Generalgouvernement 1910 (Provinz 1929), 1945–1948 unter Besatzungsstatut. Im Süden Republik Korea 15. August 1948, im Norden Volksdemokratische Republik 9. September 1948.

Koreanische Volksdemokratische Republik (Nord-Korea):

Staatsoberhäupter:

| | |
|---|---|
| Kim Du Bong | 1948–1952 |
| Yong Kun Choi | 1952–1972 |
| Kim Il Sung* (1912) | 1972– |

Regierungschefs:

| | |
|---|---|
| Kim Il Sung* (1912) | 9. Sept. 1948–28. Dez. 1972 |
| Kim Il Chol (1910) | 28. Dez. 1972–29. April 1976 |
| Park Sung Chol (1910) | 29. April 1976–15. Dez. 1977 |
| Li Jong Ok | 17. Dez. 1977–Febr. 1984 |
| Kang Song San | Febr. 1984–Dez. 1986 |
| Yi Kun Mo | Dez. 1986–Dez. 1988 |
| Jon Hyong Muk | Dez. 1988–Dez. 1992 |
| Kang Song San (2. Mal) | Dez. 1992– |

Republik Korea (Süd-Korea):

Präsidenten:

| | |
|---|---|
| Syngman Rhee (1875–1965) | 12. Aug. 1948–27. April 1960 |
| Hu Chung | 27. April 1960–12. Aug. 1960 |
| Yoon Bo Sun | 12. Aug. 1960–22. März 1962 |
| Park Chung Hee (1917–1979) | 24. März 1962–26. Okt. 1979 |
| Choi Kyu Ha (1919) | 26. Okt. 1979–17. Aug. 1980 |
| Chun Doo Hwan (1932) | 1. Sept. 1980–25. Febr. 1988 |
| Roh Tae Woh (1933) | 25. Febr. 1988–25. Febr. 1993 |
| Kim Young Sam (1927) | 25. Febr. 1993– |

**Kuweit**

Unabhängiges Emirat 19. Juni 1961.

| | |
|---|---|
| Abdallah as-Salim as-Sabah (1899) | Emir 25. Febr. 1950, souverän 19. Juni 1961, † 24. Nov. 1965 |
| Sabah as-Salim as-Sabah (1913) | Emir 24. Nov. 1965, † 31. Dez. 1977 |
| Jaber al-Ahmed al-Jaber as-Sabah (1928) | Emir 1. Jan. 1978 |

**Laos**

Unabhängiges Königreich 19. Juli 1949 bzw. 22. Oktober 1953, Republik 3. Dezember 1975.

| | |
|---|---|
| Sisavong Vong (1885) | Kg. 1904, souverän 22. Okt. 1953, † 30. Okt. 1959 |
| Savang Vatthana (1907) | Kg. 4. Nov. 1959, r. 29. Nov. 1975, † 8. Dez. 1980 |

Präsidenten:

| | |
|---|---|
| Souvanna Vong (1912) | 3. Dez. 1975–29. Okt. 1986 |
| Phoumi Vongvichit (1910) | 31. Okt. 1986–15. Aug. 1991 |
| Kayson Phomvihane* (1920–1992) | 15. Aug. 1991–21. Nov. 1992 |
| Nouhak Phoumsavane | 25. Nov. 1992– |

Regierungschefs seit 1962:

| | |
|---|---|
| Souvanna Phouma (1901) | 23. Juni 1962–3. Dez. 1975 |
| Kayson Phomvihane* (1920–1992) | 3. Dez. 1975–15. Aug. 1991 |
| Khamtai Siphandone | 15. Aug. 1991– |

**Libanon**

Unabhängige Republik 26. November 1941 (bis 1944 unter französischer Mandatshoheit), faktisch souverän erst 31. Dezember 1946.

Präsidenten:

| | |
|---|---|
| Bishara Bey al-Churi (1890–1964) | 27. Sept. 1943–18. Sept. 1952 |
| Fuad Chehab (1902–1973) | 18. Sept. 1952–23. Sept. 1952 |
| Camille Chamoun (1900–1987) | 23. Sept. 1952–23. Sept. 1958 |
| Chehab (2. Mal) | 23. Sept. 1958–23. Sept. 1964 |
| Charles Hélou (1912) | 23. Sept. 1964–23. Sept. 1970 |
| Suleiman Frangie (1910–1992) | 23. Sept. 1970–23. Sept. 1976 |
| Elias Sarkis (1924–1985) | 23. Sept. 1976–23. Sept. 1982 |
| Amin Gemayel (1942) | 23. Sept. 1982–23. Sept. 1988 |
| René Muawad († 1989) | 5. Nov. 1989–22. Nov. 1989 |
| Elias Hrawi (1925) | 24. Nov. 1989– |

**Malaysia**

Als »Malaiische Föderation« unabhängige Wahlmonarchie 31. August 1957, als »Malaysia« (unter Einschluß der Gebiete in Nordborneo, bis 1965 auch Singapurs) 16. September 1963.

Wahlkönige:

| | |
|---|---|
| Tungku Abdurrahman (1895–1960) | 31. Aug. 1957–1. April 1960 |
| Husam ud-Din Alam (1898–1960) | 1. April 1960–1. Sept. 1960 |
| Tuan Sayed Putra (1921) | 21. Sept. 1960–21. Sept. 1965 |
| Ismail Nasir ud-Din (1907) | 21. Sept. 1965–21. Sept. 1970 |
| Tungku Abdulhalim Muazzam (1928) | 21. Sept. 1970–21. Sept. 1975 |
| Tungku Al Marhum Sultan Ibrahim (1917–1979) | 21. Sept. 1975–29. März 1979 |
| Ahmad Ibn Al Marhum Sultan Abu Bakr (1930) | 25. April 1979–25. April 1984 |
| Mahmud Iskandar (1933) | 26. April 1984–25. April 1989 |
| Muhibbudin Azlan Schah (1928) | 26. April 1989– |

Regierungschefs:

| | |
|---|---|
| Tungku Abdurrahman Putra (1902–1990) | 31. Aug. 1957–15. April 1959 |
| Tun Abdurrazzak (1922–1976) | 15. April 1959–22. Aug. 1959 |
| Tungku Abdurrahman Putra (2. Mal) | 22. Aug. 1959–21. Sept. 1970 |
| Tun Abdurrazzak (2. Mal) | 21. Sept. 1970–14. Jan. 1976 |
| Dato Hussein bin Onn (1923–1990) | 15. Jan. 1976–26. Juni 1981 |
| Datuk Seri Mahathir (1925) | 16. Juli 1981– |

**Malediven**

Unabhängiges Sultanat 26. Juli 1965, Republik 11. November 1968.

| | |
|---|---|
| al-Amir Mohammed Farid Didi | Sultan 4. März 1954, souverän 26. Juli 1965, d. 11. Nov. 1968 |

Präsidenten:

| | |
|---|---|
| Ibrahim Nasir (1926) | 11. Nov. 1968–11. Nov. 1978 |
| Maumoon Abdul Gayoom (1938) | 11. Nov. 1978– |

**Marshall-Inseln**

Unabhängige Republik 28. Dezember 1990.

Präsident:

| | |
|---|---|
| Amata Kabua | (1986) 28. Dez. 1990– |

**Mikronesien**

Unabhängige Republik 12. Dezember 1990.

Präsidenten:

| | |
|---|---|
| John Haglegam | (1987) 12. Dez. 1990–Mai 1991 |
| Bailey Olter | 21. Mai 1991– |

**Mongolische Republik**

Unabhängige Monarchie 21. Dezember 1911, Volksrepublik 26. November 1924, Republik 21. Nov. 1991.

| | |
|---|---|
| Bogdo Jebtsun Damba Hutuchtu | Khagan 21. Dez. 1911, 1918–1921 vertrieben, † 20. April 1924 |

Staatsoberhäupter der Volksrepublik:

| | |
|---|---|
| Chorlogijn Choibalsang* (1895–1952) | 1924–1930 |
| Amor | 1934–1940 |
| Gochighigin Bumatsende († 1953) | 1940–1953 |
| Stamtsarangin Sambuu († 1972) | 1954–1972 |
| S. Luvsan | 1972–1974 |
| Jumshagijn Tsedenbal* (1916–1991) | 1974–1984 |
| Jambyn Batmunch* (1926) | 1984–1990 |
| Punsalmaagiyn Ochirbat | 1990– |

Regierungschefs der Volksrepublik:

| | |
|---|---|
| Chorlogijn Choibalsang* (1895–1952) | 26. Nov. 1924–26. Jan. 1952 |
| Jumshagijn Tsedenbal* (1916–1991) | 28. Mai 1952–11. Juni 1974 |
| Jambyn Batmunch* (1926) | 11. Juni 1974–12. Dez. 1984 |
| Dumaagijn Sodnom (1933) | 12. Dez. 1984–21. März 1990 |
| Scharavyn Gunjaadorj | 21. März 1990–11. Sept. 1990 |
| Dasch Bijambasunen | 11. Sept. 1990–21. Juli 1992 |
| Punsagiyn Jasray | 21. Juli 1992– |

**Myanmar (Birma/Burma)**

Begründung des I. Birmanischen Reiches durch König Anoratha 1044, II. Reich (Ava-Periode) 1287, III. Reich (Tungu-Periode) 1531, nach 1581 in Kleinstaaten zerfallen, IV. Reich (Konbaung-Dynastie) 1752, britische Herrschaft 1. Januar 1886, unabhängige Unionsrepublik 4. Januar 1948 (seit 2. März 1962 unter Militärherrschaft), seit Mai 1989 unter dem neuen Namen »Myanmar«.

Präsidenten:

| | |
|---|---|
| Sao Shwe Thaik († 1962) | 4. Jan. 1948–15. März 1952 |
| Ba U (1887–1963) | 16. März 1952–11. März 1957 |
| U Wing Maung (1916) | 13. März 1957–16. Febr. 1962 |
| Ne Win* (1911) | 2. März 1962–9. Nov. 1981 |
| U San Yu (1919) | 9. Nov. 1981–24. Juli 1988 |

| | |
|---|---|
| Sein Lwin | 27. Juli 1988–12. Aug. 1988 |
| U Maung Maung Kha* (1925) | 19. Aug. 1988–18. Sept. 1988 |
| Saw Maung (1928) | 18. Sept. 1988–20. März 1992 |
| Than Shwe | 23. April 1992– |

Regierungschefs bis 1988:

| | |
|---|---|
| U Aung San (1916–1947) | 26. Sept. 1946–19. Juli 1947 |
| U Nu (1907) | 24. Juli 1947–5. Juni 1956 |
| U Ba Swe (1915) | 12. Juni 1956–28. Febr. 1957 |
| U Nu (2. Mal) | 28. Febr. 1957–28. Okt. 1958 |
| Ne Win* (1911) | 28. Okt. 1958–30. März 1960 |
| U Nu (3. Mal) | 4. April 1960–2. März 1962 |
| Ne Win (2. Mal) | 2. März 1962–3. März 1974 |
| U Sein Win | 4. März 1974–29. März 1977 |
| U Maung Maung Kha* (1925) | 29. März 1977–24. Juli 1988 |

**Nauru**

Unabhängige Republik 31. Januar 1968.

Präsidenten:

| | |
|---|---|
| Hammer de Roburt (1922) | 1968–1976 |
| Bernard Dowiyogo (1946) | 1976–1978 |
| L. Harris | 1978 |
| de Roburt (2. Mal) | 1978–1986 |
| Kennan Adeang | 1986 |
| de Roburt (3. Mal) | 1986–1989 |
| Kenos Aroi | 1989 |
| Dowiyogo (2. Mal) | 1989– |

**Nepal**

Königreich mit alter staatlicher Tradition (im 19. Jahrhundert unter britischer Oberherrschaft), konstitutionelle Monarchie 18. Februar 1951, seit 9. November 1990 mit parlamentarischem Charakter.

| | |
|---|---|
| Tribhuvana (1906) | Kg. 11. Dez. 1911, d. 7. Nov. 1950, vgl. unten |
| Vir Vikram (1947) | Kg. 7. Nov. 1950, d. 1952 |
| Tribhuvana (2. Mal) | Kg. 1952, r. 13. März 1955, † 1972 |
| Mahendra (1920) | Kg. 2. Mai 1956, † 31. Jan. 1972 |
| Birendra (1945) | Kg. 31. Jan. 1972 |

Regierungschefs:

| | |
|---|---|
| Krishna Prashad Bhattari (1925) | 19. April 1990–14. Mai 1991 |
| Girija Prasad Koirala (1925) | 29. Mai 1991– |

**Neuseeland**

Unabhängige Monarchie (Staatsoberhaupt: der jeweilige britische Monarch) 26. September 1907.

Regierungschefs:

| | |
|---|---|
| Sir Joseph Ward (1856–1930) | Sept. 1907–Juli 1912 |
| William Ferguson Massey (1856–1925) | Juli 1912–Mai 1925 |
| Joseph Gordon Coates (1878–1943) | Juni 1925–Dez. 1928 |
| Ward (2. Mal) | Dez. 1928–Mai 1930 |
| George William Forbes (1869–1947) | Mai 1930–Nov. 1935 |
| Michael Joseph Savage (1872–1940) | Nov. 1935–März 1940 |
| Peter Fraser (1884–1950) Lab. | 28. März 1940–7. Dez. 1949 |
| Sidney G. Holland (1893–1961) Kons. | 8. Dez. 1949–20. Sept. 1957 |
| Walter Nash (1882–1968) Lab. | 20. Sept. 1957–12. Dez. 1960 |
| Sir Keith Jacka Holyoake (1904) Kons. | 12. Dez. 1960–2. Febr. 1972 |
| John Ross Marshall (1912–1988) Kons. | 2. Febr. 1972–8. Dez. 1972 |
| Norman Eric Kirk (1923–1974) Lab. | 8. Dez. 1972–31. Aug. 1974 |
| Wallace Rowling (1927) Lab. | 6. Sept. 1974–12. Dez. 1975 |
| Robert D. Muldoon (1921–1992) Kons. | 12. Dez. 1975–15. Juli 1984 |
| David Lange (1942) Lab. | 17. Juli 1984–7. Aug. 1989 |
| Geoffrey Palmer (1942) Lab. | 8. Aug. 1989–4. Sept. 1990 |
| Mike Moore (1949) Lab. | 4. Sept. 1990–28. Okt. 1990 |
| James B. Bolger (1935) Kons. | 1. Nov. 1990– |

**Oman**

Faktisch unabhängiges Imamat seit dem 9. Jahrhundert, später Sultanat (1840–1856 Residenz in Sansibar), im 19. Jahrhundert unter britischer Kontrolle, faktisch unabhängig 1939 bzw. 1951.

| | |
|---|---|
| Said bin Taimur | Sultan 1932, d. 23. Juli 1970 |
| Said Kabus bin Said (1940) | Sultan 23. Juli 1970 |

**Pakistan**

Unabhängige Monarchie (Staatsoberhaupt: der britische Monarch) 14. August 1947, Republik 23. März 1956, Sezession Ostpakistans (vgl. Bangladesh) 16. Dezember 1971.

Präsidenten:

| | |
|---|---|
| Iskender Mirza (1899–1969) | 23. März 1956–27. Okt. 1958 |
| Mohammed Ayub Khan* (1907–1974) | 27. Okt. 1958–25. März 1969 |
| Agha Mohammed Yahya Khan* (1917–1980) | 31. März 1969–20. Dez. 1971 |
| Zulfikar Ali Bhutto* (1928–1979) | 20. Dez. 1971–10. Aug. 1973 |
| Choudhoury Fasal Elahi (1904–1982) | 14. Aug. 1973–14. Aug. 1978 |
| Mohammed Zia ul-Haq* (1924–1988) | 15. Sept. 1978–17. Aug. 1988 |
| Ghulam Ishaq Khan (1915) | 19. Aug. 1988–18. Juli 1993 |
| Wasim Sajjad (prov.) | 19. Juli 1993–13. Nov. 1993 |
| Faruk Ahmed Leghari (1940) | 14. Nov. 1993– |

Regierungschefs:

| | |
|---|---|
| Liaqat Ali Khan (1895–1951) | 15. Aug. 1947–16. Okt. 1951 |
| Chodscha Nazim ud-Din (1894–1964) | 17. Okt. 1951–17. April 1953 |
| Mohammed Ali (1909–1963) | 18. April 1953–7. Aug. 1955 |
| Choudhoury Mohammed Ali (1905) | 11. Aug. 1955–8. Sept. 1956 |
| Hussein Schahid Suhrawardi (1893–1963) | 12. Sept. 1956–11. Okt. 1957 |
| Ismail Chandrigar (1897–1960) | 17. Okt. 1957–11. Dez. 1957 |
| Malik Firoz Khan Nun (1893–1970) | 16. Dez. 1957–8. Okt. 1958 |
| Mohammed Ayub Khan* (1907–1974) | 26. Okt. 1958–25. März 1969 |
| Agha Mohammed Yahya Khan* (1917–1980) | 31. März 1969–20. Dez. 1971 |

| | |
|---|---|
| Zulfikar Ali Bhutto* (1928–1979) | 20. Dez. 1971–5. Juli 1977 |
| Mohammed Zia ul-Haq* (1924–1988) | 5. Juli 1977–23. März 1985 |
| Mohammed Khan Junejo (1933–1993) | 2. April 1985–29. Mai 1988 |
| Zia ul-Haq* (2. Mal) | 9. Juni 1988–17. Aug. 1988 |
| Benazir Bhutto (1953) | 4. Dez. 1988–6. Aug. 1990 |
| Ghulam Mustafa Jatoi (1931) | 6. Aug. 1990–31. Okt. 1990 |
| Mian Nawaz Sharif (1948) | 1. Nov. 1990–18. Juli 1993 |
| Moeen Qureshi (prov.) | 19. Juli 1993–19. Okt. 1993 |
| Benazir Bhutto (2. Mal) | 19. Okt. 1993– |

**Papua-Neuguinea**
Unabhängige Monarchie (Staatsoberhaupt: der britische Monarch) 16. September 1975.

Regierungschefs:

| | |
|---|---|
| Michael Somare (1936) | 16. Sept. 1975–11. März 1980 |
| Sir Julius Chan (1939) | 11. März 1980–2. Aug. 1982 |
| Somare (2. Mal) | 2. Aug. 1982–21. Nov. 1985 |
| Paias Wingti (1951) | 21. Nov. 1985–4. Juli 1988 |
| Rabbie Namaliu (1947) | 4. Juli 1988–17. Juli 1992 |
| Wingti (2. Mal) | 17. Juli 1992– |

**Philippinen**
Commonwealth unter der Souveränität der Vereinigten Staaten 1935, souveräne Republik 4. Juli 1946.

Präsidenten:

| | |
|---|---|
| Manuel Luis Quezón y Molina (1878–1944) | 17. Sept. 1935–1. Aug. 1944 |
| Sergio Osmeña (1878–1961) | 1. Aug. 1944–27. Mai 1946 |
| Manuel Roxas (1892–1948) | 27. Mai 1946–16. April 1948 |
| Elpidio Quirino (1880–1956) | 16. April 1948–12. Nov. 1953 |
| Ramón Magsaysay (1907–1957) | 12. Nov. 1953–17. März 1957 |
| Carlos P. García (1896–1971) | 17. März 1957–30. Dez. 1961 |
| Diosdado Macapagal (1910) | 30. Dez. 1961–30. Dez. 1965 |
| Ferdinand E. Marcos (1917–1989) | 30. Dez. 1965–25. Febr. 1986 |
| Corazón Aquino (1933) | 25. Febr. 1986–30. Juni 1992 |
| Fidel Ramos (1928) | 30. Juni 1992– |

**Salomonen**
Unabhängige Monarchie (Staatsoberhaupt: der britische Monarch) 7. Juli 1978

Regierungschefs:

| | |
|---|---|
| Peter Kenilorea (1942) | 7. Juli 1978–31. Aug. 1981 |
| Solomon Mamaloni (1943) | Sept. 1981–19. Nov. 1984 |
| Kenilorea (2. Mal) | Nov. 1984–17. Nov. 1986 |
| Ezechiel Alebua | Dez. 1986–März 1989 |
| Mamaloni (2. Mal) | 28. März 1989–15. Juni 1993 |
| Francis Billy Hilly | 18. Juni 1993– |

**Saudi-Arabien**
Vereinigte Königreiche von Hedschas und Naschd seit 1924, als Königreich »Saudi-Arabien« seit 23. September 1932.

*Haschemiten*

| | |
|---|---|
| Hussein Ibn Ali (1856) | Scherif v. Mekka 1908, Kg. des Hedschas 5. Juni 1916, Kg. der Araber 1924, r. 6. Okt. 1924, †4. Juni 1931 |
| Ali (1882) | Kg. 6. Okt. 1924, r. 19. Dez. 1925, †14. Febr. 1935 |

*Haus Saud*

| | |
|---|---|
| Abdalaziz III. (1880) | Kg. v. Naschd 1902, des Hedschas 8. Jan. 1926, v. Saudi-Arabien 23. Sept. 1932, †9. Nov. 1953 |
| Saud Ibn Abdalaziz (1902) | Kg. 9. Nov. 1953, d. 2. Nov. 1964, †23. Febr. 1969 |
| Faisal Ibn Abdalaziz (1905) | Regent 24. März 1958, Kg. 2. Nov. 1964, †25. März 1975 |
| Chalid Ibn Abdalaziz (1913) | Kg. 25. März 1975, †13. Juni 1982 |
| Fahd Ibn Abdalaziz (1920) | Kg. 13. Juni 1982 |

**Singapur**
Unabhängiger Staat 9. August 1965.

Präsidenten:

| | |
|---|---|
| Indre Yusuf Bin Ishak (1910–1970) | 1965–23. Nov. 1970 |

| | |
|---|---|
| Benjamin Henry Sheares (1907–1981) | 2. Jan. 1971–12. Mai 1981 |
| Chengara Veetil Devan Nair (1923) | 23. Okt. 1981–28. März 1985 |
| Wee Kim Wee (1916) | 30. Aug. 1985–31. Aug. 1993 |
| Ong Teng Cheong (1936) | 1. Sept. 1993– |

Regierungschefs:

| | |
|---|---|
| Lee Kuan Yew (1923) | 3. Juni 1959/9. Aug. 1965–26. Nov. 1990 |
| Goh Chok Tong (1941) | 28. Nov. 1990– |

**Sri Lanka (Ceylon)**

Unabhängige Monarchie (Staatsoberhaupt: der britische Monarch) 4. Februar 1948. Republik 22. Mai 1972, Präsidialsystem 4. Oktober 1977 (Verfassung 7. September 1978).

Präsidenten:

| | |
|---|---|
| Sir William Gopallawa (1897–1981) | 22. Mai 1972–4. Febr. 1978 |
| Junius Richard Jayawardene* (1906) | 4. Febr. 1978–2. Jan. 1989 |
| Ranasinghe Premadesa* (1924–1993) | 2. Febr. 1989–1. Mai 1993 |
| Dingiri Banda Wijetunge* (1992) | 1. Mai 1993– |

Regierungschefs:

| | |
|---|---|
| Don Stephen Senanayake (1884–1952) | 4. Febr. 1948–22. März 1952 |
| Dudley Senanayake (1911–1973) | 26. März 1952–7. Okt. 1953 |
| Sir John Kotelawala (1897–1980) | 12. Okt. 1953–11. April 1956 |
| Solomon Bandaranaike (1899–1959) | 12. April 1956–26. Sept. 1959 |
| Wijayananda Dahanayake | 26. Sept. 1959–20. März 1960 |
| D. Senanayake (2. Mal) | 21. März 1960–21. Juli 1960 |
| Sirimavo Bandaranaike (1916) | 21. Juli 1960–25. März 1965 |
| D. Senanayake (3. Mal) | 25. März 1965–28. Mai 1970 |
| Sirimavo Bandaranaike (2. Mal) | 31. Mai 1970–23. Juli 1977 |
| Junius Richard Jayawardene* (1906) | 23. Juli 1977–4. Febr. 1978 |
| Ranasinghe Premadesa* (1924) | 4. Febr. 1978–2. Febr. 1989 |
| Dingiri Banda Wijetunge* (1922) | 15. Febr. 1989–7. Mai 1993 |
| Ranil Wickramasinghe | 7. Mai 1993– |

**Syrien**

Unabhängige Republik 27. September 1941 bzw. 1944/1946 (Abzug der französischen Truppen), 1958–1961 mit Ägypten in der Vereinigten Arabischen Republik zusammengeschlossen, seit 28. September 1961 wieder unabhängige Republik.

Präsidenten:

| | |
|---|---|
| Schukri al-Kuwwatli (1891–1967) | 17. Juli 1943–30. März 1949 |
| Husni as-Zaim († 1949) | 25. Juni 1949–13. Aug. 1949 |
| Haschim Bey al-Atasi (1864–1960) | 14. Dez. 1949–2. Dez. 1951 |
| Adib Schischakli (1901–1964) | 2. Dez. 1951–25. Febr. 1954 |
| al-Atasi (2. Mal) | 25. Febr. 1954–6. Sept. 1955 |
| al-Kuwwatli (2. Mal) | 6. Sept. 1955–22. Febr. 1958 |
| Nazim al-Kudsi (1905) | 14. Dez. 1961–8. März 1963 |
| Luai al-Atasi | 24. März 1963–27. Juli 1963 |
| Amin al-Hafiz (1911) | 27. Juli 1963–23. Febr. 1966 |
| Nureddin al-Atasi (1929–1992) | 27. Febr. 1966–16. Nov. 1970 |
| Ahmed Chatib (1928) | 18. Nov. 1970–22. Febr. 1971 |
| Hafiz al-Assad (1928) | 2. März 1971– |

**Taiwan (Formosa; National-China)**

Republik China auf Taiwan 4. Dezember 1949 bzw. 1. März 1950.

Präsidenten:

| | |
|---|---|
| Li Tsung-jön* | 4. Dez. 1949–28. Febr. 1950 |
| Chiang Kai-shek* (1887–1975) | 1. März 1950–5. April 1975 |
| Yen Chia-kan (1905) | 6. April 1975–20. Mai 1978 |
| Chiang Ching-kuo (1910–1988) | 20. Mai 1978–13. Jan. 1988 |
| Li Teng-hui (1923) | 13. Jan. 1988– |

**Thailand (Siam)**

Konstitutionelle Monarchie mit kontinuierlicher staatlicher Tradition seit dem 14. Jahrhundert.

*Dynastie Rhamadhibadi*

| | |
|---|---|
| Phaja-Tak | Kg. 1767–1782 |
| Rhama I. | Kg. 1782–1809 |
| Rhama II. | Kg. 1809–1824 |
| Rhama III. | Kg. 1824–1851 |
| Rhama IV. (1804) | Kg. 1851, † 1. Okt. 1868 |
| Rhama V. (1853) | Kg. 1. Okt. 1868, † 23. Okt. 1910 |

| | |
|---|---|
| Rhama VI. (1881) | Kg. 23. Okt. 1910, † 26. Nov. 1925 |
| Rhama VII. (1893) | Kg. 26. Nov. 1925, r. 2. März 1935, † 30. Mai 1941 |
| Rhama VIII. (1925) | Kg. 2. März 1935, † 9. Juni 1946 |
| Rhama IX. (1927) (Bhumiphol) | Kg. 9. Juni 1946, mündig 5. Mai 1950 |

Regierungschefs seit 1948:

| | |
|---|---|
| Luang Pibul Songgram (1897–1964) | 15. April 1948–17. Sept. 1957 |
| Sarit Thanarat (1908–1963) | 17. Sept. 1957–21. Sept. 1957 |
| Nai Pote Sarasin (1905?) | 21. Sept. 1957–24. Dez. 1957 |
| Thanom Kittikarchon (1911) | 24. Dez. 1957–20. Okt. 1958 |
| Thanarat (2. Mal) | 20. Okt. 1958–8. Dez. 1963 |
| Kittikarchon (2. Mal) | 9. Dez. 1963–14. Okt. 1973 |
| Sanya Thammasak (1907) | 16. Okt. 1973–13. Febr. 1975 |
| Seni Pramoj (1905) | 13. Febr. 1975–6. März 1975 |
| Kukrit Pramoj (1911) | 13. März 1975–5. April 1976 |
| S. Pramoj (2. Mal) | 21. April 1976–6. Okt. 1976 |
| Thanin Kraivichian (1927) | 8. Okt. 1976–20. Okt. 1977 |
| Kriangsak Chomanand (1917) | 12. Nov. 1977–29. Febr. 1980 |
| Prem Tinsulanonda (1920) | 3. März 1980–27. Juli 1988 |
| Chatichai Choonhavan (1922) | 4. Aug. 1988–23. Febr. 1991 |
| Anand Panyarachun (1932) | 2. März 1991–7. April 1992 |
| Suchinda Kaprayoon | 7. April 1992–24. Mai 1992 |
| Anand Panyarachun (2. Mal) | 16. Juni 1992–23. Sept. 1992 |
| Chuan Leekpai (1938) | 23. Sept. 1992– |

**Tonga**

Unabhängiges Königreich 4. Juni 1970.

| | |
|---|---|
| Taufa'ahau Tupou IV. (1918) | Kg. 16. Dez. 1965, souverän 4. Juni 1970 |

**Türkei**

Anfänge des Osmanischen Reichs (als Sultanat) um 1300, Kalifat 1517. Abschaffung des Sultanats 2. November 1922, des Kalifats 4. März 1924. Republik 29. Oktober 1923.

*Osmanen*

| | |
|---|---|
| Osman I. Ghazi (1258?) | Bey um 1300, †1326 |
| Urchan (Orkhan) (1279?) | (Sultan) 1326, †1359 |
| Murad I. (1326?) | Sultan 1359, †Juni 1389 |
| Bejazid I. Yildirim (1347?) | Sultan Juni 1389, fakt. d. 20. Juli 1402, †8. März 1403 |
| Süleyman I. | Sultan (Edirne) 1402, †1411 |
| Isa | Bey (Balikesir) 1402, †1413 |
| Musa | Sultan (Bursa) 1402, †1413 |
| Mehmed I. Celebi | Sultan (Amasya) 1402, Alleinherrscher 1413, †Mai 1421 |
| Murad II. (1404) | Sultan Mai 1421, †3. Febr. 1451 |
| Mehmed II. Fatih (1432) | Sultan 3. Febr. 1451, formelle Annahme des Titels Padischah nach 29. Mai 1453, †3. Mai 1481 |
| Bejazid II. Wali (1446) | Sultan 20. Mai 1481, r. 25. April 1512, †26. Mai 1512 |
| Selim I. Yavuz (1467/1470) | Sultan 25. April 1512, Kalif 1517, †21. Sept. 1520 |
| Süleyman II. (I.) Kanuni (1494) | Sultan u. Kalif 21. Sept. 1520, †6. Sept. 1566 |
| Selim II. Mest (1524) | Sultan u. Kalif 6. Sept. 1566, †12. Dez. 1574 |
| Murad III. (1546) | Sultan u. Kalif 12. Dez. 1574, †16. Jan. 1595 |
| Mehmed III. (1567) | Sultan u. Kalif 16. Jan. 1595, †22. Dez. 1603 |
| Ahmed I. (1590) | Sultan u. Kalif 22. Dez. 1603, †22. Nov. 1617 |
| Mustafa I. (1592) | Sultan u. Kalif 22. Nov. 1617, d. 26. Febr. 1618, vgl. unten |
| Osman II. (1603) | Sultan u. Kalif 26. Febr. 1618, †20. Mai 1622 |
| Mustafa I. (2. Mal) | Sultan u. Kalif 20. Mai 1622, d. 10. Sept. 1623, †1638 |
| Murad IV. (1612) | Sultan u. Kalif 10. Sept. 1623, †9. Febr. 1640 |
| Ibrahim (1615) | Sultan u. Kalif 9. Febr. 1640, d. 8. Aug. 1648, †18. Aug. 1648 |
| Mehmed IV. (1641) | Sultan u. Kalif 8. Aug. 1648, d. 8. Nov. 1687, †17. Dez. 1692 |
| Süleyman III. (II.) (1644) | Sultan u. Kalif 8. Nov. 1687, †23. Juni 1691 |
| Ahmed II. (1642) | Sultan u. Kalif 23. Juni 1691, †2./6. Febr. 1695 |

| | |
|---|---|
| Mustafa II. (1664) | Sultan u. Kalif Febr. 1695, d. 21. Aug. 1703, †31. Dez. 1703 |
| Ahmed III. (1673) | Sultan u. Kalif 22. Aug. 1703, d. 1. Okt. 1730, †30. Juni 1736 |
| Mahmud I. (1696) | Sultan u. Kalif 1. Okt. 1730, †13. Dez. 1754 |
| Osman III. (1699) | Sultan u. Kalif 13. Dez. 1754, †30. Okt. 1757 |
| Mustafa III. (1717) | Sultan u. Kalif 30. Okt. 1757, †24. Dez. 1773 |
| Abdulhamid I. (1725) | Sultan u. Kalif 24. Dez. 1773, †7. April 1789 |
| Selim III. (1761) | Sultan u. Kalif 7. April 1789, d. 29. Mai 1807, †28. Juli 1808 |
| Mustafa IV. (1778) | Sultan u. Kalif 29. Mai 1807, d. 28. Juli 1808, †16. Nov. 1808 |
| Mahmud II. (1784) | Sultan u. Kalif 28. Juli 1808, †1. Juli 1839 |
| Abdulmedschid I. (1823) | Sultan u. Kalif 1. Juli 1839, †25. Juni 1861 |
| Abdulaziz (1830) | Sultan u. Kalif 25. Juni 1861, d. 30. Mai 1876, †4. Juni 1876 |
| Murad V. (1840) | Sultan u. Kalif 30. Mai 1876, d. 31. Aug. 1876, †29. Aug. 1904 |
| Abdulhamid II. (1842) | Sultan u. Kalif 31. Aug. 1876, d. 27. April 1909, †10. Febr. 1918 |
| Mehmed V. Reschad (1844) | Sultan u. Kalif 27. April 1909, †3. Juli 1918 |
| Mehmed VI. Vahiheddin (1861) | Sultan u. Kalif 3. Juli 1918, d. 2. Nov. 1922, †16. Mai 1926 |
| Abdulmedschid II. (1868) | Kalif 18. Nov. 1922, d. 4. März 1924, †23. Aug. 1944 |

Präsidenten:

| | |
|---|---|
| Mustafa Kemal Pascha (ab 1934: Atatürk) (1881–1938) | 30. Okt. 1923–10. Nov. 1938 |
| Ismet Inönü* (1884–1973) | 11. Nov. 1938–22. Mai 1950 |
| Celal Bayar* (1883–1986) | 22. Mai 1950–27. Mai 1960 |
| Kemal Gürcel* (1895–1966) | 26. Okt. 1961–28. März 1966 |
| Cevdet Sunay (1900–1982) | 28. März 1966–28. März 1973 |
| Fahri Korutürk (1903–1987) | 6. April 1973–6. April 1980 |
| Kenan Evren (1918) | 19. Sept. 1980–9. Nov. 1989 |
| Turgut Özal* (1927–1993) | 9. Nov. 1989–17. April 1993 |
| Süleyman Demirel* (1924) | 16. Mai 1993– |

Regierungschefs der Republik:

| | |
|---|---|
| Mustafa Ismet Pascha (ab 1934: Ismet Inönü)* (1884–1973) RVP | 30. Okt. 1923–21. Nov. 1924 |
| Ali Fethi Bey (ab 1934: Fethi Okyar) (1880–1943) RVP | 21. Nov. 1924–3. März 1925 |
| Ismet Inönü (2. Mal) | 3. März 1925–20. Sept. 1937 |
| Celal Bayar* (1883–1986) RVP | 23. Sept. 1937–25. Jan. 1939 |
| Refik Saydam (1881–1942) RVP | 25. Jan. 1939–8. Juli 1942 |
| Sükrü Saracoğlu (1887–1953) RVP | 9. Juli 1942–5. Aug. 1946 |
| Recep Peker (1888–1950) RVP | 5. Aug. 1946–9. Sept. 1947 |
| Hasan Saka (1886–1960) RVP | 9. Sept. 1947–14. Jan. 1949 |
| Semsettin Günaltay (1883–1961) RVP | 16. Jan. 1949–22. Mai 1950 |
| Adnan Menderes (1899–1961) Dem. Partei | 22. Mai 1950–27. Mai 1960 |
| Kemal Gürcel* (1895–1966) | 28. Mai 1960–26. Okt. 1961 |
| Inönü (3. Mal) | 20. Nov. 1961–13. Febr. 1965 |
| Suat H. Ürgüplü (1903) | 20. Febr. 1965–22. Okt. 1965 |
| Süleyman Demirel* (1924) Gerechtigkeitspartei | 27. Okt. 1965–12. März 1971 |
| Nihat Erim (1912–1980) | 19. März 1971–22. Mai 1972 |
| Ferit Melen (1906–1988) Partei d. Vertrauens | 22. Mai 1972–15. April 1973 |
| Naim Talu (1919) | 15. April 1973–25. Jan. 1974 |
| Bülent Ecevit (1925) RVP | 25. Jan. 1974–17. Nov. 1974 |
| Sadi Irmak (1904) | 17. Nov. 1974–31. März 1975 |
| Demirel (2. Mal) | 31. März 1975–20. Juni 1977 |
| Ecevit (2. Mal) | 21. Juni 1977–3. Juli 1977 |
| Demirel (3. Mal) | 4. Juli 1977–31. Dez. 1977 |
| Ecevit (3. Mal) | 5. Jan. 1978–11. Nov. 1979 |
| Demirel (4. Mal) | 12. Nov. 1979–12. Sept. 1980 |
| Bülent Ülüsü (1923) | 20. Sept. 1980–24. Nov. 1983 |
| Turgut Özal* (1927) Mutterlandspartei | 6. Dez. 1983–9. Nov. 1989 |
| Yildirim Akbulat (1935) Mutterlandspartei | 9. Nov. 1989–16. Juni 1991 |
| Mesut Yilmaz (1947) Mutterlandspartei | 18. Juni 1991–20. Nov. 1991 |
| Demirel (5. Mal) | 20. Nov. 1991–16. Mai 1993 |
| Tansu Ciller (1946) | 25. Juni 1993– |

**Tuvalu (Ellice-Inseln)**

Unabhängige Monarchie (Staatsoberhaupt: der britische Monarch) 1. Oktober 1978.

Regierungschefs:

| | |
|---|---|
| Toalipi Lauti | 1. Okt. 1978–8. Sept. 1981 |
| Tomasi Puapua | 8. Sept. 1981–16. Okt. 1989 |
| Bikenibeu Paeniu | 16. Okt. 1989– |

**Vanuatu (Neue Hebriden)**

Unabhängige Republik 30. Juli 1980.

Präsidenten:

| | |
|---|---|
| Ati George Sokomanu (1938) | 30. Juli 1980–18. Dez. 1988 |
| Fred Timakata | 30. Jan. 1989– |

Premierminister:

| | |
|---|---|
| Walter Hayde Lini (1942) | 30. Juli 1980–6. Sept. 1991 |
| Donald Kalpokas | 6. Sept. 1991–16. Dez. 1991 |
| Maxime Carlot Karman | 16. Dez. 1991– |

**Vereinigte Arabische Emirate**

Unabhängige Föderation monarchisch regierter Staaten 2. Dezember 1971.

Staatsoberhaupt:

| | |
|---|---|
| Scheich Said bin Sultan an Nahjan, Emir von Abu Dhabi (1923) | 2. Dez. 1971– |

**Vietnam**

Unabhängige Republik 2. September 1945 (Proklamation) bzw. 21. Juli 1954 (Waffenstillstand mit Frankreich). 1954–1975/76 in Nord- und Südvietnam geteilt (für letzteres vgl. den Abschnitt Historische Staaten).

Staatsoberhäupter:

| | |
|---|---|
| Ho Chi Minh (1890–1969) | 1945/1954–3. Sept. 1969 |
| Ton Duc Thang (1888–1980) | 24. Sept. 1969–30. März 1980 |
| Nguyen Huu Tho (1910) | 1. April 1980–4. Juli 1981 |
| Truong Chinh (1908–1988) | 4. Juli 1981–17. Dez. 1986 |
| Vo Chi Cong | 18. Juni 1987–23. Sept. 1992 |
| Le Duc Anh (1920) | 23. Sept. 1992– |

Regierungschefs:

| | |
|---|---|
| Pham Van Dong (1906) | 20. Sept. 1955–17. Dez. 1986 |
| Pham Hung (1912–1988) | 18. Juni 1987–10. März 1988 |
| Do Muoi (1917) | 22. Juni 1988–9. Aug. 1991 |
| Vo Van Kiet (1922) | 9. Aug. 1991– |

**Westsamoa**

Unabhängige Wahlmonarchie 1. Januar 1962.

Staatsoberhäupter:

| | |
|---|---|
| Tupua Tamasese Mea'ole und Malietoa Tanumafili II. (gemeinsam) | 1. Jan. 1962–5. April 1963 |
| Malietoa Tanumafili II. (1913) (allein) | 5. April 1963– |

EUROPA

### Albanien

Unabhängiger Staat 28. November 1912, Fürstentum 11. August 1913 bzw. 6. Februar 1914, 1914–1918 okkupiert, erneut unabhängiger Staat 2. Januar 1919, Königreich 1. September 1928 (1939–1943 in Personalunion mit Italien), 1939–1944 erneut okkupiert, Volksrepublik 10. Januar 1946. Republik 15. April 1991.

Staatschefs:

| | |
|---|---|
| Ismail Kemal Bey (1844–1916) | 28. Nov. 1912–22. Jan. 1914 |
| Wilhelm zu Wied (1876) | Fst. (Mbret) 6. Febr. 1914, verläßt das Land 3. Sept. 1914, †18. April 1945 |
| Essad Pascha Toptani (1863/75–1920) | 2. Okt. 1914–24. Febr. 1916 |
| Turchan Pascha | 2. Jan. 1919–Jan./März 1920 |
| Regentschaftsrat | 28. Jan. 1920–10. Juni 1924 |
| Bf. Fan Noli (1880–1965) | 16. Juni 1924–24. Dez. 1924 |
| Ahmed Zogu = Zogu I. (1895) | Präs. 31. Jan. 1925, Kg. 1. Sept. 1928, verläßt das Land 6. April 1939, †9. April 1961 |
| Omer Nishani | Jan./März 1946–1953 |
| Hadschi Leschi (1913) | 1. Aug. 1953–22. Nov. 1982 |
| Ramiz Alia* (1925) Kom. | 22. Nov. 1982–3. April 1992 |
| Sali Berisha (1944) Dem. | 9. April 1992– |

Regierungschefs seit 1944:

| | |
|---|---|
| Enver Hodscha* (1908–1985) | Herbst 1944–12. Juli 1954 |
| Mehmet Schehu (1913–1981) | 12. Juli 1954–17. Dez. 1981 |
| Adil Carcani (1922) | 14. Jan. 1982–20. Febr. 1991 |
| Fatos Nano (1952) | 22. Febr. 1991–4. Juni 1991 |
| Yilli Bufi (1949) | 6. Juni 1991–6. Dez. 1991 |
| Vilson Ahmeti (1951) Kom. | 15. Dez. 1991–10. April 1992 |
| Alexander Meksi (1939) Dem. | 11. April 1992– |

Parteichefs 1941–1991:

| | |
|---|---|
| Enver Hodscha* (1908–1985) | 8. Nov. 1941–11. April 1985 |
| Ramiz Alia* (1925) | 13. April 1985–4. Mai 1991 |

**Andorra**
Fürstentum unter nomineller Oberhoheit des Präsidenten der Französischen Republik und des Bischofs von Seo de Urgel. Souveräner Staat seit 4. Mai bzw. 3. Juni 1993.

| | |
|---|---|
| Regierungschef: | |
| Oscar Ribas Reig | (12. Jan. 1990) 4. Mai 1993– |

**Belgien**
Unabhängiger Staat 4. Oktober 1830, Königreich 1831, 1914–1918 und 1940–1944/45 okkupiert.

| | |
|---|---|
| *Sachsen-Coburg-Gotha* | |
| Leopold I. (1790) | Kg. 21. Juli 1831, †10. Dez. 1865 |
| Leopold II. (1835) | Kg. 17. Dez. 1865, †17. Dez. 1909 |
| Albert (1875) | Kg. 17. Dez. 1909, †17. Febr. 1934 |
| Leopold III. (1901) | Kg. 23. Febr. 1934, r. 16. Juli 1951, †25. Sept. 1983 |
| Karl v. Flandern (1903–1983) | Regent 20. Sept. 1944–22. Juli 1950 |
| Balduin (1930) | Regent 11. Aug. 1950, Kg. 17. Juli 1951, †31. Juli 1993 |
| Albert II. (1934) | Kg. 9. Aug. 1993 |

| | |
|---|---|
| Regierungschefs seit 1945: | |
| Hubert Pierlot (1883–1963) Christl. | 26. Sept. 1944–2. Febr. 1945 |
| Achille van Acker (1898–1975) Soz. | 11. Febr. 1945–18. Febr. 1946 |
| Paul Henri Spaak (1899–1972) Soz. | 11. März 1946–20. März 1946 |
| van Acker (2. Mal) | 31. März 1946–9. Juli 1946 |
| Camille Huysmans (1871–1968) Soz. | 2. Aug. 1946–12. März 1947 |
| Spaak (2. Mal) | 19. März 1947–28. Juni 1949 |
| Gaston Eyskens (1905–1988) Christl. | 10. Aug. 1949–6. Juni 1950 |
| Jean Duvieusart (1900–1977) Christl. | 8. Juni 1950–11. Aug. 1950 |
| Joseph Pholien (1884–1968) Christl. | 15. Aug. 1950–9. Jan. 1952 |
| Jan van Houtte (1907) Christl. | 15. Jan. 1952–12. April 1954 |

| | |
|---|---|
| van Acker (3. Mal) | 22. April 1954–2. Juni 1958 |
| Eyskens (2. Mal) | 25. Juni 1958–27. März 1961 |
| Théo Lefèvre (1914–1973) Christl. | 25. April 1961–27. Juli 1965 |
| Pierre Harmel (1911) Christl. | 27. Juli 1965–11. Febr. 1966 |
| Paul Vanden Boyenants (1919) Christl. | 19. März 1966–7. Febr. 1968 |
| Eyskens (3. Mal) | 17. Juni 1968–22. Nov. 1972 |
| Edmond Leburton (1915) Soz. | 26. Jan. 1973–19. Jan. 1974 |
| Leo Tindemans (1922) Christl. | 25. April 1974–11. Okt. 1978 |
| Vanden Boyenants (2. Mal) | 20. Okt. 1978–3. April 1979 |
| Wilfried Martens (1936) Christl. | 3. April 1979–30. März 1981 |
| Mark Eyskens (1933) Christl. | 6. April 1981–17. Dez. 1981 |
| Martens (2. Mal) | 17. Dez. 1981–6. März 1992 |
| Jean-Luc Dehaene (1940) Christl. | 7. März 1992– |

**Bosnien-Herzegowina**

Unabhängige Republik 15. Oktober 1991 (Proklamation) bzw. 7. April 1992 (internationale Anerkennung).

Präsident:

| | |
|---|---|
| Alia Izetbegović (1925) | (28. Nov. 1990) 7. April 1992– |

**Bulgarien**

Unabhängiges Fürstentum 13. Juli 1878, souveränes Königreich 5. Oktober 1908, Volksrepublik 15. September 1946. Republik 15. November 1990.

*Battenberg*

| | |
|---|---|
| Alexander I. (1857) | Fst. 29. April 1879, r. 7. Sept. 1886, † 17. Nov. 1893 |

*Sachsen-Coburg-Koháry*

| | |
|---|---|
| Ferdinand I. (1861) | Fst. 7. Juli 1887, Kg. 5. Okt. 1908, r. 3. Okt. 1918, † 10. Sept. 1948 |
| Boris III. (1894) | Kg. 3. Okt. 1918, † 28. Aug. 1943 |
| Symeon II. (1937) | Kg. 28. Aug. 1943, d. 8. Sept. 1946 |

Staatsoberhäupter der Republik:

| | |
|---|---|
| Vasil Petrov Kolarov* (1877–1950) | 15. Sept. 1946–9. Juli 1947 |
| Mintscho Naitschev (1897–1956) | 9. Dez. 1947–17. Jan. 1950 |

| | |
|---|---|
| Georgi Damjanov (1892–1958) | 17. Jan. 1950–27. Nov. 1958 |
| Dimitar Ganev (1898–1964) | 30. Nov. 1958–20. April 1964 |
| Georgi Traikov (1898–1975) | 23. April 1964–7. Juli 1971 |
| Todor Schivkov* (1911) | 7. Juli 1971–17. Nov. 1989 |
| Petar Mladenov (1936) | 17. Nov. 1989–6. Juli 1990 |
| Schelju Schelev (1935) | 1. Aug. 1990 – |

Regierungschefs seit 1946:

| | |
|---|---|
| Georgi Dimitrov (1882–1949) | 23. Nov. 1946–2. Juli 1949 |
| Vasil Petrov Kolarov* (1877–1950) | 20. Juli 1949–23. Jan. 1950 |
| Wylko Tscherwenkov (1900–1980) | 1. Febr. 1950–16. April 1956 |
| Anton Jugov (1904) | 17. April 1956–5. Nov. 1962 |
| Todor Schivkov* (1911) | 19. Nov. 1962–6. Juli 1971 |
| Stanko Todorov (1920) | 7. Juli 1971–16. Juni 1981 |
| Grischa Filipov (1919) | 16. Juni 1981–21. März 1986 |
| Georgi Atanasov (1934) | 23. März 1986–3. Febr. 1990 |
| Andrej Lukanov (1939) | 3. Febr. 1990–29. Nov. 1990 |
| Dimitar Popov (1927) | 7. Dez. 1990–8. Nov. 1991 |
| Philipp Dimitrov (1955) | 8. Nov. 1991–29. Okt. 1992 |
| Ljuben Berov (1925) | 30. Dez. 1992– |

**Dänemark**

Königreich seit dem frühen 9. Jahrhundert.

| | |
|---|---|
| Godfred | Kg., †810 |
| ... | |
| Gorm d. Alte | Kg., †um 950 |

*Jelling-Dynastie*

| | |
|---|---|
| Harald Blauzahn (um 910) | Kg. um 950, d. 986, †1. Nov. 986 |
| Sven Gabelbart* (um 955) | Kg. 986, †3. Febr. 1014 |
| Harald Svensson | Kg. 1014, †1018 |
| Knut d. Große* (um 995) | Kg. 1018, †12. Nov. 1035 |
| Hardiknut* (1018) | Kg. 1035, †8. Juni 1042 |

---

| | |
|---|---|
| Magnus I. d. Gute* (1024) | Kg. 1042, †25. Okt. 1047 |

*Estriden*

| | |
|---|---|
| Sven Estridsen (um 1020) | Kg. 1047, †28. April 1076 |
| Harald Hein | Kg. 1076, †17. April 1080 |
| Knut d. Heilige (um 1040) | Kg. 1080, †10. Juli 1086 |
| Olaf Hunger | Kg. 1086, †18. Aug. 1095 |
| Erich I. d. Gute (um 1056) | Kg. 1095, †10. Juli 1103 |

| | |
|---|---|
| Niels | Kg. 1104, †25. Juni 1134 |
| Erich II. | Kg. 1134, †18. Sept. 1137 |
| Erich III. Schaf | Kg. 1137, r. 1147, †27. Aug. 1147 |
| Sven | Kg. 1147, †23./28. Okt. 1157 |
| Knut (um 1130) | Kg. 1154, †9. Aug. 1157 |
| *Waldemare* | |
| Waldemar I. d. Große (1131) | Kg. 1157, †12. Mai 1182 |
| Knut VI. (1163) | Kg. 1182, †12. Nov. 1202 |
| Waldemar II. d. Sieger (1170) | Kg. 1202, †28. März 1241 |
| Erich IV. Pflugpfennig (1216) | Kg. 1241, †10. Aug. 1250 |
| Abel (1218) | Kg. 1250, †29. Juni 1252 |
| Christoph I. (um 1219) | Kg. 1252, †29. Mai 1259 |
| Erich V. Klipping (1249) | Kg. 1259, †22. Nov. 1286 |
| Erich VI. Menved (1274) | Kg. 1286, †13. Nov. 1319 |
| Christoph II. (1276) | Kg. 1319, †2. Aug. 1332 |
| Waldemar III. (1314) | Gegenkg. 1326, r. 1330, †1364 |
| Gerhard (III.), Hzg. v. Jütland | Regent 1326, †1./2. April 1340 |
| Waldemar IV. Atterdag (um 1320) | Kg. 1340, †24. Okt. 1375 |
| *Folkunger* | |
| Olaf (IV.)* (1370) | Kg. 1376, †3. Aug. 1387 |
| Margarete I.* (1353) | Kg. in 1387, †28. Okt. 1412 |
| *Pommer* | |
| Erich VII.* (um 1382) | Kg. 1397 bzw. 1412, d. 1439, †3. Mai 1459 |
| *Wittelsbacher* | |
| Christoph III.* (1418) | Kg. 9. April 1440, †6. Jan. 1448 |
| *Oldenburger* | |
| Christian I.* (1425) | Kg. 1. Sept. 1448, †21. Mai 1481 |
| Hans* (1455) | Kg. 21. Mai 1481, †20. Febr. 1513 |
| Christian II.* (1481) | Kg. 20. Febr. 1513, d. 20. Jan. 1523, †25. Jan. 1559 |
| Friedrich I. (1471) | Kg. 20. April 1523, †10. April 1533 |
| Christian III. (1503) | Kg. 17. Juli 1534, †1. Jan. 1559 |
| Friedrich II. (1534) | Kg. 1. Jan. 1559, †4. April 1588 |
| Christian IV. (1577) | Kg. 4. April 1588, †28. Febr. 1648 |

| | |
|---|---|
| Friedrich III. (1609) | Kg. 28. Febr. 1648, †9. Febr. 1670 |
| Christian V. (1646) | Kg. 9. Febr. 1670, †26. Aug. 1699 |
| Friedrich IV. (1671) | Kg. 26. Aug. 1699, †12. Okt. 1730 |
| Christian VI. (1699) | Kg. 12. Okt. 1730, †6. Aug. 1746 |
| Friedrich V. (1723) | Kg. 6. Aug. 1746, †14. Jan. 1766 |
| Christian VII. (1749) | Kg. 14. Jan. 1766, †13. März 1808 |
| Friedrich VI. (1768) | Kg. 13. März 1808, †3. Dez. 1839 |
| Christian VIII.* (1786) | Kg. 3. Dez. 1839, †20. Jan. 1848 |
| Friedrich VII. (1808) | Kg. 20. Jan. 1848, †15. Nov. 1863 |
| *Glücksburger* | |
| Christian IX. (1818) | Kg. 15. Nov. 1863, †29. Jan. 1906 |
| Friedrich VIII. (1843) | Kg. 29. Jan. 1906, †14. Mai 1912 |
| Christian X. (1870) | Kg. 14. Mai 1912, †20. April 1947 |
| Friedrich IX. (1899) | Kg. 20. April 1947, †14. Jan. 1972 |
| Margarete II. (1940) | Kg. in 14. Jan. 1972 |

Regierungschefs seit 1945:

| | |
|---|---|
| Vilhelm Buhl (1881–1954) Soz. | 5. Mai 1945–7. Nov. 1945 |
| Knud Kristensen (1895–1962) Lib. | 8. Nov. 1945–13. Nov. 1947 |
| Hans Hedtoft (1903–1955) Soz. | 13. Nov. 1947–25. Okt. 1950 |
| Erik Eriksen (1902–1972) Lib. | 28. Okt. 1950–29. Sept. 1953 |
| Hedtoft (2. Mal) | 30. Sept. 1953–29. Jan. 1955 |
| Hans Christian Hansen (1906–1960) Soz. | 1. Febr. 1955–19. Febr. 1960 |
| Viggo Kampmann (1910–1976) Soz. | 21. Febr. 1960–31. Aug. 1962 |
| Jens Otto Krag (1914–1978) Soz. | 3. Sept. 1962–24. Jan. 1968 |
| Hilmar Baunsgaard (1920) Lib. | 1. Febr. 1968–27. Sept. 1971 |
| Krag (2. Mal) | 9. Okt. 1971–4. Okt. 1972 |
| Anker Joergensen (1922) Soz. | 5. Okt. 1972–5. Dez. 1973 |
| Poul Hartling (1914) Lib. | 19. Dez. 1973–28. Jan. 1975 |
| Joergensen (2. Mal) | 13. Febr. 1975–3. Sept. 1982 |
| Poul Schlüter (1929) Kons. | 10. Sept. 1982–14. Jan. 1993 |
| Poul Nyrup Rasmussen (1943) Soz. | 25. Jan. 1993– |

**Estland**

Unabhängiger Staat 24. Februar 1918, am 21. Juli 1940 zur Sowjetunion, erneut unabhängig 30. April 1990 (Proklamation) bzw. 6. September 1991 (faktisch durch Entlassung aus dem sowjetischen Staatsverband).

Staatspräsidenten:

| | |
|---|---|
| Konstantion Päts* (1874–1956) | 24. April 1938–21. Juli 1940 |
| Arnold Rüütel (1929) | 6. Sept. 1991–5. Okt. 1992 |
| Lennart Meri (1929) | 6. Okt. 1992– |

Staatsälteste bzw. Ministerpräsidenten:

| | |
|---|---|
| K. Päts* | 24. Febr. 1918–8. Mai 1919 |
| O. Strandmann | 8. Mai 1919–11. Nov. 1919 |
| J. Tonisson | 18. Nov. 1919–8. Okt. 1920 |
| A. Piip | 26. Okt. 1920–4. Jan. 1921 |
| K. Päts (2. Mal) | 25. Jan. 1921–24. Okt. 1922 |
| J. Kukk | 21. Nov. 1922–4. Juni 1923 |
| K. Päts (3. Mal) | 2. Aug. 1923–10. März 1924 |
| F. Akel | 26. März 1924–16. Dez. 1924 |
| J. Jaakson | 16. Dez. 1924–25. Nov. 1925 |
| J. Teemant | 15. Dez. 1925–22. Nov. 1927 |
| J. Tonisson (2. Mal) | 9. Dez. 1927–13. Nov. 1928 |
| A. Rei | 4. Dez. 1928–2. Juli 1929 |
| O. Strandmann (2. Mal) | 9. Juli 1929–3. Febr. 1931 |
| K. Päts (4. Mal) | 12. Febr. 1931–29. Jan. 1932 |
| J. Teemant (2. Mal) | 19. Febr. 1932–20. Juni 1932 |
| K. Einbund | 19. Juli 1932–3. Okt. 1932 |
| K. Päts (5. Mal) | 7. Nov. 1932–26. April 1933 |
| J. Tonisson (3. Mal) | 18. Mai 1933–17. Okt. 1933 |
| K. Päts (6. Mal) | 21. Okt. 1933–24. April 1938 |
| K. Einbund (Eenpalu) (2. Mal) | 24. April 1938–12. Okt. 1939 |
| J. Uluots | 12. Okt. 1939–21. Juni 1940 |
| E. Savisaar | 6. Sept. 1991–23. Jan. 1992 |
| T. Vähi | 30. Jan. 1992–8. Okt. 1992 |
| M. Laar (1960) Kons. | 10. Okt. 1992– |

**Finnland**

Unabhängiger Staat 15. November bzw. 6. Dezember 1917, Republik 17. Juli 1919.

| | |
|---|---|
| Per Evind v. Svinhufvud (1861–1944) | Reichsverweser 27. Nov. 1917 bis Dez. 1918 |
| Carl Gustaf Emil, Frhr. v. Mannerheim (1867–1951) | Reichsverweser 12. Dez. 1918 bis Juni 1919 |

Präsidenten:

| | |
|---|---|
| Carl J. Stahlberg (1865–1952) | 25. Juli 1919–28. Febr. 1925 |
| Lauri Relander (1883–1942) | 1. März 1925–28. Febr. 1931 |
| Per Evind v. Svinhufvud (vgl. oben) | 1. März 1931–28. Febr. 1937 |
| Kyösti Kallio (1873–1940) | 1. März 1937–28. Nov. 1940 |
| Risto Ryti (1889–1956) | 19. Dez. 1940–1. Aug. 1944 |
| Carl Gustaf Emil, Frhr. v. Mannerheim (vgl. oben) | 4. Aug. 1944–4. März 1946 |
| Juho Kusti Paasikivi (1870–1956) | 9. März 1946–29. Febr. 1956 |
| Urho Kekkonen* (1900–1986) | 1. März 1956–27. Okt. 1981 |
| Mauno Koivisto* (1923) | 27. Jan. 1982– |

Regierungschefs seit 1946:

| | |
|---|---|
| Mauno Pekkala (1890–1952) Kom. | 26. März 1946–23. Juli 1948 |
| Karl August Fagerholm (1901–1984) Soz. | 29. Juli 1948–1. März 1950 |
| Urho Kekkonen* (1900–1986) Bauern | 17. März 1950–4. Nov. 1953 |
| Sakari Tuomioja (1911) | 15. Nov. 1953–1. April 1954 |
| Ralf Törngren (1899–1961) Schweden | 5. Mai 1954–14. Okt. 1954 |
| Kekkonen (2. Mal) | 17. Okt. 1954–27. Jan. 1956 |
| Fagerholm (2. Mal) | 3. März 1956–22. Mai 1957 |
| Väinö Johannes Sukselainen (1906) Bauern | 27. Mai 1957–18. Okt. 1957 |
| Rainer v. Fieandt (1890–1972) | 29. Nov. 1957–18. April 1958 |
| Reino Iisakki Kuuskoski (1907–1965) | 26. April 1958–29. Aug. 1958 |
| Fagerholm (3. Mal) | 29. Aug. 1958–4. Dez. 1958 |
| Sukselainen (2. Mal) | 13. Jan. 1959–3. Juli 1961 |
| Martin Johannes Miettunen (1907) Bauern | 14. Juli 1961–1. März 1962 |
| Ahti Karjalainen (1923–1990) Bauern | 13. April 1962–17. Dez. 1963 |
| Reino Lehto (1898?) | 18. Dez. 1963–11. Sept. 1964 |
| Johannes Virolainen (1914) Bauern | 11. Sept. 1964–27. Mai 1966 |
| Rafael Paasio (1903–1980) Soz. | 27. Mai 1966–1. März 1968 |
| Mauno Koivisto* (1923) Soz. | 22. März 1968–15. Mai 1970 |
| Teuvo Aura (1912) | 15. Mai 1970–15. Juli 1970 |
| Karjalainen (2. Mal) | 15. Juli 1970–29. Okt. 1971 |
| Aura (2. Mal) | 1. Nov. 1971–23. Febr. 1972 |
| Paasio (2. Mal) | 23. Febr. 1972–4. Sept. 1972 |
| Kalevi Sorsa (1930) Soz. | 4. Sept. 1972–4. Juni 1975 |
| Keijo Liinamaa Soz. | 13. Juni 1975–30. Nov. 1975 |

| | |
|---|---|
| Miettunen (2. Mal) | 30. Nov. 1975–11. Mai 1977 |
| Sorsa (2. Mal) | 15. Mai 1977–25. Mai 1979 |
| Koivisto* (2. Mal) | 25. Mai 1979–26. Jan. 1982 |
| Sorsa (3. Mal) | 14. Febr. 1982–30. April 1987 |
| Harri Holkeri (1937) Kons. | 30. April 1987–25. April 1991 |
| Esko Aho (1954) Bauern/Zentrum | 26. April 1991– |

**Frankreich**

Nachfolgestaat (zunächst als Westfränkisches Reich) des Frankenreichs (vgl. Abschnitt Historische Staaten). Königreich, I. Republik 1792, I. Kaiserreich 1804, erneut Königreich 1814/1815, II. Republik 1848, II. Kaiserreich 1852, III. Republik 1870/1871, État Français 1940, IV. Republik 1944/1946, V. Republik 1959.

| | |
|---|---|
| *Karolinger* | |
| Karl II. d. Kahle (823) | Kg. 20. Juni 840, Ks. 25. Dez. 875, †6. Okt. 877 |
| Ludwig II. d. Stammler (846) | Kg. 6. Okt. 877, †10. April 879 |
| Ludwig III. (863) | Kg. 10. April 879, †5. Aug. 882 |
| Karlmann (866) | Kg. 10. April 879, †12. Dez. 884 |
| Karl (III.) d. Dicke* (839) | Kg. Anfang 885, †13. Jan. 888 |
| *(Kapetinger)* | |
| Odo v. Paris (um 860) | Kg. 29. Febr. 888, †1. Jan. 898 |
| *Karolinger* | |
| Karl III. d. Einfältige (879) | Kg. (28. Jan. 893) 1. Jan. 898, fakt. d. 30. Juni 922, †7. Okt. 929 |
| *(Kapetinger)* | |
| Robert I. (um 865) | Kg. 30. Juni 922, †15. Juni 923 |
| *Burgunder* | |
| Rudolf* | Kg. 13. Juli 923, †14. Jan. 936 |
| *Karolinger* | |
| Ludwig IV. d. Überseeische (921) | Kg. 19. Juni 936, †10. Sept. 954 |
| Lothar (941) | Kg. 12. Nov. 954, †2. März 986 |
| Ludwig V. (967) | Kg. 8. Juni 979, †22. Mai 987 |
| *Kapetinger* | |
| Hugo (um 940) | Kg. 3. Juli 987, †24. Okt. 996 |
| Robert II* (um 970) | Mitregent 1. Jan. 988, Kg. 24. Okt. 996, †20. Juli 1031 |

| | |
|---|---|
| Heinrich I.* (1008) | Mitregent 14. Mai 1027, Kg. 20. Juli 1031, †4. Aug. 1060 |
| Philipp I. (1053) | Mitregent 23. Mai 1059, Kg. 29. Aug. 1060, †29. Juli 1108 |
| Ludwig VI. d. Dicke (1081) | Mitregent Ende 1098, Kg. 3. Aug. 1108, †1. Aug. 1137 |
| Philipp (II.) (1116) | Mitregent 14. April 1129, †13. Okt. 1131 |
| Ludwig VII. d. Junge (1120) | Mitregent 25. Okt. 1131, Kg. 1. Aug. 1137, †18. Sept. 1180 |
| Philipp II. Augustus (1165) | Mitregent 1. Nov. 1179, Kg. 18. Sept. 1180, †14. Juli 1223 |
| Ludwig VIII. d. Löwe (1187) | Kg. 14. Juli 1223, †8. Nov. 1226 |
| Ludwig IX. d. Heilige (1215) | Kg. 8. Nov. 1226, †25. Aug. 1270 |
| Philipp III. d. Kühne (1245) | Kg. 25. Aug. 1270, †6. Okt. 1285 |
| Philipp IV. d. Schöne* (1268) | Kg. 6. Okt. 1285, †29. Nov. 1314 |
| Ludwig X.* (1289) | Kg. 29. Nov. 1314, †8. Juni 1316 |
| Johann I. (1316) | Kg. 15. Nov. 1316, †19. Nov. 1316 |
| Philipp V.* (1291) | Kg. 6. Jan. 1317, †3. Jan. 1322 |
| Karl IV. d. Schöne* (1295) | Kg. 3. Jan. 1322, †1. Febr. 1328 |

*Valois*

| | |
|---|---|
| Philipp VI. (1293) | Kg. 27. Mai 1328, †22. Aug. 1350 |
| Johann II. d. Gute (1319) | Kg. 22. Aug. 1350, †8. April 1364 |
| Karl V. d. Weise (1338) | Kg. 8. April 1364, †16. Sept. 1380 |
| Karl VI. d. Wahnsinnige (1368) | Kg. 16. Sept. 1380, †21. Okt. 1422 (bis 1382 und seit 1392 unter Vormundschaft) |
| Karl VII. d. Siegreiche (1403) | Kg. 28. Okt. 1422, Krönung 17. Juli 1429, †22. Juli 1461 |
| Ludwig XI. (1423) | Kg. 22. Juli 1461, †30. Aug. 1483 |
| Karl VIII.* (1470) | Kg. 30. Aug. 1483, †7. April 1498 |
| Ludwig XII. d. Vater des Volkes* (1462) | Kg. 7. April 1498, †1. Jan. 1515 |
| Franz I.* (1494) | Kg. 1. Jan. 1515, †31. März 1547 |
| Heinrich II. (1519) | Kg. 31. März 1547, †10. Juli 1559 |
| Franz II. (1544) | Kg. 10. Juli 1559, †5. Dez. 1560 |
| Karl IX. (1550) | Kg. 5. Dez. 1560, †30. Mai 1574 |
| Heinrich III.* (1551) | Kg. 30. Mai 1574, †2. Aug. 1589 |

| | |
|---|---|
| *Bourbonen* | |
| Heinrich IV.* (1553) | Kg. 2. Aug. 1589, Krönung 27. Febr. 1594, † 14. Mai 1610 |
| Ludwig XIII. (1601) | Kg. 14. Mai 1610, mündig 1614, † 14. Mai 1643 |
| Ludwig XIV. (1638) | Kg. 14. Mai 1643, mündig 1651, fakt. Regierungsantritt 10. März 1661, † 1. Sept. 1715 |
| Ludwig XV. (1710) | Kg. 1. Sept. 1715, mündig 1723, † 10. Mai 1774 |
| Ludwig XVI. (1754) | Kg. 10. Mai 1774, d. 21. Sept. 1792, † 21. Jan. 1793 |

| | |
|---|---|
| Herrschaft des Konvents | 21. Sept. 1792–26. Okt. 1795 |

Faktische Herrschaft des Wohlfahrtsausschusses, dessen Vorsitzende:

| | |
|---|---|
| Georges Jacques Danton (1759–1794) | 6. April 1793–24. Juli 1793 |
| Maximilien Robespierre (1758–1794) | 27. Juli 1793–27. Juli 1794 |

| | | |
|---|---|---|
| Herrschaft des Direktoriums | | 27. Okt. 1795–9. Nov. 1799 |
| I | de Barras/Reubell/La Revellière-Lépeaux/Carnot/Letourneur | 31. Okt. 1795–6. Mai 1797 |
| II | de Barras/Reubell/La Revellière-Lépeaux/Carnot/Barthélemy | 6. Mai 1797–4. Sept. 1797 |
| III | de Barras/Reubell/La Revellière-Lépeaux/Merlin de Douai/de Neufchâteau | 8. Sept. 1797–15. Mai 1798 |
| IV | de Barras/Reubell/La Revellière-Lépeaux/Merlin de Douai/Treilhard | 15. Mai 1798–25. Mai 1799 |
| V | de Barras/Sieyès/La Revellière-Lépeaux (bis 30. Juni 1799)/Merlin de Douai (bis 30. Juni 1799)/Treilhard | 25. Mai 1799–17. Juni 1799 |
| VI | de Barras/Sieyès/Ducos/Moulin/Gohier | 17./20. Juni–9. Nov. 1799 |

| | | |
|---|---|---|
| Herrschaft der Konsuln | | 9. Nov. 1799–18. Mai 1804 |
| I | Bonaparte*/Sieyès/Ducos | 9. Nov. 1799–24. Dez. 1799 |
| II | Bonaparte/Cambacérès*/Lebrun* | 27. Dez. 1799–4. Aug. 1802 |

| | |
|---|---|
| III Bonaparte (auf Lebenszeit)/ Cambacérès*/Lebrun* | 4. Aug. 1802–18. Mai 1804 |
| Napoleon I.* (Bonaparte) (1769) | Ks. 18. Mai 1804, r. 6. April 1814, Rückkehr 20. März 1815, r. 22. Juni 1815, †5. Mai 1821 |
| *Bourbonen* | |
| Ludwig XVIII. (1755) | Kg. 2. April 1814 bzw. 22. Juni 1815, †16. Sept. 1824 |
| Karl X. (1757) | Kg. 16. Sept. 1824, r. 2. Aug. 1830, †6. Nov. 1836 |
| Ludwig Philipp (1773) | Kg. 9. Aug. 1830, r. 24. Febr. 1848, †26. Aug. 1850 |
| Staatsoberhäupter der II. Republik: | |
| Louis Eugène Cavaignac (1802–1857) | 23. Juni 1848–20. Dez. 1848 |
| Louis Napoléon Bonaparte* (1808–1873) | 20. Dez. 1848–7. Nov. 1852 |
| Napoleon III.* (1808) | Ks. 7. Nov. bzw. 2. Dez. 1852, r. 4. Sept. 1870, †9. Jan. 1873 |
| Präsidenten der III. Republik: | |
| Adolphe Thiers* (1797–1877) | 31. Aug. 1871–24. Mai 1873 |
| Marie Edme Patrice Maurice, Gf. v. MacMahon* (1808–1893) | 24. Mai 1873–30. Jan. 1879 |
| Jules Grévy (1807–1891) | 30. Jan. 1879–1. Dez. 1887 |
| Marie François Sadi Carnot (1837–1894) | 3. Dez. 1887–24. Juni 1894 |
| Jean Paul Pierre Casimir-Périer* (1847–1907) | 27. Juni 1894–17. Jan. 1895 |
| Félix Faure (1841–1899) | 17. Jan. 1895–16. Febr. 1899 |
| Emile Loubet* (1838–1929) | 18. Febr. 1899–18. Febr. 1906 |
| Armand Fallières* (1841–1931) | 18. Febr. 1906–18. Febr. 1913 |
| Raymond Poincaré* (1860–1934) | 18. Febr. 1913–18. Febr. 1920 |
| Paul Deschanel (1856–1922) | 18. Febr. 1920–16. Sept. 1920 |
| Alexandre Millerand* (1859–1943) | 23. Sept. 1920–10. Juni 1924 |
| Gaston Doumergue* (1863–1937) | 13. Juni 1924–13. Juni 1931 |
| Paul Doumer (1857–1932) | 13. Juni 1931–7. Mai 1932 |
| Albert Lebrun (1871–1950) | 10. Mai 1932–12. Juli 1940 |

| | |
|---|---|
| Chef des État Français: | |
| Henri Philippe Pétain* (1856–1951) | 12. Juli 1940–24. April 1945 |

| | |
|---|---|
| Präsidenten der IV. Republik: | |
| Vincent Auriol (1884–1966) | 16. Jan. 1947–16. Jan. 1954 |
| René Coty (1882–1962) | 16. Jan. 1954–8. Jan. 1959 |

| | |
|---|---|
| Präsidenten der V. Republik: | |
| Charles de Gaulle* (1890–1970) | 8. Jan. 1959–28. April 1969 |
| Georges Pompidou* (1911–1974) | 20. Juni 1969–2. April 1974 |
| Valéry Giscard d'Estaing (1926) | 27. Mai 1974–21. Mai 1981 |
| François Mitterand (1916) | 21. Mai 1981– |

| | |
|---|---|
| Leitende Staatsmänner bis 1790: | |
| Maximilien de Béthune, Hzg. v. Sully (1560–1641) | 1597–1610 |
| Cosme Jean Baptiste, Marquis d'Ancre (um 1575–1617) | 1610–1617 |
| Charles d'Albert, Hzg. v. Luynes (1578–1621) | 1617–1621 |
| Armand Jean du Plessis, Hzg. v. Richelieu (1585–1642) | 1624–1642 |
| Jules Mazarin (1602–1661) | 1643–1661 |
| Jean Baptiste Colbert (1619–1683) | 1661–1683 |
| Philipp II., Hzg. v. Orléans (1674–1723) | 1715–1723 |
| Louis Henri, Fst. v. Condé, Hzg. v. Bourbon (1692–1740) | 1723–1726 |
| André Hercule de Fleury (1653–1743) | 1726–1743 |
| Etienne François, Hzg. v. Choiseul-Amboise (1719–1785) | 1758–1770 |
| René Nicolas de Maupeou (1714–1792) | 1768–1774 |
| Armand Vignerol Duplessis Richelieu, Hzg. v. Aiguillon (1720–1782) | 1770–1774 |
| Anne Robert Turgot (1727–1781) | 1774–1776 |
| Jacques Necker (1732–1804) | 1777–1781 |
| Charles Alexandre de Calonne (1734–1802) | 1783–1787 |

| | |
|---|---|
| Etienne Charles de Loménie de Brienne (1727–1794) | 1787–1788 |
| Necker (2. Mal) | 1788–1790 |

Regierungschefs seit 1815:

| | |
|---|---|
| Armand du Plessis, Hzg. v. Richelieu (1766–1822) | 24. Sept. 1815–Dez. 1818 |
| Jean Joseph Paul Augustin, Marquis Dessolles (1767–1828) | 28. Dez. 1818–Nov. 1819 |
| Elie, Gf. v. Decazes (1780–1860) | 16. Nov. 1819–Febr. 1820 |
| Richelieu (2. Mal) | 18. Febr. 1820–19. Dez. 1821 |
| Joseph, Gf. v. Villèle (1773–1854) | 19. Dez. 1821–4. Jan. 1828 |
| Jean Baptiste Gay, Vicomte de Martignac (1778–1832) | 4. Jan. 1828–8. Aug. 1829 |
| Jules, Fst. v. Polignac (1780–1847) | 8. Aug. 1829–29. Juli 1830 |

| | |
|---|---|
| Marie Jean Paul, Marquis de Lafayette (1754–1834) | 29. Juli 1830–8. Aug. 1830 |
| Victor, Hzg. v. Broglie (1785–1870) | 13. Aug. 1830–3. Nov. 1830 |
| Jacques Laffitte (1767–1844) | 3. Nov. 1830–13. März 1831 |
| Casimir Périer (1777–1832) | 13. März 1831–16. Mai 1832 |
| Nicolas Soult (1769–1851) | 11. Okt. 1832–Juli 1834 |
| Etienne Maurice, Gf. Gérard (1773–1852) | Aug. 1834–14. Nov. 1834 |
| Hugues Bernard Maret (1763–1839) | 14. Nov. 1834–18. Nov. 1834 |
| Edouard Adolphe C. J. Mortier (1768–1835) | 18. Nov. 1834–20. Febr. 1835 |
| Broglie (2. Mal) | 12. März 1835–Febr. 1836 |
| Adolphe Thiers* (1797–1877) | 22. Febr. 1836–25. Aug. 1836 |
| Louis Matthieu, Gf. v. Molé (1781–1855) | 7. Sept. 1836–8. März 1839 |
| Soult (2. Mal) | 12. Mai 1839–25. Jan. 1840 |
| Thiers (2. Mal) | 1. März 1840–22. Okt. 1840 |
| Soult (3. Mal) | 29. Okt. 1840–Sept. 1847 |
| Guillaume Guizot (1787–1874) | Sept. 1847–23. Febr. 1848 |
| Molé (2. Mal) | 23. Febr. 1848–24. Febr. 1848 |
| Thiers (3. Mal) | 24. Febr. 1848 |

| | |
|---|---|
| Jacques Charles Dupont de l'Eure (1767–1855) | 24. Febr. 1848–10. Mai 1848 |
| Alphonse Henri, Gf. v. Hautpoul (1789–1865) | 31. Okt. 1849–18. Jan. 1851 |

| | |
|---|---|
| Léon Faucher (1803–1854) | 10. April 1851–14. Dez. 1854 |
| Eugène Rouher (1814–1884) | 3. Febr. 1855–Juni 1859 |
| Auguste Billault (1805–1863) | 24. Juni 1859–13. Okt. 1863 |
| Rouher (2. Mal) | 18. Okt. 1863–17. Juli 1869 |
| Jean de Forcade (1820–1874) | 17. Juli 1869–27. Dez. 1869 |
| Emile Ollivier (1825–1913) | 2. Jan. 1870–9. Aug. 1870 |
| Charles Guillaume Marie Cousin-Montauban (1796–1878) | 9. Aug. 1870–4. Sept. 1870 |
| | |
| Thiers (4. Mal) | 18. Febr. 1871–25. Mai 1873 |
| Marie Edme Patrice Maurice, Gf. v. MacMahon* (1808–1893) | 25. Mai 1873–16. Mai 1874 |
| Ernest Louis Octave Courtot de Cissey (1810–1882) | 22. Mai 1874–25. Febr. 1875 |
| Louis Joseph Buffet (1818–1898) | 10. März 1875–21. Febr. 1876 |
| Jules Dufaure (1798–1881) | 22. Febr. 1876–12. Dez. 1876 |
| Jules Simon (1814–1896) | 12. Dez. 1876–16. Mai 1877 |
| Albert, Hzg. v. Broglie (1821–1901) | 18. Mai 1877–23. Nov. 1877 |
| Caiétan de Grimaudet de la Rochebouet | 23. Nov. 1877–3. Dez. 1877 |
| Dufaure (2. Mal) | 14. Dez. 1877–30. Jan. 1879 |
| William Henry Waddington (1826–1894) | 4. Febr. 1879–21. Dez. 1879 |
| Charles de Saulces de Freycinet (1828–1923) | 29. Dez. 1879–19. Sept. 1880 |
| Jules Ferry (1832–1893) | 22. Sept. 1880–10. Nov. 1881 |
| Léon Gambetta (1838–1882) | 14. Nov. 1881–26. Jan. 1882 |
| Freycinet (2. Mal) | 31. Jan. 1882–29. Juli 1882 |
| Charles Théodore Eugène Duclerc (1813–1888) | 8. Aug. 1882–28. Jan. 1883 |
| Armand Fallières* (1841–1931) | 29. Jan. 1883–18. Febr. 1883 |
| Ferry (2. Mal) | 19. Febr. 1883–30. März 1885 |
| Eugène Henri Brisson (1835–1912) | 6. April 1885–29. Dez. 1885 |
| Freycinet (3. Mal) | 7. Jan. 1886–3. Dez. 1886 |
| René Goblet (1828–1905) | 16. Dez. 1886–17. Mai 1887 |
| Maurice Rouvier (1842–1911) | 29. Mai 1887–19. Nov. 1887 |
| Pierre Emmanuel Tirard (1827–1893) | 11. Dez. 1887–30. März 1888 |
| Charles Thomas Floquet (1828–1896) | 3. April 1888–14. Febr. 1889 |
| Tirard (2. Mal) | 21. Febr. 1889–13. März 1890 |
| Freycinet (4. Mal) | 17. März 1890–20. Febr. 1892 |
| Emile Loubet* (1838–1929) | 27. Febr. 1892–29. Nov. 1892 |

| | |
|---|---|
| Alexandre Félix Joseph Ribot (1842–1923) | 6. Dez. 1892–20. April 1893 |
| Charles Dupuy (1851–1923) | 4. Mai 1893–25. Nov. 1893 |
| Jean Paul Pierre Casimir-Périer* (1847–1907) | 3. Dez. 1893–22. Mai 1894 |
| Dupuy (2. Mal) | 30. Mai 1894–14. Jan. 1895 |
| Ribot (2. Mal) | 27. Jan. 1895–28. Okt. 1895 |
| Léon Bourgeois (1851–1925) | 1. Nov. 1895–22. April 1896 |
| Félix Jules Méline (1838–1925) | 29. April 1896–14. Juli 1898 |
| Brisson (2. Mal) | 27. Juni 1898–25. Okt. 1898 |
| Dupuy (3. Mal) | 31. Okt. 1898–12. Juni 1899 |
| Pierre Marie Waldeck-Rousseau (1846–1904) | 22. Juni 1899–28. Mai 1902 |
| Emile Combes (1835–1921) | 7. Juni 1902–19. Jan. 1905 |
| Rouvier (2. Mal) | 24. Jan. 1905–7. März 1906 |
| Ferdinand Sarrien (1840–1915) | 12. März 1906–18. Okt. 1906 |
| Georges Clemenceau (1841–1929) | 23. Okt. 1906–20. Juli 1909 |
| Aristide Briand (1862–1932) | 24. Juli 1909–24. Febr. 1911 |
| Antoine Emmanuel Ernest Monis (1846–1929) | 27. Febr. 1911–22. Juni 1911 |
| Joseph Caillaux (1863–1944) | 27. Juni 1911–10. Jan. 1912 |
| Raymond Poincaré* (1860–1934) | 14. Jan. 1912–18. Jan. 1913 |
| Briand (2. Mal) | 21. Jan. 1913–18. März 1913 |
| Louis Barthou (1862–1934) | 21. März 1913–2. Dez. 1913 |
| Gaston Doumergue* (1863–1937) | 8. Dez. 1913–4. Juni 1914 |
| René Viviani (1863–1925) | 13. Juni 1914–29. Okt. 1915 |
| Briand (3. Mal) | 29. Okt. 1915–17. März 1917 |
| Ribot (3. Mal) | 20. März 1917–7. Sept. 1917 |
| Paul Painlevé (1863–1933) | 12. Sept. 1917–13. Nov. 1917 |
| Clemenceau (2. Mal) | 17. Nov. 1917–18. Jan. 1920 |
| Alexandre Millerand* (1859–1943) | 19. Jan. 1920–23. Sept. 1920 |
| Georges Leygues (1858–1933) | 24. Sept. 1920–10. Jan. 1921 |
| Briand (4. Mal) | 16. Jan. 1921–12. Jan. 1922 |
| Poincaré (2. Mal) | 15. Jan. 1922–1. Juni 1924 |
| Fédéric François-Marsal (1874–1958) | 8. Juni 1924–13. Juni 1924 |
| Edouard Hérriot (1872–1957) | 15. Juni 1924–10. April 1925 |
| Painlevé (2. Mal) | 17. April 1925–22. Nov. 1925 |
| Briand (5. Mal) | 28. Nov. 1925–17. Juli 1926 |
| Hérriot (2. Mal) | 19. Juli 1926–21. Juli 1926 |
| Poincaré (3. Mal) | 23. Juli 1926–26. Juli 1929 |
| Briand (6. Mal) | 29. Juli 1929–22. Okt. 1929 |
| André Tardieu (1876–1945) | 2. Nov. 1929–17. Febr. 1930 |

| | |
|---|---|
| Camille Chautemps (1885–1963) | 21. Febr. 1930–25. Febr. 1930 |
| Tardieu (2. Mal) | 2. März 1930–5. Dez. 1930 |
| Théodore Steeg (1868–1950) | 13. Dez. 1930–24. Jan. 1931 |
| Pierre Laval (1883–1945) | 27. Jan. 1931–16. Febr. 1932 |
| Tardieu (3. Mal) | 20. Febr. 1932–10. Mai 1932 |
| Hérriot (3. Mal) | 4. Juni 1932–14. Dez. 1932 |
| Joseph Paul-Boncour (1873–1972) | 18. Dez. 1932–29. Jan. 1933 |
| Edouard Daladier (1884–1970) | 31. Jan. 1933–23. Okt. 1933 |
| Albert Sarraut (1872–1962) | 26. Okt. 1933–24. Nov. 1933 |
| Chautemps (2. Mal) | 27. Nov. 1933–27. Jan. 1934 |
| Daladier (2. Mal) | 30. Jan. 1934–7. Febr. 1934 |
| Doumergue (2. Mal) | 9. Febr. 1934–8. Nov. 1934 |
| Pierre Etienne Flandin (1889–1958) | 9. Nov. 1934–30. Mai 1935 |
| Fernand Buisson (1874–1959) | 1. Juni 1935–4. Juni 1935 |
| Laval (2. Mal) | 7. Juni 1935–22. Jan. 1936 |
| Sarraut (2. Mal) | 24. Jan. 1936–4. Juni 1936 |
| Léon Blum (1872–1950) | 4. Juni 1936–21. Juni 1937 |
| Chautemps (3. Mal) | 22. Juni 1937–10. März 1938 |
| Blum (2. Mal) | 13. März 1938–8. April 1938 |
| Daladier (3. Mal) | 10. April 1938–20. März 1940 |
| Paul Reynaud (1878–1966) | 21. März 1940–17. Juni 1940 |
| Henri Philippe Pétain* (1856–1951) | 17. Juni 1940–12. Juli 1940 |
| | |
| Charles de Gaulle* (1890–1970) | 29. Aug. 1944–20. Jan. 1946 |
| Félix Gouin (1884–1977) Soz. | 26. Jan. 1946–12. Juni 1946 |
| Georges Bidault (1899–1983) Christl. | 24. Juni 1946–28. Nov. 1946 |
| Blum (3. Mal) Soz. | 16. Dez. 1946–16. Jan. 1947 |
| Paul Ramadier (1888–1961) Soz. | 22. Jan. 1947–19. Nov. 1947 |
| Robert Schuman (1886–1963) Christl. | 24. Nov. 1947–19. Juli 1948 |
| André Marie (1897) Rad. | 27. Juli 1948–27. Aug. 1948 |
| Schuman (2. Mal) | 5. Sept. 1948–8. Sept. 1948 |
| Henri Queuille (1884–1970) Rad. | 13. Sept. 1948–6. Okt. 1949 |
| Bidault (2. Mal) | 28. Okt. 1949–24. Juni 1950 |
| Queuille (2. Mal) | 30. Juni 1950–4. Juli 1950 |
| René Pleven (1901–1993) Dem. Widerstandspartei | 11. Juli 1950–28. Febr. 1951 |
| Queuille (3. Mal) | 10. März 1951–10. Juli 1951 |
| Pleven (2. Mal) | 8. Aug. 1951–8. Jan. 1952 |
| Edgar Faure (1908–1988) Rad. | 18. Jan. 1952–29. Febr. 1952 |
| Antoine Pinay (1891) Unabh. Rep. | 7. März 1952–23. Dez. 1952 |

| | |
|---|---|
| René Mayer (1895–1972) Rad. | 7. Jan. 1953–21. Mai 1953 |
| Joseph Laniel (1889–1975) Unabh. Rep. | 26. Juni 1953–14. Juni 1954 |
| Pierre Mendès-France (1907–1982) Rad. | 18. Juni 1954–5. Febr. 1955 |
| Christian Pineau (1904) Soz. | 17. Febr. 1955–19. Febr. 1955 |
| Faure (2. Mal) | 23. Febr. 1955–19. Jan. 1956 |
| Guy Mollet (1905–1975) Soz. | 31. Jan. 1956–10. Juni 1957 |
| Maurice Bourgès-Maunory (1914) Rad. | 11. Juni 1957–30. Sept. 1957 |
| Félix Gaillard (1919–1970) Rad. | 6. Nov. 1957–15. April 1958 |
| Pierre Pflimlin (1907) Christl. | 12. Mai 1958–28. Mai 1958 |
| Charles de Gaulle (2. Mal) | 1. Juni 1958–8. Jan. 1959 |
| Michel Debré (1912) Gaullist | 8. Jan. 1959–14. April 1962 |
| Georges Pompidou* (1911–1974) Gaullist | 15. April 1962–10. Juli 1968 |
| Maurice Couve de Murville (1907) Gaullist | 13. Juli 1968–20. Juni 1969 |
| Jacques Chaban Delmas (1915) Gaullist | 24. Juni 1969–5. Juli 1972 |
| Pierre Messmer (1916) Gaullist | 6. Juli 1972–20. Mai 1974 |
| Jacques Chirac (1932) Gaullist | 27. Mai 1974–25. Aug. 1976 |
| Raymond Barre (1924) Lib. | 25. Aug. 1976–13. Mai 1981 |
| Pierre Mauroy (1928) Soz. | 21. Mai 1981–18. Juli 1984 |
| Laurent Fabius (1947) Soz. | 18. Juli 1984–20. März 1986 |
| Chirac (2. Mal) | 21. März 1986–10. Mai 1988 |
| Michel Rocard (1930) Soz. | 10. Mai 1988–15. Mai 1991 |
| Edith Cresson (1934) Soz. | 16. Mai 1991–2. April 1992 |
| Pierre Bérégovoy (1925–1993) Soz. | 2. April 1992–29. März 1993 |
| Edouard Balladur (1929) Gaullist | 29. März 1993– |

**Griechenland**

Unabhängigkeitserklärung 13. Januar 1822, faktische Unabhängigkeit 1827/1828, Königreich 3. Februar 1830, Republik 25. März 1924, erneut Königreich 3. November 1935, erneut Republik 1. Juni 1973/8. Dezember 1974 (1967–1974 Militärdiktatur).

| | |
|---|---|
| Johannes, Gf. Kapodistrias (1776) | Präsident (Regent) 14. April 1827 bzw. 18. Jan. 1828 (Amtsantritt) †9. Okt. 1831 |
| Augustin, Gf. Kapodistrias (1778) | Regent 20. Dez. 1831, r. 10. April 1832, †1857 |

| | |
|---|---|
| *Wittelsbacher* | |
| Otto (1815) | Kg. 6. Febr. 1833, mündig 1. Juni 1835, d. 24. Okt. 1862, †26. Juli 1867 |
| *Glücksburger* | |
| Georg I. (1845) | Kg. 31. Okt. 1863 (gewählt 30. März 1863), †18. März 1913 |
| Konstantin I. (1868) | Kg. 18. März 1913, r. 12. Juni 1917, vgl. unten |
| Alexander (1893) | Kg. 12. Juni 1917, †25. Okt. 1920 |
| Konstantin I. (2. Mal) | Kg. 15. Dez. 1920, r. 27. Sept. 1922, †11. Jan. 1923 |
| Georg II. (1890) | Kg. 27. Sept. 1922, d. 25. März 1924, vgl. unten |
| Präsidenten: | |
| Pavlos Konduriotis (1854–1935) | 25. März 1924–18. März 1926 |
| Theodoros Pangalos (1878–1952) | 11. April 1926–18. Aug. 1926 |
| Konduriotis (2. Mal) | 22. Aug. 1926–10. Dez. 1929 |
| Alexandros Zaimis (1855–1936) | 15. Dez. 1929–11. Okt. 1935 |
| *Glücksburger* | |
| Georg II. (2. Mal) | Kg. 3. Nov. 1935, 1941–1946 außer Landes, †1. April 1947 |
| Paul (1901) | Kg. 1. April 1947, †6. März 1964 |
| Konstantin II. (1940) | Kg. 6. März 1964, flieht außer Landes 14. Dez. 1967, d. 1. Juni 1973 bzw. 8. Dez. 1974 |
| Vizekönige: | |
| Giorgios Zoitakis (1910) | 14. Dez. 1967–21. März 1972 |
| Giorgios Papadopoulos* (1919) | 21. März 1972–1. Juni 1973 |
| Präsidenten: | |
| Giorgios Papadopoulos* (1919) | 1. Juni 1973–25. Nov. 1973 |
| Phaidon Gizikis (1917) | 25. Nov. 1973–18. Dez. 1974 |
| Michael Stasinopoulos | 18. Dez. 1974–19. Juni 1975 |
| Konstantin Tsatsos (1889–1987) | 19. Juni 1975–15. Mai 1980 |
| Konstantin Karamanlis* (1907) | 15. Mai 1980–10. März 1985 |
| Christos Sartzetakis (1929) | 29. März 1985–29. März 1990 |
| Karamanlis* (2. Mal) | 4. Mai 1990– |
| Regierungschefs seit 1945: | |
| N. Plastiras (1884–1953) | 3. Jan. 1945–9. April 1945 |
| P. Vulgaris (1884–1957) | 9. April 1945–9. Okt. 1945 |

| | |
|---|---|
| Ebf. Damaskinos v. Athen (1891–1949) | 17. Okt. 1945–1. Nov. 1945 |
| P. Kanellopoulos (1902–1986) | 1. Nov. 1945–20. Nov. 1945 |
| T. Sofulis (1860–1949) | 21. Nov. 1945–1. April 1946 |
| P. Politzas | 7. April 1946–21. April 1946 |
| K. Tsaldáris (1884–1970) | 21. April 1946–22. Jan. 1947 |
| D. Maximos (1873–1955) | 25. Jan. 1947–25. Aug. 1947 |
| Tsaldáris (2. Mal) | 30. Aug. 1947–5. Sept. 1947 |
| Sofulis (2. Mal) | 8. Sept. 1947–24. Juni 1949 |
| A. Diomidis (1875–1950) | 30. Juni 1949–5. Jan. 1950 |
| J. Theotokis | 7. Jan. 1950–5. März 1950 |
| S. Venizelos (1894–1964) | 23. März 1950–14. April 1950 |
| Plastiras (2. Mal) | 15. April 1950–18. Aug. 1950 |
| Venizelos (2. Mal) | 21. Aug. 1950–27. Okt. 1951 |
| Plastiras (3. Mal) | 1. Nov. 1951–10. Okt. 1952 |
| D. Kioussopoulos | 11. Okt. 1952–18. Nov. 1952 |
| A. Papagos (1883–1955) | 19. Nov. 1952–4. Okt. 1955 |
| S. Stefanopoulos (1898–1982) | 4. Okt. 1955–6. Okt. 1955 |
| K. Karamanlis* (1907) | 6. Okt. 1955–2. März 1958 |
| K. Georgakapoulos | 3. März 1958–17. Mai 1958 |
| Karamanlis (2. Mal) | 17. Mai 1958–20. Sept. 1961 |
| K. Dovas | 20. Sept. 1961–4. Nov. 1961 |
| Karamanlis (3. Mal) | 4. Nov. 1961–11. Juni 1963 |
| P. Pipinelis (1899–1970) | 19. Juni 1963–26. Sept. 1963 |
| S. Mavromichalis | 28. Sept. 1963–7. Nov. 1963 |
| G. Papandreou (1888–1968) | 7. Nov. 1963–24. Dez. 1963 |
| J. Paraskevopoulos (1900) | 30. Dez. 1963–18. Febr. 1964 |
| Papandreou (2. Mal) | 19. Febr. 1964–15. Juli 1965 |
| G. Athanasiades-Novas | 15. Juli 1965–5. Aug. 1965 |
| E. Tsirimokos (1907–1968) | 19. Aug. 1965–29. Aug. 1965 |
| Stefanopoulos (2. Mal) | 17. Sept. 1965–21. Dez. 1966 |
| Paraskevopoulos (2. Mal) | 22. Dez. 1966–30. März 1967 |
| Kanellopoulos (2. Mal) | 3. April 1967–21. April 1967 |
| K. Kollias (1901) | 21. April 1967–13. Dez. 1967 |
| G. Papadopoulos* (1919) | 14. Dez. 1967–1. Okt. 1973 |
| S. Markezinis | 1. Okt. 1973–25. Nov. 1973 |
| A. Androutsopoulos (1919) | 25. Nov. 1973–24. Juli 1974 |
| Karamanlis* (4. Mal) Kons. | 24. Juli 1974–9. Mai 1980 |
| G. Rallis (1918) Kons. | 9. Mai 1980–20. Okt. 1981 |
| A. Papandreou (1919) Soz. | 21. Okt. 1981–2. Juli 1989 |
| T. Tsannetakis (1927) Kons. | 2. Juli 1989–7. Okt. 1989 |
| I. Grivas | 11. Okt. 1989–21. Nov. 1989 |
| X. Zolotas (1904) Kons. | 21. Nov. 1989–11. April 1990 |
| K. Mitsotakis (1918) Kons. | 11. April 1990–11. Okt. 1993 |
| Papandreou (2. Mal) | 13. Okt. 1993– |

**Großbritannien und Nordirland**

Geeintes Königreich England um 955 (954 Ende des skandinavischen Königreichs York), 1066 von den Normannen erobert. Republik 1649, erneut Königreich 1660. Seit 1603 in Personalunion, seit 1707 in Realunion mit Schottland (vgl. Abschnitt Historische Staaten), seit 1801 Union mit Irland (seit 1921 nur mit Nordirland).

*Haus Wessex*

| | |
|---|---|
| (Egbert | Kg. v. Wessex 802, »Overlord« von England 825 bzw. 829/830, †839) |
| (Ethelwulf | Kg. v. Wessex 839, auf Kent, Sussex und Essex beschränkt 855, †13. Jan. 858) |
| (Ethelbald | Kg. v. Wessex 855, †860) |
| (Ethelbert | Kg. v. Wessex 860, †865/866) |
| (Ethelred | Kg. v. Wessex 865/866, †April 871) |
| (Alfred d. Große [849] | Kg. v. Wessex 871, †26. Okt. 899) |
| (Eduard d. Ältere | Kg. v. Wessex Okt. 899, †17. Juli 924) |
| (Athelstan | Kg. v. Wessex Sommer 924, †27. Okt. 939) |
| (Edmund [921] | Kg. v. Wessex Okt. 939, »Overlord« v. England 944, †26. Mai 946) |
| (Edred | Kg. v. Wessex Mai 946, Kg. v. England 954, †23. Nov. 955) |
| Edwy (vor 943) | Kg. Nov. 955, auf Wessex beschränkt 957, †1. Okt. 959 |
| Edgar (943) | Kg. v. Mercia und Northumbria 957, Kg. v. England Okt. 959, †8. Juli 975 |
| Eduard d. Märtyrer (um 962) | Kg. Juli 975, †18. März 978/979 |
| Ethelred (968/969?) | Kg. Frühjahr 978/979, d. Herbst 1013, vgl. unten |

*Jelling-Dynastie*

| | |
|---|---|
| Sven Gabelbart* (um 955) | Kg. Herbst 1013, †3. Febr. 1014 |

*Haus Wessex*

| | |
|---|---|
| Ethelred (2. Mal) | Kg. 1014, †23. April 1016 |
| Edmund Eisenseite (vor 993) | Kg. April 1016, †30. Nov. 1016 |

| | |
|---|---|
| *Jelling-Dynastie* | |
| Knut d. Große* (um 995) | Kg. Nov. 1016, †12. Nov. 1035 |
| Harald Hasenfuß (um 1016/1017) | Regent Nov. 1035, Kg. 1037, †17. März 1040 |
| Hardiknut* (1018) | Kg. 1035–1037 und seit Juni 1040, †8. Juni 1042 |
| *Haus Wessex* | |
| Eduard d. Bekenner (1002/1005) | Kg. 1042, †5. Jan. 1066 |
| *Haus Godwin* | |
| Harald (um 1020) | Kg. 6. Jan. 1066, †14. Okt. 1066 |
| *Normannen* | |
| Wilhelm I. d. Eroberer (1027/1028) | Kg. 25. Dez. 1066, †9. Sept. 1087 |
| Wilhelm II. (1056/1060) | Kg. 26. Sept. 1087, †2. Aug. 1100 |
| Heinrich I. (1068) | Kg. 5. Aug. 1100, †1. Dez. 1135 |
| *Haus Blois* | |
| Stephan (um 1100) | Kg. 22. Dez. 1135, †25. Okt. 1154 |
| *Anjou-Plantagenet* | |
| Heinrich II. (1133) | Kg. 19. Dez. 1154, †6. Juli 1189 |
| Richard I. Löwenherz (1157) | Kg. 3. Sept. 1189, †6. April 1199 |
| Johann Ohneland (1167) | Kg. 27. Mai 1199, †18./19. Okt. 1216 |
| Heinrich III. (1207) | Kg. 28. Okt. 1216, mündig Jan. 1227, †16. Nov. 1272 |
| Eduard I. (1239) | Kg. 20. Nov. 1272, †7. Juli 1307 |
| Eduard II. (1284) | Kg. 8. Juli 1307, d. 20. Jan. 1327, †21. Sept. 1327 |
| Eduard III. (1312) | Kg. 25. Jan. 1327, mündig 20. Okt. 1330, †21. Juni 1377 |
| Richard II. (1367) | Kg. 22. Juni 1377, mündig 1386, d. 29. Sept. 1399, †Febr. 1400 |
| *Lancaster* | |
| Heinrich IV. (1366) | Kg. 30. Sept. 1399, †20. März 1413 |
| Heinrich V. (1387) | Kg. 21. März 1413, †31. Aug. 1422 |
| Heinrich VI. (1421) | Kg. 1. Sept. 1422, mündig 12. Nov. 1437, d. 4. März 1461, vgl. unten |

| | |
|---|---|
| *York* | |
| Eduard IV. (1442) | Kg. 4. März 1461, Flucht 3. Okt. 1470, vgl. unten |
| *Lancaster* | |
| Heinrich VI. (2. Mal) | Kg. 3. Okt. 1470, d. 11. April 1471, †21. Mai 1471 |
| *York* | |
| Eduard IV. (2. Mal) | Kg. 11. April 1471, †9. April 1483 |
| Eduard V. (1470) | Kg. 9. April 1483, d. 25. Juni 1483, †Juli/Sept. 1483 |
| Richard III. (1452) | Kg. 26. Juni 1483, †22. Aug. 1485 |
| *Tudor* | |
| Heinrich VII. (1457) | Kg. 22. Aug. 1485, †21. April 1509 |
| Heinrich VIII. (1491) | Kg. 22. April 1509, †28. Jan. 1547 |
| Eduard VI. (1537) | Kg. 28. Jan. 1547, †6. Juli 1553 |
| Jane (1537) | Kg.in 6. Juli 1553, d. 19. Juli 1553, †12. Febr. 1554 |
| Maria I. d. Katholische (1516) | Kg.in 19. Juli 1553, †17. Nov. 1558 |
| Elisabeth I. (1533) | Kg.in 17. Nov. 1558, †24. März 1603 |
| *Stewart (Stuart)* | |
| Jakob I.* (1566) | Kg. 24. März 1603, †27. März 1625 |
| Karl I. (1600) | Kg. 27. März 1625, †30. Jan. 1649 |
| Lordprotektoren des Commonwealth: | |
| Oliver Cromwell (1599–1658) | 16. Dez. 1653–3. Sept. 1658 |
| Richard Cromwell (1626–1712) | 3. Sept. 1658–24. Mai 1659 |
| *Stewart (Stuart)* | |
| Karl II. (1630) | Kg. 29. Mai 1660, †6. Febr. 1685 |
| Jakob II. (1633) | Kg. 6. Febr. 1685, Flucht 11. Dez. 1688, †6. Sept. 1701 |
| Maria II. (1662) | Kg.in 13. Febr. 1689, †28. Dez. 1694 |

| | |
|---|---|
| *Oranien* | |
| Wilhelm III.* (1650) | Kg. 13. Febr. 1689, †8. März 1702 |
| *Stewart (Stuart)* | |
| Anna (1665) | Kg.in 8. März 1702, †1. Aug. 1714 |
| *Hannover* | |
| Georg I.* (1660) | Kg. 1. Aug. 1714, †11. Juni 1727 |
| Georg II.* (1683) | Kg. 11. Juni 1727, †25. Okt. 1760 |
| Georg III.* (1738) | Kg. 25. Okt. 1760, unter Regentschaft 5. Febr. 1811, †29. Jan. 1820 |
| Georg IV.* (1762) | Regent 5. Febr. 1811, Kg. 29. Jan. 1820, †26. Juni 1830 |
| Wilhelm IV.* (1765) | Kg. 26. Juni 1830, †20. Juni 1837 |
| Victoria (1819) | Kg.in 20. Juni 1837, †22. Jan. 1901 |
| *Sachsen-Coburg-Gotha (Windsor)* | |
| Eduard VII. (1841) | Kg. 22. Jan. 1901, †6. Mai 1910 |
| Georg V. (1865) | Kg. 6. Mai 1910, †20. Jan. 1936 |
| Eduard VIII. (1894) | Kg. 20. Jan. 1936, r. 11. Dez. 1936, †28. Mai 1972 |
| Georg VI. (1895) | Kg. 11. Dez. 1936, †6. Febr. 1952 |
| Elisabeth II. (1926) | Kg.in 6. Febr. 1952 |

Premierminister:

| | |
|---|---|
| Sir Robert Walpole, Earl of Oxford (1676–1745) Whig | 15. Mai 1730–11. Febr. 1742 |
| John Carteret, Earl of Granville (1690–1763) Whig | 16. Febr. 1742–2. Aug. 1743 |
| Henry Pelham (1696–1754) Whig | 27. Aug. 1743–6. März 1754 |
| Thomas Pelham-Holles, Marquess of Clare, Duke of Newcastle (1693–1768) Whig | 16. März 1754–Nov. 1756 |
| William Cavendish, Duke of Devonshire (1720–1764) Whig | 16. Nov. 1756–Mai 1757 |
| Newcastle (2. Mal) | 2. Juli 1757–Mai 1762 |
| John Stuart, Earl of Bute (1713–1792) King's Friends | 26. Mai 1762–April 1763 |
| George Grenville (1712–1770) Whig | 16. April 1763–Juli 1765 |
| Charles Wentworth, Marquess of Rockingham (1730–1782) Whig | 13. Juli 1765–Juli 1766 |
| William Pitt, Earl of Chatham (1708–1778) Whig | 30. Juli 1766–Okt. 1768 |

| | |
|---|---|
| August Henry Fitzroy, Duke of Grafton (1735–1811) | 14. Okt. 1768–28. Jan. 1770 |
| Frederick, Lord North, Earl of Guildford (1732–1792) Tory | 28. Jan. 1770–19. März 1782 |
| Rockingham (2. Mal) | 27. März 1782–1. Juli 1782 |
| William Petty Fitzmaurice, Earl of Shelburne, Marquess of Lansdowne (1737–1805) Whig | 4. Juli 1782–2. April 1783 |
| William Henry Cavendish-Bentinck, Duke of Portland (1738–1809) Koalitionskabinett Whig/Tory | 2. April 1783–Dez. 1783 |
| William Pitt (1759–1806) Tory | 19. Dez. 1783–10. März 1801 |
| Henry Addington, Viscount Sidmouth (1757–1844) Tory | 17. März 1801–April 1804 |
| Pitt (2. Mal) | 10. Mai 1804–23. Jan. 1806 |
| William Wyndham, Lord Grenville (1759–1834) Koalitionskabinett Whig/Tory | 11. Febr. 1806–März 1807 |
| Portland (2. Mal) | 31. März 1807–30. Sept. 1809 |
| Spencer Perceval (1762–1812) Tory | 4. Okt. 1809–11. Mai 1812 |
| Robert Banks Jenkinson, Earl of Liverpool, Baron Hawkesbury (1770–1828) Tory | 8. Juni 1812–Febr. 1827 |
| George Canning (1770–1827) Lib. Tory | 10. April 1827–8. Aug. 1827 |
| Frederick John Robinson, Viscount Goderich (1782–1859) | 31. Aug. 1827–Jan. 1828 |
| Arthur Wellesley, Duke of Wellington (1769–1852) Tory | 22. Jan. 1828–Nov. 1830 |
| Charles, Earl Grey (1764–1845) Whig | 22. Nov. 1830–Juli 1834 |
| William Lamb, Viscount Melbourne (1779–1848) Whig | 16. Juli 1834–14. Nov. 1834 |
| Wellington (2. Mal) | 17. Nov. 1834–Dez. 1834 |
| Sir Robert Peel (1788–1850) Tory | 10. Dez. 1834–April 1835 |
| Melbourne (2. Mal) | 18. April 1835–30. Aug. 1841 |
| Peel (2. Mal) | 30. Aug. 1841–29. Juni 1846 |
| John Russell (1792–1878) Whig | 30. Juni 1846–20. Febr. 1852 |
| Edward Geoffrey Stanley, Earl of Derby (1799–1869) Tory | 23. Febr. 1852–16. Dez. 1852 |
| George Gordon, Earl of Aberdeen (1784–1860) Tory | 19. Dez. 1852–Jan. 1855 |
| Henry John Temple, Viscount Palmerston (1784–1865) Whig | 6. Febr. 1855–20. Febr. 1858 |

| | |
|---|---|
| Derby (2. Mal) | 20. Febr. 1858–Juni 1859 |
| Palmerston (2. Mal) | 12. Juni 1859–18. Okt. 1865 |
| Russell (2. Mal) | 29. Okt. 1865–26. Juni 1866 |
| Derby (3. Mal) | 28. Juni 1866–25. Febr. 1868 |
| Benjamin Disraeli, Earl of Beaconsfield (1804–1881) Tory | 27. Febr. 1868–3. Dez. 1868 |
| William Ewart Gladstone (1809–1898) Lib. | 3. Dez. 1868–16. Febr. 1874 |
| Disraeli (2. Mal) Kons. | 20. Febr. 1874–18. April 1880 |
| Gladstone (2. Mal) | 23. April 1880–9. Juni 1885 |
| Robert Cecil, Marquess of Salisbury (1830–1903) Kons. | 23. Juni 1885–26. Jan. 1886 |
| Gladstone (3. Mal) | 1. Febr. 1886–20. Juli 1886 |
| Salisbury (2. Mal) | 25. Juli 1886–11. Aug. 1892 |
| Gladstone (4. Mal) | 15. Aug. 1892–3. März 1894 |
| Archibald Philip Primrose, Earl of Rosebery (1847–1929) Lib. | 5. März 1894–24. Juni 1895 |
| Salisbury (3. Mal) | 25. Juni 1895–11. Juli 1902 |
| Arthur James Balfour (1848–1930) Kons. | 12. Juli 1902–4. Dez. 1905 |
| Sir Henry Campbell-Bannerman (1836–1908) Lib. | 5. Dez. 1905–6. April 1908 |
| Herbert Henry Asquith (1852–1928) Lib. | 7. April 1908–5. Dez. 1916 |
| David Lloyd George (1863–1945) Lib. | 7. Dez. 1916–19. Okt. 1922 |
| Andrew Bonar Law (1858–1923) Kons. | 23. Okt. 1922–20. Mai 1923 |
| Stanley Baldwin (1867–1947) Kons. | 22. Mai 1923–22. Jan. 1924 |
| James Ramsay MacDonald (1866–1937) Lab. | 22. Jan. 1924–4. Nov. 1924 |
| Baldwin (2. Mal) | 4. Nov. 1924–4. Juni 1929 |
| MacDonald (2. Mal) | 5. Juni 1929–7. Juni 1935 |
| Baldwin (3. Mal) | 7. Juni 1935–28. Mai 1937 |
| Arthur Neville Chamberlain (1869–1940) Kons. | 28. Mai 1937–10. Mai 1940 |
| Sir Winston Churchill (1874–1965) Kons. | 10. Mai 1940–26. Juli 1945 |
| Clement Attlee (1883–1967) Lab. | 26. Juli 1945–26. Okt. 1951 |
| Churchill (2. Mal) | 26. Okt. 1951–5. April 1955 |
| Sir Anthony Eden (1897–1977) Kons. | 6. April 1955–9. Jan. 1957 |
| Harold Macmillan (1894–1986) Kons. | 10. Jan. 1957–18. Okt. 1963 |

| | |
|---|---|
| Sir Alec Douglas-Home (1903) Kons. | 18. Okt. 1963–16. Okt. 1964 |
| Harold Wilson (1916) Lab. | 16. Okt. 1964–19. Juni 1970 |
| Edward Heath (1916) Kons. | 20. Juni 1970–4. März 1974 |
| Wilson (2. Mal) | 4. März 1974–5. April 1976 |
| James Callaghan (1912) Lab. | 5. April 1976–4. Mai 1979 |
| Margaret Thatcher (1925) Kons. | 4. Mai 1979–22. Nov. 1990 |
| John Major (1943) Kons. | 27. Nov. 1990– |

**Irland**

Freistaat im Britischen Commonwealth (Staatsoberhaupt: der britische Monarch) 6. Dezember 1921 bzw. 8. Januar 1922, faktisch Republik 1937, formal erst 18. April 1949 (Ausscheiden aus dem Commonwealth).

Präsidenten:

| | |
|---|---|
| Douglas Hyde (1860–1949) | 3. Mai 1938–25. Juni 1945 |
| Sean Thomas O'Kelly (1882–1966) | 25. Juni 1945–25. Juni 1959 |
| Eamon de Valera* (1882–1975) | 25. Juni 1959–25. Juni 1973 |
| Erskine Childers (1905–1974) | 25. Juni 1973–17. Nov. 1974 |
| Cearbhall O'Dalaigh (1911–1978) | 19. Dez. 1974–22. Okt. 1976 |
| Patrick Hillery (1923) | 3. Dez. 1976–3. Dez. 1990 |
| Mary Robinson (1944) | 3. Dez. 1990– |

Regierungschefs:

| | |
|---|---|
| Eamon de Valera* (1882–1975) FF | 5. Dez. 1921–8. Jan. 1922 |
| Arthur Griffith (1872–1922) FF | 10. Jan. 1922–12. Aug. 1922 |
| Liam Cosgrave (1880–1965) FG | 9. Sept. 1922–9. März 1932 |
| de Valera (2. Mal) | 9. März 1932–18. Febr. 1948 |
| John Costello (1891–1976) FG | 18. Febr. 1948–13. Juni 1951 |
| de Valera (3. Mal) | 13. Juni 1951–2. Juni 1954 |
| Costello (2. Mal) | 2. Juni 1954–4. Febr. 1957 |
| de Valera (4. Mal) | 20. März 1957–23. Juni 1959 |
| Sean Lemass (1899–1971) FF | 23. Juni 1959–10. Nov. 1966 |
| Jack Lynch (1917) FF | 10. Nov. 1966–14. März 1973 |
| Liam Cosgrave (1920) FG | 14. März 1973–5. Juli 1977 |
| Lynch (2. Mal) | 5. Juli 1977–11. Dez. 1979 |
| Charles Haughey (1925) FF | 11. Dez. 1979–1. Juli 1981 |
| Garret FitzGerald (1926) FG | 1. Juli 1981–9. März 1982 |
| Haughey (2. Mal) | 9. März 1982–4. Nov. 1982 |
| FitzGerald (2. Mal) | 14. Dez. 1982–10. März 1987 |
| Haughey (3. Mal) | 10. März 1987–10. Febr. 1992 |
| Albert Reynolds (1935) FF | 11. Febr. 1992– |

**Island**
Formal selbständiges Königreich in Personalunion mit Dänemark 1. Dezember 1918, Republik 17. Juni 1944.

| | |
|---|---|
| Präsidenten: | |
| Sveinn Björnsson (1881–1952) | 17. Juni 1944–25. Jan. 1952 |
| Asgeir Asgeirsson (1894–1972) | 29. Juni 1952–31. Juli 1968 |
| Kristjan Eldjarn (1916–1982) | 1. Aug. 1968–31. Juli 1980 |
| Vigdis Finnbogadottir (1930) | 1. Aug. 1980– |
| Regierungschefs seit 1959: | |
| Olafur Thors (1892–1964) Kons. | 20. Nov. 1959–10. Nov. 1963 |
| Bjarni Benediktsson (1909–1970) Kons. | 10. Nov. 1963–10. Juli 1970 |
| Johann Hafstein (1915) Kons. | 11. Juli 1970–14. Juni 1971 |
| Olafur Johannesson (1913) Fortschritt | 13. Juli 1971–6. Mai 1974 |
| Geir Hallgrimsson (1925) Kons. | 27. Aug. 1974–27. Juni 1978 |
| Johannesson (2. Mal) | 31. Aug. 1978–12. Okt. 1979 |
| Benedikt Grœndal (1924) Soz. | 15. Okt. 1979–8. Febr. 1980 |
| Gunnar Thoroddson (1910–1983) Kons. | 8. Febr. 1980–26. Mai 1983 |
| Steingrimur Hermansson (1928) Fortschritt | 26. Mai 1983–1. Juli 1987 |
| Thorsteinn Pálsson (1947) Kons. | 1. Juli 1987–17. Sept. 1988 |
| Hermansson (2. Mal) | 28. Sept. 1988–29. April 1991 |
| David Oddson (1948) Kons. | 29. April 1991– |

**Italien**
Geeintes Königreich 17. März 1861, 1922–1943 faschistische Diktatur, Republik 10. Juni 1946.

| | |
|---|---|
| *Haus Savoyen* | |
| Viktor Emmanuel II.* (1820) | Kg. 17. März 1861, †9. Jan. 1878 |
| Humbert I. (1844) | Kg. 9. Jan. 1878, †29. Juli 1900 |
| Viktor Emmanuel III. (1869) | Kg. 29. Juli 1900, r. 9. Mai 1946, †28. Dez. 1947 |
| Humbert II. (1904) | Kg. 9. Mai 1946, geht außer Landes 13. Juni 1946, †18. März 1983 |
| Präsidenten: | |
| Enrico da Nicola (1877–1959) | 28. Juni 1946–10. Mai 1948 |
| Luigi Einaudi (1874–1961) Lib. | 11. Mai 1948–10. Mai 1955 |
| Giovanni Gronchi (1887–1978) Christl. | 11. Mai 1955–10. Mai 1962 |

| | |
|---|---|
| Antonio Segni* (1891–1972) Christl. | 11. Mai 1962–6. Dez. 1964 |
| Giuseppe Saragat (1898–1988) Soz.dem. | 28. Dez. 1964–27. Dez. 1971 |
| Giovanni Leone* (1908) Christl. | 28. Dez. 1971–15. Juni 1978 |
| Sandro Pertini (1896–1990) Soz. | 8. Juli 1978–8. Juli 1985 |
| Francesco Cossiga* (1928) Christl. | 9. Juli 1985–25. April 1992 |
| Oscar Luigi Scalfaro (1918) Christl. | 28. Mai 1992– |

Regierungschefs:

| | |
|---|---|
| Gf. Camillo Benso di Cavour (1810–1861) | 17. März 1861–6. Juni 1861 |
| Bettino, Gf. Ricàsoli (1809–1880) | 8. Juni 1861–2. März 1862 |
| Urbano Rattazzi (1810–1873) | 4. März 1862–1. Dez. 1862 |
| Luigi Carlo Farini* (1812–1866) | 9. Dez. 1862–24. März 1863 |
| Marco Minghetti (1829–1914) | 24. März 1863–23. Sept. 1864 |
| Alfonso Ferrero, Cavaliere La-Màrmora (1804–1878) | 23. Sept. 1864–17. Juni 1866 |
| Ricàsoli (2. Mal) | 17. Juni 1866–4. April 1867 |
| Rattazzi (2. Mal) | 11. April 1867–20. Okt. 1867 |
| Federico Luigi, Gf. Menabrea (1809–1896) | 27. Okt. 1867–19. Nov. 1869 |
| Giovanni Lanza (1815–1882) | 12. Dez. 1869–23. Juni 1873 |
| Minghetti (2. Mal) | 10. Aug. 1873–18. März 1876 |
| Agostino Depretis (1813–1887) | 25. März 1876–11. März 1878 |
| Benedetto Càiroli (1825–1889) | 23. März 1878–9. Dez. 1878 |
| Depretis (2. Mal) | 18. Dez. 1878–3. Juli 1879 |
| Càiroli (2. Mal) | 12. Juli 1879–14. Mai 1881 |
| Depretis (3. Mal) | 28. Mai 1881–29. Juli 1887 |
| Francesco Crispi (1819–1901) | 8. Aug. 1887–31. Jan. 1891 |
| Antonio Rudini, Marchese di Starabba (1839–1908) | 9. Febr. 1891–5. Mai 1892 |
| Giovanni Giolitti (1842–1928) | 15. Mai 1892–24. Nov. 1893 |
| Crispi (2. Mal) | 10. Dez. 1893–5. März 1896 |
| Rudini (2. Mal) | 10. März 1896–18. Juni 1898 |
| Luigi Pelloux (1839–1924) | 29. Juni 1898–18. Juni 1900 |
| Giuseppe Saracco (1821–1907) | 24. Juni 1900–6. Febr. 1901 |
| Giuseppe Zanardelli (1826–1903) | 15. Febr. 1901–21. Okt. 1903 |
| Giolitti (2. Mal) | 3. Nov. 1903–4. März 1905 |
| Alessandro Fortis (1842–1909) | 27. März 1905–1. Febr. 1906 |
| Sidney, Baron Sonnino (1847–1922) | 8. Febr. 1906–17. Mai 1906 |
| Giolitti (3. Mal) | 29. Mai 1906–2. Dez. 1909 |

| | |
|---|---|
| Sonnino (2. Mal) | 10. Dez. 1909–21. März 1910 |
| Luigi Luzzatti (1841–1927) | 30. März 1910–20. März 1911 |
| Giolitti (4. Mal) | 27. März 1911–10. März 1914 |
| Antonio Salandra (1853–1931) | 21. März 1914–12. Juni 1916 |
| Paolo Boselli (1838–1932) | 19. Juni 1916–27. Okt. 1917 |
| Vittorio Emmanuele Orlando (1860–1952) | 30. Okt. 1917–19. Juni 1919 |
| Francesco Nitti (1868–1953) | 23. Juni 1919–9. Juni 1920 |
| Giolitti (5. Mal) | 16. Juni 1920–27. Juni 1921 |
| Ivanoe Bonomi (1873–1951) | 4. Juli 1921–2. Febr. 1922 |
| Luigi Facta (1861–1930) | 25. Febr. 1922–27. Okt. 1922 |
| Benito Mussolini (1883–1945) | 30. Okt. 1922–25. Juli 1943 |
| Pietro Badoglio (1871–1956) | 27. Juli 1943–6. Juni 1944 |
| Bonomi (2. Mal) | 9. Juni 1944–8. Juni 1945 |
| Ferruccio Parri (1890–1981) | 19. Juni 1945–26. Nov. 1945 |
| Alcide de Gasperi (1881–1954) Christl. | 4. Dez. 1945–28. Juli 1953 |
| Giuseppe Pella (1902–1981) Christl. | 15. Aug. 1953–6. Jan. 1954 |
| Amintore Fanfani (1908) Christl. | 18. Jan. 1954–31. Jan. 1954 |
| Mario Scelba (1901) Christl. | 9. Febr. 1954–22. Juni 1955 |
| Antonio Segni* (1891–1972) Christl. | 6. Juli 1955–6. Mai 1957 |
| Adone Zoli (1887–1960) Christl. | 19. Mai 1957–19. Juni 1958 |
| Fanfani (2. Mal) | 2. Juli 1958–5. Febr. 1959 |
| Segni (2. Mal) | 15. Febr. 1959–24. Febr. 1960 |
| Fernando Tambroni (1901–1963) Christl. | 25. März 1960–19. Juli 1960 |
| Fanfani (3. Mal) | 26. Juli 1960–16. Mai 1963 |
| Giovanni Leone* (1908) Christl. | 21. Juni 1963–5. Nov. 1963 |
| Aldo Moro (1916–1978) Christl. | 5. Dez. 1963–5. Juni 1968 |
| Leone (2. Mal) | 25. Juni 1968–19. Nov. 1968 |
| Mariano Rumor (1915–1990) Christl. | 13. Dez. 1968–6. Juli 1970 |
| Emilio Colombo (1920) Christl. | 7. Aug. 1970–15. Jan. 1972 |
| Giulio Andreotti (1919) Christl. | 17. Febr. 1972–12. Juni 1973 |
| Rumor (2. Mal) | 8. Juli 1973–3. Okt. 1974 |
| Moro (2. Mal) | 23. Nov. 1974–22. Juni 1976 |
| Andreotti (2. Mal) | 30. Juli 1976–4. Juni 1979 |
| Francesco Cossiga* (1928) Christl. | 4. Aug. 1979–28. Sept. 1980 |
| Arnaldo Forlani (1925) Christl. | 18. Okt. 1980–27. Mai 1981 |
| Giovanni Spadolini (1925) Rep. | 28. Juni 1981–13. Nov. 1982 |
| Fanfani (4. Mal) | 1. Dez. 1982–4. Aug. 1983 |
| Bettino Craxi (1934) Soz. | 4. Aug. 1983–8. April 1987 |
| Fanfani (5. Mal) | 20. April 1987–19. Juli 1987 |
| Giovanni Goria (1943) Christl. | 19. Juli 1987–11. März 1988 |

| | |
|---|---|
| Ciriaco de Mita (1928) Christl. | 13. April 1988–23. Juli 1989 |
| Andreotti (3. Mal) | 23. Juli 1989–28. Juni 1992 |
| Giuliano Amato (1938) Soz. | 28. Juni 1992–22. April 1993 |
| Carlo Azeglio Ciampi (1920) parteilos | 29. April 1993– |

**Jugoslawien**

Königreich der Serben, Kroaten und Slowenen (SHS) 1. Dezember 1918, am 3. Oktober 1929 in »Königreich Jugoslawien« umbenannt, 1941–1945 fakt. aufgelöst, Republik 29. November 1945, 1991/92 zerbrochen, Neugründung (nurmehr aus Serbien und Montenegro bestehend) 27. April 1992.

| | |
|---|---|
| Peter I. Karajordjević* (1844) | Kg. d. Serben, Kroaten und Slowenen 1. Dez. 1918, †16. Aug. 1921 |
| Alexander I. (1888) | Kg. 16. Aug. 1921, †9. Okt. 1934 |
| Peter II. (1923) | Kg. 9. Okt. 1934, fakt. d. 17. April 1941, †3. Nov. 1970 |
| Paul (1893) | Regent 10. Okt. 1934 bis 27. März 1941, †14. Sept. 1976 |

Staatsoberhäupter der Republik:

| | |
|---|---|
| Ivan Ribar (1881–1968) | 29. Dez. 1945–14. Jan. 1953 |
| Josip Broz Tito* (1892–1980) | 14. Jan. 1953–4. Mai 1980 |
| Lazar Koliševski (1914) | 4. Mai 1980–15. Mai 1980 |
| Cvijetin Mijatović (1913) | 15. Mai 1980–15. Mai 1981 |
| Sergej Kraiger (1914) | 15. Mai 1981–15. Mai 1982 |
| Petar Stambolić* (1912) | 15. Mai 1982–15. Mai 1983 |
| Mika Spiljak* (1916) | 15. Mai 1983–15. Mai 1984 |
| Veselin Đuranović* (1925) | 15. Mai 1984–15. Mai 1985 |
| Radovan Vlaikovic (1922) | 15. Mai 1985–15. Mai 1986 |
| Sinan Hasani (1922) | 15. Mai 1986–15. Mai 1987 |
| Lazar Mojsov (1920) | 15. Mai 1987–15. Mai 1988 |
| Raif Dizdarević (1926) | 15. Mai 1988–15. Mai 1989 |
| Janez Drnovšek (1950) | 15. Mai 1989–15. Mai 1990 |
| Borisav Jović (1926) | 15. Mai 1990–15. Mai 1991 |
| Stjepan Mesić (1934) | 30. Juni 1991–8. Okt. 1991 |
| Branko Kostić (de facto) | 3./8. Okt. 1991–Ende 1991 |
| Dobrica Cosić (1921) | 15. Juni 1992–1. Juni 1993 |
| Zoran Lilić (1953) | 25. Juni 1993– |

Regierungschefs seit 1945:

| | |
|---|---|
| Josip Broz Tito* (1892–1980) | 8. März 1945–30. Juni 1963 |
| Petar Stambolić* (1912) | 30. Juni 1963–18. Mai 1967 |
| Mika Spiljak* (1916) | 18. Mai 1967–18. Mai 1969 |

| | |
|---|---|
| Mitja Ribićić (1919) | 18. Mai 1969–30. Juli 1971 |
| Đemal Bijedić (1917–1977) | 30. Juli 1971–18. Jan. 1977 |
| Veselin Đuranović* (1925) | 15. März 1977–15. Mai 1982 |
| Milka Planinć (1924) | 16. Mai 1982–16. Mai 1986 |
| Branko Mikulić (1928) | 16. Mai 1986–30. Dez. 1988 |
| Ante Marković (1925) | 16. März 1989–20. Dez. 1991 |
| Milan Panić (1929) | 14. Juli 1992–29. Dez. 1992 |
| Radoje Kontić | 2. März 1993– |

**Kroatien**
Unabhängige Republik 25. Juni bzw. 8. Oktober 1991 (Proklamation bzw. Inkrafttreten nach vorübergehender Aussetzung der Unabhängigkeitserklärung).

Präsident:

| | |
|---|---|
| Franjo Tudjman (1922) | (30. Mai 1990) 8. Okt. 1991– |

**Lettland**
Unabhängiger Staat 18. November 1918, am 21. Juli 1940 der Sowjetunion einverleibt, erneut unabhängig 4. Mai 1990 (Proklamation) bzw. 6. September 1991 (faktisch durch Entlassung aus dem sowjetischen Staatsverband).

Staatspräsidenten:

| | |
|---|---|
| Janis Čakste (1859–1927) | 14. Nov. 1922–14. März 1927 |
| Gustav Zemgals (1871–1939) | 14. März 1927–9. April 1930 |
| Albert Kviesis (1881–1944) | 9. April 1930–11. April 1936 |
| Karlis Ulmanis* (1877–nach 1941) | 11. April 1936–21. Juli 1940 |
| Anatolis Gorbunovs | 6. Sept. 1991–7. Juli 1993 |
| Guntis Ulmanis (1939) | 7. Juli 1993– |

Ministerpräsidenten:

| | |
|---|---|
| K. Ulmanis* | 18. Nov. 1918–18. Juni 1921 |
| S. Meierovics | 19. Juni 1921–26. Jan. 1923 |
| J. Pauluks | 27. Jan. 1923–27. Juni 1923 |
| S. Meierovics (2. Mal) | 28. Juni 1923–26. Jan. 1924 |
| V. Zamuels | 27. Jan. 1924–18. Dez. 1924 |
| H. Celminš | 19. Dez. 1924–23. Dez. 1925 |
| K. Ulmanis (2. Mal) | 24. Dez. 1925–6. Mai 1926 |
| A. Alberings | 7. Mai 1926–18. Dez. 1926 |
| M. Skujenieks | 19. Dez. 1926–23. Jan. 1928 |
| P. Juraševskis | 24. Jan. 1928–30. Nov. 1928 |

| | |
|---|---|
| H. Celminš (2. Mal) | 1. Dez. 1928–26. März 1931 |
| K. Ulmanis (3. Mal) | 27. März 1931–5. Dez. 1931 |
| M. Skujenieks (2. Mal) | 6. Dez. 1931–23. März 1933 |
| A. Blodnieks | 24. März 1933–16. März 1934 |
| K. Ulmanis (4. Mal) | 17. März 1934–19. Juni 1940 |
| I. Godmanis | 6. Sept. 1991–8. Juli 1993 |
| V. Birkavs (1942) | 8. Juli 1993– |

**Liechtenstein**

Reichsunmittelbares Fürstentum 23. Januar 1719, souveränes Fürstentum 12. Juli 1806.

| | |
|---|---|
| Johann I. (1760) | Fst. 24. März 1805, souverän 12. Juli 1806, r. Juli 1808, vgl. unten |
| Karl (1803) | Fst. Juli 1808, r. 1813, †13. Okt. 1871 |
| Johann I. (2. Mal) | Fst. 1813, †20. April 1836 |
| Alois II. (1796) | Fst. 20. April 1836, †12. Nov. 1858 |
| Johann II. (1840) | Fst. 12. Nov. 1858, †11. Febr. 1929 |
| Franz I. (1853) | Fst. 11. Febr. 1929, †25. Juli 1938 |
| Franz Joseph II. (1906) | Fst. 25. Juli 1938, †13. Nov. 1989 |
| Hans Adam (1945) | Regent 26. Aug. 1984, Fst. 15. Nov. 1989 |

**Litauen**

Unabhängiger Staat 16. Februar bzw. 11. November 1918, am 21. Juli 1940 der Sowjetunion einverleibt, erneut unabhängig 11. März 1990 (Proklamation) bzw. 6. September 1991 (faktisch durch Entlassung aus dem sowjetischen Staatsverband).

Staatspräsidenten:

| | |
|---|---|
| Antanas Smetona (1874–1944) | 4. April 1919–19. Juni 1922 |
| Alexksandras Stulginskis (1885–1946) | 19. Juni 1922–7. Juni 1926 |
| Kazys Grinius* (1867–1952) | 7. Juni 1926–17. Dez. 1926 |
| Smetona (2. Mal) | 17. Dez. 1926–15. Juni 1940 |
| Vytautas Landsbergis (1932) | (11. März 1990) 6. Sept. 1991–25. Nov. 1992 |
| Algirdas Brasauskas (1932) | 25. Nov. 1992– |

Ministerpräsidenten:

| | |
|---|---|
| A. Voldemaras | 11. Nov. 1918–26. Dez. 1918 |
| M. Sleževičius | 26. Dez. 1918–11. März 1919 |
| P. Dovydaitis | 12. März 1919–12. April 1919 |
| M. Sleževičius (2. Mal) | 12. April 1919–6. Okt. 1919 |
| E. Galvanauskas | 7. Okt. 1919–19. Juni 1920 |
| K. Grinius* | 19. Juni 1920–18. Jan. 1922 |
| E. Galvanauskas (2. Mal) | 18. Jan. 1922–10. Juni 1924 |
| A. Tumenas | 18. Juni 1924–27. Jan. 1925 |
| V. Petrulis | 4. Febr. 1925–19. Sept. 1925 |
| L. Bistras | 25. Sept. 1925–31. Mai 1926 |
| M. Sleževičius (3. Mal) | 15. Juni 1926–17. Dez. 1926 |
| A. Voldemaras (2. Mal) | 18. Dez. 1926–19. Sept. 1929 |
| J. Tubelis | 23. Sept. 1929–24. März 1938 |
| V. Mironas | 24. März 1938–27. März 1939 |
| J. Černius | 28. März 1939–21. Nov. 1939 |
| A. Merkys | 21. Nov. 1939–17. Juni 1940 |
| J. Paleckis | 17. Juni 1940–1. Juli 1940 |
| K. Prunskiene | 17. März 1990–8. Jan. 1991 |
| A. Schimenas | 10. Jan. 1991–13. Jan. 1991 |
| G. Vagnorius | (13. Jan. 1991) 6. Sept. 1991–14. Juli 1992 |
| A. Abisala | 21. Juli 1992–27. Nov. 1992 |
| B. Lubys | 3. Dez. 1992–26. Febr. 1993 |
| A. Slezevizius | 11. März 1993– |

**Luxemburg**

Großherzogtum 31. Mai 1815, bis 1890 in Personalunion mit den Niederlanden.

*Nassau*

| | |
|---|---|
| Adolf* (1817) | Ghzg. 23. Nov. 1890, †17. Nov. 1905 |
| Wilhelm IV. (1852) | Ghzg. 17. Nov. 1905, †25. Febr. 1912 |
| Marie Adelheid (1894) | Ghzg.in 25. Febr. 1912, r. 14. Jan. 1919, †24. Jan. 1924 |
| Charlotte (1896) | Ghzg.in 14. Jan. 1919, r. 12. Nov. 1964, †9. Juli 1985 |
| Johann (1921) | Ghzg. 12. Nov. 1964 |

Regierungschefs seit 1945:

| | |
|---|---|
| Pierre Dupong (1885–1953) Christl. | 20. Nov. 1945–22. Dez. 1953 |
| Joseph Bech (1887–1975) Christl. | 28. Dez. 1953–26. März 1958 |
| Pierre Frieden (1892–1959) Christl. | 11. April 1958–10. Dez. 1958 |
| Christian Pierre Werner (1913) Christl. | 26. Febr. 1959–28. Mai 1974 |
| Gaston Thorn (1928) Lib. | 18. Juni 1974–11. Juni 1979 |
| Werner (2. Mal) | 15. Juli 1979–20. Juli 1984 |
| Jacques Santer (1937) Christl. | 20. Juli 1984– |

**Malta**

Unabhängige Monarchie (Staatsoberhaupt: Königin Elisabeth II. von Großbritannien) 21. September 1964, Republik 13. Dezember 1974.

Präsidenten:

| | |
|---|---|
| Sir Anthony Mamo (1909) | 13. Dez. 1974–27. Dez. 1976 |
| Anthony Buttigieg (1912) | 27. Dez. 1976–16. Febr. 1982 |
| Agatha Barbara (1923) | 16. Febr. 1982–14. Febr. 1987 |
| Vincent Tabone (1913) | 4. April 1989– |

Premierminister:

| | |
|---|---|
| Georgio Borg Olivier (1911–1980) Kons. | (1962) 21. Sept. 1964–17. Juni 1971 |
| Dom Mintoff (1916) Soz. | 21. Juni 1971–21. Dez. 1984 |
| Carmelo Mifsud Bonnici (1933) Soz. | 21. Dez. 1984–12. Mai 1987 |
| Edward Fenech Adami (1934) Kons. | 12. Mai 1987– |

**Mazedonien**

Unabhängige Republik 15. September 1991 (Proklamation) bzw. 8. April 1993 (internationale Anerkennung, Aufnahme in die UNO).

Präsident:

| | |
|---|---|
| Kiro Gligorow (1917) | (9. Dez. 1990) 8. April 1993– |

**Monaco**

Fürstentum unter der Herrschaft der Familie Grimaldi (seit 1454), in wechselnder Abhängigkeit von Savoyen und Frankreich.

*Grimaldi*

| | |
|---|---|
| Karl III. (1818) | Fst. 20. Juni 1856, †10. Sept. 1889 |
| Albert I. (1848) | Fst. 10. Sept. 1889, †26. Juni 1922 |
| Ludwig II. (1870) | Fst. 26. Juni 1922, †9. Mai 1949 |
| Rainer III. (1923) | Fst. 9. Mai 1949 |

**Niederlande**

Unabhängige Republik Juli 1581 (Unabhängigkeitserklärung, Anerkennung durch den spanischen König und Ausscheiden aus dem Reichsverband erst 1648), Batavische Republik 16. Mai 1795, Königreich Holland 5. Juni 1806, 1810–1813 zum Französischen Kaiserreich, Königreich der Niederlande 16. März 1815.

Provinzialstatthalter von Holland und Seeland: (Amt 1650–1672 und seit 1702 abgeschafft)

| | |
|---|---|
| Wilhelm I. d. Schweiger (1533–1584) | 1572–10. Juli 1584 |
| Moritz (1567–1625) | 1585–23. April 1625 |
| Friedrich Heinrich (1584–1647) | 1625–14. März 1647 |
| Wilhelm II. (1626–1650) | 1647–6. Nov. 1650 |
| Wilhelm III.* (1650–1702) | 1672–19. März 1702 |

Erbstatthalter der Vereinigten Provinzen:

| | |
|---|---|
| Wilhelm IV. (1711–1751) | 22. Nov. 1747–22. Okt. 1751 |
| Wilhelm V. (1748–1806) | 22. Okt. 1751–18. Jan. 1795 |

*Bonaparte*

| | |
|---|---|
| Ludwig (1778) | Kg. v. Holland 5. Juni 1806, r. 30. Juni 1810, †25. Juli 1846 |

*Nassau-Oranien*

| | |
|---|---|
| Wilhelm I. (1772) | Souverän d. Niederlande 1. Dez. 1813, Kg. 16. März 1815, r. 7. Okt. 1840, †12. Dez. 1843 |
| Wilhelm II. (1792) | Kg. 7. Okt. 1840, †17. März 1849 |
| Wilhelm III. (1817) | Kg. 17. März 1849, †23. Nov. 1890 |
| Wilhelmina (1880) | Kg.in 23. Nov. 1890, mündig |

| | |
|---|---|
| | 31. Aug. 1898, r. 4. Sept. 1948, †28. Nov. 1962 |
| Juliana (1909) | Kg.in 4. Sept. 1948, r. 30. April 1980 |
| Beatrix (1938) | Kg.in 30. April 1980 |

Regierungschefs seit 1945:

| | |
|---|---|
| Willem Schermerhorn (1894–1977) Soz. | 24. Juni 1945–17. Mai 1946 |
| Louis Joseph Beel (1902–1977) Kath. | 3. Juli 1946–7. Juli 1948 |
| Willem Drees (1886–1988) Soz. | 7. Aug. 1948–12. Dez. 1958 |
| Beel (2. Mal) | 22. Dez. 1958–12. März 1959 |
| Jan Eduard de Quay (1901–1985) Kath. | 19. Mai 1959–15. Mai 1963 |
| Victor Gérard Marijnen (1917–1975) Kath. | 24. Juli 1963–26. Febr. 1965 |
| Joseph Cals (1914–1972) Kath. | 27. April 1965–14. Okt. 1966 |
| Jelle Zijlstra (1918) Prot. | 22. Nov. 1966–3. April 1967 |
| Piet de Jong (1915) Kath. | 3. April 1967–1. Juli 1971 |
| Barend Biesheuvel (1920) Prot. | 1. Juli 1971–11. Mai 1973 |
| Joop den Uyl (1919–1987) Soz. | 11. Mai 1973–19. Dez. 1977 |
| Andries A. Maria van Agt (1931) Christl. | 19. Dez. 1977–3. Nov. 1982 |
| Rudolphus F. Maria Lubbers (1939) Christl. | 3. Nov. 1982– |

**Norwegen**

Königreich seit dem späten 9. Jahrhundert, mehrfach in Personalunion mit Dänemark (zuletzt 1380–1814) und Schweden (zuletzt 1814–1905).

*Ynglinge*

| | |
|---|---|
| Harald I. Schönhaar (um 850) | Kg. um 860/870, †um 933 |
| Erich I. Blutaxt | Kg. um 930, d. 935, †954 |
| Hakon I. d. Gute | Kg. 935, †959/961 |
| Harald II. Graufell | Kg. 959/961, †um 974 |
| (Harald Sigurdsson | Kg. um 970, †um 990) |
| Olaf I. Trygvesson | Kg. 995, †1000 |
| (Erich II. Jarl und Sven Jarl | Herrscher 1000–1015/1016) |
| Olaf II. Haraldsson d. Heilige (um 995) | Kg. 1015, d. 1028, †29. Juli 1030 |

*Jelling-Dynastie*

| | |
|---|---|
| Knut d. Große* (um 995) | Kg. 1028, †12. Nov. 1035 |

| | |
|---|---|
| *Ynglinge* | |
| Magnus I. d. Gute* (1024) | Kg. 1035, †25. Okt. 1047 |
| Harald III. d. Harte (1015) | Kg. 1047, †25. Sept. 1066 |
| Olaf III. d. Stille | Kg. 1066, †1093 |
| Magnus II. | Kg. 1066, †1069 |
| Magnus III. Barfuß | Kg. 1093, †24. Aug. 1103 |
| Oystein I. | Kg. 1103, †1122/1123 |
| Sigurd I. Jerusalemfahrer | Kg. 1103, †26. März 1130 |
| Magnus IV. d. Blinde | Kg. 1130, d. 1135, †1139 |
| Harald IV. Gille | Kg. 1130, †1136 |
| Inge I. Hakenrücken | Kg. 1136, †1161 |
| Sigurd II. Mund | Kg. 1136, †1155 |
| Oystein II. | Kg. 1142, †1157 |
| Hakon II. Breitschulter | Kg. 1161, †1162 |
| Sigurd III. | Kg. 1162, †1163 |
| Magnus V. Erlingsson (1156) | Kg. 1163, †15. Juni 1184 |
| Sverre (1151) | Kg. 1184, †9. März 1202 |
| Hakon III. | Kg. 1202, †1. Jan. 1204 |
| Guttorm | Kg. 1204, †Aug. 1205 |
| Inge II. | Kg. 1205, †23. April 1217 |
| Hakon IV. d. Alte (1204) | Kg. 1217, †15. Dez. 1263 |
| Magnus VI. d. Gesetzesverbesserer (1238) | Kg. 1263, †9. Mai 1280 |
| Erich III. (1268) | Kg. 1280, †15. Juli 1299 |
| Hakon V. (1270) | Kg. 1299, †8. Mai 1319 |
| *Folkunger* | |
| Magnus VII.* (1316) | Kg. 1319, d. 1343, †1. Dez. 1374 |
| Hakon VI.*(1340) | Kg. 1343, †1. Mai 1380 |
| Olaf IV.* (1370) | Kg. 1380, †3. Aug. 1387 |
| *Oldenburger* | |
| Christian Friedrich* (1786) | Kg. 17. Mai 1814, r. 14. Aug. 1814 bzw. 4. Nov. 1814, †20. Jan. 1848 |
| *Glücksburger* | |
| Hakon VII. (1872) | Kg. 18. Nov. 1905, †21. Sept. 1957 |
| Olaf V. (1903) | Kg. 21. Sept. 1957, †17. Jan. 1991 |
| Harald V. (1937) | Kg. 17. Jan. 1991 |
| Regierungschefs seit 1945: | |
| Einar Gerhardsen (1897–1987) Soz. | 9. Mai 1945–13. Nov. 1951 |

| | |
|---|---|
| Oscar Torp (1893–1958) Soz. | 13. Nov. 1951–14. Jan. 1955 |
| Gerhardsen (2. Mal) | 22. Jan. 1955–23. Aug. 1963 |
| John Lyng (1905–1978) Kons. | 27. Aug. 1963–25. Sept. 1963 |
| Gerhardsen (3. Mal) | 25. Sept. 1963–11. Okt. 1965 |
| Per Borten (1913) Bauern | 12. Okt. 1965–16. März 1971 |
| Trygve Bratelli (1910–1984) Soz. | 16. März 1971–27. Sept. 1972 |
| Lars Korvald (1916) Christl. | 17. Okt. 1972–12. Okt. 1973 |
| Bratelli (2. Mal) | 15. Okt. 1973–8. Jan. 1976 |
| Odvar Nordli (1927) Soz. | 12. Jan. 1976–30. Jan. 1981 |
| Gro Harlem Brundtland (1939) Soz. | 4. Febr. 1981–14. Okt. 1981 |
| Kaare Willoch (1928) Kons. | 14. Okt. 1981–2. Mai 1986 |
| Brundtland (2. Mal) | 9. Mai 1986–16. Okt. 1989 |
| Jan P. Syse (1930) Kons. | 16. Okt. 1989–29. Okt. 1990 |
| Brundtland (3. Mal) | 3. Nov. 1990– |

**Österreich**

Markgrafschaft um 960, Herzogtum 1156, Erzherzogtum 1453, Kaiserreich 1804 (bis 1806 im Verband des Heiligen Römischen Reiches), souveränes Kaiserreich 1806, Republik 1918, 1938–1945 zum Deutschen Reich, erneut Republik 1945.

| | |
|---|---|
| Burchard | Mkgf. um 960/962, d. 976, † um 980 |

*Babenberger*

| | |
|---|---|
| Liutpold I. | Mkgf. 976 (vor 21. Juli), † 994 |
| Heinrich I. | Mkgf. 994, † 1018 |
| Adalbert | Mkgf. 1018, † 26. Mai 1055 |
| Ernst d. Tapfere | Mkgf. 1055, † 9. Juni 1075 |
| Liutpold II. | Mkgf. 1075, † 12. Okt. 1095 |
| Liutpold III. d. Heilige (Leopold III.) | Mkgf. 1095, † 15. Nov. 1136 |
| Liutpold IV. (Leopold IV.)* | Mkgf. 1136, † 18. Okt. 1141 |
| Heinrich II. Jasomirgott* | Mkgf. 1141, Hzg. 8. Sept. 1156, † 14. März 1176 |
| Liutpold V. (Leopold V.) | Hzg. 1176, † 31. Dez. 1194 |
| Friedrich I. | Hzg. 1195, † 16. April 1198 |
| Liutpold VI. (Leopold VI.) | Hzg. 1198, † 28. Juli 1230 |
| Friedrich II. d. Streitbare (um 1210) | Hzg. 1230, † 15. Juni 1246 |

| | |
|---|---|
| *Zähringer* | |
| Hermann (VI.)* | Hzg. 14. Sept. 1248, †4. Okt. 1250 |
| Friedrich (I.)* (1249) | Hzg. 4. Okt. 1250, †29. Okt. 1268 (regierte faktisch nicht) |
| *Przemyslide* | |
| Ottokar (II.)* (1233) | Hzg. 16. Nov. 1251, r. 3. Dez. 1276, †26. Aug. 1278 |
| *Habsburger* | |
| Albrecht I.* (1255) | Hzg. 27. Dez. 1282, †1. Mai 1308 |
| Rudolf II. (1271) | Hzg. 27. Dez. 1282, r. 1. Juni 1283, †10. Mai 1290 |
| Rudolf III. * (1282) | Hzg. 1298, †3. Juli 1307 |
| Friedrich d. Schöne* (1289) | Hzg. 1298, †13. Jan. 1330 (in Österreich) |
| Leopold I. (1290) | Hzg. 1298, †28. Febr. 1326 (in den Vorlanden) |
| Albrecht II. (1298) | Hzg. 13. Jan. 1330, †20. Juli 1358 |
| Otto (1301) | Hzg. 13. Jan. 1330, †26. Febr. 1339 |
| Rudolf IV. d. Stifter (1339) | Hzg. 20. Juli 1358, †27. Juli 1365 |
| Albrecht III. (1349/1350) | Hzg. 27. Juli 1365, †29. Aug. 1395 |
| Leopold III. (1351) | Hzg. 27. Juli 1365, seit 25. Sept. 1379 nur in Steiermark, Kärnten, Tirol und den Vorlanden, †9. Juli 1386 |
| Österreich *(Habsburger-Albertinische Linie)* | |
| Albrecht IV. (1377) | Hzg. 29. Aug. 1395, †14. Sept. 1404 |
| Albrecht V.* (1397) | Hzg. 14. Sept. 1404, mündig 24. April 1411, †27. Okt. 1439 |
| Ladislaus Postumus* (1440) | Hzg. 22. Febr. 1440, Erzhzg. 6. Jan. 1453, †23. Nov. 1457 |
| Steiermark, Kärnten, Tirol und Vorlande *(Habsburger-Leopoldinische Linie)* | |
| Wilhelm (1370) | Hzg. 9. Juli 1386, seit 1395/1396 in Steiermark, Kärnten, Krain und Friaul, †15. Juli 1406 |
| Leopold IV. (1371) | Hzg. 9. Juli 1386, seit 1395/1396 in Tirol und den Vorlanden, 1406 bis 1411 Regent in Österreich, †3. Juni 1411 |

| | |
|---|---|
| Ernst I. d. Eiserne (1377) | Hzg. 1402 (in der Steiermark, seit 1411 auch in Kärnten, Krain und Friaul), † 10. Juni 1424 |
| Friedrich IV. (1382/1383) | Hzg. 1406 (in Tirol und den Vorlanden), † 24. Juni 1439 |

Haus Österreich *(Habsburger-Leopoldinische Linie)*

| | |
|---|---|
| Friedrich V.* (1415) | Hzg. (Innerösterreich) 10. Juni 1424 bzw. 27. Okt. 1439, Erzhzg. 6. Jan. 1453, tritt die Nachfolge der Albertinischen Linie in Österreich an 3. Aug. 1458, † 19. Aug. 1493 |
| Albrecht VI. (1418) | Hzg. (Vorlande) 1446, Erzhzg. 6. Jan. 1453, gewinnt Oberösterreich 1458, Niederösterreich 2. Dez. 1462, † 2. Dez. 1463 |
| Sigismund (1427) | Hzg. (Tirol) 1446, Erzhzg. 1475, r. 1490, † 4. März 1496 |
| Maximilian I.* (1459) | Erzhzg. 19. Aug. 1493, † 12. Jan. 1519 |
| Karl* (1500) | Erzhzg. 12. Jan. 1519, r. 28. April 1521, † 21. Sept. 1558 |
| Ferdinand I.* (1503) | Erzhzg. 28. April 1521, † 25. Juli 1564 |
| Maximilian II.* (1527) | Erzhzg. 25. Juli 1564, † 12. Okt. 1576 |
| Rudolf* (1552) | Erzhzg. 12. Okt. 1576, r. 24. Juni 1608, † 20. Jan. 1612 |
| Matthias* (1557) | Erzhzg. 24. Juni 1608, † 20. März 1619 |

Tirol

*Habsburger*

| | |
|---|---|
| Ferdinand (II.) (1529) | Erzhzg. 25. Juli 1564, † 24. Jan. 1595 |
| Maximilian III. (1558) | Erzhzg. in Tirol 1602, † 2. Nov. 1618 |
| Leopold V. (1586) | Gubernator in Tirol 1619, Erzhzg. in Tirol 1625, † 13. Sept. 1632 |
| Ferdinand Karl (1628) | Erzhzg. 13. Sept. 1632, † 30. Dez. 1662 |
| Sigismund Franz (1630) | Erzhzg. 30. Dez. 1662, † 25. Juni 1665 |

Steiermark

| | |
|---|---|
| *Habsburger* | |
| Karl II. (1540) | Erzhzg. 25. Juli 1564, †10. Juli 1590 |
| Ferdinand II.* (1578) | Erzhzg. 10. Juli 1590, tritt die Nachfolge der Hauptlinie an 20. März 1619, vgl. unten |

Haus Österreich

| | |
|---|---|
| *Habsburger* | |
| Ferdinand II. (vgl. oben) | Erzhzg. in allen österreichischen Besitzungen mit Ausnahme Tirols 20. März 1619, †15. Febr. 1637 |
| Ferdinand III.* (1608) | Erzhzg. 15. Febr. 1637, †2. April 1657 |
| Leopold I.* (1640) | Erzhzg. 2. April 1657, vereinigt alle österreichischen Besitzungen 25. Juni 1665, †5. Mai 1705 |
| Joseph I.* (1678) | Erzhzg. 5. Mai 1705, †17. April 1711 |
| Karl III. (VI.)* (1685) | Erzhzg. 17. April 1711, †20. Okt. 1740 |
| Maria Theresia* (1717) | Erzhzg.in 20. Okt. 1740, †29. Nov. 1780 |
| | |
| *Habsburg-Lothringer* | |
| Joseph II.* (1741) | Erzhzg. 29. Nov. 1780, †20. Febr. 1790 |
| Leopold II.* (1747) | Erzhzg. 20. Febr. 1790, †1. März 1792 |
| Franz I.* (1768) | Erzhzg. 1. März 1792, Ks. v. Österreich 14. Aug. 1804, †2. März 1835 |
| Ferdinand I.* (1793) | Ks. 2. März 1835, r. 2. Dez. 1848, †29. Juni 1875 |
| Franz Joseph I.* (1830) | Ks. 2. Dez. 1848, †21. Nov. 1916 |
| Karl I.* (1887) | Ks. 21. Nov. 1916, r. 11. Nov. 1918, †1. April 1922 |

Bundespräsidenten der beiden Republiken:

| | |
|---|---|
| Karl Seitz (1869–1950) Soz. (Präs. d. Konst. Nationalversammlung) | 4. März 1919–9. Dez. 1920 |
| Michael Hainisch (1858–1940) | 9. Dez. 1920–9. Dez. 1928 |

| | |
|---|---|
| Wilhelm Miklas (1872–1956) Christl. | 10. Dez. 1928–13. März 1938 |
| | |
| Karl Renner* (1870–1950) SPÖ | 20. Dez. 1945–31. Dez. 1950 |
| Theodor Körner (1873–1957) SPÖ | 27. Mai 1951–4. Jan. 1957 |
| Adolf Schärf (1890–1965) SPÖ | 23. Mai 1957–28. Febr. 1965 |
| Franz Jonas (1899–1974) SPÖ | 9. Juni 1965–24. April 1974 |
| Rudolf Kirchschläger (1915) | 8. Juli 1974–8. Juli 1986 |
| Kurt Waldheim (1918) | 8. Juli 1986–8. Juli 1992 |
| Thomas Klestil (1932) | 8. Juli 1992– |

Leitende Staatsmänner 1727–1848:

| | |
|---|---|
| Johann Christoph, Frhr. v. Bartenstein (1690–1767) (Staatssekretär) | 1727–1753 |
| Anton Corfiz, Gf. Ulefeld (1699–1760) (Staatskanzler) | 1742–1753 |
| Wenzel Anton, Gf. Kaunitz (1711–1794) (Hof- und Staatskanzler) | 1753–1792 |
| Johann Philipp, Gf. v. Cobenzl (1741–1810) (Hof- und Staatskanzler) | 1792–1793 |
| Johann Amadeus Franz de Paula, Frhr. v. Thugut (1736–1818) (Staatskanzler) | 1793–1800 |
| Johann Ludwig, Gf. v. Cobenzl (1753–1809) (Hof- und Staats-Vizekanzler) | 1800–1805 |
| Johann Philipp Karl, Gf. v. Stadion-Warthausen (1763–1824) (Hof- und Staatskanzler) | 25. Dez. 1805–4. Okt. 1809 |
| Klemens Wenzel Lothar, Fst. v. Metternich (1773–1859) (Außenminister, seit 1821 Hof- und Staatskanzler) | 8. Okt. 1809–13. März 1848 |
| Alfred C. Ferdinand, Fst. zu Windischgrätz (1787–1862) | 13. März 1848–20. März 1848 |

Ministerpräsidenten bis zum Ausgleich 1867:

| | |
|---|---|
| Franz Anton, Gf. v. Kolowrat-Liebsteinsky (1778–1861) | 21. März 1848–5. April 1848 |
| Karl Ludwig, Gf. v. Ficquelmont (1777–1857) | 19. April 1848–4. Mai 1848 |

| | |
|---|---|
| Franz, Frhr. v. Pillersdorf (1786–1862) | 4. Mai 1848–8. Juli 1848 |
| Anton, Frhr. v. Doblhoff-Dier (1800–1872) | 8. Juli 1848–18. Juli 1848 |
| Johann, Frhr. v. Wessenberg (1773–1858) | 18. Juli 1848–21. Nov. 1848 |
| Felix, Fst. zu Schwarzenberg (1800–1852) | 21. Nov. 1848–5. April 1852 |
| Karl Ferdinand, Gf. v. Buol-Schauenstein (1797–1865) | 11. April 1852–21. Aug. 1859 |
| Johann Bernhard, Gf. v. Rechberg (1806–1899) | 21. Aug. 1859–4. Febr. 1861 |
| Erzherzog Rainer v. Österreich (1827–1913) | 4. Febr. 1861–26. Juni 1865 |
| Alexander, Gf. Mensdorff-Pouilly (1813–1871) | 26. Juni 1865–27. Juli 1865 |
| Richard, Gf. Bęlcredi (1823–1902) | 27. Juli 1865–7. Febr. 1867 |
| Ferdinand, Frhr. v. Beust* (1809–1886) | 7. Febr. 1867–30. Dez. 1867 |

K. u. K.-Außenminister für beide Reichshälften:

| | |
|---|---|
| Ferdinand, Frhr. v. Beust* (1809–1886) | 24. Dez. 1867–8. Nov. 1871 |
| Gyula, Gf. Andrassy (1823–1890) | 14. Nov. 1871–8. Okt. 1879 |
| Heinrich, Frhr. v. Haymerle (1828–1881) | 8. Okt. 1879–10. Okt. 1881 |
| Gustav, Gf. Kálnoky (1832–1898) | 20. Nov. 1881–2. Mai 1895 |
| Agenor, Gf. v. Goluchowski (1849–1921) | 16. Mai 1895–24. Okt. 1906 |
| Alois, Gf. Lexa v. Aehrenthal (1854–1912) | 24. Okt. 1906–17. Febr. 1912 |
| Leopold, Gf. Berchtold (1863–1942) | 17. Febr. 1912–13. Jan. 1915 |
| Stefan, Frhr. Burian (1851–1922) | 13. Jan. 1915–22. Dez. 1916 |
| Ottokar, Gf. Czernin (1872–1932) | 22. Dez. 1916–16. April 1918 |
| Burian (2. Mal) | 16. April 1918–24. Okt. 1918 |
| Gyula, Gf. Andrassy (1860–1929) | 24. Okt. 1918–2. Nov. 1918 |

Ministerpräsidenten der österreichischen Reichshälfte:

| | |
|---|---|
| Karl, Fst. Auersperg (1814–1890) | 30. Dez. 1867–24. Sept. 1868 |
| Eduard, Gf. Taaffe (1833–1895) | 24. Sept. 1868–15. Jan. 1870 |

| | |
|---|---|
| Ignaz, Edler v. Plener (1810–1908) | 15. Jan 1870–31. Jan. 1870 |
| Leopold, Ritter Hasner v. Artha (1818–1891) | 1. Febr. 1870–4. April 1870 |
| Alfred, Gf. Potocki (1822–1889) | 12. April 1870–4. Febr. 1871 |
| Karl, Gf. v. Hohenwart (1824–1899) | 6. Febr. 1871–30. Okt. 1871 |
| Ludwig, Frhr. v. Holzgethan (1810–1892) | 30. Okt. 1871–25. Nov. 1871 |
| Adolf, Fst. Auersperg (1821–1885) | 25. Nov. 1871–15. Febr. 1879 |
| Karl v. Stremayr (1823–1904) | 15. Febr. 1879–12. Aug. 1879 |
| Taaffe (2. Mal) | 12. Aug. 1879–11. Nov. 1893 |
| Alfred, Fst. zu Windischgrätz (1851–1927) | 11. Nov. 1893–19. Juni 1895 |
| Erich, Gf. v. Kielmansegg (1847–1923) | 19. Juni 1895–30. Sept. 1895 |
| Kasimir, Gf. Badeni (1846–1909) | 30. Sept. 1895–30. Nov. 1897 |
| Paul, Frhr. Gautsch (1851–1918) | 30. Nov. 1897–5. März 1898 |
| Franz, Gf. v. Thun und Hohenstein (1847–1916) | 5. März 1898–2. Okt. 1899 |
| Manfred, Gf. v. Clary und Aldringen (1852–1928) | 2. Okt. 1899–21. Dez. 1899 |
| Heinrich, Ritter v. Wittek (1834–1903) | 21. Dez. 1899–18. Jan. 1900 |
| Ernst v. Koerber (1850–1919) | 19. Jan. 1900–27. Dez. 1904 |
| Gautsch (2. Mal) | 1. Jan. 1905–30. April 1906 |
| Konrad, Prinz v. Hohenlohe-Waldenburg (1863–1918) | 2. Mai 1906–28. Mai 1906 |
| Max Wladimir, Frhr. v. Beck (1854–1943) | 2. Juni 1906–7. Nov. 1908 |
| Richard, Frhr. v. Bienerth (1863–1918) | 15. Nov. 1908–28. Juni 1911 |
| Gautsch (3. Mal) | 28. Juni 1911–28. Okt. 1911 |
| Karl, Reichsgf. v. Stürgkh (1859–1916) | 3. Nov. 1911–21. Okt. 1916 |
| Koerber (2. Mal) | 31. Okt. 1916–13. Dez. 1916 |
| Heinrich, Gf. v. Clam-Martinitz (1863–1932) | 20. Dez. 1916–23. Juni 1917 |
| Ernst, Ritter Seidler v. Feuchtenegg (1862–1931) | 23. Juni 1917–25. Juli 1918 |
| Max, Frhr. Hussarek (1865–1935) | 25. Juli 1918–27. Okt. 1918 |
| Heinrich Lammasch (1853–1920) | 27. Okt. 1918–11. Nov. 1918 |

Bundeskanzler der beiden Republiken (1919–1920 und 1945 Staatskanzler):

| | |
|---|---|
| Karl Renner* (1870–1950) Soz. | 15. März 1919–11. Juni 1920 |
| Michael Mayr (1864–1922) Christl. | 7. Juli 1920–1. Juni 1921 |
| Johann Schober (1874–1932) | 21. Juni 1921–24. Mai 1922 |
| Ignaz Seipel (1876–1932) Christl. | 31. Mai 1922–8. Nov. 1924 |
| Rudolf Ramek (1881–1941) Christl. | 20. Nov. 1924–15. Okt. 1926 |
| Seipel (2. Mal) | 20. Okt. 1926–3. April 1929 |
| Ernst Streeruwitz (1874–1952) Christl. | 4. Mai 1929–25. Sept. 1929 |
| Schober (2. Mal) Schoberblock | 26. Sept. 1929–25. Sept. 1930 |
| Karl Vaugoin (1873–1949) Christl. | 30. Sept. 1930–29. Nov. 1930 |
| Otto Ender (1875–1960) Christl. | 4. Dez. 1930–16. Juni 1931 |
| Karl Buresch (1878–1936) Christl. | 20. Juni 1931–6. Mai 1932 |
| Engelbert Dollfuß (1892–1934) Christl. | 20. Mai 1932–25. Juli 1934 |
| Kurt Schuschnigg (1897–1977) Christl. | 30. Juli 1934–11. März 1938 |
| Arthur Seyß-Inquart* (1892–1946) Nat.soz. | 12. März 1938–13. März 1938 |
| | |
| Renner (2. Mal) | 27. April 1945–20. Dez. 1945 |
| Leopold Figl (1902–1965) ÖVP | 20. Dez. 1945–25. Febr. 1953 |
| Julius Raab (1891–1964) ÖVP | 1. April 1953–11. April 1961 |
| Alfons Gorbach (1898–1972) ÖVP | 11. April 1961–2. April 1964 |
| Josef Klaus (1910) ÖVP | 2. April 1964–3. März 1970 |
| Bruno Kreisky (1911–1990) SPÖ | 20. April 1970–18. Mai 1983 |
| Fred Sinowatz (1929) SPÖ | 18. Mai 1983–9. Juni 1986 |
| Franz Vranitzky (1937) SPÖ | 16. Juni 1986– |

## Polen

Herzogtum 960–1025, 1033–1076, 1079–1295 und 1306–1320, Königreich 1025–1033, 1076–1079, 1295–1306 und seit 1320. 1795 und nochmals 1815 unter Rußland, Preußen und Österreich aufgeteilt, 1807–1812 Großherzogtum Warschau, unabhängige Republik 14. November 1918, 1939–1945 unter deutscher und russischer Besatzung, erneut unabhängige Republik 1945 (1952–1989 Volksrepublik).

*Piasten*

| | |
|---|---|
| Mieszko I. (um 922) | Hzg. um 960. †25. Mai 992 |
| Boleslaw I. d. Tapfere* (967) | Hzg. 992, Kg. 1025, †17. Juni 1025 |
| Mieszko II. (990) | Kg. 1025, verzichtet Juli 1033 auf die Königswürde, †10./11. Mai 1034 |
| Kasimir I. d. Erneuerer (1016) | Hzg. 1034, †28. Nov. 1058 |
| Boleslaw II. d. Freigiebige (um 1040) | Hzg. 1058, Kg. 1076, d. 1079, †1083 |
| Wladislaw I. Hermann (1040) | Hzg. 1079, †Sommer 1102 |
| Zbigniew (vor 1085) | Hzg. 1102, d. 1107, †nach 1112 |
| Boleslaw III. Schiefmund (1085) | Hzg. 1102, †1138 |
| Wladislaw II. d. Vertriebene (vor 1105) | Hzg. v. Krakau und Schlesien, Senior 1138–1146, †1159 |
| Boleslaw IV. Kraushaar (1127) | Hzg. v. Masowien, Kujawien und Krakau, Senior 1146, †1173 |
| Mieszko III. d. Alte (1126/1127) | Hzg. v. Großpolen und Krakau, Senior 1173–1177, vgl. unten |
| Kasimir II. d. Gerechte (1138) | Hzg. v. Sandomir, Krakau, Kujawien und Masowien, Senior 1177, †1194 |
| Mieszko III. d. Alte (2. Mal) | Senior 1194, †1202 |
| Wladislaw III. Steifbein (1161/1174) | Hzg. v. Posen, Gnesen und Krakau, Senior 1202, vgl. unten |
| Leszek d. Weiße (1186/1187) | Hzg. v. Sandomir und Krakau, Senior 1202–1210, vgl. unten |
| Mieszko IV. Schlenkerbein (um 1138) | Senior 1210, †1211 |
| Leszek I. d. Weiße (2. Mal) | Senior 1211, †1227 |
| Wladislaw III. Steifbein (2. Mal) | Senior 1227–1229, †1231 |
| Konrad I. (1187/1188) | Hzg. v. Masowien, Kujawien und Krakau, Senior 1229–1232, vgl. unten |
| Heinrich I. d. Bärtige | Hzg. v. Schlesien, Senior 1232, †1238 |
| Heinrich II. d. Fromme | Hzg. v. Schlesien, Senior 1238, †9. April 1241 |
| Konrad I. (2. Mal) | Senior 1241–1243, †1247 |
| Boleslaw V. d. Keusche (1221) | Hzg. v. Sandomir und Krakau, Senior 1243, †1279 |
| Leszek II. d. Schwarze (1240/1242) | Hzg. v. Sandomir und Krakau, Senior 1279, †1288 |
| Heinrich III. Probus | Hzg., Senior 1288–1290 |
| Przemyslaw (II.) (1257) | Hzg. v. Posen, Großpolen, Krakau und Pommern, Senior 1290, Kg. v. Polen 25. Juni 1295, †8. Febr. 1296 |

| | |
|---|---|
| *Przemysliden* | |
| Wenzel (II.)* (1271) | Kg. v. Polen 1291, †21. Juni 1305 |
| Wenzel (III.)* (1289) | Kg. v. Polen 1305, †4. Aug. 1306 |
| *Piasten* | |
| Wladislaw I. Ellenlang (1260/1261) | Hzg., Senior 1296/1306, Kg. v. Polen 1320, † 2. März 1333 |
| Kasimir III. d. Große (1310) | Kg. 1333, †5. Nov. 1370 |
| *Anjou* | |
| Ludwig I. d. Große* (1326) | Kg. 5. Nov. 1370, †11. Sept. 1382 |
| Hedwig (um 1374) | Kg.in 15. Okt. 1384, †17. Juli 1399 |
| *Jagellonen* | |
| Wladislaw II. Jagello* (um 1351) | Großfst. v. Litauen 1377, Kg. v. Polen 17. Febr. 1386, †1. Juni 1434 |
| Wladislaw III. (1424) | Kg. 1. Juni 1434, †10. Nov. 1444 |
| Kasimir IV. Andreas* (1427) | Kg. 10. Nov. 1444 bzw. 25. Juni 1447, †7. Juni 1492 |
| Johann I. Albrecht (1459) | Kg. 27. Aug. 1492, †17. Juni 1501 |
| Alexander* (1461) | Kg. Okt. 1501, †19. Aug. 1506 |
| Sigismund I.* (1467) | Kg. Jan. 1507, †1. April 1548 |
| Sigismund II. August I.* (1520) | Kg. 1. April 1548, †7. Juli 1572 |
| *Wahlkönige* | |
| Heinrich v. Valois* (1551) | Kg. 11. Mai 1573, fakt. r. 19. Juni 1574, †2. Aug. 1589 |
| Stephan Báthory (1532) | Kg. 14. Dez. 1575, †12. Dez. 1586 |
| Sigismund III. Wasa* (1566) | Kg. 19. Aug. 1587, †30. April 1632 |
| Wladislaw IV. Wasa* (1595) | Kg. Nov. 1632, †20. Mai 1648 |
| Johann II. Kasimir Wasa (1609) | Kg. Nov. 1648, r. 16. Sept. 1668, †16. Dez. 1672 |
| Michael Korybut Wisniowiecki (1640) | Kg. 19. Juni 1669, †10. Nov. 1673 |
| Johann III. Sobieski (1629) | Kg. 21. Mai 1674, †17. Juni 1696 |
| August II. d. Starke* (1670) | Kg. 15. Sept. 1697, r. 30. Nov. 1706, vgl. unten |
| Stanislaus Leszczynski* (1677) | Kg. 12. Juli 1704, fakt. r. Aug. 1709, vgl. unten |
| August II. d. Starke (2. Mal) | Kg. 16. April 1710, †1. Febr. 1733 |

| | |
|---|---|
| Stanislaus Leszczynski (2. Mal) | Kg. 12. Sept. 1733, r. 28. Jan. 1736, †23. Febr. 1766 |
| August III.* (1696) | Kg. 5. Okt. 1733, †5. Okt. 1763 |
| Stanislaus Poniatowski (1732) | Kg. 6. Sept. 1764, r. 25. Nov. 1795, †12. Febr. 1798 |
| Friedrich August (III.)* (1750) | Ghzg. v. Warschau 8. Juli 1807, d. 1812/1815, †5. Mai 1827 |

Staatsoberhäupter der Republik/Volksrepublik:

| | |
|---|---|
| Jozef Pilsudski (1867–1935) | 14. Nov. 1918–9. Dez. 1922 |
| Gabriel Narutowicz (1865–1922) | 14. Dez. 1922–16. Dez. 1922 |
| Stanislaw Wojchiechowski (1869–1953) | 20. Dez. 1922–15. Mai 1926 |
| Ignacy Moscicki (1867–1946) | 1. Juni 1926–8. Okt. 1939 |
| Boleslaw Bierut* (1892–1956) | 5. Febr. 1947–20. Nov. 1952 |
| Aleksander Zawadzki (1899–1964) | 20. Nov. 1952–7. Aug. 1964 |
| Edward Ochab* (1906–1989) | 12. Aug. 1964–8. April 1968 |
| Marian Spychalski (1906–1980) | 11. April 1968–23. Dez. 1970 |
| Jozef Cyrankiewicz* (1911–1989) | 23. Dez. 1970–28. März 1972 |
| Henrik Jablonski (1909) | 28. März 1972–6. Nov. 1985 |
| Wojciech Jaruzelski* (1923) | 6. Nov. 1985–22. Dez. 1990 |
| Lech Walesa (1943) | 22. Dez. 1990– |

Regierungschefs seit 1945:

| | |
|---|---|
| Edward Osobka-Morawski (1909) | 1. Jan. 1945–4. Febr. 1947 |
| Jozef Cyrankiewicz* (1911–1989) | 7. Febr. 1947–20. Nov. 1952 |
| Boleslaw Bierut* (1892–1956) | 21. Nov. 1952–19. März 1954 |
| Cyrankiewicz (2. Mal) | 19. März 1954–23. Dez. 1970 |
| Piotr Jaroszewicz (1909–1992) | 23. Dez. 1970–15. Febr. 1980 |
| Edward Babiuch (1927) | 18. Febr. 1980–24. Aug. 1980 |
| Jozef Pinkowski (1929) | 24. Aug. 1980–9. Febr. 1981 |
| Wojciech Jaruzelski* (1923) | 11. Febr. 1981–6. Nov. 1985 |
| Zbigniew Messner (1929) | 6. Nov. 1985–19. Sept. 1988 |
| Miecyslaw Rakowski* (1926) | 27. Sept. 1988–24. Aug. 1989 |
| Tadeusz Mazowiecki (1927) | 24. Aug. 1989–14. Dez. 1990 |
| Krzysztof Bielecki (1951) | 4. Jan. 1991–5. Dez. 1991 |
| Jan Olszewski (1930) | 6. Dez. 1991–4. Juni 1992 |
| Waldemar Pawlak (1959) | 5. Juni 1992–10. Juli 1992 |
| Hanna Suchocka (1946) | 10. Juli 1992–18. Okt. 1993 |
| Pawlak (2. Mal) | 26. Okt. 1993– |

Parteichefs 1945–1989:

| | |
|---|---|
| Wladislaw Gomulka (1905–1982) | Nov. 1943–Sept. 1948 |
| Boleslaw Bierut* (1892–1956) | Sept. 1948–März 1956 |

| | |
|---|---|
| Edward Ochab* (1906–1989) | März 1956–Okt. 1956 |
| Gomulka (2. Mal) | Okt. 1956–Dez. 1970 |
| Edward Gierek (1913) | Dez. 1970–Sept. 1980 |
| Stanislaw Kania (1927) | Sept. 1980–Okt. 1981 |
| Wojciech Jaruzelski* (1923) | Okt. 1981–Juli 1989 |
| Miecyslaw Rakowski* (1926) | Juli 1989–Jan. 1990 |

**Portugal**

Grafschaft 1095, Königreich 1139 (1580–1640 in Personalunion mit Spanien), Republik 1910 (1933–1974 Diktatur).

*Haus Burgund*

| | |
|---|---|
| Heinrich (um 1070) | Gf. 1095, † 1. Nov. 1112 (1114?) |
| Teresa v. Kastilien (um 1070–1130) | Regentin 1112–1128 |
| Alfons I. Henriques (1110) | Gf. 1. Nov. 1112, mündig 1128, Kg. 25. Juli 1139, † 6. Nov. 1185 |
| Sancho I. d. Besiedler (1154) | Kg. 6. Nov. 1185, † 27. März 1211 |
| Alfons II. (1186) | Kg. 27. März 1211, † 25. März 1223 |
| Sancho II. (1210) | Kg. 25. März 1223, d. 11. Jan. 1245, † 3. Jan. 1248 |
| Alfons III. (1212) | Regent 11. Jan. 1245, Kg. 3. Jan. 1248, † 16. Febr. 1279 |
| Dionysos d. Landwirt (1261) | Kg. 16. Febr. 1279, † 7. Jan. 1325 |
| Alfons IV. (1291) | Kg. 7. Jan. 1325, † 28. Mai 1357 |
| Peter I. (1320) | Kg. 28. Mai 1357, † 18. Jan. 1367 |
| Ferdinand I. (1345) | Kg. 18. Jan. 1367, † 22. Okt. 1383 |

*Avis*

| | |
|---|---|
| Johann I. (1358) | Kg. 6. April 1385, † 14. Aug. 1433 |
| Eduard (1391) | Kg. 14. Aug. 1433, † 9. Sept. 1438 |
| Alfons V. d. Afrikaner (1432) | Kg. 9. Sept. 1438, † 28. Aug. 1481 |
| Johann II. (1455) | Kg. 28. Aug. 1481, † 25. Okt. 1495 |
| Manuel I. d. Glückliche (1469) | Kg. 25. Okt. 1495, † 13. Dez. 1521 |
| Johann III. (1502) | Kg. 13. Dez. 1521, † 11. Juni 1557 |
| Sebastian (1554) | Kg. 11. Juni 1557, † 4. Aug. 1578 |
| Heinrich (1512) | Kg. 27. Aug. 1578, † 31. Jan. 1580 |

*Bragança*

| | |
|---|---|
| Johann IV. (1604) | Kg. 15. Dez. 1640, †6. Nov. 1656 |
| Alfons VI. (1643) | Kg. 6. Nov. 1656, d. 23. Sept. 1667, †12. Sept. 1683 |
| Peter II. (1648) | Regent 23. Sept. 1667, Kg. 12. Sept. 1683, † 9. Dez. 1706 |
| Johann V. (1689) | Kg. 9. Dez. 1706, † 31. Juli 1750 |
| Joseph (1714) | Kg. 31. Juli 1750, † 24. Febr. 1777 |
| Maria I. (1734) | Kg. in 24. Febr. 1777, entmündigt 1792, †20. März 1816 |
| Peter III. (1717) | Kg. 24. Febr. 1777, †25. Mai 1786 |
| Johann VI. (1767) | Regent 1792, Kg. 20. März 1816 (residiert 1807–1821 in Rio de Janeiro), †10. März 1826 |
| Peter IV.* (1798) | Kg. 10. März 1826, r. 5. Mai 1826, † 24. Sept. 1834 |
| Maria II. da Gloria (1819) | Kg. in 5. Mai 1826, d. 30. Juni 1828, vgl. unten |
| Michael (1802) | Kg. 30. Juni 1828, d. 26. Mai 1834, † 14. Nov. 1866 |
| Maria II. da Gloria (2. Mal) | Kg. in 26. Mai 1834, † 15. Nov. 1853 |

*Sachsen-Coburg-Saalfeld*

| | |
|---|---|
| Ferdinand II. (1816) | Kg. 16. Sept. 1837, r. 15. Nov. 1853, †29. Okt. 1885 |
| Peter V. (1837) | Kg. 15. Nov. 1853, †11. Nov. 1861 |
| Ludwig I. (1838) | Kg. 11. Nov. 1861, †19. Okt. 1889 |
| Karl I. (1863) | Kg. 19. Okt. 1889, †1. Febr. 1908 |
| Manuel II. (1889) | Kg. 1. Febr. 1908, d. 5. Okt. 1910, † 2. Juli 1932 |

Präsidenten der Republik:

| | |
|---|---|
| Teofilo Braga (1843–1924) | 15. Okt. 1910–24. Aug. 1911 |
| Manuel d'Arriaga (1840–1917) | 24. Aug. 1911–29. Mai 1915 |
| Braga (2. Mal) | 29. Mai 1915 – 5. Okt. 1915 |
| Bernardino Machado (1851–1944) | 5. Okt. 1915–11. Dez. 1917 |
| Sidonio Cardoso da Silva Pais (1858–1918) | 11. Dez. 1917–14. Dez. 1918 |

| | |
|---|---|
| João do Canto e Castro (1862–1934) | 16. Dez. 1918–5. Okt. 1919 |
| Antonio José de Almeida (1866–1929) | 5. Okt. 1919–5. Okt. 1923 |
| Manuel Texeira Gomes (1862–1941) | 5. Okt. 1923–12. Dez. 1925 |
| Machado (2. Mal) | 12. Dez. 1925–1. Juni 1926 |
| Antonio Oscar Fragoso Carmona* (1869–1951) | 29. Nov. 1926–18. April 1951 |
| Francisco Craveiro Lopes (1894–1964) | 9. Aug. 1951–9. Aug. 1958 |
| Américo Tomás (1894) | 9. Aug. 1958–25. April 1974 |
| Antonio Ribeiro de Spinola (1910) | 15. Mai 1974–30. Sept. 1974 |
| Francisco da Costa Gomes (1914) | 30. Sept. 1974–14. Juli 1976 |
| Antonio Ramolho Eanes (1935) | 14. Juli 1976–9. März 1986 |
| Mario Soares* (1924) Soz. | 9. März 1986– |

Regierungschefs seit 1926:

| | |
|---|---|
| Antonio Oscar Fragoso Carmona* (1869–1951) | 9. Juli 1926–16. April 1928 |
| José Vicente Freitas (1869–1952) | 19. April 1928–5. Juli 1929 |
| Arturo Ivens Ferraz (1870–1933) | 9. Juli 1929–10. Jan. 1930 |
| Domingos da Costa Oliveira (1873–1957) | 21. Jan. 1930–25. Juni 1932 |
| Antonio de Oliveira Salazar (1889–1970) | 5. Juli 1932–26. Sept. 1968 |
| Marcelo Caetano (1906–1980) | 26. Sept. 1968–25. April 1974 |
| Adelino da Palma Carlos (1905) | 16. Mai 1974–17. Juli 1974 |
| Vasco dos Santos Gonçalves (1921) | 18. Juli 1974–5. Sept. 1975 |
| José B. Pinheiro de Azevedo (1917–1983) | 21. Sept. 1975–14. Juli 1976 |
| Mario Soares* (1924) Soz. | 23. Juli 1976–27. Juli 1978 |
| Alfredo Nobre da Costa (1927) | 28. Aug. 1978–14. Sept. 1978 |
| Carlos Mota Pinto (1936–1985) | 18. Nov. 1978–6. Juni 1979 |
| Maria de Lourdes Pintassilgo (1930) | 31. Juli 1979–27. Dez. 1979 |
| Francisco Sà Carneiro (1934–1980) Lib. | 3. Jan. 1980–5. Dez. 1980 |
| Francisco Balsemão (1937) Lib. | 9. Jan. 1981–9. Juni 1983 |
| Soares* (2. Mal) | 9. Juni 1983–29. Okt. 1985 |
| Anibal Cavaco Silva (1939) Lib. | 6. Nov. 1985– |

**Rumänien**

Fürstentum Rumänien (aus Moldau und Walachei) proklamiert 23. Dezember 1861, souverän 13. Juli 1878, Königreich 26. März 1881, Republik 30. Dezember 1947.

| | |
|---|---|
| Alexander Ion Cuza (1820) | Fst. der Moldau 17. Jan. 1859, der Walachei 5. Febr. 1859, v. Rumänien 5. Febr. 1862, d. 23. Febr. 1866, †15. Mai 1873 |

*Hohenzollern-Sigmaringen*

| | |
|---|---|
| Karl I. (1839) | Fst. 22. Mai 1866, souverän 13. Juli 1878, Kg. 26. März 1881, †10. Okt. 1914 |
| Ferdinand I. (1865) | Kg. 10. Okt. 1914, †20. Juli 1927 |
| Michael I. (1921) | Kg. 20. Juli 1927, d. 8. Juni 1930, vgl. unten |
| Karl II. (1893) | Kg. 8. Juni 1930, r. 6. Sept. 1940, †4. April 1953 |
| Michael I. (2. Mal) | Kg. 6. Sept. 1940, d. 30. Dez. 1947 |

Staatsoberhäupter der Republik:

| | |
|---|---|
| Constantin Parhon (1874–1969) | 2. April 1948–3. Juni 1952 |
| Petru Groza (1884–1958) | 3. Juni 1952–7. Jan. 1958 |
| Ion Georghe Maurer (1902) | 11. Jan. 1958–21. März 1961 |
| Georghe Georghiu-Dej (1901–1965) | 21. März 1961–19. März 1965 |
| Chivu Stoica (1908–1975) | 24. März 1965–9. Dez. 1967 |
| Nicolae Ceaucescu (1918–1989) | 9. Dez. 1967–22. Dez. 1989 |
| Ion Iliescu (1930) | 26. Dez. 1989– |

Regierungschefs seit 1989:

| | |
|---|---|
| Petre Roman (1947) | 26. Dez. 1989–26. Sept. 1991 |
| Theodor Stolojan (1943) | 1. Okt. 1991–4. Nov. 1992 |
| Nicolae Vacariou (1943) | 4. Nov. 1992– |

**Rußland/Sowjetunion/GUS**

Beginn staatlicher Kontinuität Mitte des 9. Jahrhunderts. Vormächte: Nowgorod (856/62–882), Kiew (882–1169), Wladimir (1169–1328), Moskau (seit 1328). Geeintes Zarenreich 1547, Kaiserreich 1721, Sturz der Monarchie März 1917, Sowjetherrschaft November 1917. Umwandlung in eine Gemeinschaft Unabhängiger Staaten Dezember 1991.

*Rurikiden*

Nowgorod

| | |
|---|---|
| Rjurik | Fst. 862 (856?), †879 (873?) |

Kiew

| | |
|---|---|
| Oleg d. Weise | Fst. v. Nowgorod 879 (873?), Fst. v. Kiew 882, †912/913 |
| Igor | Fst. 912/913, †945 |
| Olga | Regentin 945–962, †11. Juli 969 |
| Swjatoslav (942?) | Fst. 945, mündig 962, †972 |
| Jaropolk | Fst. 972, †980 |
| Wladimir d. Große, d. Heilige (956) | Fst. 978/980, Großfst. 988, †15. Juli 1015 |
| Swjatopolk | Großfst. 1015, d. 1016, vgl. unten |
| Jaroslav d. Weise | Großfst. 1016, d. 1018, vgl. unten |
| Swjatopolk (2. Mal) | Großfst. 1018, †1019 |
| Jaroslav d. Weise (2. Mal) | Großfst. 1019, †20. Febr. 1054 |
| Izjaslav I. (1024) | Großfst. 1054, d. Sept. 1068, vgl. unten |
| Wseslav | Großfst. 1068, d. Mai 1069 |
| Izjaslav I. (2. Mal) | Großfst. 1069, d. März 1073, vgl. unten |
| Swjatoslav (1027) | Großfst. 1073, †27. Dez. 1076 |
| Wsewolod I. (1030) | Großfst. Jan. 1077, r. Juli 1077, vgl. unten |
| Izjaslav I. (3. Mal) | Großfst. Juli 1077, †3. Okt. 1078 |
| Wsewolod I. (2. Mal) | Großfst. 1078, †13. April 1093 |
| Swjatopolk | Großfst. April 1093, †16. April 1113 |
| Wladimir Monomach | Großfst. 1113, †19. Mai 1125 |
| Mstislav I. d. Große | Großfst. 1125, †1132 |
| Jaropolk | Großfst. 1132, †1139 |
| Wsewolod II. | Großfst. 1139, †1. Aug. 1146 |
| Izjaslav II. | Großfst. 1146, †13. Nov. 1154 |
| Jurij | Großfst. Aug. 1149 bzw. Nov. 1154, †15. Mai 1157 |
| Izjaslav III. | Großfst. 21. Mai 1157, r. 1159 |
| Rostislav | Großfst. 1159, †1167 |
| Mstislav II. | Großfst. 1167, d. 8. März 1169, †19. Aug. 1170 |

Wladimir

| | |
|---|---|
| Andrej Bogoljubskij | Fst. 1155/1157, Großfst. 1169, †29. Juni 1174 |
| Wsewolod (1154) | Großfst. 1176, †13. April 1212 |
| Jurij | Großfst. 1212, r. 1216, vgl. unten |
| Konstantin | Großfst. 1216, †2. Febr. 1218 |
| Jurij (2. Mal) | Großfst. 1218, †4. März 1238 |
| Jaroslav | Großfst. 1238, †30. Sept. 1246 |
| Swjatoslav | Großfst. 1246, d. 1249, †1250 |
| Andrej | Großfst. 1249, d. 1252, †1264 |
| Alexander Nevskij | Großfst. (24. Juli?) 1252, †14. Nov. 1263 |
| Jaroslav | Großfst. 1264, †1271 |
| Wasilij | Großfst. 1272, †1277 |
| Dmitrij | Großfst. 1277, d. 1281, vgl. unten |
| Andrej | Großfst. 1281, d. 1283, vgl. unten |
| Dmitrij (2. Mal) | Großfst. 1283, d. 1293 |
| Andrej (2. Mal) | Großfst. 1293, †1304 |
| Michail v. Twer | Großfst. 27. Juli 1303, †22. Nov. 1318 |
| Jurij v. Moskau | Großfst. 1317, d. 1322/1323, †11. Nov. 1325 |
| Dmitrij v. Twer | Großfst. 1322/1323, d. 1325, †13. Sept. 1326 |
| Alexander v. Twer | Großfst. 1326, d. 1327, †1339 |

Moskau

| | |
|---|---|
| Iwan I. Kalita | Fst. v. Moskau 1325, Großfst. v. Wladimir 1328, †31. März 1340 |
| Semion | Fst. v. Moskau und Großfst. v. Wladimir 1340, †26. April 1353 |
| Iwan II. | Fst. v. Moskau und Großfst. v. Wladimir 1353, †13. Nov. 1359 |
| Dmitrij Donskoj (1350) | Fst. v. Moskau und Großfst. v. Wladimir 1362/1363, †19. Mai 1389 |
| Wasilij I. (1371) | Fst. v. Moskau und Großfst. v. Wladimir 1389, †27. Febr. 1425 |
| Wasilij II. (1415) | Großfst. v. Moskau 1425, 1434 und 1446–1447 jeweils kurzfristig entthront, †27. März 1462 |
| Iwan III. (1440) | Großfst. 1462, †27. Okt. 1505 |
| Wasilij III. (1479) | Großfst. 1505, †3./4. Dez. 1533 |

Rußland

| | |
|---|---|
| Iwan IV. d. Schreckliche (1530) | Großfst. 1533, Zar 16. Jan. 1547, †18. März 1584 |
| Fedor I. (1557) | Zar 18. März/31. Mai 1584, †7. Jan. 1598 |
| *Godunov* | |
| Boris Godunov (1552) | Regent 1584, Zar 17. Febr./ 1. Sept. 1598, †13. April 1605 |
| Fedor II. (1589) | Zar 13. April 1605, d. Juni 1605 |
| ——— | |
| »Der falsche Dmitrij« | Zar 7. Juni/21. Juli 1605, d. 17. Mai 1606 |
| Wasilij Schuskij (1552) | Zar 19. Mai 1606, d. 17. Juli 1610, †12. Sept. 1612 |
| Wladislav* (1595) | Zar 27. Aug. 1610, fakt. d. 27. Okt. 1612, †20. Mai 1648 (regierte faktisch nicht) |
| *Romanov* | |
| Michail (1596) | Zar 21. Febr. 1613 (K: 11. Juli 1613), †13. Juli 1645 |
| Aleksej (1629) | Zar 13. Juli 1645, †29. Jan. 1676 |
| Fedor III. (1661) | Zar 29. Jan. 1676, †27. April 1682 |
| Iwan V. (1666) | Zar 23./26. Mai 1682, †29. Jan. 1696 (regierte faktisch nicht) |
| Sofja (1657) | Regentin 29. Juni 1682, d. 12. Sept. 1689, †17. Juli 1704 |
| Peter I. d. Große (1672) | Zar 27. April 1682, mündig 12. Sept. 1689, Alleinherrscher 29. Jan. 1696, Ks. 22. Okt. 1721, †28. Jan. 1725 |
| Katharina I. (1684) | Ks.in 28. Jan. 1725, †6. Mai 1727 |
| Peter II. (1715) | Ks. 7. Mai 1727, †18. Jan. 1730 |
| Anna (1693) | Ks.in 25. Febr. 1730, †17. Okt. 1740 |
| Iwan VI. (1740) | Ks. 17. Okt. 1740, d. 24./25. Nov. 1741, †16. Juli 1764 |
| Elisabeth (1709) | Ks.in 25. Nov. 1741, †25. Dez. 1761 |
| *Holstein-Gottorp-Romanov* | |
| Peter III. (1728) | Ks. 25. Dez. 1761, d. 28./29. Juni 1762, †7. Juli 1762 |

| | |
|---|---|
| Katharina II. d. Große (1729) | Ks.in 28. Juni 1762, †6. Nov. 1796 |
| Paul I. (1754) | Ks. 6. Nov. 1796, †11./12. März 1801 |
| Alexander I. (1777) | Ks. 12. März 1801, †19. Nov. 1825 |
| Nikolaus I. (1796) | Ks. 19. Nov. 1825, †18. Febr. 1855 |
| Alexander II. (1818) | Ks. 18. Febr. 1855, †1. März 1881 |
| Alexander III. (1845) | Ks. 1. März 1881, †20. Okt. 1894 |
| Nikolaus II. (1868) | Ks. 21. Okt. 1894, r. 2. März 1917, †16./17. Juli 1918 |

Regierungschefs 1905–1917:

| | |
|---|---|
| Sergej Juljewitsch Gf. Witte (1849–1915) | 19. Okt. 1905–16. April 1906 |
| Iwan Logginowitsch Goremykin (1839–1917) | 22. April 1906–8. Juli 1906 |
| Pjotr Arkadjewitsch Stolypin (1862–1911) | 8. Juli 1906–5. Sept. 1911 |
| Wladimir Nikolajewitsch Kokówzov (1853–1943) | 11. Sept. 1911–30. Jan. 1914 |
| Goremykin (2. Mal) | 30. Jan. 1914–20. Jan. 1916 |
| Boris Wladimirowitsch Stürmer (1848–1917) | 20. Jan. 1916–10. Nov. 1916 |
| Alexander Feodorowitsch Trepov (1862–1928) | 10. Nov. 1916–27. Dez. 1916 |
| Nikolaj Dmitriewitsch Fst. Golicyn (1850–1925) | 27. Dez. 1916–2. März 1917 |

---

| | |
|---|---|
| Georgij Evgenewitsch Fst. Lwov (1861–1925) | 2. März 1917–8. Juli 1917 |
| Alexander Feodorowitsch Kerenskij (1881–1970) | 8. Juli 1917–26. Okt. 1917 |

Sowjetunion

Staatsoberhäupter:

| | |
|---|---|
| Lev Borissowitsch Kamenev (1883–1936) | 26. Okt. 1917–8. Nov. 1917 |
| Jakov Michailowitsch Swerdlov (1885–1919) | 8. Nov. 1917–16. März 1919 |
| Michail Iwanowitsch Kalinin (1875–1946) | 30. März 1919–19. März 1946 |

| | |
|---|---|
| Nikolai Michailowitsch Schwernik (1888–1970) | 19. März 1946–6. März 1953 |
| Kliment Woroschilov (1881–1969) | 6. März 1953–7. Mai 1960 |
| Leonid Breschnev* (1906–1982) | 7. Mai 1960–15. Juli 1964 |
| Anastas Mikojan (1895–1978) | 15. Juli 1964–9. Dez. 1965 |
| Nikolai Podgorny (1903–1983) | 9. Dez. 1965–16. Juni 1977 |
| Breschnev* (2. Mal) | 16. Juni 1977–10. Nov. 1982 |
| Juri Andropov* (1914–1984) | 16. Juni 1983–9. Febr. 1984 |
| Konstantin Tschernenko* (1911–1985) | 11. April 1984–10. März 1985 |
| Andrej A. Gromyko (1909–1989) | 2. Juli 1985–1. Okt. 1988 |
| Michail S. Gorbatschov* (1931) | 1. Okt. 1988/25. Mai 1989–25. Dez. 1991 |

Regierungschefs:

| | |
|---|---|
| Wladimir Iljitsch Lenin* (1870–1924) | 26. Okt. 1917–21. Jan. 1924 |
| Aleksej Iwanowitsch Rykov (1881–1938) | 2. Febr. 1924–19. Dez. 1930 |
| Wjatscheslav Molotov (1890–1986) | 19. Dez. 1930–6. Mai 1941 |
| Iosif Stalin* (1879–1953) | 6. Mai 1941–5. März 1953 |
| Georgij Malenkov (1902–1988) | 6. März 1953–8. Febr. 1955 |
| Nikolai Bulganin (1895–1975) | 8. Febr. 1955–27. März 1958 |
| Nikita Chruschtschov* (1894–1971) | 27. März 1958–14. Okt. 1964 |
| Aleksej Kossygin (1904–1980) | 14. Okt. 1964–23. Okt. 1980 |
| Nikolai Tichonov (1905) | 23. Okt. 1980–27. Sept. 1985 |
| Nikolai Ryschkov (1929) | 27. Sept. 1985–26. Dez. 1990 |
| Valentin Pavlov (1937) | 14. Jan. 1991–28. Aug. 1991 |
| Ivan Silajev (1931) | 28. Aug. 1991–25. Dez. 1991 |

Parteichefs 1917–1991:

| | |
|---|---|
| Wladimir Iljitsch Lenin* (1870–1924) | 26. Okt. 1917–3. April 1922 |
| Iosif Stalin* (1879–1953) | 3. April 1922–5. März 1953 |
| Nikita Chruschtschov* (1894–1971) | 13. Sept. 1953–14. Okt. 1964 |
| Leonid Breschnev* (1906–1982) | 14. Okt. 1964–10. Nov. 1982 |
| Juri Andropov* (1914–1984) | 12. Nov. 1982–9. Febr. 1984 |
| Konstantin Tschernenko* (1911–1985) | 13. Febr. 1984–10. März 1985 |
| Michail S. Gorbatschov* (1931) | 11. März 1985–24. Aug. 1991 |

Staaten der GUS:

Rußland
Unabhängige Republik 25. Dezember 1991.

Präsident:

| | |
|---|---|
| Boris Jelzin (1931) | (1990) 10. Juli bzw. 25. Dez. 1991– |

Ukraine
Unabhängige Republik 24. August bzw. 25. Dezember 1991.

Präsident:

| | |
|---|---|
| Leonid Krawtschuk (1934) | (Sep. 1991) 25. Dez. 1991– |

Weißrußland
Unabhängige Republik 25. August bzw. 25. Dezember 1991.

Präsident:

| | |
|---|---|
| Stanislas Schuschkewitsch (1934) | (18. Sep. 1991) 25. Dez. 1991– |

Kasachstan
Unabhängige Republik 25. Oktober bzw. 25. Dezember 1991.

Präsident:

| | |
|---|---|
| Nursultan Nasarbajew (1940) | (1989) 25. Dez. 1991– |

Usbekistan
Unabhängige Republik 5. September bzw. 25. Dezember 1991.

Präsident:

| | |
|---|---|
| Islam Karimow (1938) | (1990) 25. Dez. 1991– |

Aserbeidschan
Unabhängige Republik 30. August bzw. 25. Dezember 1991, am 7. Oktober 1992 formell aus der GUS ausgetreten, Reintegration 29. September 1993.

Präsidenten:

| | |
|---|---|
| Ajas Mutalibow (1938) | (1990) 25. Dez. 1991–6. März 1992 |
| Abulfas Elcibey (1938) | 7. Juni 1992–24. Juni 1993 |
| Gejdar Alijew (1923) | 18. Juni 1993– |

Armenien
Unabhängige Republik 23. September bzw. 25. Dezember 1991.

Präsident:

| | |
|---|---|
| Lewon Ter-Petrosjan (1945) | (16. Okt. 1991) 25. Dez. 1991– |

Moldawien
Unabhängige Republik 27. August bzw. 25. Dezember 1991.

Präsident:

| | |
|---|---|
| Mircea Snegur (1940) | (3. Sept. 1990) 25. Dez. 1991– |

Tadschikistan
Unabhängige Republik 9. September bzw. 25. Dezember 1991; Abschaffung des Präsidialsystems 27. November 1992.

Präsidenten:

| | |
|---|---|
| Rahman Nabijew (1930–1993) | (23. Sept. 1991) 25. Dez. 1991–<br>7. Sept. 1992 |
| Akbarscho Iskanderow | 7. Sept. 1992–18. Nov. 1992 |
| Emomali Rachmanow | 19. Nov. 1992– |

Ministerpräsident:

| | |
|---|---|
| Abdulmalik Abdullaschdanow | 22./27. Nov. 1992– |

Kirgisien (Kyrgistan)
Unabhängige Republik 30. August bzw. 25. Dezember 1991.

Präsident:

| | |
|---|---|
| Askar Akajew (1944) | (12. Okt. 1991) 25. Dez. 1991– |

Turkmenistan
Unabhängige Republik 27. Oktober bzw. 25. Dezember 1991.

Präsident:

| | |
|---|---|
| Saparmurad Nijasow (1940) | (1990) 25. Dez. 1991– |

Georgien
Unabhängige Republik 9. April bzw. 25. Dezember 1991, Mitglied der GUS seit 25. Oktober 1993.

Präsidenten:

| | |
|---|---|
| Swiad Gamsachurdia (1939) | (14. April 1991) 25. Dez. 1991–<br>6. Jan. 1992 |
| (Militärrat | 6. Jan. 1992–10. März 1992) |
| Eduard Schewardnadse (1928) | 10. März 1992– |

**Schweden**
Königreich seit dem 10. Jahrhundert.

*Ynglinge*

| | |
|---|---|
| Björn d. Alte | Kg. um 900, † um 950 |
| Erich VII. d. Siegreiche | Kg. um 950, † um 994 |
| Olaf Schoßkönig | Kg. um 994, † um 1021/1022 |
| Anund Jakob | Kg. um 1021/1022, † um 1050 |
| Emund | Kg. um 1050, † um 1056 |

*Stenkil-Geschlecht*

| | |
|---|---|
| Stenkil | Kg. um 1060, † um 1066 |
| Inge I. d. Ältere | Kg. um 1080, † um 1112 |
| Halstan | Kg. um 1080 |
| Blot Sven | Kg. um 1080/1090 |
| Philipp | Kg. 1112, † 1118 |
| Inge II. d. Jüngere | Kg. 1118, † 1130 |

*Sverker- und Erichsgeschlecht*

| | |
|---|---|
| Sverker I. | Kg. 1130, † 1156 |
| Erich IX. d. Heilige | Kg. 1150/1156, † 18. Mai 1160 |
| Karl VII. Sverkersson | Kg. 1156/1160, † 1167 |
| Knut Eriksson | Kg. 1167, † 1196 |
| Sverker II. | Kg. 1196, d. 1208, † 17. Juli 1210 |
| Erich X. Knutsson | Kg. 1208, † 1216 |
| Johann I. Sverkersson | Kg. 1216, † 1222 |
| Erich XI. Eriksson | Kg. 1222, d. 1229, vgl. unten |
| Knut Lange | Kg. 1229, † 1234 |
| Erich XI. Eriksson (2. Mal) | Kg. 1234, † 2. Febr. 1250 |

*Folkunger*

| | |
|---|---|
| Waldemar Birgersson | Kg. 1250, d. 1278, † 1302 |
| Birger Jarl | Regent 1250, † 1266 |
| Magnus I. Scheunenschloß | Kg. 1278, † 1290 |
| Birger Magnusson | Kg. 1290, d. 1319, † 1321 |
| Magnus II.* (1316) | Kg. 1319, d. 1363, † 1. Dez. 1374 |
| Erich XII. (1337) | Mitkg. 1350, † 1359 |
| Hakon Magnusson* (1340) | Kg. 1362, d. 1363, † 1. Mai 1380 |

*Mecklenburger*

| | |
|---|---|
| Albrecht (um 1340) | Kg. 1364, d. 1389, † 31. März 1412 |

*Unionskönige* und ihre *Gegenkönige*

| | |
|---|---|
| Margarete* (1353) | Kg. in 1389, † 28. Okt. 1412 |
| Erich XIII.* (um 1382) | Kg. 1397 bzw. 1412, d. 1439, † 3. Mai 1459 |

| | |
|---|---|
| Christoph* (1418) | Kg. 9. April 1440, †6. Jan. 1448 |
| Karl VIII. Knutsson (1408) | Kg. 20. Juni 1448, d. 24. Juni 1457, vgl. unten |
| Christian I.* (1425) | Kg. 24. Juni 1457, d. 1464, vgl. unten |
| Karl VIII. Knutsson (2. Mal) | Kg. 1464, r. Jan. 1465, vgl. unten |
| Karl VIII. Knutsson (3. Mal) | Kg. 1467, †15. Mai 1470 |
| Christian I. (2. Mal) | Kg. 1470, d. 10. Okt. 1471, †21. Mai 1481 |
| Sten Sture d. Ältere (1440) | Regent 1470, d. 1495, vgl. unten |
| Hans* (1455) | Kg. Nov. 1497, d. 1501, †20. Febr. 1513 |
| Sten Sture d. Ältere (2. Mal) | Regent Nov. 1501, † 14. Dez. 1503 |
| Svante Nilsson Sture (1460) | Regent 1504, † 2. Jan. 1512 |
| Sten Svantesson = Sten Sture d. Jüngere (1492) | Regent 1512, †3. Febr. 1520 |
| Christian II.* (1481) | Kg. 6. März 1520, d. 20. Jan. 1523, †25. Jan. 1559 |
| *Wasa* | |
| Gustav I. Wasa (1496) | Regent Aug. 1521, Kg. 6. Juni 1523, r. 25. Juni 1560, † 29. Sept. 1560 |
| Erich XIV. (1533) | Kg. 25. Juni 1560, d. 30. Sept. 1568, †26. Febr. 1577 |
| Johann III. (1537) | Kg. 30. Sept. 1568, †17. Nov. 1592 |
| Sigismund* (1566) | Kg. 17. Nov. 1592, d. Nov. 1600, † 30. April 1632 |
| Karl IX. (1550) | Kg. 22. März 1604, †30. Okt. 1611 |
| Gustav II. Adolf (1594) | Kg. 30. Okt. 1611, †16. Nov. 1632 |
| Christina (1626) | Kg.in 17. Nov. 1632, mündig 17. Dez. 1644, r. 16. Juni 1654, †19. April 1689 |
| *Pfalz-Zweibrücken (Wittelsbacher)* | |
| Karl X. Gustav (1622) | Kg. 16. Juni 1654, †23. Febr. 1660 |
| Karl XI. (1655) | Kg. 23. Febr. 1660, mündig 1672, †15. April 1697 |
| Karl XII. (1682) | Kg. 15. April 1697, mündig Nov. 1697, †11. Dez. 1718 |
| Ulrike Eleonore (1688) | Kg. in 23. Jan. 1719, r. 24. März 1720, †5. Dez. 1741 |

| | |
|---|---|
| *Hessen-Kassel* | |
| Friedrich I.* (1676) | Kg. 24. März 1720, †5. April 1751 |
| *Holstein-Gottorp* | |
| Adolf Friedrich (1710) | Kg. 5. April 1751, †12. Febr. 1771 |
| Gustav III. (1746) | Kg. 12. Febr. 1771, †29. März 1792 |
| Gustav IV. Adolf (1778) | Kg. 29. März 1792, mündig 1. Nov. 1796, d. 13. März 1809, †7. Febr. 1837 |
| Karl XIII. (1748) | Kg. 20. Juni 1809, †5. Febr. 1818 |
| *Bernadotte* | |
| Karl XIV. (1764) | Kg. 5. Febr. 1818, †8. März 1844 |
| Oskar I. (1799) | Kg. 8. März 1844, †8. Juli 1859 |
| Karl XV. (1826) | Kg. 8. Juli 1859, †18. Sept. 1872 |
| Oskar II. (1829) | Kg. 18. Sept. 1872, †8. Dez. 1907 |
| Gustav V. (1858) | Kg. 8. Dez. 1907, †29. Okt. 1950 |
| Gustav VI. Adolf (1882) | Kg. 29. Okt. 1950,† 15. Sept. 1973 |
| Karl XVI. Gustav (1946) | Kg. 15. Sept. 1973 |

| | |
|---|---|
| Regierungschefs seit 1936: | |
| Per Albin Hansson (1885–1946) Soz. | 28. Sept. 1936–6. Okt. 1946 |
| Tage Erlander (1901–1985) Soz. | 10. Okt. 1946–9. Okt. 1969 |
| Olof Palme (1927–1986) Soz. | 14. Okt. 1969–7. Okt. 1976 |
| Thorbjörn Fälldin (1926) Bauern | 7. Okt. 1976–5. Okt. 1978 |
| Ola Ullsten (1931) Lib. | 13. Okt. 1978–20. Sept. 1979 |
| Fälldin (2. Mal) | 11. Okt. 1979–8. Okt. 1982 |
| Palme (2. Mal) | 8. Okt. 1982–1. März 1986 |
| Ingvar Carlsson (1934) Soz. | 12. März 1986–2. Okt. 1991 |
| Carl Bildt (1949) Kons. | 3. Okt. 1991– |

**Schweiz**

Eidgenossenschaft seit 1291, aus dem Verband des Heiligen Römischen Reiches faktisch 1499, formal 1648 ausgeschieden. Liberale Bundesverfassung von 1848.

| | |
|---|---|
| Bundespräsidenten seit 1945: | |
| Eduard v. Steiger (1881–1962) Volksp. | 1945 |

| | |
|---|---|
| Karl Kobelt (1891–1968) Freisinn | 1946 |
| Philipp Etter (1891–1977) Kath. | 1947 |
| Enrico Celio (1889–1980) Kath. | 1948 |
| Ernst Nobs (1886–1957) Soz. | 1949 |
| Max Petitpierre (1899) Freisinn | 1950 |
| v. Steiger (2. Mal) | 1951 |
| Kobelt (2. Mal) | 1952 |
| Etter (2. bzw. 4. Mal) | 1953 |
| Rodolphe Rubattel (1896–1961) Freisinn | 1954 |
| Petitpierre (2. Mal) | 1955 |
| Markus Feldmann (1897–1958) Volksp. | 1956 |
| Hans Streuli (1892–1970) Freisinn | 1957 |
| Thomas Holenstein (1896–1962) Kath. | 1958 |
| Paul Chaudet (1904–1977) Freisinn | 1959 |
| Petitpierre (3. Mal) | 1960 |
| Friedrich Wahlen (1899) Volksp. | 1961 |
| Chaudet (2. Mal) | 1962 |
| Willy Spühler (1902) Soz. | 1963 |
| Ludwig v. Moos (1910) Kath. | 1964 |
| Hans Peter Tschudi (1913) Soz. | 1965 |
| Hans Schaffner (1908) Freisinn | 1966 |
| Roger Bonvin (1907–1982) Kath. | 1967 |
| Spühler (2. Mal) | 1968 |
| v. Moos (2. Mal) | 1969 |
| Tschudi (2. Mal) | 1970 |
| Rudolf Gnägi (1917) Volksp. | 1971 |
| Nello Celio (1914) Freisinn | 1972 |
| Bonvin (2. Mal) | 1973 |
| Ernst Brugger (1914) Freisinn | 1974 |
| Pierre Graber (1908) Soz. | 1975 |
| Gnägi (2. Mal) | 1976 |
| Kurt Furgler (1924) Kath. | 1977 |
| Willy Ritschard (1918–1983) Soz. | 1978 |
| Hans Hürlimann (1918) Kath. | 1979 |
| Georges-André Chevallez (1915) Freisinn | 1980 |
| Furgler (2. Mal) | 1981 |
| Fritz Honegger (1917) Freisinn | 1982 |
| Pierre Aubert (1927) Soz. | 1983 |
| Léon Schlumpf (1925) Volksp. | 1984 |
| Furgler (3. Mal) | 1985 |

| | |
|---|---|
| Alphons Egli (1924) Kath. | 1986 |
| Aubert (2. Mal) | 1987 |
| Otto Stich (1927) Soz. | 1988 |
| Jean-Pascal Delamuraz (1937) Freisinn | 1989 |
| Arnold Koller (1933) Kath. | 1990 |
| Flavio Cotti (1939) Kath. | 1991 |
| René Felber (1933) Soz. | 1992 |
| Adolf Ogi (1942) Volksp. | 1993 |

**Slowakei**

Unabhängige Republik (Trennung von der Tschechischen Republik) 1. Januar 1993.

Präsident:

| | |
|---|---|
| Michal Kováć (1930) | 2. März 1993– |

Ministerpräsident:

| | |
|---|---|
| Vladimir Mećiar (1942) | (24. Juni 1992) 1. Januar 1993– |

**Slowenien**

Unabhängige Republik 25. Juni bzw. 8. Oktober 1991 (Proklamation bzw. Inkrafttreten nach vorübergehender Aussetzung der Unabhängigkeitserklärung).

Präsident:

| | |
|---|---|
| Milan Kučan (1941) | (Mai 1990) 8. Okt. 1991– |

**Spanien**

Zur Vorgeschichte vgl. Asturien, León, Kastilien, Aragón und Navarra. Geeintes Königreich seit 1516, Republik 1873, erneut Königreich 1874, erneut Republik 1931, Diktatur 1936/39–1975, erneut Königreich seit 1975.

*Habsburger*

| | |
|---|---|
| Karl. I* (1500) | Kg. 13. März 1516, r. 16. Jan. 1556, † 21. Sept. 1558 |
| Philipp II.* (1527) | Kg. 16. Jan. 1556, † 13. Sept. 1598 |
| Philipp III. (1578) | Kg. 13. Sept. 1598, † 31. März 1621 |

| | |
|---|---|
| Philipp IV. (1605) | Kg. 31. März 1621, †17. Sept. 1665 |
| Karl II. (1661) | Kg. 17. Sept. 1665, †1. Nov. 1700 |
| *Bourbonen* | |
| Philipp V.* (1683) | Kg. 1. Nov. 1700, r. 10. Jan. 1724, vgl. unten |
| Ludwig (1707) | Kg. 10. Jan. 1724, †31. Aug. 1724 |
| Philipp V. (2. Mal) | Kg. 31. Aug. 1724, †9. Juli 1746 |
| Ferdinand VI. (1713) | Kg. 9. Juli 1746, †10. Aug. 1759 |
| Karl III.* (1716) | Kg. 10. Aug. 1759, †14. Dez. 1788 |
| Karl IV. (1748) | Kg. 14. Dez. 1788, r. 19. März 1808, † 20. Jan. 1819 |
| Ferdinand VII. (1784) | Kg. 19. März 1808, r. 2. Mai 1808, vgl. unten |
| *Bonaparte* | |
| Joseph* (1768) | Kg. 6. Juni 1808, d. 11. Dez. 1813, † 28. Juli 1844 |
| *Bourbonen* | |
| Ferdinand VII. (2. Mal) | Kg. 11. Dez. 1813, †29. Sept. 1833 |
| Isabella II. (1830) | Kg.in 29. Sept. 1833, mündig 8. Nov. 1843, d. 30. Sept. 1868, †9. April 1904 |
| *Savoyer* | |
| Amadeus (1845) | Kg. 16. Nov. 1870, r. 11. Febr. 1873, † 18. Jan. 1890 |
| Staatsoberhäupter der I. Republik: | |
| Estanislao Figuéras (1819–1882) | Febr. 1873–Juni 1873 |
| Francisco Pi Margal (1824–1901) | Juni 1873–Juli 1873 |
| Nicolás Salmerón y Alonso (1838–1908) | Juli 1873–Sept. 1873 |
| Emilio Castelar y Ripoll (1832–1899) | Sept. 1873–Jan. 1874 |
| Francisco Serrano y Domínguez (1810–1885) | Jan. 1874–Dez. 1874 |

*Bourbonen*

| | |
|---|---|
| Alfons XII. (1857) | Kg. 29. Dez. 1874, †25. Nov. 1885 |
| María Cristina v. Österreich (1858–1929) | Regentin 25. Nov. 1885–17. Mai 1902 |
| María de Las Mercedes (1880) | Kg. in 25. Nov. 1885, d. 17. Mai 1886, † 17. Okt. 1904 |
| Alfons XIII. (1886) | Kg. 17. Mai 1886, r. 14. April 1931, † 28. Febr. 1941 |

Präsidenten der II. Republik:

| | |
|---|---|
| Niceta Alcalá Zamora (1877–1949) | 14. April 1931–7. April 1936 |
| Manuel Azaña (1880–1940) | 10. Mai 1936–5. Febr. 1939 |

Staatschef der Diktatur:

| | |
|---|---|
| Francisco Franco y Bahamonde (1892–1975) | 1. Okt. 1936–20. Nov. 1975 |

*Bourbone*

| | |
|---|---|
| Johann Karl I. (1938) | Kg. 22. Nov. 1975 |

Regierungschefs seit 1973:

| | |
|---|---|
| Luis Carrero Blanco (1903–1973) | 8. Juni 1973–20. Dez. 1973 |
| Carlos Arias Navarro (1908–1989) | 2. Jan. 1974–1. Juli 1976 |
| Adolfo Suárez González (1932) | 4. Juli 1976–25. Jan. 1981 |
| Leopoldo Calvo-Sotelo y Bustelo (1926) Kons. | 25. Febr. 1981–1. Dez. 1982 |
| Felipe González Marquez (1942) Soz. | 2. Dez. 1982– |

**Tschechoslowakei/Tschechische Republik**

Zur Vorgeschichte vgl. Königreich Böhmen. Republik 1918, Sudetenland 1938 zum Deutschen Reich; Reste von Böhmen und Mähren 1939 deutsches Reichsprotektorat; Slowakei 1939–1945 selbständig (vgl. Historische Staaten). II. Republik 1945, 1948–1989 mit dem Charakter einer Volksrepublik; nach der Trennung der Slowakei (1. Januar 1993) als Tschechische Republik auf Böhmen und Mähren beschränkt.

Präsidenten:

| | |
|---|---|
| Tomas Garrigue Masaryk (1850–1937) | 7. Nov. 1918–14. Dez. 1935 |
| Eduard Benéš (1884–1948) | 18. Dez. 1935–5. Okt. 1938 |
| Emil Hácha (1872–1945) (seit 15. März 1939 Präsident des Reichsprotektorats) | 30. Nov. 1938–4. Mai 1945 |
| Benéš (2. Mal) | 4. Mai 1945–7. Juni 1948 / 14. Juni 1948–14. März 1953 (überdruckt) |
| Klement Gottwald* (1896–1953) | |
| Antonin Zápotocký* (1884–1957) | 21. März 1953–13. Nov. 1957 |
| Antonin Nóvotný* (1904) | 19. Nov. 1957–22. März 1968 |
| Ludvig Svoboda (1895–1979) | 30. März 1968–29. Mai 1975 |
| Gustav Husák* (1913–1991) | 29. Mai 1975–10. Dez. 1989 |
| Václav Havel (1936) | 19. Dez. 1989–20. Juli 1992 |
| als Präs. d. Tschech. Rep. | 26. Jan. 1993– |

Regierungschefs seit 1945:

| | |
|---|---|
| Zdeněk Fierlinger (1891–1976) | 4. Mai 1945–19. Juni 1946 |
| Klement Gottwald* (1896–1953) | 3. Juli 1946–14. Juni 1948 |
| Antonin Zápotocký* (1884–1957) | 15. Juni 1948–21. März 1953 |
| Villem Široký (1902–1971) | 21. März 1953–21. Sept. 1963 |
| Jozef Lenárt (1923) | 21. Sept. 1963–6. April 1968 |
| Oldřich Černik (1921) | 8. April 1968–28. Jan. 1970 |
| Lubomir Štrougal (1924) | 28. Jan. 1970–12. Okt. 1988 |
| Ladislav Adamec (1926) | 12. Okt. 1988–7. Dez. 1989 |
| Marián Čalfa (1946) | 10. Dez. 1989–2. Juli 1992 |
| Jan Straśký (1940) | 2. Juli 1992–31. Dez. 1992 |
| Václav Klaus (1941) Kons. | (2. Juli 1992) 1. Jan. 1993– |

Parteichefs 1945–1989:

| | |
|---|---|
| Klement Gottwald* (1896–1953) | April 1945–März 1953 |
| Antonin Nóvotný* (1904) | Sept. 1953–Jan. 1968 |
| Alexander Dubček (1921–1992) | Jan. 1968–April 1969 |
| Gustav Husák* (1913–1991) | April 1969–Dez. 1987 |
| Miloš Jakeš (1922) | Dez. 1987–Nov. 1989 |

**Ungarn**

Fürstentum seit dem Ende des 9. Jahrhunderts, Königreich 1000, Republik 1918, Monarchie unter einem Reichsverweser 1920, erneut Republik 1946 (Volksrepublik 1949–1989).

| | |
|---|---|
| *Árpáden* | |
| Árpád | Häuptling um 886, im heutigen Ungarn 896, †um 907 |
| Zoltan (um 896) | Häuptling um 907, r. 946, †um 950 |
| Taksony (931) | Häuptling 946, †972 |
| Geza (um 940/945, getauft 974) | Großfst. 972, †1. Febr. 997 |
| Stephan I. d. Heilige (um 975) | Großfst. 1. Febr. 997, Kg. 25. Dez. 1000, †15. Aug. 1038 |
| Peter (1011) | Kg. 15. Aug. 1038, fakt. d. 1041, vgl. unten |
| Aba Samuel (um 1010) | Kg. 1041, †nach dem 5. Juli 1044 |
| Peter (2. Mal) | Kg. Juli 1044, d. 1046, †1059 |
| Andreas I. (um 1013) | Kg. 1046, †Herbst 1060 |
| Bela I. (um 1016) | Kg. Herbst 1060, †Juli/Aug. 1063 |
| Salomon (1051/1052) | Kg. Sommer 1063, d. 28. Okt. 1074, †1087 |
| Geza I. (um 1040) | Kg. 1074, †25. April 1077 |
| Ladislaus I. d. Heilige (um 1040) | Kg. 25. April 1077, †29. Juli 1095 |
| Koloman (um 1074) | Kg. 29. Juli 1095, †3. Febr. 1116 |
| Stephan II. (1100) | Kg. 3. Febr. 1116, †3. April 1131 |
| Bela II. d. Blinde (1108) | Kg. 3. April 1131, †13. Febr. 1141 |
| Geza II. (um 1130) | Kg. 13. Febr. 1141, †31. Mai 1162 |
| Ladislaus II. (1131) | Kg. 31. Mai 1162, †14. Jan. 1163 |
| Stephan III. (um 1147) | Kg. 31. Mai 1162, †4. März 1172 |
| Stephan IV. (um 1133) | Kg. 14. Jan. 1163, d. Juni 1163, †13. April 1165 |
| Bela III. (um 1148) | Kg. 4. März 1172, †13. April 1196 |
| Emmerich (1174) | Kg. 13. April 1196, †30. Nov. 1204 |
| Ladislaus III. (1199) | Kg. 30. Nov. 1204, †7. Mai 1205 |
| Andreas II. (1176/1177) | Kg. 7. Mai 1205, †21. Sept. 1235 |
| Bela IV. (1206) | Kg. 14. Okt. 1235, †3. Mai 1270 |
| Stephan V. (1240) | Kg. 3. Mai 1270, †6. Aug. 1272 |
| Ladislaus IV. (1262) | Kg. 6. Aug. 1272, †10. Juli 1290 |
| Andreas III. (um 1265) | Kg. 4. Aug. 1290, †14. Jan. 1301 |
| *Przemyslide* | |
| Wenzel* (1289) | Kg. 27. Aug. 1301, r. 1305, †4. Aug. 1306 |
| *Wittelsbacher* | |
| Otto* (1261) | Kg. 6. Dez. 1305, d. 1307/1308, †9. Sept. 1312 |

| | |
|---|---|
| *Anjou* | |
| Karl I. Robert (1288) | Kg. 20. Aug. 1310, †16. Juli 1342 |
| Ludwig I. d. Große* (1326) | Kg. 16. Juli 1342, †11. Sept. 1382 |
| Maria (1370) | Kg.in 11. Sept. 1382, †17. Mai 1395 |
| Karl II. v. Durazzo* (1345?) | Kg. 31. Dez. 1385, †24. Febr. 1386 |
| *Luxemburger* | |
| Sigismund* (1368) | Kg. 31. März 1387, †9. Dez. 1437 |
| *Habsburger* | |
| Albrecht* (1397) | Kg. 1. Jan. 1438, †27. Okt. 1439 |
| Ladislaus V. Postumus* (1440) | Kg. 15. Mai 1440, †23. Nov. 1457 |
| *Hunyadi* | |
| Matthias I. Corvinus* (1443) | Kg. 24. Jan. 1458, †6. April 1490 |
| *Jagellonen* | |
| Wladislaw* (1456) | Kg. 15. Juli 1490, †13. März 1516 |
| Ludwig II.* (1506) | Kg. 13. März 1516, †29. Aug. 1526 |
| *Habsburger* | |
| Ferdinand I.* (1503) | Kg. 16. Dez. 1526, †25. Juli 1564 |
| Maximilian* (1527) | Kg. 8. Sept. 1563, †12. Okt. 1576 |
| Rudolf* (1552) | Kg. 25. Sept. 1572, r. 26. Juni 1608, †20. Jan. 1612 |
| Matthias II.* (1557) | Kg. 26. Juni 1608, †20. März 1619 |
| Ferdinand II.* (1578) | Kg. 1. Juli 1618, †15. Febr. 1637 |
| Ferdinand III.* (1608) | Kg. 8. Dez. 1625, †2. April 1657 |
| Ferdinand IV.* (1633) | Kg. 16. Juni 1647, †9. Juli 1654 |
| Leopold I.* (1640) | Kg. 27. Juni 1655, †5. Mai 1705 |
| Joseph I.* (1678) | Kg. 9. Dez. 1687, †17. April 1711 |
| Karl III.* (1685) | Kg. 22. Mai 1712, †20. Okt. 1740 |
| Maria Theresia* (1717) | Kg.in 25. Juni 1741, †29. Nov. 1780 |
| Joseph II.* (1741) | Kg. 29. Nov. 1780, †20. Febr. 1790 |
| Leopold II.* (1747) | Kg. 20. Febr. 1790, †1. März 1792 |
| Franz* (1768) | Kg. 1. März 1792, †2. März 1835 |
| Ferdinand V.* (1793) | Kg. 2. März 1835, r. 2. Dez. 1848, †29. Juni 1875 |
| Franz Joseph I.* (1830) | Kg. 2. Dez. 1848, †21. Nov. 1916 |

| | |
|---|---|
| Karl IV.* (1887) | Kg. 21. Nov. 1916, d. 16. Nov. 1918, †1. April 1922 |

Staatsoberhäupter:

| | |
|---|---|
| Mihály Gf. Károlyi (1875–1955) | 11. Jan. 1919–21. März 1919 |
| Sándor Garbai (1879–1947) | 21. März 1919–1. Aug. 1919 |
| Miklos Horthy (1868–1957) | 1. März 1920–15. Okt. 1944 |
| Ferenc Szálasi (1897–1945) | 15. Okt. 1944–4. April 1945 |
| Zoltán Tildy* (1889–1961) | 2. Febr. 1946–30. Juli 1948 |
| Árpád Szakasits (1888–1965) | 2. Aug. 1948–24. April 1950 |
| Sándor Ronai (1892–1965) | 24. April 1950–14. Aug. 1952 |
| Istvan Dobi* (1898–1968) | 14. Aug. 1952–14. April 1967 |
| Pál Losonczi (1919) | 15. April 1967–25. Juni 1987 |
| Karoly Nemeth (1922) | 25. Juni 1987–29. Juni 1988 |
| Bruno Straub (1914) | 29. Juni 1988–2. Mai 1990 |
| Arpád Goncz (1922) | 2. Mai/3. Aug. 1990– |

Regierungschefs seit 1945:

| | |
|---|---|
| Zoltan Tildy* (1889–1961) | 15. Nov. 1945–1. Febr. 1946 |
| Ferenc Nagy (1903–1979) | 4. Febr. 1946–30. Mai 1947 |
| Lajos Dinnyés (1900–1961) | 31. Mai 1947–9. Dez. 1948 |
| Istvan Dobi* (1898–1968) | 9. Dez. 1948–14. Aug. 1952 |
| Mátyás Rákosi* (1892–1971) | 14. Aug. 1952–2. Juli 1953 |
| Imre Nagy (1896–1958?) | 4. Juli 1953–14. April 1955 |
| András Hegedüs (1922) | 18. April 1955–23. Okt. 1956 |
| I. Nagy (2. Mal) | 24. Okt. 1956–4. Nov. 1956 |
| János Kádár* (1912–1989) | 4. Nov. 1956–27. Jan. 1958 |
| Ferenc Münnich (1886–1967) | 27. Jan. 1958–13. Sept. 1961 |
| Kádár (2. Mal) | 13. Sept. 1961–28. Juni 1965 |
| Gyula Kállai (1910) | 28. Juni 1965–14. April 1967 |
| Jenö Fock (1916) | 14. April 1967–15. Mai 1975 |
| György Lázár (1924) | 15. Mai 1975–25. Juni 1987 |
| Karoly Grosz* (1930) | 25. Juni 1987–24. Nov. 1988 |
| Miklos Nemeth (1948) | 24. Nov. 1988–23. Mai 1990 |
| József Antall (1932–1993) Kons. | 23. Mai 1990–12. Dez. 1993 |

Parteichefs 1945–1989:

| | |
|---|---|
| Mátyás Rákosi* (1892–1971) | Mai 1945–Juli 1956 |
| Ernö Gerö (1898–1980) | Juli 1956–Nov. 1956 |
| János Kádár* (1912–1989) | Nov. 1956–Mai 1988 |
| Karoly Grosz* (1930) | Mai 1988–Okt. 1989 |

**Vatikan/Kirchenstaat**

Papsttum seit dem 1. nachchristlichen Jahrhundert. Beginn der staatlichen Existenz des Kirchenstaats mit dem »Pippinischen Schenkungsversprechen« von 754 (774 bestätigt). 1870 aufgehoben, wird der Kirchenstaat als »Vatikanstadt« durch die Lateranverträge von 1929 neu begründet. Gegenpäpste sind eingeklammert.

Päpste:

| | |
|---|---|
| Petrus | 33?, †63/67? |
| Linus | 64/67?, †76/79? |
| Anenkletus (Anaklet I.) | 79?, †90/92? |
| Klemens I. | 90/92?, †99/101? |
| Evaristus | 99/101?, †107? |
| Alexander I. | 107?, †116? |
| Sixtus I. (Xystus) | 116?, †125? |
| Telesphorus | 125?, †136? |
| Hyginus | 136/138?, †140/142? |
| Pius I. | 140/142?, †154/155? |
| Anicetus | 154/155?, †166? |
| Soter | 166?, †174? |
| Eleutherus | 174?, †189? |
| Viktor I. | 189?, †198/199? |
| Zephyrinus | 198/199?, †217? |
| Kalixtus I. | 217?, †222 |
| (Hippolyt | 217?, r.235, †235/236) |
| Urban I. | 222, †230 |
| Pontianus | 230, r. 28. Sept. 235, †235 |
| Anterus | 21. Nov. 235, †3. Jan. 236 |
| Fabianus | Jan. 236, †20. Jan. 250 |
| Cornelius | März 251, †Juni (?) 253 |
| (Novatian | 251, †258?) |
| Lucius I. | 253, †5. März 254 |
| Stephan I. | 12. Mai 254, †2. Aug. 257 |
| Sixtus II. (Xystus) | 30. Aug. 257, †6. Aug. 258 |
| Dionysius | 22. Juli 259/260, †26. Dez. 267/268 |
| Felix I. | 5. Jan. 268/269, †30. Dez. 273/274 |
| Eutychianus | 274/275, †282/283 |
| Cajus | 282/283, †22. April 295/296 |
| Marcellinus | 30. Juni 295?, †25. Okt. 304 |
| Marcellus I. | Mai 307?, †16. Jan. 308? |
| Eusebius | 18. April 308/309/310, †17. Aug. 308/309/310 |
| Miltiades | 2. Juli 310/311, †11. Jan. 314 |
| Silvester I. | 31. Jan. 314, †31. Dez. 335 |

| | |
|---|---|
| Marcus | 18. Jan. 336, †7. Okt. 336 |
| Julius I. | 6. Febr. 337, †12. April 352 |
| Liberius | 17. Mai 352, †24. Sept. 366 |
| (Felix II. | 355, r. 358, †22. Nov. 365) |
| Damasus I. (um 305) | 1. Okt. 366, †11. Dez. 384 |
| (Ursinus | 366, d. 16. Nov. 367) |
| Siricius | Dez. 384, †26. Nov. 399 |
| Anastasius I. | 27. Nov. 399, †Dez. 401 |
| Innozenz I. | 21. Dez. 401, †12. März 417 |
| Zosimus | 18. März 417, †25. Dez. 418 |
| Bonifaz I. | 29. Dez. 418, †4. Sept. 422 |
| (Eulalius | 418, r. 419, †423) |
| Coelestin I. | 10. Sept. 422, †27. Juli 432 |
| Sixtus III. (Xystus) | 31. Juli 432, †19. Aug. 440 |
| Leo I. d. Große | 29. Sept. 440, †10. Nov. 461 |
| Hilarius | 13. Nov. 461, †29. Febr. 468 |
| Simplicius | 3. März 468, †10. März 483 |
| Felix II. (III.) | 13. März 483, †1. März 492 |
| Gelasius I. | 1. März 492, †19. Nov. 496 |
| Anastasius II. | 24. Nov. 496, †17. Nov. 498 |
| Symmachus | 22. Nov. 498, †19. Juli 514 |
| (Laurentius | 498, r. 506, †506) |
| Hormisdas | 20. Juli 514, †6. Aug. 523 |
| Johannes I. | 13. Aug. 523, †18. Mai 526 |
| Felix III. (IV.) | 12. Juli 526, †22. (?) Sept. 530 |
| Dioskur | 22. Sept. 530, †14. Okt. 530 |
| Bonifaz II. | 22. Sept. 530, †vor 17. Okt. 532 |
| Johannes II. (Mercurius) | 2. Jan. 533, †8. Mai 535 |
| Agapet I. | 13. Mai 535, †22. April 536 |
| Silverius | 1. (8.?) Juni 536, r. 11. Nov. 537, †2. Dez. 537 |
| Vigilius (um 500) | 29. März 537, †7. Juni 555 |
| Pelagius I. | 16. April 556, †3./4. März 561 |
| Johannes III. | 17. Juli 561, †13. Juli 574 |
| Benedikt I. | 2. Juni 575, †30. Juli 579 |
| Pelagius II. | 26. Nov. 579, †7. Febr. 590 |
| Gregor I. d. Große (um 540) | 3. Sept. 590, †12. März 604 |
| Sabinianus | 13. Sept. 604, †22. Febr. 606 |
| Bonifaz III. | 19. Febr. 607, †12. Nov. 607 |
| Bonifaz IV. | 25. Aug. 608, †8. Mai 615 |
| Adeodatus I. (Deusdedit) | 19. Okt. 615, †8. Nov. 618 |
| Bonifaz V. | 23. Dez. 619, †25. Okt. 625 |
| Honorius I. | 27. Okt. 625, †12. Okt. 638 |
| Severinus | 28. Mai 640, †2. Aug. 640 |
| Johannes IV. | 24. Dez. 640, †12. Okt. 642 |
| Theodor I. | 24. Nov. 642, †14. Mai 649 |

| | |
|---|---|
| Martin I. | Juli 649, d. 17. Juni 653, †16. Sept. 655 |
| Eugen I. | 10. Aug. 654, †2. Juni 657 |
| Vitalianus | 30. Juli 657, †27. Jan. 672 |
| Adeodatus II. | 11. April 672, †17. Juni 676 |
| Donus | 2. Nov. 676, †11. April 678 |
| Agatho | 27. Juni 678, †10. Jan. 681 |
| Leo II. | 17. Aug. 682, †3. Juli 683 |
| Benedikt II. | 26. Juni 684, †8. Mai 685 |
| Johannes V. | 23. Juli 685, †2. Aug. 686 |
| Konon | 21. Okt. 686, †21. Sept. 687 |
| (Theodor | Ende 687) |
| (Paschalis | 687, †692?) |
| Sergius I. | 15. Dez. 687, †8. Sept. 701 |
| Johannes VI. | 30. Okt. 701, †11. Jan. 705 |
| Johannes VII. | 1. März 705, †18. Okt. 707 |
| Sisinnius | 15. Jan. 708, †4. Febr. 708 |
| Konstantin I. | 25. März 708, †9. April 715 |
| Gregor II. (669) | 19. Mai 715, †11. Febr. 731 |
| Gregor III. | 18. März 731, †28. Nov. 741 |
| Zacharias | 10. Dez. 741, †22. März 752 |
| (Stephan II. | 23. März 752, †25. März 752) |
| Stephan III. (II.) | 26. März 752, †26. April 757 |
| Paul I. | April 757, †28. Juni 767 |
| (Konstantin II. | 28. Juni 767, d. 6. Aug. 768) |
| (Philipp | 31. Juli 768) |
| Stephan IV. (III.) | 1. Aug. 768, †24. Jan. 772 |
| Hadrian I. | 1. Febr. 772, †25. Dez. 795 |
| Leo III. | 26. Dez. 795, †12. Juni 816 |
| Stephan V. (IV.) | 22. Juni 816, †24. Jan. 817 |
| Paschalis I. | 25. Jan. 817, †11. Febr. 824 |
| Eugen II. | Febr./Mai 824, †Aug. 827 |
| Valentinus | Aug. 827, †Sept. 827 |
| Gregor IV. | Ende 827, †Jan. 844 |
| (Johannes | Jan. 844) |
| Sergius II. | Jan. 844, †27. Jan. 847 |
| Leo IV. | 10. April 847, †17. Juli 855 |
| Benedikt III. | 29. Sept. 855, †17. April 858 |
| (Anastasius III. | Aug. 855, d. Sept. 855, †um 880) |
| Nikolaus I. d. Große (um 800) | 24. April 858, †13. Nov. 867 |
| Hadrian II. (792) | 14. Dez. 867, †Nov./Dez. 872 |
| Johannes VIII. | 14. Dez. 872, †16. Dez. 882 |
| Marinus I. (Martin II.) | 16. Dez. 882, †15. Mai 884 |
| Hadrian III. | 17. Mai 884, †Sept. 885 |
| Stephan VI. (V.) | Sept. 885, †14. Sept. 891 |
| Formosus (um 816) | 6. Okt. 891, †4. April 896 |

| | |
|---|---|
| Bonifaz VI. | April 896, † April/Mai 896 |
| Stephan VII. (VI.) | Mai 896, † Aug. 897 |
| Romanus | Aug. 897, † Nov. 897 |
| Theodor II. | Dez. 897, † Dez. 897 |
| Johannes IX. (Johannes v. Tivoli) | Jan. 898, † Jan. 900 |
| Benedikt IV. | Anfang 900, † Juli 903 |
| Leo V. | Juli 903, † Sept. 903 |
| Christophorus | Sept. 903, d. Jan. 904 |
| Sergius III. | 29. Jan. 904, † 14. April 911 |
| Anastasius III. | April 911, † Juni 913 |
| Lando | Juli 913, † Febr. 914 |
| Johannes X. (Johannes v. Tossignano) | März/April 914, † Mai/Juni 928 |
| Leo VI. | Mai/Juni 928, † Dez. 928 |
| Stephan VIII. (VII.) | Dez. 928, † Febr. 931 |
| Johannes XI. | Febr./März 931, d. Dez. 935, † Jan. 936 (?) |
| Leo VII. | 3. Jan. 936, † 13. Juli 939 |
| Stephan IX. (VIII.) | 14. Juli 939, † Okt. 942 |
| Marinus II. (Martin III.) | 30. Okt. 942, † April/Mai 946 |
| Agapet II. | 10. Mai 946, † Dez. 955 |
| Johannes XII. (Octavian) (937) | 16. Dez. 955, d. 4. Dez. 963, † 14. Mai 964 |
| Leo VIII. | 4. Dez. 963, † 1. März 965 |
| Benedikt V. | 22. Mai 964, d. 23. Juni 964, † 4. Juli 966 |
| Johannes XIII. | 1. Okt. 965, † 6. Sept. 972 |
| Benedikt VI. | 19. Jan. 973, † Juni/Juli 974 |
| Bonifaz VII. | Juni 974, d. Herbst 974, vgl. unten |
| Benedikt VII. | Okt. 974, † 10. Juli 983 |
| Johannes XIV. (Petrus Canepanova) | 10. Dez. 983, † 20. Aug. 984 |
| Bonifaz VII. (2. Mal) | April 984, † Juli 985 |
| Johannes XV. | Aug. 985, † März 996 |
| Gregor V. (Brun) (972) | 3. Mai 996, † 18. Febr. 999 |
| (Johannes XVI. [Johannes Philegathos] | April 997, d. Mai 998, † um 1013) |
| Silvester II. (Gerbert v. Aurillac) (um 940/950) | 2. April 999, † 12. Mai 1003 |
| Johannes XVII. (Sicco) | Mai/Juni 1003, † 6. Nov. 1003 |
| Johannes XVIII. (Johannes Fasanus) | 25. Dez. 1003 (?), † Juni/Juli 1009 |
| Sergius IV. (Petrus, gen. Osporci) | 31. Juli 1009, † 12. Mai 1012 |
| Benedikt VIII. (Theophylakt) | 18. Mai 1012, † 9. April 1024 |
| (Gregor VI. | Juni 1012, d. Dez. 1012) |

| | |
|---|---|
| Johannes XIX. (Romanus, Gf. v. Tusculum) | 19. April 1024 (?), †20. Okt. 1032 (?) |
| Benedikt IX. (Theophylakt) | Aug./Sept. 1032, r. 1. Mai 1045, vgl. unten |
| Silvester III. (Giovanni di Sabina) | 20. Jan. 1045, d. 20. Dez. 1046, †nach 1046 |
| Gregor VI. (Giovanni Graziano Pierleoni) | 5. Mai 1045, d. 20. Dez. 1046, †Nov. 1047 |
| Klemens II. (Suitger, Gf. v. Morsleben und Hornburg) | 25. Dez. 1046, †9. Okt. 1047 |
| Benedikt IX. (2. Mal) | 8. Nov. 1047, d. 17. Juli 1048, †1055/1056 |
| Damasus II. (Poppo, Gf. v. Brixen) | 17. Juli 1048, †9. Aug. 1048 |
| Leo IX. (Bruno, Gf. v. Egisheim-Dagsburg) (1002) | 12. Febr. 1049, †19. April 1054 |
| Viktor II. (Gebhard, Gf. v. Hirschberg) | 16. April 1055, †28. Juli 1057 |
| Stephan X. (IX.) (Friedrich v. Lothringen) | 3. Aug. 1057, †29. März 1058 |
| Benedikt X. (Johannes v. Velletri) | 5. April 1058, fakt. r. vor 24. Jan. 1059, d. April 1060 |
| Nikolaus II. (Gerhard v. Burgund) | 6. Dez. 1058, †27. Juli 1061 |
| Alexander II. (Anselmo da Baggio) | 1. Okt. 1061, †21. April 1073 |
| (Honorius II. [Pietro Cadulo] (um 1009) | 28. Okt. 1061, d. 31. Mai 1064, †1072 oder 1071) |
| Gregor VII. (Hildebrand v. Soana) (um 1019/1030) | 22. April 1073, †25. Mai 1085 |
| (Klemens III. [Wibert v. Ravenna] (um 1025) | 25. Juni 1080, †8. Sept. 1100) |
| Viktor III. (Desiderius, Fst. v. Benevent) (um 1027) | 24. Mai 1086, †16. Sept. 1087 |
| Urban II. (Odo de Lagery) (um 1035) | 12. März 1088, †29. Juli 1099 |
| Paschalis II. (Ranieri di Bieda) | 13. Aug. 1099, †21. Jan. 1118 |
| (Theoderich | Sept. 1100, d. Dez. 1100, †1102) |
| (Albert | Febr. 1102, d. März 1102) |
| (Silvester IV. [Maginulf] | 18. Nov. 1105, r. 1111) |
| Gelasius II. (Johannes Caietanus) | 24. Jan. 1118, †29. Jan. 1119 |
| (Gregor VIII. [Mauritius, gen. Burdinus] | 8. März 1118, d. 1121) |
| Kalixtus II. (Guido, Gf. v. Burgund) | 2. Febr. 1119, †13. Dez. 1124 |
| Honorius II. (Lamberto di Fiagnano) | 15. Dez. 1124, †13. Febr. 1130 |

| | |
|---|---|
| (Coelestin II. [Thebaldus Buccapecus] | 15. Dez. 1124, r. 16. Dez. 1124, †vor 1127) |
| Innozenz II. (Gregorio Papareschi) | 14. Febr. 1130, †24. Sept. 1143 |
| Anaklet II. (Pietro Pierleoni) | 14. Febr. 1130, †25. Jan. 1138 |
| (Viktor IV. | März 1138, r. 29. Mai 1138) |
| Coelestin II. (Guido di Castello) | 26. Sept. 1143, †8. März 1144 |
| Lucius II. (Gherardo Caccianemici) | 12. März 1144, †15. Febr. 1145 |
| Eugen III. (Bernardo Paganelli) | 15. Febr. 1145, †8. Juli 1153 |
| Anastasius IV. (Corrado di Subarra) | 12. Juli 1153, †3. Dez. 1154 |
| Hadrian IV. (Nicholas Breakspeare) (1110/1120) | 4. Dez. 1154, †1. Sept. 1159 |
| Alexander III. (Orlando Bandinelli) | 7. Sept. 1159, †30. Aug. 1181 |
| (Viktor IV. [Ottaviano di Monticelli] | 7. Sept. 1159, †20. April 1164) |
| (Paschalis III. [Guido v. Crema] | 22. April 1164, †20. Sept. 1168) |
| (Kalixtus III. [Johannes v. Struma] | Sept. 1168, r. 29. Aug. 1178) |
| (Innozenz III. [Lando v. Sezze] | 29. Sept. 1179, d. Jan. 1180) |
| Lucius III. (Ubaldo Allucingoli) | 1. Sept. 1181, †25. Nov. 1185 |
| Urban III. (Uberto Crivelli) (um 1120) | 25. Nov. 1185, †20. Okt. 1187 |
| Gregor VIII. (Alberto de Morra) | 21. Okt. 1187, †17. Dez. 1187 |
| Klemens III. (Paolo Scolari) | 19. Dez. 1187, †Ende März 1191 |
| Coelestin III. (Giacinto Boboni-Orsini) | 30. März 1191, †8. Jan. 1198 |
| Innozenz III. (Lotario, Gf. Segni) (1160/1161) | 8. Jan. 1198, †16. Juli 1216 |
| Honorius III. (Cencio Savelli) (um 1150) | 18. Juli 1216, †18. März 1227 |
| Gregor IX. (Ugolino, Gf. Segni) (um 1170) | 19. März 1227, †22. Aug. 1241 |
| Coelestin IV. (Goffredo Castiglioni) | 25. Okt. 1241, †10. Nov. 1241 |
| Innozenz IV. (Sinisbaldo Fieschi, Gf. v. Lavagna) (um 1195) | 25. Juni 1243, †7. Dez. 1254 |
| Alexander IV. (Rinaldo, Gf. Segni) | 12. Dez. 1254, †25. Mai 1261 |
| Urban IV. (Jacques Pantaléon) (um 1200) | 29. Aug. 1261, †2. Okt. 1264 |
| Klemens IV. (Guy le Gros Foulques) | 5. Febr. 1265, †29. Nov. 1268 |
| Gregor X. (Tebaldo Visconti) (1210) | 1. Sept. 1271, †10. Jan. 1276 |

| | |
|---|---|
| Innozenz V. (Pierre de Tarantaise) | 21. Jan. 1276, †22. Juni 1276 |
| Hadrian V. (Ottobono Fieschi, Gf. v. Lavagna) | 11. Juli 1276, †18. Aug. 1276 |
| Johannes XXI. (gen. Petrus Hispanus) (1210/1220) | 8. Sept. 1276, †20. Mai 1277 |
| Nikolaus III. (Giovanni Caëtano-Orsini) (1210/1220) | 25. Nov. 1277, †22. Aug. 1280 |
| Martin IV. (Simon de Brion) | 22. Febr. 1281, †28. März 1285 |
| Honorius IV. (Giacomo Savelli) (1210) | 2. April 1285, †3. April 1287 |
| Nikolaus IV. (Girolamo Masci) (um 1230) | 22. Febr. 1288, †4. April 1292 |
| Coelestin V. (Pietro Angelari da Murrone) (1215) | 5. Juli 1294, r. 13. Dez. 1294, †19. Mai 1296 |
| Bonifaz VIII. (Benedetto Caëtano) (um 1235) | 24. Dez. 1294, †11. Okt. 1303 |
| Benedikt XI. (Niccolò Boccasini) (1240) | 22. Okt. 1303, †7. Juli 1304 |
| Klemens V. (Raymond Bertrand de Goth) | 5. Juni 1305, übersiedelt nach Avignon 1309, †20. April 1314 |

Avignon

| | |
|---|---|
| Johannes XXII. (Jacques Duèze) (1244) | 7. Aug. 1316, †4. Dez. 1334 |
| (Nikolaus V. [Pietro Rainalducci] | 12. Mai 1328, r. 25. Aug. 1330, †16. Okt. 1333) |
| Benedikt XII. (Jacques Fournier) | 20. Dez. 1334, †25. April 1342 |
| Klemens VI. (Pierre Roger de Beaufort) (um 1292) | 7. Mai 1342, †6. Dez. 1352 |
| Innozenz VI. (Etienne Aubert) | 18. Dez. 1352, †12. Sept. 1362 |
| Urban V. (Guillaume de Grimoard) (um 1310) | 28. Sept. 1362, †19. Dez. 1370 |
| Gregor XI. (Pierre Roger de Beaufort) (1329) | 30. Dez. 1370, übersiedelt zurück nach Rom 17. Jan. 1377, †27. März 1378 |

Rom

| | |
|---|---|
| Urban VI. (Bartolomeo Prignano) (um 1318) | 8. April 1378, †15. Okt. 1389 |
| Bonifaz IX. (Pietro Tomacelli) (um 1350) | 2. Nov. 1389, †1. Okt. 1404 |
| Innozenz VII. (Cosimo Migliorati) (um 1336) | 17. Okt. 1404, †6. Nov. 1406 |

| | |
|---|---|
| Gregor XII. (Angelo Correr) (um 1325) | 30. Nov. 1406, d. 5. Juni 1409, r. 4. Juli 1415, †18. Okt. 1417 |
| Avignon | |
| Klemens VII. (Robert v. Genf) (1342) | 20. Sept. 1378, †16. Sept. 1394 |
| Benedikt XIII. (Pedro de Luna) | 28. Sept. 1394, d. 5. Juni 1409, d. (Konzil v. Konstanz) 26. Juli 1417, †23. Mai 1423 |
| (Klemens VIII. [Gil Sanchez Munoz] (um 1380) | 10. Juni 1423, r. 26. Juli 1429, †28. Dez. 1446) |
| (Benedikt XIV. [Bernard Garnier] | 12. Nov. 1425, †1430) |
| Pisa | |
| Alexander V. (Petrus Philargis) (um 1340) | 26. Juni 1409, †3. Mai 1410 |
| Johannes XXIII. (Baldassarre Cossa) (um 1370) | 17. Mai 1410, d. 29. Mai 1415, †22. Dez. 1419 |
| Rom | |
| Martin V. (Oddone Colonna) (1368) | 11. Nov. 1417, †20. Febr. 1431 |
| Eugen IV. (Gabriele Condulmer) (um 1383) | 3. März 1431, †23. Febr. 1447 |
| (Felix V.* [Amadeus VIII. v. Savoyen] (1383) | 5. Nov. 1439, r. 7. April 1449, †7. Jan. 1451) |
| Nikolaus V. (Tommaso Parentucelli) (1397) | 6. März 1447, †24. März 1455 |
| Kalixtus III. (Alonso de Borja) (1378) | 8. April 1455, †6. Aug. 1458 |
| Pius II. (Enea Silvio Piccolomini) (1405) | 18. Aug. 1458, †15. Aug. 1464 |
| Paul II. (Pietro Barbo) (1417) | 30. Aug. 1464, †26. Juli 1471 |
| Sixtus IV. (Francesco della Rovere) (1414) | 9. Aug. 1471, †12. Aug. 1484 |
| Innozenz VIII. (Giovanni Batista Cibo) (1432) | 29. Aug. 1484, †25. Juli 1492 |
| Alexander VI. (Rodrigo de Borja) (1430) | 11. Aug. 1492, †18. Aug. 1503 |
| Pius III. (Francesco Todeschini-Piccolomini) (1439) | 22. Sept. 1503, †18. Okt. 1503 |
| Julius II. (Giuliano della Rovere) (1443) | 1. Nov. 1503, †21. Febr. 1513 |
| Leo X.* (Giovanni de Medici) (1475) | 11. März 1513, †1. Dez. 1521 |

| | |
|---|---|
| Hadrian VI. (Adriaan Florensz d'Edel) (1459) | 9. Jan. 1522, †14. Sept. 1523 |
| Klemens VII.* (Giulio de Medici) (1478) | 19. Nov. 1523, †25. Sept. 1534 |
| Paul III. (Alessandro Farnese) (1468) | 13. Okt. 1534, †10. Nov. 1549 |
| Julius III. (Giovanni Maria Ciocchi del Monte) (1487) | 7. Febr. 1550, †23. März 1555 |
| Marcellus II. (Marcello Cervini) (1501) | 9. April 1555, †1. Mai 1555 |
| Paul IV. (Gian Pietro Carafa) (1476) | 23. Mai 1555, †18. Aug. 1559 |
| Pius IV. (Giovanni Angelo de Medici) (1499) | 25. Dez. 1559, †9. Dez. 1565 |
| Pius V. (Antonio Michele Ghislieri) (1504) | 7. Jan. 1566, †1. Mai 1572 |
| Gregor XIII. (Ugo Buoncompagni) (1502) | 13. Mai 1572, †10. April 1585 |
| Sixtus V. (Felice Peretti) (1521) | 24. April 1585, †27. Aug. 1590 |
| Urban VII. (Giambattista Castagna) (1521) | 15. Sept. 1590, †27. Sept. 1590 |
| Gregor XIV. (Niccolò Sfondrati) (1535) | 5. Dez. 1590, †16. Okt. 1591 |
| Innozenz IX. (Gian Antonio Facchinetti) (1519) | 29. Okt. 1591, †30. Dez. 1591 |
| Klemens VIII. (Ippolito Aldobrandini) (1536) | 30. Jan. 1592, †3. März 1605 |
| Leo XI. (Alessandro Ottaviano de Medici) (1535) | 1. April 1605, †27. April 1605 |
| Paul V. (Camillo Borghese) (1552) | 16. Mai 1605, †28. Jan. 1621 |
| Gregor XV. (Alessandro Ludovisi) (1554) | 9. Febr. 1621, †8. Juli 1623 |
| Urban VIII. (Maffeo Barberini) (1568) | 6. Aug. 1623, †29. Juli 1644 |
| Innozenz X. (Giambattista Pamfili) (1574) | 15. Sept. 1644, †7. Jan. 1655 |
| Alexander VII. (Fabio Chigi) (1599) | 7. April 1655, †22. Mai 1667 |
| Klemens IX. (Giulio Rospigliosi) (1600) | 20. Juni 1667, †9. Dez. 1669 |
| Klemens X. (Emilio Altieri) (1590) | 29. April 1670, †22. Juli 1676 |
| Innozenz XI. (Benedetto Odescalchi) (1611) | 21. Sept. 1676, †12. Aug. 1689 |

| | |
|---|---|
| Alexander VIII. (Pietro Ottoboni) (1610) | 6. Okt. 1689, †1. Febr. 1691 |
| Innozenz XII. (Antonio Pignatelli) (1615) | 12. Juli 1691, †27. Sept. 1700 |
| Klemens XI. (Gian Francesco Albani) (1649) | 23. Nov. 1700, †19. März 1721 |
| Innozenz XIII. (Michelangelo dei Conti) (1655) | 8. Mai 1721, †7. März 1724 |
| Benedikt XIII. (Pietro Francesco Orsini) (1649) | 29. Mai 1724, †24. Febr. 1730 |
| Klemens XII. (Lorenzo Corsini) (1652) | 12. Juli 1730, †6. Febr. 1740 |
| Benedikt XIV. (Prospero Lambertini) (1675) | 17. Aug. 1740, †3. Mai 1758 |
| Klemens XIII. (Carlo della Torre Rezzonico) (1693) | 6. Juli 1758, †2. Febr. 1769 |
| Klemens XIV. (Lorenzo Ganganelli) (1705) | 19. Mai 1769, †22. Sept. 1774 |
| Pius VI. (Gianangelo, Gf. Braschi) (1717) | 15. Febr. 1775, †29. Aug. 1799 |
| Pius VII. (Luigi Barnaba, Gf. Chiaramonti) (1742) | 14. März 1800, †20. Aug. 1823 |
| Leo XII. (Annibale, Gf. della Genga) (1760) | 28. Sept. 1823, †10. Febr. 1829 |
| Pius VIII. (Francesco Saverio Castiglioni) (1761) | 31. März 1829, †30. Nov. 1830 |
| Gregor XVI. (Bartolomeo Alberto Capellari) (1765) | 2. Febr. 1831, †1. Juni 1846 |
| Pius IX. (Giovanni Maria, Gf. Mastai-Ferretti) (1792) | 16. Juni 1846, †7. Febr. 1878 |
| Leo XIII. (Vincenzo Gioacchino Gf. Pecci) (1810) | 20. Febr. 1878, †20. Juli 1903 |
| Pius X. (Giuseppe Sarto) (1835) | 4. Aug. 1903, †20. Aug. 1914 |
| Benedikt XV. (Giacomo Marchese della Chiesa) (1854) | 3. Sept. 1914, †22. Jan. 1922 |
| Pius XI. (Achille Ratti) (1857) | 6. Febr. 1922, †10. Febr. 1939 |
| Pius XII. (Eugenio Pacelli) (1876) | 2. März 1939, †9. Okt. 1958 |
| Johannes XXIII. (Angelo Giuseppe Roncalli) (1881) | 28. Okt. 1958, †3. Juni 1963 |
| Paul VI. (Giovanni Battista Montini) (1897) | 21. Juni 1963, †6. Aug. 1978 |
| Johannes Paul I. (Albino Luciani) (1912) | 26. Aug. 1978, †28. Sept. 1978 |
| Johannes Paul II. (Carol Wojtyla) (1920) | 16. Okt. 1978 |

# TEIL III: DEUTSCHLAND

# DAS HEILIGE RÖMISCHE REICH (DEUTSCHER NATION)

Ostfrankenreich seit 840/843 als Nachfolgestaat des Frankenreichs (vgl. Historische Staaten). Nach 900 als (unteilbares) regnum Theotonicorum bezeichnet, seit 951 mit Italien, seit 962 mit dem römischen Kaisertum, seit 1033 mit Burgund verbunden. Nach 962 schlicht als »imperium« bezeichnet, mit dem Zusatz »sacrum« (heilig) seit dem 12. und dem Zusatz »Deutscher Nation« seit dem 15./16. Jahrhundert. 1806 mit der Niederlegung der Kaiserkrone durch Franz II. aufgehoben.

| | |
|---|---|
| *Karolinger* | |
| Ludwig d. Deutsche (um 805) | Kg. (826/833) 20. Juni 840, †28. Aug. 876 |
| Ludwig d. Jüngere (um 830) | Kg. (Ostfranken) 28. Aug. 876, †20. Jan. 882 |
| Karlmann (vor 830) | Kg. (Bayern) 28. Aug. 876, (Italien) Herbst 877, †22. März 880 |
| Karl III. d. Dicke* (839) | Kg. (Alemannien) 28. Aug. 876, (Italien) Nov. 879, Ks. 12. Febr. 881, Alleinherrscher in Ostfranken Mai 882, d. Nov. 887, †13. Jan. 888 |
| Arnulf (um 850) | Kg. Ende Nov. 887, Kg. (Italien) 894, Ks. Ende Febr. 896, †8. Dez. 899 |
| Ludwig d. Kind (893) | Kg. 4. Febr. 900, †24. Sept. 911 (unter Vormundschaft des Mainzer Ebf.s Hatto*) |
| ——— | |
| Konrad I.* | Kg. 10. Nov. 911, †23. Dez. 918 |
| *Sachsen (Ottonen, Liudolfinger)* | |
| Heinrich I.* (um 875) | Kg. 12. Mai 919, †2. Juli 936 |
| Otto I. d. Große* (912) | Kg. 8. Aug. 936, (Italien) 23. Sept. 951, Ks. 2. Febr. 962, †7. Mai 973 |
| Otto II. (955) | Kg. 26. Mai 961, Ks. 25. Dez. 967, fakt. Regierungsantritt 7. Mai 973, †7. Dez. 983 |
| Otto III. (980) | Kg. 25. Dez. 983, Ks. 21. Mai 996, †24. Jan. 1002 (bis 991 unter Vormundschaft seiner Mutter Theophanu, danach bis 994 unter der seiner Großmutter Adelheid) |

| | |
|---|---|
| Heinrich II.* (973) | Kg. 7. Juni 1002, (Italien) 15. Mai 1004, Ks. 14. Febr. 1014, †13. Juli 1024 |
| *Salier* | |
| Konrad II. (um 990) | Kg. 8. Sept. 1024, Ks. 26. März 1027, Kg. (Burgund) 2. Febr. 1033, †4. Juni 1039 |
| Heinrich III.* (1017) | Kg. 4. Juni 1039 (ordin. 14. April 1028), Ks. 25. Dez. 1046, †5. Okt. 1056 |
| Heinrich IV.* (1050) | Kg. 5. Okt. 1056 (ordin. 17. Juli 1054), Ks. 31. März 1084, †7. Aug. 1106 (bis 1062 unter Vormundschaft seiner Mutter Agnes*, danach bis 1065 unter der der Erzbischöfe Anno v. Köln* und Adalbert v. Bremen) |
| Rudolf v. Rheinfelden* | Gegenkg. 15. März 1077, †15. Okt. 1080 |
| Hermann v. Salm | Gegenkg. 26. Dez. 1081, †Sept. 1088 |
| Konrad* (1074) | Mitkg. 30. Mai 1087, Gegenkg. 1093, †27. Juli 1101 |
| Heinrich V. (1086) | Kg. 5. Jan. 1106 (ordin. 6. Jan. 1099), Ks. 13. April 1111, †23. Mai 1125 |
| ——— | |
| Lothar III. v. Supplingenburg* (um 1075) | Kg. 13. Sept. 1125, Ks. 4. Juni 1133, †4. Dez. 1137 |
| *Staufer* | |
| Konrad III. (1093?) | Gegenkg. 18. Dez. 1127, (Italien) 22. Juni 1128, r. 1135, erneut Kg. 13. März 1138, †15. Febr. 1152 |
| Heinrich Berengar (1137) | Mitkg. 30. März 1147, †April/Mai 1150 |
| Friedrich I. Barbarossa* (1122) | Kg. 9. März 1152, (Italien) 17. April 1155, Ks. 18. Juni 1155, Kg. (Burgund) 30. Juli 1178, †10. Juni 1190 |
| Heinrich VI.* (1165) | Kg. 14. Aug. 1169, fakt. Regierungsantritt 10. Juni 1190, Ks. 14. April 1191, †28. Sept. 1197 |
| Philipp v. Schwaben* (1177?) | Kg. 8. März 1198, †21. Juni 1208 |

| | |
|---|---|
| Otto IV.* (1176/1182) *(Welfe)* | Kg. 9. Juni 1198 bzw. 11. Nov. 1208 (Neuwahl), Ks. 4. Okt. 1209, †19. Mai 1218 |
| Friedrich II.* (1194) | Kg. 9. Dez. 1212 bzw. 23. Juli 1215, Ks. 22. Nov. 1220, †13. Dez. 1250 |
| Heinrich (VII.)* (1211) | Kg. 8. Mai 1222, d. 2./4. Juli 1235, †12. Febr. 1242 |
| Konrad IV.* (1228) | Kg. Febr. 1237, fakt. Regierungsantritt 13. Dez. 1250, †21. Mai 1254 |
| *Verschiedene Häuser* | |
| Heinrich Raspe v. Thüringen (um 1204) | Gegenkg. 22. Mai 1246, †16. Febr. 1247 |
| Wilhelm v. Holland (1227?) | Gegenkg. 1. Nov. 1248, anerkannt nach Mai 1254, †28. Jan. 1256 |
| Richard v. Cornwall (1209) | Kg. 17. Mai 1257, †2. April 1272 |
| Alfons v. Kastilien* (1221) | Kg. 1. April 1257, †4. April 1284 (regierte faktisch nicht) |
| Rudolf I. v. Habsburg (1218) | Kg. 23. Okt. 1273, †15. Juli 1291 |
| Adolf v. Nassau (1255?) | Kg. 5. Mai 1292, d. 23. Juni 1298, †2. Juli 1298 |
| Albrecht I. v. Österreich* (1255) | Kg. 27. Juli 1298, †1. Mai 1308 |
| Heinrich VII. v. Luxemburg (um 1275) | Kg. 27. Nov. 1308 bzw. 6. Jan. 1309 (Krönung), Kg. (Italien) 6. Jan. 1311, Ks. 29. Juni 1312, †24. Aug. 1313 |
| Ludwig IV. v. Bayern* (um 1283) | Kg. 25. Nov. 1314, (Italien) 31. Mai 1327, Ks. 17. Jan. 1328, †11. Okt. 1347 |
| Friedrich (III.) d. Schöne v. Österreich* (1289) | Kg. 25. Nov. 1314, anerkannt als Mitkg. 5. Sept. 1325, †13. Jan. 1330 |
| *Luxemburger* | |
| Karl IV.* (1316) | Kg. 11. Juli 1346, anerkannt nach Okt. 1347, Kg. (Italien) 6. Jan. 1355, (Burgund) 4. Juni 1365, Ks. 5. April 1355, †29. Nov. 1378 |
| Günther v. Schwarzburg (1304) | Gegenkg. 30. Jan. 1349, r. 24. Mai 1349, †14. Juni 1349 |
| Wenzel* (1361) | Kg. 6. Juli 1376, fakt. Regierungsantritt 29. Nov. 1378, d. 20. Aug. 1400, †16. Aug. 1419 |

| | |
|---|---|
| Ruprecht v. d. Pfalz* (1352) *(Wittelsbacher)* | Kg. 21. Aug. 1400 bzw. 6. Jan. 1401 (Krönung), †18. Mai 1410 |
| Jobst v. Mähren* (1354) | Kg. 1. Okt. 1410, †18. Jan. 1411 |
| Sigismund* (1368) | Kg. 20. Sept. 1410, (Italien) 25. Nov. 1431, Ks. 31. Mai 1433, †9. Dez. 1437 |
| *Habsburger* | |
| Albrecht II.* (1397) | Kg. 18. März 1438, †27. Okt. 1439 |
| Friedrich III.* (1415) | Kg. 6. April 1440, (Italien) 16. März 1452, Ks. 19. März 1452, †19. Aug. 1493 |
| Maximilian I.* (1459) | Kg. 9. April 1486, Ks. (ohne Krönung) 10. Febr. 1508, †12. Jan. 1519 |
| Karl V.* (1500) | Kg. 28. Juni 1519, erwählter röm. Ks. 26. Okt. 1520, Kg. (Italien) 22. Febr. 1530, Ks. 24. Febr. 1530, r. 23. Aug. 1556, †21. Sept. 1558 |
| Ferdinand I.* (1503) | Röm. Kg. 5. Jan. 1531, Ks. 24. Febr. 1556, †25. Juli 1564 |
| Maximilian II.* (1527) | Röm. Kg. 24. Nov. 1562, Ks. 25. Juli 1564, †12. Okt. 1576 |
| Rudolf II.* (1552) | Röm. Kg. 27. Okt. 1575, Ks. 12. Okt. 1576, †20. Jan. 1612 |
| Matthias* (1557) | Ks. 13. Juni 1612, †20. März 1619 |
| Ferdinand II.* (1578) | Ks. 28. Aug. 1619, †15. Febr. 1637 |
| Ferdinand III.* (1608) | Röm. Kg. 22. Dez. 1636, Ks. 15. Febr. 1637, †2. April 1657 |
| Ferdinand IV.* (1633) | Röm. Kg. 24. Mai 1653, †9. Juli 1654 |
| Leopold I.* (1640) | Ks. 18. Juli 1658, †5. Mai 1705 |
| Joseph I.* (1678) | Röm. Kg. 24. Jan. 1690, Ks. 5. Mai 1705, †17. April 1711 |
| Karl VI.* (1685) | Ks. 12. Okt. 1711, †20. Okt. 1740 |
| *Wittelsbacher* | |
| Karl VII.* (1697) | Ks. 24. Jan. 1742, †20. Jan. 1745 |
| *Habsburg-Lothringer* | |
| Franz I. Stephan* (1708) | Ks. 13. Sept. 1745, †18. Aug. 1765 |

| | |
|---|---|
| Joseph II.* (1741) | Röm. Kg. 27. März 1764, Ks. 18. Aug. 1765, †20. Febr. 1790 |
| Leopold II.* (1747) | Ks. 30. Sept. 1790, †1. März 1792 |
| Franz II.* (1768) | Ks. 5. Juli 1792, r. 6. Aug. 1806, †2. März 1835 |

## (STAMMES-)HERZOGTÜMER IM MITTELALTERLICHEN HEILIGEN RÖMISCHEN REICH

### Sachsen

Stammesherzogtum Sachsen seit dem 9. Jahrhundert, nach dem Sturz Heinrichs d. Löwen (1180) geteilt in ein Herzogtum Westfalen unter den Erzbischöfen von Köln (vgl. diese), ein Herzogtum Braunschweig-Lüneburg (seit 1235) unter den Welfen (vgl. dieses) und ein Herzogtum Sachsen unter den Askaniern, deren Teillinie Sachsen-Wittenberg 1356 endgültig die Kurwürde erwirbt (vgl. Kurfürstentum Sachsen).

*Liudolfinger*

| | |
|---|---|
| Otto | Hzg. 880, †30. Nov. 912 |
| Heinrich I.* (um 875) | Hzg. 912, †2. Juli 936 |
| Otto d. Große* (912) | Hzg. 936, fakt. r. 953/961, †7. Mai 973 |

*Billunger*

| | |
|---|---|
| Hermann | Mkgf. 953, fakt. Hzg. 961/966, †27. März 973 |
| Bernhard I. | Hzg. 973, †7. Febr. 1011 |
| Bernhard II. | Hzg. 1011, †29. Juni 1059 |
| Ordulf | Hzg. 1059, †28. März 1072 |
| Magnus | Hzg. 1072, †23. Aug. 1106 |

---

| | |
|---|---|
| Lothar v. Supplingenburg* (um 1075) | Hzg. 1106, †4. Dez. 1137 |
| Heinrich d. Stolze* (um 1108) *(Welfe)* | Hzg. 1137, †20. Okt. 1139 |
| Albrecht I. d. Bär* (um 1100) *(Askanier)* | Hzg. 1138, r. 1142, †18. Nov. 1170 |
| Heinrich d. Löwe* (um 1129) *(Welfe)* | Hzg. 1142, d. Jan. 1180, †6. Aug. 1195 |

### Bayern

Stammesherzogtum seit dem 6. Jahrhundert, 788 dem Frankenreich einverleibt (zeitweise regnum). 907 Begründung des sog. »jüngeren Stammesherzogtums«, das sich unter den Wittelsbachern (seit 1180) zu einem Territorium entwickelt.

| | |
|---|---|
| *Agilolfinger* | |
| Oatilo | Hzg. 736, †748 |
| Tassilo III. | Hzg. 748, d. 788, †11. Dez. (?) nach 794 |
| *Luitpoldinger* | |
| Arnulf | Hzg. 907, †14. Juli 937 |
| Eberhard | Hzg. 937, d. 938, †um 966 |
| Bertold | Hzg. 938, †23. Nov. 947 |
| *Liudolfinger* | |
| Heinrich I.* (919/921) | Hzg. 948, †1. Nov. 955 |
| Heinrich II. d. Zänker* (951) | Hzg. 955, d. 976, vgl. unten |
| Otto v. Schwaben* (954) | Hzg. 976, †1. Nov. 982 |
| *Luitpoldinger* | |
| Heinrich III. v. Kärnten* (940/943) | Hzg. 983, d. 985, †5. Okt. 989 |
| *Liudolfinger* | |
| Heinrich II. d. Zänker* (2. Mal) | Hzg. 985, †28. Aug. 995 |
| Heinrich IV.* (973) | Hzg. 995, r. 1004, vgl. unten |
| *Verschiedene Häuser* | |
| Heinrich V. v. Lothringen | Hzg. 1004, d. 1009, vgl. unten |
| Heinrich IV.* (2. Mal) | Hzg. 1009, r. 1017, †13. Juli 1024 |
| Heinrich V. v. Lothringen (2. Mal) | Hzg. 1018, †27. Febr. 1026 |
| Heinrich VI.* (1017) | Hzg. 1027, r. 1042, vgl. unten |
| Heinrich VII. v. Luxemburg | Hzg. 1042, †1047 |
| Heinrich VI.* (2.Mal) | Hzg. 1047, r. 1049, †5. Okt. 1056 |
| Konrad v. Zütphen | Hzg. 1049, d. 1053, †Ende 1055 |
| Heinrich VIII.* (1050) | Hzg. 1053, d. 1054, vgl. unten |
| Konrad (1052) | Hzg. 1054, †10. April 1055 |
| Agnes* (um 1025) | Hzg. in 1055, r. 1061, †14. Dez. 1077 |
| Otto v. Northeim | Hzg. 1061, d. 1070, †11. Jan. 1083 |
| Welf I. | Hzg. 1070, d. 1077, vgl. unten |
| Heinrich VIII.* (2. Mal) | Hzg. 1077, r. 1095, †7. Aug. 1106 |
| *Welfen* | |
| Welf I. (2. Mal) | Hzg. 1096, †8. Nov. 1101 |
| Welf II. (um 1073) | Hzg. 1101, †24. Sept. 1120 |

| | |
|---|---|
| Heinrich IX. d. Schwarze (um 1074) | Hzg. 1120, †13. Dez. 1126 |
| Heinrich X. d. Stolze* (um 1108?) | Hzg. 1126, †20. Okt. 1139 |
| *Babenberger* | |
| Leopold* | Hzg. 1138/1139, †18. Okt. 1141 |
| Heinrich XI. Jasomirgott* | Hzg. 1143, in Bayern d. 1156, †14. März 1176 |
| *Welfe* | |
| Heinrich XII. d. Löwe* (1129) | Hzg. 1156, d. Jan. 1180, †6. Aug. 1195 |

**Schwaben**

Stammesherzogtum seit dem frühen 10. Jahrhundert, mit dem Ende des Staufergeschlechts (1268) aufgelöst.

| | |
|---|---|
| Erchanger | Pfalzgf., Hzg. in Schwaben Herbst 915, †21. Jan. 917 |
| Burchard I. | Hzg. 917, †28. April 926 |
| Hermann I. | Hzg. Nov. 926, †10. Dez. 949 |
| Liudolf (930) | Hzg. Anf. 950, d. Dez. 954, †6. Sept. 957 |
| Burchard II. | Hzg. Dez. 954, †11. Nov. 973 |
| Otto I.* (954) | Hzg. Spätherbst 973, †31. Okt. 982 |
| *Konradiner* | |
| Konrad I. | Hzg. Juni 983, †20. Aug. 997 |
| Hermann II. | Hzg. 997, †4. Mai 1003 |
| Hermann III. (um 1000) | Hzg. 1003, †1. April 1012 |
| *Babenberger* | |
| Ernst I. | Hzg. 1012, †31. Mai 1015 |
| Ernst II. (um 1010) | Hzg. 1015, †17. Aug. 1030 |
| Hermann IV. | Hzg. 1030, †Sommer 1038 |
| Heinrich I.* (1017) *(Salier)* | Hzg. 1038, r. 1045, †5. Okt. 1056 |
| Otto II. *(Ezzone)* | Hzg. 1045, †1047 |
| Otto III. | Hzg. Jan. 1048, †28. Sept. 1057 |

---

| | |
|---|---|
| Rudolf v. Rheinfelden* | Hzg. 1057, d. 1077, †15. Okt. 1080 |

*Staufer*

| | |
|---|---|
| Friedrich I. (um 1047/1048) | Hzg. Ostern 1079, † 1. Hälfte 1105 |
| Friedrich II. (um 1090) | Hzg. 1105, † 4./6. April 1147 |
| Friedrich III.* (1122) | Hzg. 1147, r. 1152, † 10. Juni 1190 |
| Friedrich IV. v. Rothenburg (1144/1145) | Hzg. 1152, † 19. Aug. 1167 |
| Friedrich (V.) (1164) | Hzg. 1167, † um 1170 |
| Friedrich V. (1167) (= Konrad) | Hzg. um 1170, † 20. Jan. 1191 |
| Konrad II. (1171/1174) | Hzg. 1191, † 15. Aug. 1196 |
| Philipp* (1177?) | Hzg. 1196, † 21. Juni 1208 |
| Otto IV.* (1176/1182) *(Welfe)* | Hzg. 1208, d. 1212, † 19. Mai 1218 |
| Friedrich VI.* (1194) | Hzg. 1212, r. 1216, † 13. Dez. 1250 |
| Heinrich II.* (1211) | Hzg. 1216, d. 1235, † 12. Febr. 1242 |
| Konrad III.* (1228) | Hzg. 1235, † 21. Mai 1254 |
| Konrad IV.* (1252) (= Konradin) | Hzg. 1254, † 29. Okt. 1268 |

## Franken

Im Gegensatz zu Sachsen, Bayern und Schwaben gelingt in Franken die volle Ausbildung eines Herzogtums nicht. Eine herzogsähnliche Stellung erlangen nur (König) Konrad I. und sein Bruder Eberhard. Mit dem Tod des letzteren brechen alle Ansätze zur Bildung einer Herzogsgewalt ab.

*Konradiner*

| | |
|---|---|
| Konrad I.* | Fakt. Hzg. 902/906, † 23. Dez. 918 |
| Eberhard | Fakt. Hzg. 918/919, † 2. Okt. 939 |

## Kärnten

976 von Bayern abgetrenntes selbständiges Herzogtum, das sich wie dieses im 12. und 13. Jahrhundert zum Territorium entwickelt. 1180 wird die Steiermark als selbständiges Herzogtum ausgegliedert. Kärnten selbst fällt 1269 an Ottokar II. v. Böhmen, 1276 an den deutschen König Rudolf v. Habsburg, 1286 an die Linie der Grafen von Görz-Tirol und 1335 schließlich endgültig an die Habsburger (vgl. Österreich).

| | |
|---|---|
| Heinrich I.* (940/943) | Hzg. 976, d. Ostern 978, vgl. unten |

| | |
|---|---|
| Otto | Hzg. Ostern 978, d. 983, vgl. unten |
| Heinrich I.* (2. Mal) | Hzg. Mai 983 bzw. Jan. 985, †5. Okt. 989 |
| Heinrich II. d. Zänker* (951) | Hzg. Okt. 989, †28. Aug. 995 |
| Otto (2. Mal) | Hzg. Herbst 995, †4. Nov. 1004 |
| Konrad I. | Hzg. Herbst 1004, †12. Dez. 1011 |
| *Eppensteiner* | |
| Adalbero (um 980) | Hzg. Anf. 1012, d. Juni 1035, †9. Nov. 1039 |
| Konrad II. d. Jüngere (1007) *(Salier)* | Hzg. 1036, †20. Juli 1039 |
| (beim Reich | 1039–1047) |
| Welf III. *(Welfe)* | Hzg. 1047, †13. Nov. 1055 |
| Konrad III. *(Ezzone)* | Hzg. 1056, †1061 |
| Berthold I. d. Bärtige (um 1000) *(Zähringer)* | Hzg. 1061, d. 1072 bzw. 1077, †5./6. Nov. 1078 |
| Liutold (um 1045/50) | Hzg. März/April 1077, †12. Mai 1090 |
| Heinrich III. (um 1050) | Hzg. 1090, †4. Dez. 1122 |
| *Spanheimer* | |
| Heinrich IV. | Hzg. 1122, †14. Dez. 1123 |
| Engelbert | Hzg. 1124, r. 1135, †13. April 1141 |
| Ulrich I. | Hzg. 1135, †7. April 1144 |
| Heinrich V. | Hzg. 1144, †12. Okt. 1161 |
| Hermann | Hzg. 1161, †4. Okt. 1181 |
| Ulrich II. | Hzg. 1181, †10. Aug. 1202 |
| Bernhard (II.) (1176/1181) | Hzg. 1202, †4. Jan. 1256 |
| Ulrich III. | Hzg. 1256, †27. Okt. 1269 |
| *Görz-Tirol* | |
| Meinhard II. (1237) | Hzg. 1. Febr. 1286, †30. Okt. 1295 |
| Heinrich VI.* (um 1270) | Hzg. 30. Okt. 1295, †2. April 1335 |

**Lothringen**
Vgl. Historische Staaten

**Österreich**
Vgl. Moderne Staaten

# KURFÜRSTENTÜMER DES MITTELALTERS UND DER NEUZEIT

## Kurerzstift Mainz

Bistum seit 346 bezeugt, 781/782 zum Erzbistum erhoben, Kurfürstentum seit dem 13. Jahrhundert (bzw. 1356). 1803 größtenteils säkularisiert (Verlegung des Kurfürstensitzes nach Regensburg).

| | |
|---|---|
| Bonifatius (672/673) | Bf. 30. Nov. 722, persönl. Missionsebf. v. Mainz 746 (?), †5. Juni 754 |
| Lullus | Bf. (Ebf.) 754, †16. Okt. 786 |
| Riculf | Ebf. 787, †9. Aug. 813 |
| Haistulf | Ebf. 813, †Jan. 826 |
| Otgar | Ebf. 826, †21. April 847 |
| Hrabanus Maurus (um 780) | Ebf. 26. Juni 847, †4. Febr. 856 |
| Karl v. Aquitanien | Ebf. 12. März 856, †5. Juni 863 |
| Ludbert | Ebf. 30. Nov. 863, †17. Febr. 889 |
| Sunderold | Ebf. März 889, †26. Juni 891 |
| Hatto I.* (um 850) | Ebf. Sept. 891, †15. Mai 913 |
| Heriger | Ebf. 913, †1. Dez. 927 |
| Hildebert | Ebf. 927, †31. Mai 937 |
| Friedrich | Ebf. 9. Juli 937, †25. Okt. 954 |
| Wilhelm (um 929) | Ebf. 17. Dez. 954, †2. März 968 |
| Hatto II. | Ebf. 968, †18. Jan. 970 |
| Rupert | Ebf. 970, †13. Jan. 975 |
| Willigis | Ebf. Jan. 975, †23. Febr. 1011 |
| Erkenbald | Ebf. April 1011, †17. Aug. 1021 |
| Aribo (um 990) | Ebf. Sept. 1021, †6. April 1031 |
| Bardo | Ebf. 29. Juni 1031, †10./11. Juni 1051 |
| Liutpold | Ebf. Sommer 1051, †7. Dez. 1059 |
| Siegfried I. v. Eppenstein | Ebf. 6. Jan. 1060, †16. Febr. 1084 |
| Wezelin | Ebf. 1084, †6. Aug. 1088 |
| Ruthard | Ebf. 1089, †2. Mai 1109 |
| Adalbert I. v. Saarbrücken | Ebf. Anfang 1110, †23. Juni 1137 |
| Adalbert II. v. Saarbrücken | Ebf. April 1138, †17. Juli 1141 |
| Markulf | Ebf. Sommer 1141, †9. Juni 1142 |
| Heinrich I. | Ebf. 1142, d. Juni 1153, †2./5. Sept. 1153 |
| Arnold v. Seelenhofen | Ebf. Juni 1153, †24. Juni 1160 |
| Konrad I. v. Wittelsbach* | Ebf. 20. Juni 1161, d. 1165, vgl. unten |

| | |
|---|---|
| Christian I. v. Buch (um 1130) | Ebf. Sept. 1165, †25. Aug. 1183 |
| Konrad I. v. Wittelsbach (2. Mal) | Ebf. Nov. 1183, †25. Okt.(?) 1200 |
| Siegfried II. v. Eppenstein | Ebf. Ende 1200, †9. Sept. 1230 |
| Siegfried III. v. Eppenstein | Ebf. 1230, †9. März 1249 |
| Christian II. v. Weisenau | Ebf. Mai/Juni 1249, d. 1251, †21. Nov. 1253 |
| Gerhard I. Wildgraf | Ebf. (Kfst.) Juli 1251, †25. Sept. 1259 |
| Werner v. Eppenstein | Ebf. (Kfst.) Sept./Okt. 1259, †2. April 1284 |
| Heinrich II. | Ebf. (Kfst.) 15. Mai 1286, †17. März 1288 |
| Gerhard II. v. Eppenstein (um 1230) | Ebf. (Kfst.) 6. März 1289, †25. Febr. 1305 |
| Peter v. Aspelt (um 1240/1250) | Ebf. (Kfst.) 10. Nov. 1306, †5. Juni 1320 |
| Matthias v. Bucheck | Ebf. (Kfst.) 4. Sept. 1321, †9. Sept. 1328 |
| Heinrich III. v. Virneburg | Ebf. (Kfst.) 1328, d. 7. April 1346, †21. Dez. 1353 |
| Gerlach v. Nassau-Saarbrücken (1322) | Ebf. (Kfst.) 7. April 1346, †12. Febr. 1371 |
| Johann I. v. Luxemburg (1342?) | Kfst. 28. April 1371, †4. April 1373 |
| Ludwig v. Meißen (1341) | Kfst. 28. April 1374, d. 28. April 1381, †17. Febr. 1382 |
| Adolf I. v. Nassau (1346) | Kfst. 28. April 1381, †6. Febr. 1390 |
| Konrad II. v. Weinsberg (um 1340) | Kfst. 10. April 1391, †19. Okt. 1396 |
| Johann II. v. Nassau (um 1360) | Kfst. 26. Jan. 1397, †23. Sept. 1419 |
| Konrad III., Wild- und Rheingf. v. Daun | Kfst. 15. Dez. 1419, †10. Juni 1434 |
| Dietrich v. Erbach | Kfst. 6. Juli 1434, †6. Mai 1459 |
| Dieter v. Isenburg (um 1412) | Kfst. 18. Juni 1459, d. 21. Aug. 1461, vgl. unten |
| Adolf II. v. Nassau (um 1422) | Kfst. 21. Aug. 1461, †6. Sept. 1475 |
| Dieter v. Isenburg (2. Mal) | Kfst. 9. Nov. 1475, †6. Mai 1482 |
| Albrecht I. v. Sachsen | Administrator 7. Mai 1482, †1. Mai 1484 |
| Bertold v. Henneberg-Römhild (1442) | Kfst. 20. Mai 1484, †21. Dez. 1504 |

| | |
|---|---|
| Jakob v. Liebenstein | Kfst. 30. Dez. 1504, †15. Sept. 1508 |
| Uriel v. Gemmingen | Kfst. 27. Sept. 1508, †9. Febr. 1514 |
| Albrecht II. v. Brandenburg (1490) | Kfst. 9. März 1514, †24. Sept. 1545 |
| Sebastian v. Heusenstamm | Kfst. 20. Okt. 1545, †17. März 1555 |
| Daniel Brendel v. Homburg (1523) | Kfst. 18. April 1555, †22. März 1582 |
| Wolfgang v. Dalberg | Kfst. 20. April 1582, †5. April 1601 |
| Johannes Adam v. Bicken (1564) | Kfst. 15. Mai 1601, †10. Jan. 1604 |
| Johann Schweickart v. Cronberg (1553) | Kfst. 17. Febr. 1604, †17. Sept. 1626 |
| Georg Friedrich v. Greiffenklau (1573) | Kfst. 21. Okt. 1626, †6. Juli 1629 |
| Anselm Kasimir Wamboldt v. Umbstadt (1583) | Kfst. 6. Aug. 1629, †9. Okt. 1647 |
| Johann Philipp v. Schönborn* (1605) | Kfst. 19. Nov. 1647, †12. Febr. 1673 |
| Lothar Friedrich v. Metternich | Kfst. 12. Febr. 1673, †3. Juni 1675 |
| Damian v. d. Leyen (1624) | Kfst. 3. Juli 1675, †6. Dez. 1678 |
| Karl Heinrich v. Metternich | Kfst. 9. Jan. 1679, †26. Sept. 1679 |
| Anselm Franz v. Ingelheim (1634) | Kfst. 7. Nov. 1679, †30. März 1695 |
| Lothar Franz v. Schönborn (1655) | Kfst. 30. März 1695, †30. Jan. 1729 |
| Franz Ludwig v. Neuburg b. Rhein* (1664) | Kfst. 7. April 1729, †18. April 1732 |
| Philipp Karl v. Eltz | Kfst. 9. Juni 1732, †20. März 1743 |
| Johann Friedrich Karl v. Ostein (1696) | Kfst. 22. April 1743, †4. Juni 1763 |
| Emmerich Josef v. Breidbach (1707) | Kfst. 5. Juli 1763, †11. Juni 1774 |
| Friedrich Karl Josef v. Erthal (1719) | Kfst. 18. Juli 1774, †25. Juli 1802 |
| Karl Theodor v. Dalberg (1744) | Kfst. 25. Juli 1802, in Regensburg seit 25. Febr. 1803, Ghzg. v. Frankfurt 16. Febr. 1810, d. 6. Nov. 1813, †10. Febr. 1817 |

**Kurerzstift Köln**

Bistum seit 313 bezeugt, 795 zum Erzbistum erhoben, seit 1180 mit dem Herzogtum Westfalen belehnt (vgl. (Stammes-)Herzogtümer des hohen Mittelalters, Herzogtum Sachsen), Kurfürstentum seit dem 13. Jahrhundert (bzw. 1356). 1803 säkularisiert.

| | |
|---|---|
| Hildebald | Bf. vor 787, Ebf. 794/95, †3. Sept. 818 |
| Hadebald | Ebf. 819, †841 (?) |
| Gunther | Ebf. 20. April 850, d. vor 1. Nov. 864, †nach 871 |
| Willibert | Ebf. 7. Jan. 870, †11. Sept. 888 |
| Hermann I. | Ebf. vor 1. Mai 889/890, †11. April 924 |
| Wikfried | Ebf. 924, †9. Juli 953 |
| Brun I.* (925) | Ebf. Aug. 953, †11. Okt. 965 |
| Folkmar | Ebf. 965/966, †18. Juli 969 |
| Gero | Ebf. 969, †29. Juni 976 |
| Warin | Ebf. 976, †21. Sept. 985 |
| Everger | Ebf. 985, †11. Juni 999 |
| Heribert (um 970) | Ebf. 9. Juli 999, †16. März 1021 |
| Pilgrim (um 985) | Ebf. 29. Juni 1021, †25. Aug. 1036 |
| Hermann II. | Ebf. 1036, †11. Febr. 1056 |
| Anno II.* (um 1010) | Ebf. 3. März 1056, †4. Dez. 1075 |
| Hildolf | Ebf. 6. März 1076, †21. Juli 1078 |
| Sigewin | Ebf. 1078/1079, †31. Mai 1089 |
| Hermann III. v. Hochstaden | Ebf. 25. Juli 1089, †21. Nov. 1099 |
| Friedrich I. v. Schwarzenberg | Ebf. 6. Jan. 1100, †25. Okt. 1131 |
| Brun II. v. Berg | Ebf. 25. Dez. 1131, †29. Mai 1137 |
| Hugo v. Sponheim | Ebf. Mai/Juni 1137, †1. Juli 1137 |
| Arnold I. | Ebf. Febr. 1138, †3. April 1151 |
| Arnold II. v. Wied | Ebf. April 1151, †14. Mai 1156 |
| Friedrich II. v. Altena | Ebf. Mai 1156, †Dez. 1158 |
| Rainald v. Dassel (um 1120) | Ebf. Mai 1159, †14. Aug. 1167 |
| Philipp v. Heinsberg (um 1130) | Ebf. Herbst 1167, †13. Aug. 1191 |
| Brun III. v. Berg | Ebf. 1191, r. 1193, †23. April 1200 |
| Adolf I. v. Altena (1160) | Ebf. 1193, d. 19. Juni 1205, vgl. unten |
| Brun IV. v. Sayn | Ebf. 25. Juli 1205, †2. Nov. 1208 |
| Dietrich I. v. Hengeberg | Ebf. 22. Dez. 1208, d. März/April 1212, †1224 (?) |
| Adolf I. (2. Mal) | Ebf. April 1212, r. Anfang 1216, †15. April 1220 |

| | |
|---|---|
| Engelbert I. d. Heilige (um 1185) | Ebf. 29. Febr. 1216, †7. Nov. 1225 |
| Heinrich I. v. Molenark | Ebf. 15. Nov. 1225, †26. März 1238 |
| Konrad v. Hochstaden (um 1205) | Ebf. (Kfst.) 1238, †18. Sept. 1261 |
| Engelbert II. v. Falkenberg | Ebf. (Kfst.) 2. Okt. 1261, †20. Okt. 1274 |
| Siegfried v. Westerburg | Ebf. (Kfst.) 16. März 1275, †7. April 1297 |
| Wikbold v. Holte | Ebf. (Kfst.) 3. Mai 1297, †28. März 1304 |
| Heinrich II. v. Virneburg (1244/1246) | Ebf. (Kfst.) 22. Jan. 1306, †6. Jan. 1332 |
| Walram v. Jülich (1303/1304) | Ebf. (Kfst.) 27. Jan. 1332, †14. Aug. 1349 |
| Wilhelm | Ebf. (Kfst.) 18. Dez. 1349, †15. Sept. 1362 |
| Adolf II. v. Mark | Kfst. 21. Juni 1363, r. 15. April 1364 |
| Engelbert III. v. Mark | Kfst. 25. Juni 1364, †26. Aug. 1369 |
| Friedrich III. v. Saarwerden (1348) | Kfst. 13. Nov. 1370, †9. April 1414 |
| Dietrich II. v. Moers (um 1385) | Kfst. 24. April 1414, †14. Febr. 1463 |
| Ruprecht v. d. Pfalz (1427) | Kfst. 30. März 1463, †16. Juli 1480 |
| Hermann IV. v. Hessen (1449/1450) | Kfst. 11. Aug. 1480, †27. Sept. 1508 |
| Philipp v. Daun-Oberstein | Kfst. 13. Nov. 1508, †3. Aug. 1515 |
| Hermann V. v. Wied (1477) | Kfst. 26. April 1515, r. 25. Febr. 1547, †15. Aug. 1552 |
| Adolf III. v. Schauenburg (1511) | Kfst. 3. Juli 1546, †20. Sept. 1556 |
| Anton v. Schauenburg | Kfst. 26. Okt. 1556, †18. Juni 1558 |
| Johann Gebhard I. v. Mansfeld | Kfst. 26. Juli 1558, †2. Nov. 1562 |
| Friedrich IV. v. Wied (1518?) | Kfst. 19. Nov. 1562, r. 23. Okt. 1567, †23. Dez. 1568 |
| Salentin v. Isenburg (1532) | Kfst. 23. Dez. 1567, r. 13. Sept. 1577, †19. März 1610 |
| Gebhard II. Truchseß v. Waldburg (1547) | Kfst. 5. Dez. 1577, d. 1. April 1583, †31. Mai 1601 |
| Ernst v. Bayern (1554) | Kfst. 23. Mai 1583, †17. Febr. 1612 |

| | |
|---|---|
| Ferdinand v. Bayern (1577) | Kfst. 12. März 1612, †13. Sept. 1650 |
| Max Heinrich v. Bayern (1621) | Kfst. 26. Okt. 1650, †3. Juni 1688 |
| Joseph Klemens v. Bayern (1671) | Kfst. 19. Juli 1688, †12. Nov. 1723 |
| Klemens August v. Bayern (1700) | Kfst. 12. Nov. 1723, †6. Febr. 1761 |
| Maximilian Friedrich v. Königseck-Rothenfels | Kfst. 6. Febr. 1761, †15. April 1784 |
| Max Franz v. Österreich (1756) | Kfst. 27. April 1784, †27. Juli 1801 |

**Kurerzstift Trier**

Bistum seit dem 3., als Erzbistum seit dem 6. Jahrhundert bezeugt, unter Karl d. Großen reorganisiert, Kurfürstentum seit dem 13. Jahrhundert (bzw. 1356). 1803 säkularisiert.

| | |
|---|---|
| Richbod | Ebf. um 791, †1. Okt. 804 |
| Waso | Ebf. 804, †809 |
| Amalharius | Ebf. 809, †814 |
| Hetti | Ebf. 814, †27. Mai 847 |
| Dietgald | Ebf. 847, d. Okt. 863, †29. Sept. 868 |
| Bertulf | Ebf. Sept. 869, †10. Febr. 883 |
| Ratbod | Ebf. 8. April 883, †30. März 915 |
| Ruotger | Ebf. 915, †27. Jan. 930 |
| Ruotbert | Ebf. 931, †19. Mai 956 |
| Heinrich I. | Ebf. 956, †3. Juli 964 |
| Dietrich I. | Ebf. 965, †5. Juni (?) 977 |
| Egbert | Ebf. 977, †9. Dez. 993 |
| Liudolf | Ebf. 994, †19. März 1008 |
| Megingaud | Ebf. 1008, †24. Dez. 1015 |
| Poppo | Ebf. 1. Jan. 1016, †16. Juni 1047 |
| Eberhard | Ebf. 28. Juni 1047, †15. April 1066 |
| Kuno I. | Ebf. 1066, †1. Juni 1066 |
| Udo v. Nellenburg | Ebf. 1066, †11. Nov. 1078 |
| Egilbert | Ebf. 6. Jan. 1079, †3. Sept. 1101 |
| Bruno v. Brettheim | Ebf. 6. Jan. 1102, †25. April 1124 |
| Gottfried | Ebf. 2. Juli 1124, r. 17. Mai 1127, †14. Nov. 1128 |
| Meginher | Ebf. Juni 1127, †1. Okt. 1130 |
| Albero v. Montreuil | Ebf. 19. April 1131, †18. Jan. 1152 |

| | |
|---|---|
| Hillin v. Fallemaigne | Ebf. Jan. 1152, †23. Okt. 1169 |
| Arnold I. | Ebf. 1169, †25. Mai 1183 |
| Johann I. (um 1140) | Ebf. 1190, †15. Juli 1212 |
| Dietrich II. v. Wied | Ebf. 1212, †28. März 1242 |
| Arnold II. v. Isenburg | Ebf. (Kfst.) 1242, †4. Nov. 1259 |
| Heinrich II. | Ebf. (Kfst.) Aug. 1260, †26. April 1286 |
| Boemund v. Warnesberg | Ebf. (Kfst.) 6. März 1289, †9. Dez. 1299 |
| Dieter v. Nassau | Ebf. (Kfst.) 1300, †22. Nov. 1307 |
| Balduin v. Luxemburg (1285) | Ebf. (Kfst.) 7. Dez. 1307, †21. Jan. 1354 |
| Boemund v. Saarbrücken | Ebf. (Kfst.) 3. Febr. 1354, r. Mai 1362, †10. Febr. 1367 |
| Kuno II. v. Falkenstein | Kfst. Mai 1362, r. April 1388, †21. Mai 1388 |
| Werner v. Falkenstein | Kfst. 3. April 1388, †4. Okt. 1418 |
| Otto v. Ziegenhain | Kfst. 13. Okt. 1418, †13. Febr. 1430 |
| Ulrich v. Manderscheid | Kfst. 27. Febr. 1430, d. 8. Febr. 1436 |
| Hrabanus v. Helmstadt | Kfst. 22. Mai 1430, r. 17. April 1439, †14. Nov. 1439 |
| Jakob I. v. Sirk | Kfst. 30. Aug. 1439, †28. Mai 1456 |
| Johann II. v. Baden (1434) | Kfst. 21. Juni 1456, †9. Febr. 1503 |
| Jakob II. v. Baden (1471) | Kfst. 27. Febr. 1503, †27. April 1511 |
| Richard v. Greiffenklau (1467) | Kfst. 14. Mai 1511, †13. März 1531 |
| Johann III. v. Metzenhausen (1492) | Kfst. 27. März 1531, †22. Juli 1540 |
| Johann IV. Ludwig v. Hagen | Kfst. 9. Aug. 1540, †23. März 1547 |
| Johann V. v. Isenburg | Kfst. 20. April 1547, †18. Febr. 1556 |
| Johann VI. v. d. Leyen | Kfst. 15. April 1556, †9. Febr. 1567 |
| Jakob III. v. Eltz | Kfst. 7. April 1567, †4. Juni 1581 |
| Johann VII. v. Schönenberg | Kfst. 31. Juli 1581, †1. Mai 1599 |
| Lothar v. Metternich (1549) | Kfst. 7. Juni 1599, †7. Sept. 1623 |
| Philipp Christoph v. Soetern (1567) | Kfst. 25. Sept. 1623, †7. Febr. 1652 |
| Karl Kaspar v. d. Leyen (1618) | Kfst. 12. März 1652, †1. Juni 1676 |

| | |
|---|---|
| Johann VIII. Hugo v. Orsbeck (1634) | Kfst. 13. Juli 1676, †6. Jan. 1711 |
| Karl Joseph v. Lothringen (1680) | Kfst. Jan. 1711, †4. Dez. 1715 |
| Franz Ludwig v. Neuburg bei Rhein* (1664) | Kfst. 20. Febr. 1716, r. 3. März 1729, †18. April 1732 |
| Franz Georg v. Schönborn (1682) | Kfst. 2. Mai 1729, †18. Jan. 1756 |
| Johann IX. Philipp v. Walderdorf | Kfst. 18. Jan. 1756, †12. Jan. 1768 |
| Klemens Wenzeslaus v. Sachsen (1739) | Kfst. 10. Febr. 1768, d. 25. April 1802, †27. Juli 1812 |

**Herzogtum und Königreich Böhmen**
Herzogtum seit dem 9./10. Jahrhundert, Königreich 1085–1092, 1158–1172 und seit 1198, seit 1356 (Festlegung durch die Goldene Bulle) im unbestrittenen Besitz der Kurwürde, seit 1527 in Personalunion mit Österreich und Ungarn (vgl. diese) verbunden. Für die weiteren Geschikke nach 1918 vgl. Tschechoslowakei.

*Przemysliden*

| | |
|---|---|
| Bořiwoi I. | Hzg. um 850, †894 |
| Spytihniew I. | Hzg. um 895, †um 905/915 |
| Wratislaw I. | Hzg. um 905/915, †921 |
| Wenzel I. d. Heilige (um 903/905) | Hzg. 921, †28. Sept. 929/935 |
| Boleslaw I. d. Grausame | Hzg. 929/935, †967/972 |
| Boleslaw II. d. Fromme (um 920) | Hzg. 967/973, †999 |
| Boleslaw III. d. Rote | Hzg. 999, d. 1002, vgl. unten |
| Wladiwoi | Hzg. 1002, †1003 |
| Boleslaw III. d. Rote (2. Mal) | Hzg. 1003, d. 1003, †1037 |
| Jaromir | Hzg. 1003, d. 1003, vgl. unten |
| Boleslaw (I.) d. Tapfere* (966) | Hzg. 1003, d. 1004, †Juni 1025 |
| Jaromir (2. Mal) | Hzg. 1004, d. 1012, vgl. unten |
| Udalrich | Hzg. 1012, d. 1033, vgl. unten |
| Jaromir (3. Mal) | Hzg. 1033, d. 1034 |
| Udalrich (2. Mal) | Hzg. 1034, †9. Nov. 1034 |
| Břetislaw I. (um 1005) | Hzg. 1034, †10. Jan. 1055 |
| Spytihniew II. (1031) | Hzg. 1055, †28. Jan. 1061 |
| Wratislaw II. (I.) (um 1035) | Hzg. 1061, Kg. 1085, †14. Jan. 1092 |
| Konrad I. Otto | Hzg. 1092, †6. Sept. 1092 |
| Břetislaw II. | Hzg. 1092, †22. Dez. 1100 |
| Bořiwoi II. (um 1065) | Hzg. 1100, d. 1107, vgl. unten |
| Swatopluk | Hzg. 1107, †Sept. 1109 |
| Wladislaw I. | Hzg. 1109, d. 1117, vgl. unten |
| Bořiwoi II. (2. Mal) | Hzg. 1117, d. 1121, †2. Febr. 1124 |

| | |
|---|---|
| Wladislaw I. (2. Mal) | Hzg. 1121, †12. April 1125 |
| Sobieslaw I. Udalrich (um 1075) | Hzg. 1125, †Febr. 1140 |
| Wladislaw II. (I.) | Hzg. 1140, Kg. 1158, r. 1172, †18. Jan. 1175 |
| Friedrich (um 1142) | Hzg. 1172, d. 1173, vgl. unten |
| Sobieslaw II. (1128?) | Hzg. 1173, d. 1178, †29. Jan. 1180 |
| Friedrich (2. Mal) | Hzg. 1178, †25. März 1189 |
| Konrad II. Otto | Hzg. 1189, †1191 |
| Wenzel II. (1137) | Hzg. 1191, †wohl 1192 |
| Przemysl Ottokar I. (um 1155) | Hzg. wohl 1192, d. 1193, vgl. unten |
| Bischof Heinrich Břetislaw v. Prag | Hzg. 1193, †19. Juni 1197 |
| Wladislaw Heinrich | Hzg. 1197, r. 1197, †12. Aug. 1222 |
| Przemysl Ottokar I. (2. Mal) | Hzg. 1197, Kg. 1198, †15. Dez. 1230 |
| Wenzel I. (1205) | Kg. 15. Dez. 1230, †23. Sept. 1253 |
| Ottokar II.* (1233) | Kg. 23. Sept. 1253, †26. Aug. 1278 |
| Wenzel II.* (1271) | Kg. 26. Aug. 1278, †21. Juni 1305 |
| Wenzel III.* (1289) | Kg. 21. Juni 1305, †4. Aug. 1306 |
| *Habsburger* | |
| Rudolf (III.)* (1282) | Kg. 18. Jan. 1307, †3. Juli 1307 |
| *Görz-Tirol* | |
| Heinrich v. Kärnten* (um 1270) | Kg. 15. Aug. 1307, d. Dez. 1310, †2. April 1335 |
| *Luxemburger* | |
| Johann (1296) | Kg. 7. Febr. 1311, †26. Aug. 1346 |
| Karl I.* (1316) | Kg. 26. Aug. 1346, †29. Nov. 1378 |
| Wenzel IV.* (1361) | Kg. 15. Juni 1363, †16. Aug. 1419 |
| Sigismund* (1368) | Kg. 28. Juli 1420, †9. Dez. 1437 |
| *Habsburger* | |
| Albrecht* (1397) | Kg. 29. Juni 1438, †27. Okt. 1439 |
| Ladislaus Postumus* (1440) | Kg. 22. Febr. 1440 bzw. 28. Okt. 1453, †23. Nov. 1457 |

| | |
|---|---|
| *Podiebrad* | |
| Georg (1420) | Kg. 8. Mai 1458, †22. März 1471 |
| *Hunyadi* | |
| Matthias I. Corvinus* (1443) | Kg. 3. Mai 1469, †6. April 1490 |
| *Jagellonen* | |
| Wladislaw* (1456) | Kg. 22. Aug. 1471, †13. März 1516 |
| Ludwig (II.)* (1506) | Kg. 13. März 1516, †29. Aug. 1526 |
| *Habsburger* | |
| Ferdinand I.* (1503) | Kg. 21. Febr. 1527, †25. Juli 1564 |
| Maximilian* (1527) | Kg. 25. April 1548, †12. Okt. 1576 |
| Rudolf II.* (1552) | Kg. 22. Sept. 1575, r. 23. Mai 1611, †20. Jan. 1612 |
| Matthias II.* (1557) | Kg. 23. Mai 1611, †20. März 1619 |
| Ferdinand II.* (1578) | Kg. 29. Juni 1617, †15. Febr. 1637 |
| Friedrich (V.) v. d. Pfalz* (1596) *(Wittelsbacher)* | Kg. 25. Okt. 1619, fakt. Verzicht Nov. 1620, †29. Nov. 1632 |
| Ferdinand III.* (1608) | Kg. 27. Nov. 1627, †2. April 1657 |
| Ferdinand IV.* (1633) | Kg. 5. Aug. 1646, †9. Juli 1654 |
| Leopold I.* (1640) | Kg. 14. Sept. 1656, †5. Mai 1705 |
| Joseph I.* (1678) | Kg. 5. Mai 1705, †17. April 1711 |
| Karl II.* (1685) | Kg. 17. April 1711, †20. Okt. 1740 |
| Maria Theresia* (1717) | Kg. in 12. Mai 1743, †29. Nov. 1780 |

**Kurfürstentum Pfalz (Pfalzgrafschaft bei Rhein)**

Pfalzgrafschaft bei Rhein unter den Ezzonen seit dem 10./11. Jahrhundert, 1156 staufischer, 1195 welfischer Besitz, 1214 an die Wittelsbacher. 1329 durch den Hausvertrag von Pavia von Bayern getrennt, wird sie 1778 wieder mit diesem vereint. Kurfürstentum seit dem 13. Jahrhundert (bzw. 1356). Zahlreiche Landesteilungen: Pfalz-Simmern (1410–1559/1685), Pfalz-Mosbach (1410–1499), Oberpfalz (1410–1448), Pfalz-Neuburg (1505/1569–1685/1742), Pfalz-Zweibrücken (1459–1731), Pfalz-Veldenz (1543–1694), Pfalz-Sulzbach (1569–1604, 1614–1742/1799), Pfalz-Lautern (1576–1592), Pfalz-Birkenfeld (1569–1918). Nachfolgend nur die Kurlinien.

| | |
|---|---|
| Konrad (um 1140) | Pfalzgf. 1156, †1195 (nach dem 16. Juli) |
| Heinrich I. v. Braunschweig | Pfalzgf. 1195, r. 1212/1213, †28. April 1227 |
| Heinrich II. (1195) | Pfalzgf. 1212/1213, †Frühjahr 1214 |

*Wittelsbacher*

| | |
|---|---|
| Ludwig I. d. Kelheimer* (1174) | Pfalzgf. Sept. 1214, †15. Sept. 1231 |
| Otto (II.) d. Erlauchte* (um 1206) | Pfalzgf. Sept. 1214, †29. Nov. 1253 |
| Ludwig II. d. Strenge* (1229) | Pfalzgf. Nov. 1253, allein seit 28. März 1255, †1./2. Febr. 1294 |
| Ludwig (IV.)* (um 1283) | Pfalzgf. Febr. 1294, r. 4. Aug. 1329, †11. Okt. 1347 |
| Rudolf I.* (1274) | Pfalzgf. Febr. 1294, r. 1317, †2. Aug. 1319 |
| Rudolf II. (1306) | Kfst. 4. Aug. 1329, †4. Okt. 1353 |
| Ruprecht I. (1309) | Pfalzgf. 4. Aug. 1329, Kfst. 4. Okt. 1353, †16. Febr. 1390 |
| Ruprecht II. (1325) | Kfst. 16. Febr. 1390, †6. Jan. 1398 |
| Ruprecht III.* (1352) | Kfst. 6. Jan. 1398, †18. Mai 1410 |

*Wittelsbacher, Alte Kurlinie*

| | |
|---|---|
| Ludwig III. (1378) | Kfst. 18. Mai 1410, †30. Dez. 1436 |
| Ludwig IV. (1424) | Kfst. 30. Dez. 1436, †13. Aug. 1449 |
| Philipp d. Aufrichtige (1448) | Kfst. 13. Aug. 1449, d. 6. Sept. 1451, vgl. unten |
| Friedrich I. d. Siegreiche (1425) | Regent 13. Aug. 1449, Kfst. 6. Sept. 1451, † 12. Dez. 1476 |
| Philipp d. Aufrichtige (2. Mal) | Kfst. 12. Dez. 1476, †28. Febr. 1508 |
| Ludwig V. d. Friedfertige (1478) | Kfst. 28. Febr. 1508, †16. März 1544 |
| Friedrich II. d. Weise (1482) | Kfst. 16. März 1544, † 26. Febr. 1556 |
| Ottheinrich (1502) | Pfalzgf. in Neuburg 1505, Kfst. 26. Febr. 1556, †10. Febr. 1559 |

*Wittelsbacher (Pfalz-Simmern)*

| | |
|---|---|
| Friedrich III. d. Fromme (1515) | Pfalzgf. in Simmern 18. Mai 1557, Kfst. 10. Febr. 1559, †26. Okt. 1576 |

| | |
|---|---|
| Ludwig VI. (1539) | Kfst. 26. Okt. 1576, †22. Okt. 1583 |
| Friedrich IV. (1574) | Kfst. 22. Okt. 1583, †19. Sept. 1610 |
| Johann Casimir (1543) | Pfalzgf. in Lautern 26. Okt. 1576, Administrator der Pfalz 22. Okt. 1583, †6. Jan. 1592 |
| Friedrich V.* (1596) | Kfst. 19. Sept. 1610, d. 23. Febr. 1623, †29. Nov. 1632 |
| Maximilian I. v. Bayern* | regiert die Pfalz 23. Febr. 1623 bis 24. Okt. 1648 |
| Karl I. Ludwig (1617) | Kfst. 24. Okt. 1648, †28. Aug. 1680 |
| Karl II. (1651) | Kfst. 28. Aug. 1680, †26. Mai 1685 |
| *Wittelsbacher (Pfalz-Neuburg)* | |
| Philipp Wilhelm (1615) | Pfalzgf. in Neuburg 20. März 1653, Kfst. 26. Mai 1685, †12. Sept. 1690 |
| Johann Wilhelm (1658) | Kfst. 12. Sept. 1690, †18. Juni 1716 |
| Karl Philipp (1661) | Kfst. 18. Juni 1716, †31. Dez. 1742 |
| *Wittelsbacher (Pfalz-Sulzbach)* | |
| Karl Theodor* (1724) | Pfalzgf. in Sulzbach 20. Juli 1733, Kfst. 31. Dez. 1742, Kfst. v. Bayern 30. Dez. 1777, †16. Febr. 1799 |

**Herzogtum Sachsen/Markgrafschaft Meißen/Kurfürstentum Sachsen**

Das 1180 nach dem Sturz Heinrichs d. Löwen den Askaniern verliehene (Teil-)Herzogtum Sachsen wird nachfolgend mehrfach geteilt. Die Linie Sachsen-Wittenberg der Askanier erlangt 1356 durch die Goldene Bulle den unbestrittenen Besitz der Kurwürde, welche 1423 nach dem Aussterben dieser Linie auf die wettinischen Markgrafen von Meißen übertragen wird. Der Name Sachsen bleibt fortan mit den wettinischen Besitzungen an der mittleren Elbe verbunden. Keimzelle des späteren sächsischen Staates ist somit die 982 eingerichtete Markgrafschaft Meißen, die seit 1089/1123 von den Wettinern beherrscht wird. 1485 spalten sich die wettinischen Besitzungen in eine ältere (ernestinische) und eine jüngere (albertinische) Linie. Erstere bleibt bis 1547 im Besitz der Kurwürde, spaltet sich aber seit 1572 in zahllose Einzellinien auf (vgl. Großherzogtum Sachsen-Weimar, Herzogtümer Sachsen-Coburg-Gotha, Sachsen-Altenburg und Sachsen-Meiningen). Letztere erlangt 1547 die Kurwürde, 1806 die Königskrone. Forts. vgl. Königreich und Freistaat Sachsen.

## Herzogtum und Kurfürstentum Sachsen

*Askanier (Linie Sachsen-Wittenberg)*

| | |
|---|---|
| Bernhard III. (um 1140) | Hzg. 1180, †9. Febr. 1212 |
| Albrecht I. | Hzg. 1212, †8. Nov. 1261 |
| Albrecht II. | Hzg. 1260, †25. Aug. 1298 |
| Rudolf I. | Hzg. (Kfst.) 1298, †11. März 1356 |
| Rudolf II. | Kfst. 11. März 1356, †6. Dez. 1370 |
| Wenzel | Kfst. 6. Dez. 1370, †15. Mai 1388 |
| Rudolf III. | Kfst. 15. Mai 1388, †9. Juni 1419 |
| Albrecht III. | Kfst. 9. Juni 1419, †27. Nov. 1422 |

## Markgrafschaft Meißen

*Wettiner*

| | |
|---|---|
| Konrad d. Große (vor 1100) | Mkgf. 1123/1127, r. 1156, †5. Febr. 1157 |
| Otto d. Reiche (1125) | Mkgf. 1156, †18. Febr. 1190 |
| Albrecht I. d. Stolze (1158) | Mkgf. 1190, †24. Juni 1195 |
| Dietrich d. Bedrängte (1162) | Mkgf. 1198, †17. Febr. 1221 |
| Heinrich d. Erlauchte (1215/1216) | Mkgf. 1221, †vor 8. Febr. 1288 |
| Albrecht II. d. Entartete (1240) | Mkgf. 1288, r. 1307, †13. Nov. 1314 (?) |
| Friedrich Tuta (1269) | Mkgf. 1288, †16. Aug. 1291 |
| Friedrich I. d. Freidige (1257) | Mkgf. 1291 bzw. 1307, †16. Nov. 1323 |
| Friedrich II. d. Ernsthafte (1310) | Mkgf. 1323, †18. Nov. 1349 |
| Friedrich III. d. Strenge (1332) | Mkgf. 1349, †26. Mai 1381 |

## Kurfürstentum Sachsen

*Wettiner*

| | |
|---|---|
| Friedrich IV. (I.) d. Streitbare (1370) | Mkgf. 26. Mai 1381, Kfst. 6. Jan. 1423, †4. Jan. 1428 |
| Friedrich II. d. Sanftmütige (1412) | Kfst. 4. Jan. 1428, †7. Sept. 1464 |
| Ernst (1441) | Kfst. 7. Sept. 1464, in Weimar 11. Nov. 1485, †26. Aug. 1486 |

| | |
|---|---|
| *Wettiner (Ernestinische Linie)* | |
| Friedrich III. d. Weise (1463) | Kfst. 26. Aug. 1486, †5. Mai 1525 |
| Johann d. Beständige (1468) | Kfst. 5. Mai 1525, †16. Aug. 1532 |
| Johann Friedrich I. (1503) | Kfst. 16. Aug. 1532, d. 19. Mai 1547, seither nurmehr Hzg., †3. März 1554 |
| | |
| *Wettiner (Albertinische Linie)* | |
| Albrecht III. d. Beherzte (1443) | Hzg. 7. Sept. 1464, in Meißen 11. Nov. 1485, †12. Sept. 1500 |
| Georg d. Bärtige (d. Reiche) (1471) | Hzg. 12. Sept. 1500, †17. April 1539 |
| Heinrich d. Fromme (1473) | Hzg. 17. April 1539, †18. Aug. 1541 |
| Moritz (1521) | Hzg. 18. Aug. 1541, Kfst. 4. Juni 1547, †11. Juli 1553 |
| August (1526) | Kfst. 11. Juli 1553, †12. Febr. 1586 |
| Christian I. (1560) | Kfst. 12. Febr. 1586, †25. Sept. 1591 |
| Christian II. (1583) | Kfst. 25. Sept. 1591, mündig 1601, †23. Juli 1611 |
| Friedrich Wilhelm v. Sachsen-Altenburg | Regent 1591–1601 |
| Johann Georg I. (1585) | Kfst. 23. Juli 1611, †18. Okt. 1656 |
| Johann Georg II. (1613) | Kfst. 18. Okt. 1656, †1. Sept. 1680 |
| Johann Georg III. (1647) | Kfst. 1. Sept. 1680, †22. Sept. 1691 |
| Johann Georg IV. (1668) | Kfst. 22. Sept. 1691, †27. April 1694 |
| Friedrich August I. d. Starke* (1670) | Kfst. 27. April 1694, †1. Febr. 1733 |
| Friedrich August II.* (1696) | Kfst. 1. Febr. 1733, †5. Okt. 1763 |
| Friedrich Christian (1722) | Kfst. 5. Okt. 1763, †17. Dez. 1763 |
| Xaver (1730–1806) | Regent 17. Dez. 1763 – 15. Sept. 1768 |
| Friedrich August III. (I.)* (1750) | Kfst. 17. Dez. 1763, mündig 1768, Kg. 11. Dez. 1806, fakt. d. 1813–1815, † 5. Mai 1827 |

**Markgrafschaft und Kurfürstentum Brandenburg/Königreich Preußen**
Markgrafschaft Brandenburg im 12. Jahrhundert begründet, unbestritten im Besitz der Kurwürde seit 1356. Königreich Preußen begründet 18. Januar 1701. Forts. vgl. Königreich und Freistaat Preußen.

*Askanier*

| | |
|---|---|
| Albrecht I. d. Bär* (um 1100) | Mkgf. 1134 bzw. 1157, †18. Nov. 1170 |
| Otto I. | Mkgf. 1170, †7. März 1184 |
| Otto II. | Mkgf. 1184, †4. Juli 1205 |
| Albrecht II. (vor 1177) | Mkgf. 1205, †25. Febr. 1220 |

*Askanier (Linie Stendal)*

| | |
|---|---|
| Johann I. (um 1213) | Mkgf. 1220, †1266 (nach dem 3. Juni) |
| Johann II. | Mkgf. 1266, †10. Sept. 1281 |
| Otto IV. mit dem Pfeil | Mkgf. 1266, †Ende 1308 |
| Konrad | Mkgf. 1266, †1304 |
| Heinrich I. | Mkgf. 1293, †14. Febr. 1318 |
| Johann IV. | Mkgf. 1286, †1305 |
| Waldemar d. Große (um 1280) | Mkgf. 1308, †14. Aug. 1319 |
| Heinrich II. | Mkgf. 1319, †Sommer 1320 |

*Askanier (Linie Salzwedel)*

| | |
|---|---|
| Otto III. | Mkgf. 1220, †1267 (nach dem 9. Okt.) |
| Johann III. | Mkgf. 1267, †1268 (nach dem 8. April) |
| Otto V. d. Lange | Mkgf. 1267, †23./24. Juli 1298 |
| Albrecht III. | Mkgf. 1268, †4. Dez. 1300 |
| Otto VI. | Mkgf. 1280, r. 1286, †6. Juli 1303 |
| Hermann | Mkgf. 1295, †1. Febr. 1308 |
| Johann V. | Mkgf. 1308, †24. März 1317 |

*Wittelsbacher*

| | |
|---|---|
| Ludwig d. Ältere* (1315) | Mkgf. April 1323, r. 24. Dez. 1351, †18. Sept. 1361 |
| Ludwig d. Römer* (1330) | Mkgf. (Kfst.) 24. Dez. 1351, †Anfang 1365 |
| Otto d. Faule* | Mkgf. (Kfst.) 24. Dez. 1351, r. 15. Aug. 1373, †15. Nov. 1379 |

*Luxemburger*

| | |
|---|---|
| Wenzel* (1361) | Kfst. 2. Okt. 1373, r. 11. Juni 1378, †16. Aug. 1419 |
| Sigismund* (1368) | Kfst. 11. Juni 1378, r. 1388/1395/1397, vgl. unten |

| | |
|---|---|
| Jobst v. Mähren* (1354) | Kfst. (1388/1395) 10. April 1397, †18. Jan. 1411 |
| Sigismund (2. Mal) | Kfst. 18. Jan. 1411, r. 30. April 1415, †9. Dez. 1437 |

*Hohenzollern*

| | |
|---|---|
| Friedrich I. (1371) | Kfst. 30. April 1415, †21. Sept. 1440 |
| Friedrich II. (1413) | Kfst. 21. Sept. 1440, r. 1470, †10. Febr. 1471 |
| Albrecht Achilles (1414) | Kfst. Mai 1470, †11. März 1486 |
| Johann Cicero (1455) | Kfst. 11. März 1486, †9. Jan. 1499 |
| Joachim I. Nestor (1484) | Kfst. 9. Jan. 1499, †11. Juli 1535 |
| Joachim II. Hektor (1505) | Kfst. 11. Juli 1535, †3. Jan. 1571 |
| Johann Georg (1525) | Kfst. 3. Jan. 1571, †8. Jan. 1598 |
| Joachim Friedrich (1546) | Kfst. 8. Jan. 1598, †28. Juli 1608 |
| Johann Sigismund (1572) | Kfst. 28. Juli 1608, r. 3. Nov. 1619, †2. Jan. 1620 |
| Georg Wilhelm (1595) | Kfst. 3. Nov. 1619 bzw. 2. Jan. 1620, †1. Dez. 1640 |
| Friedrich Wilhelm d. Große Kurfürst (1620) | Kfst. 1. Dez. 1640, †9. Mai 1688 |
| Friedrich III. (I.) (1657) | Kfst. 9. Mai 1688, Kg. 18. Jan. 1701, †25. Febr. 1713 |
| Friedrich Wilhelm I. (1688) | Kg. 25. Febr. 1713, †31. Mai 1740 |
| Friedrich II. d. Große (1712) | Kg. 31. Mai 1740, †17. Aug. 1786 |
| Friedrich Wilhelm II. (1744) | Kg. 17. Aug. 1786, †16. Nov. 1797 |
| Friedrich Wilhelm III. (1770) | Kg. 16. Nov. 1797, †7. Juni 1840 |

**Herzogtum und Kurfürstentum Bayern**

Herzogtum der Wittelsbacher seit 1180, zahlreiche Landesteilungen, 1623 Erwerb der Kurwürde, 1805/06 der Königskrone. Forts. vgl. Königreich und Freistaat Bayern.

*Wittelsbacher*

| | |
|---|---|
| Otto I. (um 1120) | Hzg. 16. Sept. 1180,†11. Juli 1183 |
| Ludwig I. d. Kelheimer* (1174) | Hzg. 11. Juli 1183, †15. Sept. 1231 |
| Otto I. d. Erlauchte* (um 1206) | Hzg. 15. Sept. 1231, †29. Nov. 1253 |

| | |
|---|---|
| Ludwig II. d. Strenge* (1229) | Hzg. 29. Nov. 1253, erhält Oberbayern und die Pfalz 28. März 1255 (vgl. unten) |
| Heinrich XIII. (1235) | Hzg. 29. Nov. 1253, erhält Niederbayern 28. März 1255 (vgl. unten) |

Oberbayern (und Pfalz)

*Wittelsbacher*

| | |
|---|---|
| Ludwig II. d. Strenge* (vgl. oben) | Hzg. 28. März 1255, † 1./2. Febr. 1294 |
| Rudolf I.* (1274) | Hzg. Febr. 1294, † 2. Aug. 1319 |
| Ludwig IV.* (um 1283) | Hzg. Febr. 1294, vereinigt 20. Dez. 1340 alle bayerischen Besitzungen (vgl. unten) |

Für die weiteren Herzöge von Oberbayern und Pfalzgrafen bei Rhein bis 1329 vgl. Pfalz.

Niederbayern (Linien Landshut, Straubing und Burghausen)

*Wittelsbacher*

| | |
|---|---|
| Heinrich XIII. (vgl. oben) | Hzg. 28. März 1255, † 3. Febr. 1290 |
| Otto III.* (1261) | Hzg. 3. Febr. 1290, † 9. Sept. 1312 |
| Ludwig III. (1269) | Hzg. 3. Febr. 1290, † 13. Mai 1296 |
| Stefan I. (1271) | Hzg. 3. Febr. 1290, † 21. Dez. 1310 |
| Heinrich XIV. (1305) | Hzg. 21. Dez. 1310, † 1. Sept. 1339 |
| Heinrich XV. (1312) | Hzg. 9. Sept. 1312, † 18. Juni 1333 |
| Otto IV. (1307) | Hzg. 21. Dez. 1310, † 14. Dez. 1334 |
| Johann I. (1329) | Hzg. 1. Sept. 1339, † 20. Dez. 1340 |

Bayern

*Wittelsbacher*

| | |
|---|---|
| Ludwig IV.* (vgl. oben) | Hzg. (in allen bayerischen Besitzungen) 20. Dez. 1340, † 11. Okt. 1347 |
| Ludwig V.* (1315) | Hzg. 11. Okt. 1347, erhält Oberbayern 13. Sept. 1349 (vgl. unten) |
| Stefan II. (1319) | Hzg. 11. Okt. 1347, erhält Niederbayern 13. Sept. 1349 (vgl. unten) |
| Wilhelm I. (1333) | Hzg. 11. Okt. 1347, erhält Niederbayern 13. Sept. 1349 (vgl. unten) |
| Albrecht I. (1336) | Hzg. 11. Okt. 1347, erhält Niederbayern 13. Sept. 1349 (vgl. unten) |
| Ludwig VI. d. Römer* (1330) | Hzg. 11. Okt. 1347, erhält Oberbayern 13. Sept. 1349 (vgl. unten) |
| Otto V. d. Faule* (um 1341) | Hzg. 11. Okt. 1347, erhält Oberbayern 13. Sept. 1349 (vgl. unten) |

Oberbayern

*Wittelsbacher*

| | |
|---|---|
| Ludwig V.* (vgl. oben) | Hzg. 1349, † 18. Sept. 1361 |
| Ludwig VI. d. Römer* (vgl. oben) | Hzg. 1349, r. 24. Dez. 1351, † Anfang 1365 |
| Otto V. d. Faule* (vgl. oben) | Hzg. 1349, r. 24. Dez. 1351, vgl. unten Niederbayern-Landshut |
| Meinhard (1344) | Hzg. 1361, † 13. Jan. 1363 |

1363 fällt Oberbayern an Stefan II. von Niederbayern-Landshut.

Niederbayern-Straubing (und Holland)

*Wittelsbacher*

| | |
|---|---|
| Wilhelm I. (vgl. oben) | Hzg. 1349/1353, † 15. April 1388 |
| Albrecht I. (vgl. oben) | Hzg. 1349/1353, † 13. Dez. 1404 |
| Wilhelm II. (1365) | Hzg. 1404, † 31. Mai 1417 |
| Johann III. (1374) | Hzg. 1417, † 6. Jan. 1425 |

Niederbayern-Landshut (seit 1363 mit Oberbayern vereinigt)

*Wittelsbacher*

| | |
|---|---|
| Stefan II. (vgl. oben) | Hzg. 1349, erbt Oberbayern 1363, † 19. Mai 1375 |
| Stefan III. d. Kneißel (um 1337) | Hzg. 1375, erhält Ingolstadt 19. Nov. 1392, vgl. unten |
| Friedrich (um 1339) | Hzg. 1375, erhält Landshut 19. Nov. 1392, vgl. unten |
| Johann II. (um 1341) | Hzg. 1375, erhält München 19. Nov. 1392,vgl. unten |
| Otto V. d. Faule* (um 1341) | Hzg. 1375, † 15. Nov. 1379 |

Bayern-Ingolstadt

*Wittelsbacher*

| | |
|---|---|
| Stefan III. (vgl. oben) | Hzg. 1392, † 26. Sept. 1413 |
| Ludwig VII. (1368) | Hzg. 1413, † 1. Mai 1447 |
| Ludwig VIII. d. Höckrige (1403) | Hzg. 1443, † 7. April 1445 |

1447 fällt Ingolstadt an Landshut.

Bayern-Landshut

*Wittelsbacher*

| | |
|---|---|
| Friedrich (vgl. oben) | Hzg. 1392, † 4. Dez. 1393 |
| Heinrich XVI. (1386) | Hzg. 1393, † 30. Juli 1450 |
| Ludwig IX. d. Reiche (1417) | Hzg. 1450, † 18. Jan. 1479 |
| Georg d. Reiche (1455) | Hzg. 18. Jan. 1479, † 1. Dez. 1503 |

1503/1505 fällt Landshut zum größeren Teil an München.

Bayern-München

*Wittelsbacher*

| | |
|---|---|
| Johann II. (vgl. oben) | Hzg. 1392, † 8. Aug. 1397 |
| Ernst (1373) | Hzg. 1397, † 2. Juli 1438 |
| Wilhelm III. (1375) | Hzg. 1397, † 12. Sept. 1435 |
| Albrecht III. (1401) | Hzg. 1438, † 29. Febr. 1460 |
| Johann IV. (1437) | Hzg. 1460, † 18. Nov. 1463 |
| Sigmund (1439) | Hzg. 1460, r. 3. Sept. 1467, † 1. Febr. 1501 |
| Albrecht IV. d. Weise (1447) | Hzg. 1465/1467, vereinigt Bayern 1503/1505, vgl. unten |

Bayern

*Wittelsbacher*

| | |
|---|---|
| Albrecht IV. d. Weise (vgl. oben) | Hzg. 1503/1505, †18. März 1508 |
| Wilhelm IV. (1493) | Hzg. 18. März 1508, †7. März 1550 |
| Albrecht V. d. Großmütige (1528) | Hzg. 7. März 1550, †24. Okt. 1579 |
| Wilhelm V. d. Fromme (1548) | Hzg. 24. Okt. 1579, r. 15. Okt. 1597, †7. Febr. 1626 |
| Maximilian I.* (1573) | Hzg. 15. Okt. 1597, Kfst. 25. Febr. 1623, †27. Sept. 1651 |
| Ferdinand Maria (1636) | Kfst. 27. Sept. 1651, †26. Mai 1679 |
| Maximilian II. Emanuel (1662) | Kfst. 26. Mai 1679, †26. Febr. 1726 |
| Karl Albert* (1697) | Kfst. 26. Febr. 1726, †20. Jan. 1745 |
| Maximilian III. Josef (1727) | Kfst. 20. Jan. 1745, †30. Dez. 1777 |
| Karl Theodor* (1724) | Kfst. 30. Dez. 1777, †16. Febr. 1799 |
| Maximilian IV. (I.) Josef (1756) | Kfst. 16. Febr. 1799, Kg. 1. Jan. 1806, †13. Okt. 1825 |

**Herzogtum Braunschweig und Lüneburg/Kurfürstentum Hannover**

Herzogtum Braunschweig und Lüneburg als einer der Nachfolgestaaten des alten Herzogtums Sachsen 1235 begründet, nachfolgend mehrfach geteilt. Die Teillinie Braunschweig-Calenberg erwirbt 1692 die Kurwürde (Kurfürstentum Hannover). Braunschweig und Hannover werden 1807–1813 durch französische Truppen besetzt. Forts. vgl. Königreich Hannover und Herzogtum Braunschweig.

*Welfen*

| | |
|---|---|
| Otto I. d. Kind (1204) | Hzg. 1235, †9. Juni 1252 |
| Albrecht I. d. Große (1236) | Hzg. 1252, erhält 1267 Braunschweig (vgl. unten) |
| Johann I. | Hzg. 1252, erhält 1267 Lüneburg (vgl. unten) |

Lüneburg

*Welfen* (Altes Haus Lüneburg)

| | |
|---|---|
| Johann I. (vgl. oben) | Hzg. 1267, †13. Dez. 1277 |
| Otto II. d. Strenge | Hzg. 1277, †10. April 1330 |
| Otto III. (1296) | Hzg. 1330, †19. Aug. 1352 |
| Wilhelm | Hzg. 1330, †23. Nov. 1369 |

Braunschweig (-Grubenhagen)

*Welfen* (Altes Haus Braunschweig)

| | |
|---|---|
| Albrecht I. d. Große (vgl. oben) | Hzg. 1267, †15. Aug. 1279 |
| Heinrich I. (1267) | Hzg. 1279, zu Grubenhagen um 1286, †7. Sept. 1322 |
| Albrecht II. (um 1268) | Hzg. 1279, zu Göttingen um 1286, zu Wolfenbüttel 1292, †22. Sept. 1318 |
| Wilhelm (um 1270) | Hzg. 1279, zu Wolfenbüttel um 1286, †30. Sept. 1292 |

Die Linie Braunschweig-Grubenhagen erlischt 1596 nach weiteren Teilungen mit Philipp II. Sie wird von der Linie Braunschweig-Wolfenbüttel beerbt. Die Nachfahren Albrechts II. zu Göttingen und Wolfenbüttel teilen ihr Erbe ebenfalls mehrfach, zuletzt 1428 in die Hauptlinien Lüneburg und Wolfenbüttel (Braunschweig).

Braunschweig-Wolfenbüttel

*Welfen* (Mittleres Haus Braunschweig)

| | |
|---|---|
| Wilhelm I. (1392) | Hzg. 1416, zu Wolfenbüttel 1428–1432, vgl. unten |
| Heinrich (1411) | Hzg. 1416, zu Wolfenbüttel 1432, †7. Dez. 1473 |
| Wilhelm I. (2. Mal) | Hzg. zu Wolfenbüttel 1473, †25. Juli 1482 |
| Wilhelm II. | Hzg. zu Wolfenbüttel 1482, d. 1495, †7. Juli 1503 |
| Heinrich I. (1463) | Hzg. zu Wolfenbüttel 1495, †23. Juni 1514 |
| Heinrich II. (1489) | Hzg. 23. Juni 1514, †11. Juni 1568 |
| Julius (1528) | Hzg. 11. Juni 1568, erbt Calenberg 17. Nov. 1584, †13. Mai 1589 |

| | |
|---|---|
| Heinrich Julius (1564) | Hzg. 13. Mai 1589, erbt Grubenhagen 4. April 1596, †30. Juli 1613 |
| Friedrich Ulrich (1591) | Hzg. 30. Juli 1613, †21. Aug. 1634 |

Lüneburg

*Welfen* (Mittleres Haus Lüneburg)

| | |
|---|---|
| Bernhard I. | Hzg. 1373, zu Lüneburg 1388/1429, †11. Juni 1434 |
| Otto I. | Hzg. 1434, †1. Juni 1445 |
| Friedrich | Hzg. 1445, d. 1457, vgl. unten |
| Bernhard II. | Hzg. 1459, †9. Febr. 1464 |
| Otto II. (1439) | Hzg. 1464, †8. Jan. 1471 |
| Friedrich (2. Mal) | Hzg. 1471, †29. März 1478 |
| Heinrich (1468) | Hzg. 1471, d. 1520, †19. Febr. 1532 |
| Ernst d. Bekenner (1497) | Hzg. 1521, †11. Jan. 1546 |
| Otto I. (1495) | Hzg. 1521, zu Harburg 1527, †11. Aug. 1549 |
| Franz (1508) | Hzg. 1536, zu Gifhorn 1539, †23. Nov. 1549 |
| Franz Otto (1530) | Hzg. 11. Jan. 1546, †29. April 1559 |
| Wilhelm (1535) | Hzg. 29. April 1559, †20. Aug. 1592 |
| Ernst II. (1564) | Hzg. 20. Aug. 1592, †2. März 1611 |
| Christian (1566) | Hzg. 2. März 1611, †8. Nov. 1633 |
| August (1568) | Hzg. 8. Nov. 1633, †1. Okt. 1636 |
| Friedrich (1574) | Hzg. 1. Okt. 1636, †10. Dez. 1648 |

Vetter und Bruder der vier letzten Herzöge von Lüneburg August d. Jüngere und Georg erhalten 1635 Wolfenbüttel bzw. 1636 Calenberg und sind damit die Stammväter der Linien Braunschweig-Wolfenbüttel (späteres Herzogtum Braunschweig) und Calenberg (später Kurfürstentum Hannover).

Braunschweig-Wolfenbüttel

*Welfen* (Neues Haus Braunschweig)

| | |
|---|---|
| August (1579) | Hzg. 1635, †17. Sept. 1666 |
| Rudolf August (1627) | Hzg. 1666, †26. Jan. 1704 |

| | |
|---|---|
| Anton Ulrich (1633) | Hzg. 1704, †27. März 1714 |
| August Wilhelm (1662) | Hzg. 1714, †23. März 1731 |
| Ludwig Rudolf (1671) | Hzg. 1731, †1. März 1735 |
| Ferdinand Albrecht (1680) | Hzg. zu Wolfenbüttel 1735, †3. Sept. 1735 |
| Karl I. (1713) | Hzg. 3. Sept. 1735, verlegt die Residenz nach Braunschweig 1753, †26. März 1780 |
| Karl II. Wilhelm Ferdinand (1735) | Hzg. 26. März 1780, †10. Nov. 1806 |

Calenberg/Hannover

*Welfen* (Kurlinie)

| | |
|---|---|
| Georg (1582) | Hzg. zu Calenberg 27. Jan. 1636, †12. April 1641 |
| Christian Ludwig (1622) | Hzg. zu Calenberg 12. April 1641, †15. März 1665 (seit 1648 in Celle) |
| Johann Friedrich (1625) | Hzg. zu Calenberg 15. März 1665, †28. Dez. 1679 |
| Ernst August (1629) | Hzg. zu Calenberg 28. Dez. 1679, Kfst. 19. Dez. 1692, †23. Jan. 1698 |
| Georg I. Ludwig* (1660) | Kfst. 23. Jan. 1698, †22. Juni 1727 |
| Georg II.* (1683) | Kfst. 22. Juni 1727, †25. Okt. 1760 |
| Georg III.* (1738) | Kfst. 25. Okt. 1760, in Hannover fakt. d. 1807–1813, Kg. 12. Aug. 1814, †29. Jan. 1820 |

Celle

*Welfe* (Neues Haus Lüneburg)

| | |
|---|---|
| Georg Wilhelm (1624) | Hzg. zu Calenberg 10. Dez. 1648, zu Celle 15. März 1665, †28. Aug. 1705 |

**Erzstift und (weltliches) Kurfürstentum Salzburg**

Bistum seit etwa 700 bezeugt, 739 abgegrenzt, 798 zum Erzbistum erhoben, entwickelt sich im Mittelalter zum Territorium, 1803 säkularisiert und als weltliches Kurfürstentum eingerichtet, 1806 zu Österreich, 1809 zu Bayern, 1815 erneut an Österreich.

| | |
|---|---|
| Arno | Bf. 785, Ebf. 798, †24. Jan. 821 |
| Adalram | Ebf. 5. Juni 821, †4. Jan. 836 |
| Liutpram | Ebf. 29. Jan. 836, †30. Sept. 859 |
| Adalwin | Ebf. 859, †14. Mai 873 |
| Adalbert I. | Ebf. 873, †6. April 874 |
| Dietmar I. | Ebf. 13. Sept. 874, †28. Juni 907 |
| Pilgrim I. | Ebf. 907, †8. Okt. 923 |
| Adalbert II. | Ebf. 923, †14. Nov. 935 |
| Egilolf | Ebf. 935, †22. Aug. 939 |
| Herold v. Scheyern | Ebf. 939, r. 958, †31. Aug. 984 |
| Friedrich I. | Ebf. 958, †1. Mai 991 |
| Hartwig | Ebf. 8. Dez. 991, †5. Dez. 1023 |
| Gunther v. Meißen | Ebf. 6. Jan. 1024, †1. Nov. 1025 |
| Dietmar II. | Ebf. 21. Dez. 1025, †28. Juli 1041 |
| Balduin | Ebf. 25. Okt. 1041, †8. April 1060 |
| Gebhard | Ebf. 30. Juli 1060, †15. Juni 1088 |
| Thiemo v. Medling | Ebf. 25. März 1090, †28. Sept. 1101 |
| Konrad I. (um 1075) | Ebf. 7. Jan. 1106, †9. April 1147 |
| Eberhard I. (um 1085) | Ebf. 25. April 1147, †22. Juni 1164 |
| Konrad II. v. Österreich (um 1115) | Ebf. 29. Juni 1164, †28. Sept. 1168 |
| Adalbert III. (1145/46) | Ebf. 1. Nov. 1168, d. 9. Aug. 1177, vgl. unten |
| Konrad III. v. Wittelsbach* (um 1130) | Ebf. 9. Aug. 1177, r. Nov. 1183, †25. Okt. (?) 1200 |
| Adalbert III. (2. Mal) | Ebf. 19. Nov. 1183, †8. April 1200 |
| Eberhard II. v. Regensburg (um 1170) | Ebf. 20. April 1200, †1. Dez. 1246 |
| Burkard v. Ziegenhain | Ebf. 25. Febr. 1247, †1247 |
| Philipp v. Kärnten | Ebf. 12. Okt. 1247, d. 1256 |
| Ulrich | Ebf. 19. Sept. 1257, r. 1265, †6. Juni 1268 |
| Ladislaus v. Schlesien | Ebf. 10. Nov. 1265, †27. April 1270 |
| Friedrich II. v. Walchen | Ebf. 7. Mai 1273, †7. April 1284 |

| | |
|---|---|
| Rudolf v. Hoheneck | Ebf. 1. Dez. 1284, †3. Aug. 1290 |
| Konrad IV. v. Fohnsdorf-Praitenfurt (1254) | Ebf. 11. Febr. 1291, †25. März 1312 |
| Weichard v. Polheim | Ebf. 27. Aug. 1312, †6. Okt. 1315 |
| Friedrich III. v. Leibnitz | Ebf. 25. Nov. 1316, †7. April 1338 |
| Heinrich v. Piernbrunn | Ebf. 31. Aug. 1338, †29. Juli 1343 |
| Ortolf v. Weißeneck | Ebf. 29. Okt. 1343, †12. Aug. 1365 |
| Pilgrim II. v. Puchheim | Ebf. 7. Jan. 1366, †5. April 1396 |
| Georg I. Schenk v. Osterwitz | Ebf. 5. Juni 1396, †10. Mai 1403 |
| Eberhard III. v. Neuhaus | Ebf. 25. Mai 1403, †18. Jan. 1427 |
| Eberhard IV. v. Starhemberg | Ebf. 11. April 1427, †9. Febr. 1429 |
| Johannes v. Reichenberg | Ebf. 22. April 1429, †30. Sept. 1441 |
| Friedrich IV. v. Emmerberg | Ebf. 1441, †4. April 1452 |
| Sigismund I. v. Volkersdorf | Ebf. 9. Juni 1452, †3. Nov. 1461 |
| Burkard v. Weißbriach | Ebf. 23. Jan. 1462, †16. Febr. 1466 |
| Bernhard v. Rohr | Ebf. 21. April 1466, r. 1482, †31. März 1487 |
| Johannes Beckenschlager (um 1435) | Koadjutor 20. Dez. 1482, Ebf. 15. Juli 1487, †15. Dez. 1489 |
| Friedrich V. v. Schaumburg | Ebf. 3. März 1490, †4. Okt. 1494 |
| Sigismund II. v. Holneck | Ebf. 15. Dez. 1494, †3. Juli 1495 |
| Leonhard v. Keutschach | Ebf. 13. Nov. 1495, †3. Juni 1519 |
| Matthäus Lang v. Wellenburg | Koadjutor 1. Okt. 1512, Ebf. 15. Juni 1519, †20. März 1540 |
| Ernst v. Bayern | Ebf. 21. Mai 1540, r. 16. Juli 1554, †7. Dez. 1560 |
| Michael v. Kuenberg | Ebf. 29. Okt. 1554, †17. Nov. 1560 |
| Johannes Jakob v. Kuen-Belasy | Ebf. 15. Jan. 1561, †4. Mai 1586 |
| Georg II. v. Kuenberg | Koadjutor 7. Nov. 1580, Ebf. 23. Juni 1586, †25. Jan. 1587 |
| Wolf Dietrich v. Raittenau (1559) | Ebf. 20. April 1587, r. 7. März 1612, †16. Jan. 1617 |
| Marcus Sitticus v. Hohenems | Ebf. 18. Juni 1612, †9. Okt. 1619 |
| Paris v. Lodron (1586) | Ebf. 3. März 1621, †15. Dez. 1653 |
| Guidobald v. Thun | Ebf. 4. Mai 1654, †1. Juni 1668 |
| Max Gandolf v. Kuenberg | Ebf. 12. Nov. 1668, †3. Mai 1687 |
| Johannes Ernst v. Thun | Ebf. 24. Nov. 1687, †20. April 1709 |

| | |
|---|---|
| Franz Anton v. Harrach | Ebf. 19. April 1709, †19. Juli 1727 |
| Leopold Anton v. Firmian | Ebf. 22. Dez. 1727, †22. Okt. 1744 |
| Jakob Ernst v. Liechtenstein | Ebf. 13. Sept. 1745, †12. Juni 1747 |
| Andreas Jakob v. Dietrichstein | Ebf. 5. Mai 1749, †5. Jan. 1753 |
| Sigmund Christoph v. Schrattenbach | Ebf. 26. Sept. 1753, †16. Dez. 1771 |
| Hieronymus Joseph Franz v. Colloredo-Waldsee (1732) | Ebf. 22. Juni 1772, als Landesherr d. 25. Febr. 1803, †20. Mai 1812 |
| Ferdinand* (1769) | Kfst. 25. Febr. bzw. Mai 1803, d. 1. Jan. 1806, †18. Juni 1824 |

**Grafschaft, Herzogtum, Kurfürstentum Württemberg**

Grafschaft seit spätestens 1135 (Beginn der nachgewiesenen Herrscherfolge jedoch erst um 1240), 1495 Herzogtum, 1803 Kurfürstentum, 1806 Königreich. Forts. vgl. Königreich und Freier Volksstaat Württemberg.

| | |
|---|---|
| Ulrich I. mit dem Daumen (um 1226) | Gf. um 1240, †25. Febr. 1265 |
| Ulrich II. (um 1254) | Gf. 25. Febr. 1265, †18. Sept. 1279 |
| Eberhard I. d. Erlauchte (1265) | Gf. 18. Sept. 1279, †5. Juni 1325 |
| Ulrich III. | Gf. 5. Juni 1325, †11. Juli 1344 |
| Eberhard II. d. Greiner (1315) | Gf. 11. Juli 1344, †15. März 1392 |
| Ulrich IV. | Gf. 11. Juli 1344, †24. Juli 1366 |
| Eberhard III. d. Milde (1364) | Gf. 15. März 1392, †16. Mai 1417 |
| Eberhard IV. (1388) | Gf. 16. Mai 1417, †2. Juli 1419 |
| Ludwig I. (1412) | Gf. 2. Juli 1419, zu Urach 1441, †24. Sept. 1450 |
| Ludwig II. (1439) | Gf. zu Urach 24. Sept. 1450, †3. Nov. 1457 |
| Eberhard V. (I.) im Bart (1445) | Gf. zu Urach 24. Sept. 1450, vereinigt Württemberg 14. Dez. 1482, Hzg. 21. Juli 1495, †24. Febr. 1496 |
| Ulrich V. d. Vielgeliebte (um 1413) | Gf. 2. Juli 1419, zu Stuttgart 1441, r. 8. Jan. 1480, †1. Sept. 1480 |
| Eberhard VI. (II.) (1447) | Gf. zu Stuttgart 8. Jan. 1480, r. 14. Dez. 1482, Hzg. 24. Febr. 1496, d. 28. Mai 1498, †17. Febr. 1504 |

| | |
|---|---|
| Ulrich (1487) | Hzg. Mai 1498, 1520–1534 vertrieben (Württemberg unter österreichischer Herrschaft), †6. Nov. 1550 |
| Christoph (1515) | Hzg. 6. Nov. 1550, †28. Dez. 1568 |
| Ludwig (1554) | Hzg. 28. Dez. 1568, †18. Aug. 1593 |
| Friedrich I. (1557) | Hzg. 18. Aug. 1593, †29. Jan. 1608 |
| Johann Friedrich (1582) | Hzg. 29. Jan. 1608, †18. Juli 1628 |
| Eberhard III. (1614) | Hzg. 18. Juli 1628, †2. Juli 1674 |
| Wilhelm Ludwig (1647) | Hzg. 2. Juli 1674, †23. Juni 1677 |
| Eberhard Ludwig (1676) | Hzg. 23. Juni 1677, †31. Okt. 1733 |
| Friedrich Karl (1652–1698) | Regent 23. Juni 1677–20. Jan. 1693 |
| Karl Alexander (1684) | Hzg. 31. Okt. 1733, †12. März 1737 |
| Karl Eugen (1728) | Hzg. 12. März 1737, mündig 4. Febr. 1744, †24. Okt. 1793 |
| Ludwig Eugen (1731) | Hzg. 24. Okt. 1793, †20. Mai 1795 |
| Friedrich Eugen (1732) | Hzg. 20. Mai 1795, †23. Dez. 1797 |
| Friedrich II. (I.) (1754) | Hzg. 23. Dez. 1797, Kfst. 29. April 1803, Kg. 30. Dez. 1805, †30. Okt. 1816 |

**Markgrafschaft und Kurfürstentum Baden**

Markgrafschaft Baden seit 1112, Kurfürstentum 1803, Großherzogtum 1806. Forts. vgl. Großherzogtum und Demokratische Republik Baden.

*Zähringer* (Linie der Markgrafen)

| | |
|---|---|
| Hermann I. | Gf. im Breisgau um 1052, Mkgf. v. Verona 1061, †26. April 1074 |
| Hermann II. | Mkgf. 1074, nennt sich 1112 Mkgf. v. Baden, †7. Okt. 1130 |
| Hermann III. | Mkgf. 1130, †1160 |
| Hermann IV. | Mkgf. 1160, †nach dem 21. Juni 1190 |
| Hermann V. | Mkgf. 1190, †16. Jan. 1243 |
| Hermann VI.* | Mkgf. 1243, †4. Okt. 1250 |

| | |
|---|---|
| Rudolf I. | Mkgf. 1243, † 19. Nov. 1288 |
| Friedrich I.* (1249) | Mkgf. 1250, † 29. Okt. 1268 |
| Hermann VII. | Mkgf. 1288, † 15. Juli 1291 |
| Rudolf II. | Mkgf. 1288, † 14. Febr. 1295 |
| Hesso | Mkgf. 1288, † 13. Febr. 1297 |
| Rudolf III. | Mkgf. 1288, † 2. Febr. 1332 |
| Friedrich II. | Mkgf. 1291, † 22. Juni 1333 |
| Rudolf IV. | Mkgf. 1291, † 25. Juni 1348 |
| Rudolf Hesso | Mkgf. 1297, † 17. Aug. 1335 |
| Friedrich III. | Mkgf. 1348, † 3. Sept. 1353 |
| Hermann VIII. | Mkgf. 1333, † 14. April 1353 |
| Rudolf V. | Mkgf. 1348, † 28. Aug. 1361 |
| Rudolf VI. | Mkgf. 1353, † 20. März 1372 |
| Rudolf VII. | Mkgf. 1372, † 14. Jan. 1391 |
| Bernhard I. (1364) | Mkgf. 1372, † 5. Mai 1431 |
| Jakob I. (1407) | Mkgf. 1431, † 13. Okt. 1453 |
| Bernhard II. (1428) | Mkgf. 1453, † 15. Juli 1458 |
| Karl I. (1426) | Mkgf. 1453, † 24. Febr. 1475 |
| Christoph I. (1453) | Mkgf. 1475, † 19. April 1527 |
| Philipp I. (1479) | Mkgf. 19. April 1527, † 17. Sept. 1533 |

Baden-Baden

*Zähringer*

| | |
|---|---|
| Bernhard III. (1474) | Mkgf. 19. April 1527, † 29. Juni 1536 |
| Philibert (1536) | Mkgf. 29. Juni 1536, † 3. Okt. 1569 |
| Philipp II. (1559) | Mkgf. 3. Okt. 1569, † 17. Juni 1588 |
| Eduard Fortunatus (1565) | Mkgf. 17. Juni 1588, seit 1594 unter baden-durlachischer Regentschaft, † 18. Juni 1600 |
| Wilhelm (1593) | Mkgf. 18. Juni 1600, bis 1622 unter baden-durlachischer Regentschaft, † 22. Mai 1677 |
| Ludwig Wilhelm (1655) | Mkgf. 22. Mai 1677, † 4. Jan. 1707 |
| Ludwig Georg (1702) | Mkgf. 4. Jan. 1707, † 22. Okt. 1761 |
| August Georg (1706) | Mkgf. 22. Okt. 1761, † 21. Okt. 1771 |

Baden-Durlach (seit 1771 Baden)

| | |
|---|---|
| *Zähringer* | |
| Ernst (1482) | Mkgf. 19. April 1527, †6. Febr. 1553 |
| Bernhard IV. (1517) | Mkgf. Sept. 1552, †20. Jan. 1553 |
| Karl II. (1529) | Mkgf. 20. Jan. 1553, †23. März 1577 |
| Ernst Friedrich (1560) | Mkgf. 23. März 1577, †14. April 1604 |
| Jakob III. (1562) | Mkgf. 23. März 1577, †17. Aug. 1590 |
| Georg Friedrich (1573) | Mkgf. 23. März 1577, allein 14. April 1604, r. 22. April 1622, †24. Sept. 1638 |
| Friedrich V. (1594) | Mkgf. 22. April 1622, †8. Sept. 1659 |
| Friedrich VI. (1617) | Mkgf. 8. Sept. 1659, †31. Jan. 1677 |
| Friedrich VII. Magnus (1647) | Mkgf. 31. Jan. 1677, †25. Juni 1709 |
| Karl Wilhelm (1679) | Mkgf. 25. Juni 1709, †12. Mai 1738 |
| Karl Friedrich* (1728) | Mkgf. 12. Mai 1738, mündig 1746, erbt Baden-Baden 21. Okt. 1771, Kfst. 8. Mai 1803, Ghzg. 13. Aug. 1806, †10. Juni 1811 |

**Landgrafschaft und Kurfürstentum Hessen**

Landgrafschaft seit dem 13. Jahrhundert, mehrfache Landesteilungen. 1567 Teilung in die Hauptlinien Hessen-Darmstadt (1806 Großherzogtum) und Hessen-Kassel (1803 Kurfürstentum, 1807–1813 durch französische Truppen besetzt). Forts. vgl. Kurfürstentum Hessen und Großherzogtum und Volksstaat Hessen.

| | |
|---|---|
| Heinrich I. (1244) | Ldgf. 1265, †21. Dez. 1308 |
| Otto (um 1272) | Ldgf. in Oberhessen 1308, in ganz Hessen 1311, †17. Jan. 1328 |
| Johann (um 1278) | Ldgf. in Niederhessen 1308, †Febr. 1311 |
| Heinrich II. (um 1299) | Ldgf. 1328, †3. Juni 1376 |
| Otto d. Schütz (1322) | Mitregent 1340, †10. Dez. 1366 |
| Hermann d. Gelehrte (um 1340) | Mitregent 1367, Ldgf. 1376, †10. Juni 1413 |

| | |
|---|---|
| Ludwig I. (1403) | Ldgf. 1413, †17. Jan. 1458 |
| Ludwig II. (1438) | Ldgf. zu Kassel 1458, †8. Nov. 1471 |
| Heinrich III. (1440) | Ldgf. zu Marburg 1458, †13. Jan. 1483 |
| Wilhelm I. (1466) | Ldgf. zu Kassel 1471, r. 1493, †8. Febr. 1515 |
| Wilhelm II. (1469) | Mitregent zu Kassel 1483, Ldgf. zu Kassel 1493, in ganz Hessen 1500, †11. Juli 1509 |
| Wilhelm III. (1471) | Ldgf. zu Marburg 1483, †17. Febr. 1500 |
| Philipp d. Großmütige (1504) | Ldgf. 1509, †31. März 1567 |

Hessen-Kassel

| | |
|---|---|
| Wilhelm IV. d. Weise (1532) | Ldgf. 31. März 1567, †25. Aug. 1592 |
| Moritz d. Gelehrte (1572) | Ldgf. 25. Aug. 1592, r. 17. März 1627, †15. März 1632 |
| Wilhelm V. d. Beständige (1602) | Ldgf. 17. März 1627, †21. Sept. 1637 |
| Wilhelm VI. (1629) | Ldgf. 21. Sept. 1637, †16. Juli 1663 |
| Wilhelm VII. (1651) | Ldgf. 16. Juli 1663, †21. Nov. 1670 |
| Karl (1654) | Ldgf. 21. Nov. 1670, †23. März 1730 |
| Friedrich I.* (1676) | Ldgf. 23. März 1730, †5. April 1751 |
| Wilhelm VIII. (1682) | Ldgf. 5. April 1751, †1. Febr. 1760 |
| Friedrich II. (1720) | Ldgf. 1. Febr. 1760, †31. Okt. 1785 |
| Wilhelm IX. (I.)* (1743) | Ldgf. 31. Okt. 1785, Kfst. 1. Mai 1803, d. 1807, Rückkehr 21. Nov. 1813, †27. Febr. 1821 |

Hessen-Marburg

| | |
|---|---|
| Ludwig III. (1537) | Ldgf. 31. März 1567, †9. Okt. 1604 |

Hessen-Rheinfels

| | |
|---|---|
| Philipp II. (1541) | Ldgf. 31. März 1567, †20. Nov. 1583 |

Hessen-Darmstadt

| | |
|---|---|
| Georg I. d. Fromme (1547) | Ldgf. 31. März 1567, †7. Febr. 1596 |
| Ludwig V. (1577) | Ldgf. 7. Febr. 1596, †27. Juli 1626 |
| Georg II. (1605) | Ldgf. 27. Juni 1626, †11. Juni 1661 |
| Ludwig VI. (1630) | Ldgf. 11. Juni 1661, †24. April 1678 |
| Ludwig VII. (1658) | Ldgf. 24. April 1678, †31. Aug. 1678 |
| Ernst Ludwig (1667) | Ldgf. 31. Aug. 1678, †12. Sept. 1739 |
| Ludwig VIII. (1691) | Ldgf. 12. Sept. 1739, †17. Okt. 1768 |
| Ludwig IX. (1719) | Ldgf. 17. Okt. 1768, †6. April 1790 |
| Ludwig X. (I.)* (1753) | Ldgf. 6. April 1790, Ghzg. 14. Aug. 1806, †6. April 1830 |

**Hochstift und (weltliches) Kurfürstentum Würzburg**

Bistum um 740 begründet, entwickelt sich im Mittelalter zum Territorium, seit 1168 führt der Bischof auch den Titel eines »Herzogs in Franken«, 1802 zu Bayern, Januar bis August 1806 Kurfürstentum, Großherzogtum seit September 1806, im Juni 1814 erneut und endgültig zu Bayern.

| | |
|---|---|
| Burchard | Bf. 21. Okt. 741, r. 753, †753/54 |
| Megingaud | Bf. 753, r. 785, †26. Sept. 794 |
| Bernulf | Bf. 785, †26. Sept. 800 |
| Luderich | Bf. 801, †27. Febr. 804 |
| Egilwald | Bf. 804, †24. April 810 |
| Wolfgar | Bf. 810, †Nov. 831/832 |
| Humbert | Bf. 832, †9. März 842 |
| Godewald v. Henneberg | Bf. 842, †20. Sept. 855 |
| Arn | Bf. 855, †13. Juli 892 |
| Rudolf v. Rothenburg | Bf. 892, †3. Aug. 908 |
| [illegible]odo v. Rothenburg | Bf. 908, †15. Nov. 931 |
| [illegible]rd II. v. Henneberg | Bf. 931, †25. März 941 |

| | |
|---|---|
| Poppo I. | Bf. 941, †16. Febr. 961 |
| Poppo II. | Bf. 961, †23. Juli 984 |
| Hugo | Bf. 984, †29. Aug. 990 |
| Bernward v. Rothenburg | Bf. 990, †20. Sept. 995 |
| Heinrich v. Rothenburg | Bf. 995, †14. Nov. 1018 |
| Meinhard v. Rothenburg | Bf. 1018, †22. März 1034 |
| Bruno v. Kärnten | Bf. 1034, †27. Mai 1045 |
| Adalbero v. Lambach-Wels | Bf. 1045, r. 1088, †6. Okt. 1090 |
| Eginhard v. Rothenburg | Bf. 1088, †28. Febr. 1104 |
| Rupert | Bf. 1104, †11. Okt. 1106 |
| Erlongus v. Calw | Bf. 1106, †28. Dez. 1121 |
| Rudger v. Vaihingen | Bf. 1122, †1125 |
| Embrico v. Leiningen | Bf. 1125, †10. Nov. 1146 |
| Siegfried v. Querfurt | Bf. 1147, †20. Aug. 1150 |
| Gebhard v. Henneberg | Bf. 1151, †17. März 1159 |
| Heinrich II. v. Bergen und Andechs | Bf. 1159, †14. April 1165 |
| Herold v. Hochheim | Bf. 1165, †3. Aug. 1171 |
| Reinhard v. Abensberg | Bf. 1171, †15. Juni 1184 |
| Gottfried I. | Bf. 1184, †6. März 1190 |
| Heinrich III. v. Berg | Bf. 1192, †Juni 1197 |
| Gottfried II. v. Hohenlohe | Bf. 1197, †1198 |
| Konrad v. Querfurt | Bf. 1198, †3. Dez. 1202 |
| Heinrich IV. | Bf. 1202, †20. Juli 1207 |
| Otto | Bf. 1207, †5. Dez. 1223 |
| Dietrich v. Hohenburg | Bf. 1223, †20. Febr. 1225 |
| Hermann | Bf. 1225, †2. März 1254 |
| Ihering v. Reinstein | Bf. 1254, †1266 |
| Konrad II. v. Trimberg | Bf. 1266, †1267 |
| Berthold v. Sternberg | Bf. 1267, †14. Nov. 1287 |
| Mangold v. Neuenburg | Bf. 1287, †29. Juli 1303 |
| Andreas v. Gundelfingen | Bf. 1303, †vor 7. Jan. 1314 |
| Gottfried III. v. Hohenlohe | Bf. 1314, †4. Sept. 1322 |
| Wolfram | Bf. 1322, †6. Juli 1333 |
| Hermann II. v. Lichtenberg | Bf. 1333, †21. März 1335 |
| Otto v. Wolfskehl | Bf. 1333, †23. Aug. 1345 |
| Albrecht v. Hohenlohe | Bf. 1345, †27. Juni 1372 |
| Gerhard v. Schwarzburg (1323?) | Bf. 1372, †9. Nov. 1400 |
| Johannes I. | Bf. 19. Nov. 1400, †22. Nov. 1411 |
| Johannes II. v. Brun | Bf. 8. Dez. 1411, †9. Jan. 1440 |
| Sigismund v. Sachsen | Bf. 20. Jan. 1440, d. 19. Nov. 1443, †24. Dez. 1457 |
| Gottfried IV. v. Limburg | Bf. 19. Nov. 1443, †1. April 1455 |
| Johannes III. | Bf. 14. April 1455, †11. April 1466 |
| Rudolf | Bf. 30. April 1466, †29. April 1495 |

| | |
|---|---|
| Laurenz | Bf. 12. Mai 1495, †6. Febr. 1519 |
| Konrad III. | Bf. 15. Febr. 1519, †16. Juni 1540 |
| Konrad IV. | Bf. 1. Juli 1540, †8. Aug. 1544 |
| Melchior Zobel | Bf. 11. Aug. 1544, †14. April 1558 |
| Friedrich | Bf. 27. April 1558, †12. Nov. 1573 |
| Julius Echter v. Mespelbrunn (1545) »Salomo Franconiae« | Bf. 1. Dez. 1573, †13. Sept. 1617 |
| Johann Gottfried v. Aschhausen | Bf. 5. Okt. 1617, †Dez. 1622 |
| Philipp Adolf v. Ehrenberg | Bf. 6. Febr. 1623, †16. Juli 1631 |
| Franz v. Hatzfeld und Gleichen | Bf. 7. Aug. 1631, †30. Juli 1642 |
| Johann Philipp v. Schönborn* (1605) | Bf. 16. Aug. 1642, †12. Febr. 1673 |
| Johann Hartmann v. Rosenbach | Bf. 13. März 1673, †10. April 1675 |
| Peter Philipp v. Dernbach | Bf. 27. Mai 1675, †22. April 1683 |
| Konrad Wilhelm v. Wernau | Bf. 31. Mai 1683, †15. Sept. 1684 |
| Johann Gottfried v. Guttenberg | Bf. 16. Okt. 1684, †14. Dez. 1698 |
| Johann Philipp v. Greifenklau | Bf. 9. Febr. 1699, †3. Aug. 1719 |
| Johann Philipp Franz v. Schönborn | Bf. 18. Sept. 1719, †18. Aug. 1724 |
| Christoph Franz v. Hutten | Bf. 4. Okt. 1724, †25. März 1729 |
| Friedrich Karl v. Schönborn | Bf. 3. Aug. 1729, †25. Juli 1746 |
| Anselm Franz v. Ingelheim | Bf. 27. Aug. 1747, †9. Febr. 1749 |
| Karl Philipp Heinrich v. Greifenklau | Bf. 21. Juli 1749, †25. Nov. 1754 |
| Adam Friedrich v. Seinsheim | Bf. 7. Jan. 1755, †18. Febr. 1779 |
| Franz Ludwig v. Erthal (1730) | Bf. 12. Juli 1779, †14. Febr. 1795 |
| Georg Karl v. Fechenbach | Bf. 12. März 1795, d. Nov. 1802, †9. April 1808 |
| Ferdinand* (1769) | Kfst. 1. Feb. 1806, Ghzg. 25. Sept. 1806, d. Juni 1814, †18. Juni 1824 |

# LÄNDER DES DEUTSCHEN BUNDES UND DES DEUTSCHEN REICHES BIS 1933/1945

## Königreich und Freistaat Preußen

Zur Vorgeschichte vgl. Markgrafschaft und Kurfürstentum Brandenburg/ Königreich Preußen. Königreich, seit 1918 Freistaat, am 25. Februar 1947 durch Beschluß des Alliierten Kontrollrats offiziell aufgelöst.

*Hohenzollern*

| | |
|---|---|
| Friedrich Wilhelm III. (1770) | Kg. 16. Nov. 1797, †7. Juni 1840 |
| Friedrich Wilhelm IV. (1795) | Kg. 7. Juni 1840, entmündigt 7. bzw. 26. Okt. 1858, †2. Jan. 1861 |
| Wilhelm I.* (1797) | Regent 26. Okt. 1858, Kg. 2. Jan. 1861, †9. März 1888 |
| Friedrich III.* (1831) | Kg. 9. März 1888, †15. Juni 1888 |
| Wilhelm II.* (1859) | Kg. 15. Juni 1888, r. 9. Nov. 1918, †4. Juni 1941 |

Leitende Minister der Reformzeit:

| | |
|---|---|
| Heinrich Friedrich Karl, Reichsfrhr. vom und zum Stein (1757–1831) | 27. Okt. 1804–3. Jan. 1807 und 4. Okt. 1807–24. Nov. 1808 |
| Karl August Fst. v. Hardenberg (1750–1822) | 4. Juni 1810–26. Nov. 1822 |

Ministerpräsidenten:

| | |
|---|---|
| Adolf Heinrich Gf. v. Arnim-Boitzenburg (1803–1868) | 19. März 1848–29. März 1848 |
| Gottfried Ludolf Camphausen (1803–1890) | 29. März 1848–20. Juni 1848 |
| Rudolf v. Auerswald (1795–1866) | 25. Juni 1848–8. Sept. 1848 |
| Ernst v. Pfuel (1779–1866) | 21. Sept. 1848–1. Nov. 1848 |
| Friedrich Wilhelm Gf. v. Brandenburg (1792–1850) | 2. Nov. 1848–6. Nov. 1850 |
| Otto Theodor Frhr. v. Manteuffel (1805–1882) | 19. Dez. 1850–6. Nov. 1858 |
| Karl Anton, Fst. v. Hohenzollern-Sigmaringen* (1811–1885) | 6. Nov. 1858–12. März 1862 |
| Adolf Prinz zu Hohenlohe-Ingelfingen (1797–1873) | 17. März 1862–23. Sept. 1862 |
| Otto Fst. v. Bismarck* (1815–1898) | 23. Sept. 1862–1. Jan. 1873 |

| | |
|---|---|
| Albrecht Gf. v. Roon (1803–1879) | 1. Jan. 1873–9. Nov. 1873 |
| Bismarck (2. Mal) | 9. Nov. 1873–20. März 1890 |
| Georg Leo Gf. v. Caprivi* (1831–1899) | 20. März 1890–22. März 1892 |
| Botho Wend Gf. zu Eulenburg (1831–1912) | 23. März 1892–26. Okt. 1894 |

Die weiteren preußischen Ministerpräsidenten sind bis Hertling (1918) mit den Reichskanzlern des Deutschen Reiches identisch (vgl. dort).

| | |
|---|---|
| Paul Hirsch (1868–1940) SPD gemeinsam mit Heinrich Ströbel (1869–1945) USPD | 12. Nov. 1918–3. Jan. 1919 |
| Hirsch (2. Mal; allein) | 3. Jan. 1919–25. März 1920 |
| Otto Braun (1872–1955) SPD | 27. März 1920–10. März 1921 |
| Adam Stegerwald* (1874–1945)Z | 21. April 1921–5. Nov. 1921 |
| Braun (2. Mal) | 7. Nov. 1921–23. Jan. 1925 |
| Wilhelm Marx* (1863–1946) Z | 18. Febr. 1925–20. Febr. 1925 |
| Braun (3. Mal) | 6. April 1925–20. Juli 1932 |
| Verwaltung durch einen Reichskommissar | 20. Juli 1932–7. April 1933 |
| Hermann Göring* (1893–1946) NSDAP | 11. April 1933–23. April 1945 |

**Königreich und Freistaat Bayern**

Zur Vorgeschichte vgl. Herzogtum und Kurfürstentum Bayern. Seit 1. Januar 1806 Königreich, seit 7. November 1918 Republik (Freistaat).

*Wittelsbacher* (Linie Pfalz-Birkenfeld)

| | |
|---|---|
| Maximilian I. (1756) | Kfst. 16. Febr. 1799, Kg. 1. Jan. 1806, †13. Okt. 1825 |
| Ludwig I. (1786) | Kg. 13. Okt. 1825, r. 20. März 1848, †29. Febr. 1868 |
| Maximilian II. (1811) | Kg. 20. März 1848, †10. März 1864 |
| Ludwig II. (1845) | Kg. 10. März 1864, entmündigt 9. Juni 1886, †13. Juni 1886 |
| Otto (1848) | Kg. 13. Juni 1886, d. 5. Nov. 1913, †11. Okt. 1916 (regierungsunfähig) |
| Luitpold (1821) | Prinzregent 10. Juni 1886, †12. Dez. 1912 |
| Ludwig III. (1845) | Prinzregent 12. Dez. 1912, Kg. 5. Nov. 1913, d. 7./8. Nov. 1918, †18. Okt. 1921 |

| | |
|---|---|
| Leitender Minister der Reformzeit: | |
| Maximilian Joseph Gf. v. Montgelas (1759–1838) | 1799–1817 |
| | |
| Vorsitzende im Ministerrat: | |
| Ludwig Karl Heinrich Frhr. v. d. Pfordten (1811–1880) | Dez. 1849–Mai 1859 |
| Karl Frhr. v. Schrenck-Notzing (1806–1884) | Mai 1859–Dez. 1864 |
| v. d. Pfordten (2. Mal) | Dez. 1864–Dez. 1866 |
| Chlodwig Fst. zu Hohenlohe-Schillingsfürst* (1819–1901) | Dez. 1866–März 1870 |
| Otto Camillus Hugo Gf. v. Bray-Steinburg (1807–1899) | März 1870–Juni 1871 |
| Friedrich Adam Justus Frhr. v. Hegnenberg-Dux (1810–1872) | Aug. 1871–Juni 1872 |
| Adolf Frhr. v. Pfretzschner (1820–1901) | Okt. 1872–März 1880 |
| Johann Frhr. v. Lutz (1826–1890) | März 1880–Mai 1890 |
| Krafft Gf. v. Crailsheim (1841–1926) | Mai 1890–Febr. 1903 |
| Clemens Gf. Podewils-Dürnitz (1850–1922) | Febr. 1903–Febr. 1912 |
| Georg Friedrich Gf. v. Hertling* (1843–1919) | Febr. 1912–Nov. 1917 |
| Otto Ritter v. Dandl (1868–1942) | Nov. 1917–Nov. 1918 |
| | |
| Ministerpräsidenten: | |
| Kurt Eisner (1867–1919) USPD | 8. Nov. 1918–21. Febr. 1919 |
| Martin Segitz (1853–1927) SPD | 1. März 1919–16. März 1919 |
| Johannes Hoffmann (1867–1930) SPD | 17. März 1919–14. März 1920 |
| Gustav Ritter v. Kahr (1862–1934) | 16. März 1920–11. Sept. 1921 |
| Hugo Gf. v. und zu Lerchenfeld auf Köfering und Schönberg (1871–1944) | 21. Sept. 1921–2. Nov. 1922 |
| Eugen Ritter v. Knilling (1865–1927) | 8. Nov. 1922–5. Mai 1924 |
| Heinrich Held (1868–1938) BVP | 28. Juni 1924–15. März 1933 |
| Franz Xaver Ritter v. Epp (1868–1946) NSDAP | 16. März 1933–12. April 1933 |

**Königreich und Freistaat Sachsen**

Zur Vorgeschichte vgl. Herzogtum Sachsen/Markgrafschaft Meißen/Kurfürstentum Sachsen. Seit 11. Dezember 1806 Königreich, seit 10. November 1918 Republik (Freistaat).

*Wettiner*

| | |
|---|---|
| Friedrich August I.* (1750) | Kfst. 17. Dez. 1763, mündig 1768, Kg. 11. Dez. 1806, fakt. d. 1813–1815, †5. Mai 1827 |
| Anton (1755) | Kg. 5. Mai 1827, †6. Juni 1836 |
| Friedrich August II. (1797) | Mitregent 13. Sept. 1830, Kg. 6. Juni 1836, †9. Aug. 1854 |
| Johann (1801) | Kg. 9. Aug. 1854, †29. Okt. 1873 |
| Albert (1828) | Kg. 29. Okt. 1873, †19. Juni 1902 |
| Georg (1832) | Kg. 19. Juni 1902, †15. Okt. 1904 |
| Friedrich August III. (1865) | Kg. 15. Okt. 1904, r. 13. Nov. 1918, †18. Febr. 1932 |

Vorsitzende des Gesamtministeriums:

| | |
|---|---|
| Bernhard August v. Lindenau (1779–1854) | 1830–1843 |
| Julius Traugott Jakob v. Könneritz (1792–1866) | 1843–1848 |
| Alexander Karl Hermann Braun (1807–1868) | 1848–1849 |
| Gustav Friedrich Held (1804–1857) | 1849 |
| Ferdinand Zschinsky (1797–1858) | 1849–1858 |
| Friedrich Ferdinand v. Beust* (1809–1886) | 1858–1866 |
| Johann Paul v. Falkenstein (1801–1882) | 1866–1871 |
| Richard Frhr. v. Friesen (1808–1884) | 1871–1876 |
| Georg Friedrich Alfred Gf. v. Fabrice (1818–1891) | 1876–1891 |
| Karl Friedrich Wilhelm v. Gerber (1823–1891) | 1891 |
| Heinrich Rudolf Schurig (1835–1901) | 1891–1901 |
| Karl Georg Levin v. Metzsch-Reichenbach | 1901–1906 |
| Konrad Wilhelm Rüger (1837–1916) | 1906–1910 |

| | |
|---|---|
| Victor Alexander v. Otto (1852–1912) | 1910–1912 |
| Max Clemens Lothar Frhr. v. Hausen | 1912–1914 |
| Heinrich Gustav Beck (1854–1933) | 1914–1918 |
| Rudolf Heinze* (1865–1928) | 1918 |

Ministerpräsidenten 1918–1933:

| | |
|---|---|
| Richard Lipinski (1867–1936) USPD | 15. Nov. 1918–16. Jan. 1919 |
| Georg Gradnauer* (1866–1946) SPD | 21. Jan. 1919–4. Mai 1920 |
| Wilhelm Buck (1869–1945) SPD | 4. Mai 1920–21. März 1923 |
| Erich Zeigner (1886–1949) SPD | 21. März 1923–29. Okt. 1923 |
| Alfred Fellisch (1884–nach 1948) SPD | 31. Okt. 1923–4. Jan. 1924 |
| Max Heldt (1872–1933) SPD bzw. ASPS | 4. Jan. 1924–25. Juni 1929 |
| Wilhelm Bünger (1870–1937) DVP | 3. Juli 1929–18. Febr. 1930 |
| Walther Schieck (1874–1946) parteilos | 8. Mai 1930–10. März 1933 |

**Königreich Hannover**

Zur Vorgeschichte vgl. Herzogtum Braunschweig und Lüneburg/Kurfürstentum Hannover. Seit 12. August 1814 Königreich, am 3. Oktober 1866 von Preußen annektiert.

*Welfen*

| | |
|---|---|
| Georg III.* (1738) | Kg. 12. Aug. 1814, †29. Jan. 1820 (in dieser Zeit regierungsunfähig) |
| Georg IV.* (1762) | Regent seit 1813/14, Kg. 29. Jan. 1820, †26. Juni 1830 |
| Wilhelm* (1765) | Kg. 26. Juni 1830, †20. Juni 1837 |
| Ernst August (1771) | Kg. 20. Juni 1837, †18. Nov. 1851 |
| Georg V. (1819) | Kg. 18. Nov. 1851, d. 20. Sept. 1866, †12. Juni 1878 |

**Königreich und Freier Volksstaat Württemberg**

Zur Vorgeschichte vgl. Grafschaft, Herzogtum, Kurfürstentum Württemberg. Seit 30. Dezember 1805 Königreich, seit 9. November 1918 Republik (Freier Volksstaat).

| | |
|---|---|
| Friedrich I. (1754) | Hzg. 23. Dez. 1797, Kfst. 29. April 1803, Kg. 30. Dez. 1805, †30. Okt. 1816 |
| Wilhelm I. (1781) | Kg. 30. Okt. 1816, †25. Juni 1864 |
| Karl (1823) | Kg. 25. Juni 1864, †6. Okt. 1891 |
| Wilhelm II. (1848) | Kg. 6. Okt. 1891, d. 9. Nov. 1918, r. 30. Nov. 1918, †2. Okt. 1921 |

Präsidenten des Staatsministeriums:

| | |
|---|---|
| Hermann Karl Friedrich Frhr. v. Mittnacht (1825–1909) | 1. Juli 1876–9. Nov. 1900 |
| Max Frhr. Schott v. Schottenstein (1836–1917) | 3. Dez. 1900–13. April 1901 |
| Wilhelm August Breitling (1835–1914) | 15. April 1901–4. Dez. 1906 |
| Karl Frhr. v. Weizsäcker (1853–1926) | 4. Dez. 1906–6. Nov. 1918 |
| Theodor Liesching (1865–1922) | 7. Nov. 1918–9. Nov. 1918 |

Staatspräsidenten der Republik:

| | |
|---|---|
| Wilhelm Blos (1849–1927) SPD | 9. Nov. 1918–23. Juni 1920 |
| Johannes Hieber (1862–1951) DDP | 23. Juni 1920–8. April 1924 |
| Eduard Rau (1868–1953) parteilos | 8. April 1924–3. Juni 1924 |
| Wilhelm Bazille (1874–1934) DNVP | 3. Juni 1924–8. Juni 1928 |
| Eugen Bolz (1881–1945) Z | 8. Juni 1928–11. März 1933 |
| Wilhelm Murr (1888–1945) NSDAP | 15. März 1933–5. Mai 1933 |

**Großherzogtum und Demokratische Republik Baden**

Zur Vorgeschichte vgl. Markgrafschaft und Kurfürstentum Baden. Seit 13. August 1806 Großherzogtum, (Demokratische) Republik seit 10./22. November 1918.

*Zähringer*

| | |
|---|---|
| Karl Friedrich (1728) | Mkgf. 12. Mai 1738, Kfst. 8. Mai 1803, Ghzg. 13. Aug. 1806, †10. Juni 1811 |

| | |
|---|---|
| Karl (1786) | Ghzg. 10. Juni 1811, †8. Dez. 1818 |
| Ludwig I. (1763) | Ghzg. 8. Dez. 1818, †30. März 1830 |
| Leopold (1790) | Ghzg. 30. März 1830, †24. April 1852 |
| Ludwig II. (1824) | Ghzg. 24. April 1852, d. 5. Sept. 1856, †22. Jan. 1858 (regierungsunfähig) |
| Friedrich I. (1826) | Regent 24. April 1852, Ghzg. 5. Sept. 1856, †28. Sept. 1907 |
| Friedrich II. (1857) | Ghzg. 28. Sept. 1907, r. 22. Nov. 1918, †9. Aug. 1928 |

Staatsminister (Amt 1846–1861 aufgehoben):

| | |
|---|---|
| Wilhelm Ludwig Leopold Reinhard Frhr. v. Berstett (1769–1837) | 1820–1831 |
| Sigismund Frhr. v. Reitzenstein (1766–1847) | 1832–1842 |
| Christian Friedrich v. Boeckh (1777–1855) | 1844–1846 |
| Anton Stabel (1806–1880) | 1861–1866 |
| Karl Mathy (1807–1868) | 1866–1868 |
| Julius August Isaak Jolly (1823–1891) | 1868–1876 |
| Ludwig Karl Friedrich Turban (1821–1898) | 1876–1893 |
| Franz Wilhelm Nokk (1832–1903) | 1893–1901 |
| Carl Ludwig Wilhelm Arthur v. Brauer (1845–1926) | 1901–1905 |
| Alexander Frhr. v. Dusch (1851–1923) | 1905–1917 |
| Heinrich Frhr. v. Bodman (1851–1929) | 1917–1918 |

Staatspräsidenten der Republik:

| | |
|---|---|
| Anton Geiß (1858–1944) SPD | 10. Nov. 1918–14. Aug. 1920 |
| Gustav Trunk (1871–1936) Z | 14. Aug. 1920–23. Nov. 1921 |
| Hermann Hummel (1876–1952) DDP | 23. Nov. 1921–23. Nov. 1922 |
| Adam Remmele (1877–1951) SPD | 23. Nov. 1922–23. Nov. 1923 |
| Heinrich Köhler* (1878–1949) Z | 23. Nov. 1923–23. Nov. 1924 |

| | |
|---|---|
| Willy Hellpach (1877–1955) DDP | 23. Nov. 1924–23. Nov. 1925 |
| Trunk (2. Mal) | 23. Nov. 1925–23. Nov. 1926 |
| Köhler (2. Mal) | 23. Nov. 1926–3. Febr. 1927 |
| Trunk (3. Mal) | 3. Febr. 1927–23. Nov. 1927 |
| Remmele (2. Mal) | 23. Nov. 1927–23. Nov. 1928 |
| Josef Schmitt (1874–1939) Z | 23. Nov. 1928–20. Nov. 1930 |
| Josef Wittemann (1866–1931) Z | 21. Nov. 1930–10. Sept. 1931 |
| Schmitt (2. Mal) | 18. Sept. 1931–11. März 1933 |

**Kurfürstentum Hessen**
Zur Vorgeschichte vgl. Landgrafschaft und Kurfürstentum Hessen. Seit November 1813 erneut (souveränes) Kurfürstentum, am 17. September 1866 von Preußen annektiert.

| | |
|---|---|
| Wilhelm I. (1743) | Erneut Kfst. 21. Nov. 1813, †27. Febr. 1821 |
| Wilhelm II. (1777) | Kfst. 27. Febr. 1821, fakt. r. Sept. 1831, †20. Nov. 1847 |
| Friedrich Wilhelm (1802) | Regent Sept. 1831, Kfst. 20. Nov. 1847, d. 17. Sept. 1866, †6. Jan. 1875 |

**Großherzogtum und Volksstaat Hessen**
Zur Vorgeschichte vgl. Landgrafschaft und Kurfürstentum Hessen. Seit 14. August 1806 Großherzogtum, seit 11. November 1918 Republik (Volksstaat).

| | |
|---|---|
| Ludwig I. (1753) | Ldgf. 6. April 1790, Ghzg. 14. Aug. 1806, †6. April 1830 |
| Ludwig II. (1777) | Ghzg. 6. April 1830, †16. Juni 1848 |
| Ludwig III. (1806) | Mitregent 5. März 1848, Ghzg. 16. Juni 1848, †13. Juni 1877 |
| Ludwig IV. (1837) | Ghzg. 13. Juni 1877, †13. März 1892 |
| Ernst Ludwig (1868) | Ghzg. 13. März 1892, fakt. d. 9. Nov. 1918, †9. Okt. 1937 |

Präsident der vereinigten Ministerien:

| | |
|---|---|
| Karl Ludwig Wilhelm v. Grolman (1775–1829) | 1821–1829 |

Dirigierender Staatsminister:

| | |
|---|---|
| Carl Wilhelm Heinrich Frhr. Du Bos Du Thil (1777–1859) | 1829–1848 |

Präsidenten des Gesamt-Ministeriums:

| | |
|---|---|
| Wilhelm Heinrich August Frhr. v. Gagern (1799–1880) | 1848 |
| Carl Wilhelm Zimmermann (1781–1856) | 1848 |
| Heinrich Carl Jaup (1781–1860) | 1848–1850 |
| Reinhard Carl Friedrich Frhr. v. Dalwigk zu Lichtenfels (1802–1880) | 1852–1871 |
| Friedrich v. Lindelof (1794–1882) | 1871–1872 |
| Karl Wilhelm Hofmann (1827–1910) | 1872–1876 |
| Philipp Gustav August Julius Frhr. Rinck gen. v. Starck (1825–1910) | 1876–1879 |
| Jakob Finger (1825–1904) | 1884–1898 |
| Carl Friedrich Burkhard Rothe (1840–1906) | 1898–1906 |
| Christian Wilhelm Carl Ewald (1852–1932) | 1906–1918 |

Staatspräsidenten:

| | |
|---|---|
| Karl Ulrich (1853–1933) SPD | 11. Nov. 1918–14. Febr. 1928 |
| Bernhard Adelung (1876–1943) SPD | 14. Febr. 1928–13. März 1933 |

**Großherzogtum Mecklenburg-Schwerin**

Mecklenburg, entstanden aus dem Fürstentum der Obodriten, wird 1170 zum Reichsfürstentum, 1348 zum Herzogtum erhoben. Zahlreiche Landesteilungen. Die Teillinie Schwerin (seit 1552/55) erwirbt 1815 die Großherzogswürde. Seit 1918 Freistaat, 1934 mit Mecklenburg-Strelitz vereinigt.

| | |
|---|---|
| Friedrich Franz I. (1756) | Hzg. 24. April 1785, Ghzg. 9. Juni 1815, † 1. Febr. 1837 |
| Paul Friedrich (1800) | Ghzg. 1. Febr. 1837, † 7. März 1842 |
| Friedrich Franz II. (1823) | Ghzg. 7. März 1842, † 15. April 1883 |
| Friedrich Franz III. (1851) | Ghzg. 15. April 1883, † 10. April 1897 |

| | |
|---|---|
| Friedrich Franz IV. (1882) | Ghzg. 10. April 1897, mündig 9. April 1901, Verweser in Mecklenburg-Strelitz 27. Febr. 1918, r. 14. Nov. 1918, †17. Nov. 1945 |

**Großherzogtum Mecklenburg-Strelitz**

Mecklenburgische Teillinie seit 1701, erwirbt 1815 die Großherzogswürde, erlischt 1918. Das Land wird 1918 Freistaat und 1934 mit Mecklenburg-Schwerin vereinigt.

| | |
|---|---|
| Karl II. (1741) | Hzg. 2. Juni 1794, Ghzg. 17. Juni 1815, †6. Nov. 1816 |
| Georg (1779) | Ghzg. 6. Nov. 1816, †6. Sept. 1860 |
| Friedrich Wilhelm (1819) | Ghzg. 6. Sept. 1860, †30. Mai 1904 |
| Adolf Friedrich V. (1848) | Ghzg. 30. Mai 1904, †11. Juni 1914 |
| Adolf Friedrich VI. (1882) | Ghzg. 11. Juni 1914, †23. Febr. 1918 |
| Friedrich Franz IV., vgl. oben unter Mecklenburg-Schwerin | |

**Herzogtum Nassau**

Ursprünglich Grafschaft, durch zahlreiche Landesteilungen zersplittert, 1688 in den Rang von Fürstentümern erhoben. Seit 30. August 1806 (unteilbares) Herzogtum, am 20. September 1866 von Preußen annektiert.

| | |
|---|---|
| Friedrich August (1738) | Fst. v. Nassau-Usingen 17. Mai 1803, Hzg. v. Nassau 30. Aug. 1806, †24. März 1816 |
| Wilhelm (1792) | Fst. v. Nassau-Weilburg 9. Jan. 1816, Hzg. v. Nassau 24. März 1816, †20. Aug. 1839 |
| Adolf* (1817) | Hzg. 20. Aug. 1839, d. 20. Sept. 1866, †17. Nov. 1905 |

**Herzogtum und Freistaat Braunschweig**

Zur Vorgeschichte vgl. Herzogtum Braunschweig und Lüneburg/Kurfürstentum Hannover. Seit 1813 erneut souveränes Herzogtum, seit 1918 Republik (Freistaat), 1946 größtenteils zum Land Niedersachsen.

*Welfen*

| | |
|---|---|
| Friedrich Wilhelm (1771) | Hzg. 22. Dez. 1813, †16. Juni 1815 |
| Karl II. (1804) | Hzg. 16. Juni 1815, mündig 30. Okt. 1823, d. 9. Sept. 1830, †28. Aug. 1873 |
| Wilhelm (1806) | Regent 9. Sept. 1830, Hzg. 20. April 1831, †18. Okt. 1884 |
| Albrecht, Prinz v. Preußen (1837) | Regent 21. Okt. 1885, †13. Sept. 1906 |
| Johann Albrecht, Hzg. v. Mecklenburg (1857) | Regent 27. Mai 1907, r. 27. Okt. 1913, †16. Febr. 1920 |
| Ernst August (1887) | Hzg. 3. Nov. 1913, r. 8. Nov. 1918, †30. Jan. 1953 |

Regierungschefs des Freistaats:

| | |
|---|---|
| Sepp Oerter (1870–1928) USPD | 10.Nov. 1918–17. April 1919 |
| Heinrich Jasper (1875–1945) SPD | 17. April 1919–22. Juni 1920 |
| Oerter (2. Mal) | 22. Juni 1920–24. Nov. 1921 |
| August Junke (1877–1926) SPD | 24. Nov. 1921–29. März 1922 |
| Otto Antrick (1858–1924) SPD | 29. März 1922–4. Mai 1922 |
| Jasper (2. Mal) | 23. Mai 1922–24. Dez. 1924 |
| Gerhard Marquordt (1881–1950) DVP | 24. Dez. 1924–14. Dez. 1927 |
| Jasper (3. Mal) | 14. Dez. 1927–1. Okt. 1930 |
| Werner Küchenthal (1882–1976) DNVP | 1. Okt. 1930–5. März 1933 |

**Großherzogtum und Freistaat Oldenburg**

Grafschaft seit dem 11. Jahrhundert. Das alte Grafengeschlecht erlischt 1667. Seither (bis 1773) mit Dänemark in Personalunion verbunden. Seit 1773 erneut selbständige Grafschaft, seit 1777 Herzogtum, 1810–1813 dem Französischen Kaiserreich eingegliedert, seit 1815/1829 Großherzogtum, seit 1918 Republik (Freistaat), 1946 zum Land Niedersachsen.

*Holstein-Gottorp*

| | |
|---|---|
| Friedrich August (1711) | Gf. v. Oldenburg und Delmenhorst 10. Dez. 1773, Hzg. 22. März 1777, †6. Juli 1785 |

| | |
|---|---|
| Wilhelm (1754) | Hzg. 6. Juli 1785, d. 10. Dez. 1810, erneut Hzg. Herbst 1813, †2. Juli 1823 (regierungsunfähig) |
| Peter Friedrich Ludwig (1755) | Regent 6. Juli 1785, Hzg. 2. Juli 1823, †21. Mai 1829 |
| Paul Friedrich August (1783) | Hzg. 21. Mai 1829, Ghzg. 28. Mai 1829, †27. Febr. 1853 |
| Nikolaus Friedrich Peter (1827) | Ghzg. 27. Febr. 1853, †13. Juni 1900 |
| Friedrich August (1852) | Ghzg. 13. Juni 1900, r. 10. Nov. 1918, †24. Febr. 1931 |

Regierungschefs des Freistaats:

| | |
|---|---|
| Bernhard Kuhnt (1876–1946) USPD | 12. Nov. 1918–28. Febr. 1919 |
| Theodor Tantzen (1877–1947) DDP | 21. Juni 1919–17. April 1923 |
| Eugen v. Finkh (1860–1930) parteilos | 17. April 1923–13. Juli 1930 |
| Friedrich Cassebohm (1872–1951) parteilos | 14. Dez. 1930–16. Juli 1932 |
| Carl Röver (1889–1942) NSDAP | 16. Juli 1932–Mai 1933 |

**Großherzogtum und Freistaat Sachsen-Weimar(-Eisenach)**

Ernestinische Teillinie der Wettiner (vgl. Herzogtum Sachsen/Markgrafschaft Meißen/Kurfürstentum Sachsen). Herzogtum, seit April 1815 Großherzogtum, seit November 1918 Freistaat, im Januar/Mai 1920 dem Freistaat Thüringen (vgl. diesen) eingegliedert.

*Wettiner*

| | |
|---|---|
| Karl August (1757) | Hzg. 28. Mai 1758, mündig 3. Sept. 1775, Ghzg. 4. April 1815, †28. Juni 1828 |
| Anna Amalia (1739) | Regentin 28. Mai 1758 bis 3. Sept. 1775, †10. April 1807 |
| Karl Friedrich (1783) | Ghzg. 28. Juni 1828, †8. Juli 1853 |
| Karl Alexander (1818) | Ghzg. 8. Juli 1853, †5. Jan. 1901 |
| Wilhelm Ernst (1876) | Ghzg. 5. Jan. 1901, r. 9. Nov. 1918, †24. April 1923 |

Regierungschefs des Freistaats:

| | |
|---|---|
| August Baudert (1860–1942) SPD | 1918–1919 |
| Arnold Paulssen* (1864–1931) DDP | 1919–1920 |

**Herzogtum Sachsen-Coburg-Gotha**

Ernestinische Teillinie der Wettiner (vgl. Herzogtum Sachsen/Markgrafschaft Meißen/Kurfürstentum Sachsen). Herzogtum Sachsen-Coburg-Saalfeld bis 1826, seither Sachsen-Coburg-Gotha, seit November 1918 Freistaat. Coburg am 1. Juli 1920 zu Bayern, Gotha im Januar/Mai 1920 zum Freistaat Thüringen (vgl. diesen).

*Wettiner*

| | |
|---|---|
| Ernst I. (1784) | Hzg. v. Sachsen-Coburg-Saalfeld 9. Dez. 1806, v. Sachsen-Coburg-Gotha 12. Nov. 1826, †29. Jan. 1844 |
| Ernst II. (1818) | Hzg. 29. Jan. 1844, †22. Aug. 1893 |
| Alfred (1844) | Hzg. 22. Aug. 1893, †30. Juli 1900 |
| Karl Eduard (1884) | Hzg. 30. Juli 1900, mündig 19. Juli 1905, d. 14. Nov. 1918, †6. März 1954 |

**Herzogtum Sachsen-Altenburg**

Ernestinische Teillinie der Wettiner (vgl. Herzogtum Sachsen/Markgrafschaft Meißen/Kurfürstentum Sachsen). Herzogtum Sachsen-Gotha-Altenburg bis 1825, seit 1826 Sachsen-Altenburg, seit 1918 Freistaat, im Januar/Mai 1920 zum Freistaat Thüringen (vgl. diesen).

*Wettiner*

| | |
|---|---|
| August (1772) | Hzg. v. Sachsen-Gotha-Altenburg 20. April 1804, †27. Mai 1822 |
| Friedrich IV. (1774) | Hzg. 27. Mai 1822, †11. Febr. 1825 |
| Friedrich (1763) | Hzg. v. Sachsen-Hildburghausen 23. Sept. 1780, r. und Hzg. v. Sachsen-Altenburg 12. Nov. 1826, †29. Sept. 1834 |
| Joseph (1789) | Hzg. 29. Sept. 1834, r. 30. Nov. 1848, †25. Nov. 1868 |
| Georg (1796) | Hzg. 30. Nov. 1848, †3. Aug. 1853 |
| Ernst I. (1826) | Hzg. 3. Aug. 1853, †7. Febr. 1908 |
| Ernst II. (1871) | Hzg. 7. Febr. 1908, r. 13. Nov. 1918, †22. März 1955 |

**Herzogtum Sachsen-Meiningen**

Ernestinische Teillinie der Wettiner (vgl. Herzogtum Sachsen/Markgrafschaft Meißen/Kurfürstentum Sachsen). Herzogtum, seit November 1918 Freistaat, im Januar/Mai 1920 zum Freistaat Thüringen (vgl. diesen).

| | |
|---|---|
| *Wettiner* | |
| Bernhard II. (1800) | Hzg. 24. Dez. 1803, mündig 17. Dez. 1821, r. 21. Sept. 1866, †3. Dez. 1882 |
| Georg II. (1826) | Hzg. 21. Sept. 1866, †25. Juni 1914 |
| Bernhard III. (1851) | Hzg. 25. Juni 1914, r. 10. Nov. 1918, †16. Jan. 1928 |

**Herzogtum und Freistaat Anhalt**

Fürstentum der Askanier, in mehrere Linien gespalten. 1806/07 zu Herzogtümern erhoben, 1863 zu einem unteilbaren Herzogtum vereinigt, seit November 1918 Freistaat.

| | |
|---|---|
| *Askanier* | |
| Anhalt-Köthen | |
| August (1769) | Fst. 17. Okt. 1789, Hzg. 18. April 1807, †5. Mai 1812 |
| Ludwig (1802) | Hzg. 5. Mai 1812, †18. Dez. 1818 (unter Vormundschaft) |
| Ferdinand (1769) | Hzg. 18. Dez. 1818, †23. Aug. 1830 |
| Heinrich (1778) | Hzg. 23. Aug. 1830, †23. Nov. 1847 |
| Anhalt-Bernburg | |
| Alexius (1767) | Fst. 9. April 1796, Hzg. 15. März 1806, †24. März 1834 |
| Alexander Karl (1805) | Hzg. 24. März 1834, †19. Aug. 1863 |
| Anhalt-Dessau (seit 1863 Anhalt) | |
| Leopold III. (1740) | Fst. 16. Dez. 1751, Hzg. 18. April 1807, †9. Aug. 1817 |
| Leopold IV. (1794) | Hzg. 9. Aug. 1817, erbt Köthen 1847/53, Bernburg 1863, nennt sich 30. Aug. 1863 Hzg. v. Anhalt, †22. Mai 1871 |
| Friedrich I. (1831) | Hzg. 22. Mai 1871, †24. Jan. 1904 |

| | |
|---|---|
| Friedrich II. (1856) | Hzg. 24. Jan. 1904, †21. April 1918 |
| Eduard (1861) | Hzg. 21. April 1918, †13. Sept. 1918 |
| Joachim Ernst (1901) | Hzg. (unter Vormundschaft des Regenten Aribert) 13. Sept. 1918, r. 12. Nov. 1918, †18. Febr. 1947 |

Regierungschefs des Freistaats:

| | |
|---|---|
| Wolfgang Heine (1861–1944) SPD | 12. Nov. 1918–23. Juli 1919 |
| Heinrich Deist (1874–1962) SPD | 23. Juli 1919–9. Juli 1924 |
| Willy Knorr (1878–1937) DNVP | 9. Juli 1924–25. Nov. 1924 |
| Deist (2. Mal) | 25. Nov. 1924–21. Mai 1932 |
| Alfred Freyberg (1892–1945) NSDAP | 21. Mai 1932–8. Jan. 1940 |

**Fürstentum Schwarzburg-Sondershausen**

Grafschaft, seit 1697 bzw. 1754 Fürstentum, seit 1909 mit Schwarzburg-Rudolstadt (vgl. dieses) in Personalunion verbunden, seit November 1918 Freistaat, Januar/Mai 1920 zum Freistaat Thüringen (vgl. diesen).

| | |
|---|---|
| Günther Friedrich Karl I. (1760) | Fst. 14. Okt. 1794, r. 1835, †22. April 1837 |
| Günther Friedrich Karl II. (1801) | Fst. 1835, r. 17. Juli 1880, †15. Sept. 1889 |
| Karl Günther (1830) | Fst. 17. Juli 1880, †28. März 1909 |

**Fürstentum Schwarzburg-Rudolstadt**

Grafschaft, seit 1697/1710 bzw. 1754 Fürstentum, seit November 1918 Freistaat, im Januar/Mai 1920 zum Freistaat Thüringen (vgl. diesen).

| | |
|---|---|
| Ludwig Friedrich II. (1767) | Fst. 13. April 1793, †28. April 1807 |
| Günther (1793) | Fst. 28. April 1807, mündig 1814, †28. Juni 1867 |
| Albert (1798) | Fst. 28. Juni 1867, †26. Nov. 1869 |
| Georg (1838) | Fst. 26. Nov. 1869, †19. Jan. 1890 |
| Günther (1852) | Fst. 19. Jan. 1890, Regent in Sondershausen (vgl. oben) 28. März 1909, r. 23./25. Nov. 1918, †16. April 1925 |

**Fürstentum Hohenzollern-Sigmaringen**

Grafschaft, seit 1623 Fürstentum, nach Verzicht 1850 an Preußen.

| | |
|---|---|
| Anton Alois (1762) | Fst. 20. Okt. 1785, †17. Okt. 1831 |
| Karl (1785) | Fst. 17. Okt. 1831, r. 28. Aug. 1848, †11. März 1853 |
| Karl Anton* (1811) | Fst. 28. Aug. 1848, r. 7. Dez. 1849, †2. Juni 1885 |

**Fürstentum Hohenzollern-Hechingen**

Grafschaft, seit 1623 Fürstentum, nach Verzicht 1850 an Preußen.

| | |
|---|---|
| Hermann (1748) | Fst. 9. April 1798, †2. Nov. 1810 |
| Friedrich (1776) | Fst. 2. Nov. 1810, †13. Sept. 1838 |
| Friedrich Wilhelm Constantin (1801) | Fst. 13. Sept. 1838, r. 7. Dez. 1849, †3. Sept. 1869 |

**Fürstentum Waldeck und Pyrmont**

1349 Grafschaft, 1712 Fürstentum, seit 1. Januar 1868 durch Preußen verwaltet, 1918 Freistaat. Pyrmont 1922, Waldeck 1929 an Preußen.

| | |
|---|---|
| Friedrich (1743) | Fst. 29. Aug. 1763, †24. Sept. 1812 |
| Georg (1747) | Fst. 24. Sept. 1812, †9. Sept. 1813 |
| Georg (1789) | Fst. 9. Sept. 1813, †15. Mai 1845 |
| Georg Viktor (1831) | Fst. 15. Mai 1845, †12. Mai 1893 |
| Friedrich (1865) | Fst. 12. Mai 1893, d. 13. Nov. 1918, †26. Mai 1946 |

**Fürstentum Reuß ältere Linie**

Herrschaft, 1673 Grafschaft, 1778 Fürstentum, 1918 Freistaat, 1919 zum Volksstaat Reuß, 1920 zu Thüringen (vgl. dieses).

| | |
|---|---|
| Heinrich XI. (1722) | Gf. 17. Nov. 1722, Fst. 15. Mai 1778, †28. Juni 1800 |
| Heinrich XIII. (1747) | Fst. 28. Juni. 1800, †29. Jan. 1817 |
| Heinrich XIX. (1790) | Fst. 29. Jan. 1817, †31. Okt. 1836 |

| | |
|---|---|
| Heinrich XX. (1794) | Fst. 31. Okt. 1836, †8. Nov. 1859 |
| Heinrich XXII. (1846) | Fst. 8. Nov. 1859, †19. April 1902 |
| Heinrich XXIV. (1878) | Fst. 19. April 1902, r. 11. Nov. 1918, †13. Okt. 1927 (regierungsunfähig, Regentschaft der jüngeren Linie, vgl. diese) |

**Fürstentum Reuß jüngere Linie**
1848 durch Vereinigung mehrerer Linien gebildetes Fürstentum (Reuß-Gera 1673 Grafschaft, 1790 Fürstentum; Reuß-Schleiz 1673 Grafschaft, 1806 Fürstentum; Reuß-Lobenstein 1673 Grafschaft, 1790 Fürstentum; Reuß-Ebersdorf 1673 Grafschaft, 1806 Fürstentum), 1918 Freistaat, 1919 zum Volksstaat Reuß, 1920 zu Thüringen (vgl. dieses).

| | |
|---|---|
| Heinrich LXII. (1785) | Fst. v. Reuß-Schleiz 17. April 1818, vereinigt alle Länder der jüngeren Linie 1. Okt. 1848, †19. Juni 1854 |
| Heinrich LXVII. (1789) | Fst. 19. Juni 1854, †11. Juli 1867 |
| Heinrich XIV. (1832) | Fst. 11. Juli 1867, †29. März 1913 (seit 1902 Regent im Land der älteren Linie) |
| Heinrich XXVII. (1858) | Fst. und Regent im Land der älteren Linie 29. März 1913, r. 10. Nov. 1918, †21. Nov. 1928 |

**Fürstentum Schaumburg-Lippe**
Grafschaft, 1807 Fürstentum, 1918 Freistaat.

| | |
|---|---|
| Georg (1784) | Gf. 13. Febr. 1787, Fst. und mündig 1807, †21. Nov. 1860 |
| Adolf (1817) | Fst. 21. Nov. 1860, †8. Mai 1893 |
| Georg (1846) | Fst. 8. Mai 1893, †29. April 1911 |
| Adolf (1883) | Fst. 29. April 1911, r. 15. Nov. 1918, †26. März 1936 |

**Fürstentum Lippe**
Herrschaft, 1528 Grafschaft, 1720 Fürstentum, 1918 Freistaat.

| | |
|---|---|
| Leopold I. (1767) | Fst. 1. Mai 1782, †4. April 1802 |
| Leopold II. (1796) | Fst. 4. April 1802, mündig 1820, †1. Jan. 1851 |
| Pauline (1769–1820) | Regentin 1802–1820 |
| Leopold III. (1821) | Fst. 1. Jan. 1851, †8. Dez. 1875 |
| Woldemar (1824) | Fst. 8. Dez. 1875, †20. März 1895 |
| Alexander (1831) | Fst. 20. März 1895, †13. Jan. 1905 |
| Leopold IV. (1871) | Gf. zur Lippe-Biesterfeld 26. Sept. 1904, Fst. zur Lippe 25. Okt. 1905, r. 12. Nov. 1918, †30. Dez. 1949 |

**Landgrafschaft Hessen-Homburg**
1622 durch eine Seitenlinie des Hauses Hessen begründete Landgrafschaft, 1806–1815 mediatisiert, souveräne Landgrafschaft 1817, 1866 zunächst an Hessen-Darmstadt, dann an Preußen.

| | |
|---|---|
| Friedrich V. (1748) | Ldgf. 7. Febr. 1751, mündig 1766, 1806–1815 mediatisiert, †20. Jan. 1820 |
| Friedrich VI. (1769) | Ldgf. 20. Jan. 1820, †2. April 1829 |
| Ludwig (1770) | Ldgf. 2. April 1829, †19. Jan. 1839 |
| Philipp (1779) | Ldgf. 19. Jan. 1839, †15. Dez. 1846 |
| Gustav (1781) | Ldgf. 15. Dez. 1846, †8. Sept. 1848 |
| Ferdinand (1783) | Ldgf. 8. Sept. 1848, †24. März 1866 |

**Freistaat Thüringen**
1920 aus Sachsen-Weimar-Eisenach, Sachsen-Gotha, Sachsen-Altenburg, Sachsen-Meiningen, Reuß ältere und jüngere Linie, Schwarzburg-Rudolstadt und Schwarzburg-Sondershausen gebildetes Land (Sachsen-Coburg im gleichen Jahr zu Bayern), 1933/34 gleichgeschaltet. 1944 um preußische Gebiete (einschl. Erfurt) erweitert, 1945 zur sowjetischen Zone.

Regierungschefs 1920–1933:

| | |
|---|---|
| Arnold Paulssen* (1864–1931) DDP | Nov. 1920–Okt. 1921 |
| August Frölich (1877–1964) SPD | Okt. 1921–Dez. 1923 |
| Richard Leutheußer (1867–1945) DVP | Febr. 1924–Nov. 1928 |
| Paulssen (2. Mal) | Nov. 1928–Jan. 1930 |
| Erwin Baum (1868–?) Landbund | Jan. 1930–Aug. 1932 |
| Fritz Sauckel (1894–1946) NSDAP | Aug. 1932–Mai 1933 |

# DEUTSCHES REICH

Kaiserreich am 18. Januar 1871 begründet, Republik 9. November 1918, nationalsozialistische Diktatur 30. Januar bzw. 24. März 1933, im Mai 1945 faktisch aufgelöst und in vier Besatzungszonen aufgeteilt.

*Hohenzollern*

| | |
|---|---|
| Wilhelm I.* (1797) | Ks. 18. Jan. 1871, †9. März 1888 |
| Friedrich III.* (1831) | Ks. 9. März 1888, †15. Juni 1888 |
| Wilhelm II.* (1859) | Ks. 15. Juni 1888, r. 9. Nov. 1918, †4. Juni 1941 |

Reichspräsidenten der Republik:

| | |
|---|---|
| Friedrich Ebert (1871–1925) SPD | 11. Febr. 1919– 28. Febr. 1925 |
| Paul v. Hindenburg (1847–1934) parteilos | 12. Mai 1925–2. Aug. 1934 |

Staatsoberhäupter in der NS-Diktatur:

| | |
|---|---|
| Adolf Hitler* (1889–1945) »Führer und Reichskanzler« | 2. Aug. 1934–30. April 1945 |
| Karl Dönitz (1891–1980) | 2. Mai 1945–23. Mai 1945 |

Reichskanzler des Kaiserreichs:

| | |
|---|---|
| Otto Fst. v. Bismarck* (1815–1898) | 21. März 1871–20. März 1890 |
| Georg Leo Gf. v. Caprivi* (1831–1899) | 20. März 1890–26. Okt. 1894 |
| Chlodwig Fst. zu Hohenlohe-Schillingsfürst* (1819–1901) | 29. Okt. 1894–17. Okt. 1900 |
| Bernhard Fst. v. Bülow (1849–1929) | 17. Okt. 1900–14. Juli 1909 |
| Theobald v. Bethmann-Hollweg (1856–1929) | 14. Juli 1909–13. Juli 1917 |
| Georg Michaelis (1857–1936) | 14. Juli 1917–1. Nov. 1917 |
| Georg Friedrich Gf. v. Hertling* (1843–1919) | 1. Nov. 1917–30. Sept. 1918 |
| Max Prinz v. Baden (1867–1929) | 3. Okt. 1918–9. Nov. 1918 |

Reichskabinette 1919–1945:
(Nur mit dem Familiennamen genannte Minister sind bereits in einem der vorhergehenden Kabinette aufgeführt.)

*Scheidemann* (13. Febr. bis 20. Juni 1919) (SPD, Z, DDP)
Ministerpräsident: Philipp Scheidemann (1865–1939) SPD
Vizekanzler: Eugen Schiffer* (1860–1954) DDP
ab 30. April 1919: Bernhard Dernburg* (1865–1937) DDP
Auswärtiges: Ulrich Gf. v. Brockdorff-Rantzau (1869–1928) parteilos
Inneres: Hugo Preuß (1860–1925) DDP
Finanzen: Schiffer (s. o.)
ab 19. April: Dernburg (s. o.)
Wirtschaft: Rudolf Wissell* (1869–1962) SPD
Arbeit: Gustav Bauer* (1870–1944) SPD
Justiz: Otto Landsberg (1869–1957) SPD
Reichswehr: Gustav Noske (1868–1946) SPD
Post: Johannes Giesberts (1865–1938) Z
Verkehr: Johannes Bell* (1868–1949) Z
Ernährung: Robert Schmidt (1864–1943) SPD
Kolonien: Bell (s. o.)
Schatz ab 21. März 1919: Georg Gothein* (1857–1940) DDP
Ohne Geschäftsbereich: Eduard David* (1863–1930) SPD
Matthias Erzberger* (1875–1921) Z
bis 21. März 1919: Gothein (s. o.)

*Bauer* (21. Juni 1919 bis 26. März 1920) (SPD, Z, ab Okt. 1919 DDP)
Ministerpräsident (ab 14. Aug. 1919 Reichskanzler): Bauer
Vizekanzler: Erzberger
ab 3. Okt. 1919: Schiffer
Auswärtiges: Hermann Müller* (1876–1931) SPD
Inneres: David
ab 3. Okt. 1919: Erich Koch(-Weser) (1875–1944) DDP
Finanzen bis 12. März 1920: Erzberger
Wirtschaft: Wissell
ab 15. Juli 1919: Schmidt
Arbeit: Alexander Schlicke (1863–1940) SPD
Justiz ab 3. Okt. 1919: Schiffer
Reichswehr bis 22. März 1920: Noske
Post: Giesberts
Verkehr: Bell
Ernährung: Schmidt
Kolonien bis 7. Nov. 1919: Bell
Schatz bis 30. Jan. 1920: Wilhelm Mayer (1874–1923) Z
Wiederaufbau ab 25. Okt. 1919: Otto Geßler* (1875–1955) DDP
Ohne Geschäftsbereich ab 3. Okt. 1919: David

*Müller I* (27. März bis 8. Juni 1920) (SPD, Z, DDP)
Reichskanzler: Müller
Vizekanzler: Koch(-Weser)
Auswärtiges ab 10. April 1920: Adolf Köster* (1883–1930) SPD

Inneres: Koch(-Weser)
Finanzen: Joseph Wirth* (1879–1956) Z
Wirtschaft: Schmidt
Arbeit: Schlicke
Justiz: Andreas Blunck (1871–1933) DDP
Reichswehr: Geßler
Post: Giesberts
Verkehr: Bell
ab 1. Mai 1920: Bauer
Ernährung ab 30. März 1920: Andreas Hermes* (1878–1964) Z
Schatz: Bauer
Ohne Geschäftsbereich: David

*Fehrenbach* (25. Juni 1920 bis 4. Mai 1921) (Z, DDP, DVP)
Reichskanzler: Konstantin Fehrenbach (1852–1926) Z
Vizekanzler: Rudolf Heinze* (1865–1928) DVP
Auswärtiges: Walter Simons (1861–1937) parteilos
Inneres: Koch(-Weser)
Finanzen: Wirth
Wirtschaft: Ernst Scholz (1874–1932) DVP
Arbeit: Heinrich Brauns (1868–1939) Z
Justiz: Heinze (s. o.)
Reichswehr: Geßler
Post: Giesberts
Verkehr: Wilhelm Groener* (1867–1939) parteilos
Ernährung: Hermes
Schatz: Hans v. Raumer* (1870–1965) DVP

*Wirth I* (10. Mai bis 22. Okt. 1921) (Z, SPD, DDP)
Reichskanzler: Wirth
Vizekanzler: Bauer
Auswärtiges ab 23. Mai 1921: Friedrich Rosen (1856–1935) parteilos
Inneres: Georg Gradnauer* (1866–1946) SPD
Finanzen: Wirth
Wirtschaft: Schmidt
Arbeit: Brauns
Justiz: Schiffer
Reichswehr: Geßler
Post: Giesberts
Verkehr: Groener
Ernährung: Hermes
Schatz: Bauer
Wiederaufbau ab 29. Mai 1921: Walther Rathenau* (1867–1922) DDP

*Wirth II* (26. Okt. 1921 bis 14. Nov. 1922) (Z, SPD, DDP)
Reichskanzler: Wirth
Vizekanzler: Bauer
Auswärtiges 1. Febr. 1922 bis 24. Juni 1922: Rathenau
Inneres: Köster
Finanzen ab 3. März 1922: Hermes
Wirtschaft: Schmidt
Arbeit: Brauns
Justiz: Gustav Radbruch (1878–1949) SPD
Reichswehr: Geßler
Post: Giesberts
Verkehr: Groener
Ernährung bis 10. März 1922: Hermes
ab 31. März 1922: Anton Fehr (1881–1954) Bayr. Bauernbund
Schatz: Bauer

*Cuno* (22. Nov. 1922 bis 12. Aug. 1923) (Z, DDP, DVP, BVP)
Reichskanzler: Wilhelm Cuno (1876–1933) parteilos
Auswärtiges: Frederic Hans v. Rosenberg (1874–1937) parteilos
Inneres: Rudolf Oeser* (1858–1926) DDP
Finanzen: Hermes
Wirtschaft: Johannes Becker (1869–1951) DVP
Arbeit: Brauns
Justiz: Heinze
Reichswehr: Geßler
Post: Karl Stingl (1864–1936) BVP
Verkehr: Groener
Ernährung: Karl Müller (1884–1964) Z
ab 25. Nov. 1922: Hans Luther* (1879–1962) parteilos
Schatz bis 1. April 1923: Heinrich Albert* (1874–1960) parteilos
Wiederaufbau ab 29. März 1923: Albert (s. o.)

*Stresemann I* (13. Aug. bis 4. Okt. 1923) (DVP, SPD, Z, DDP)
Reichskanzler: Gustav Stresemann* (1878–1929) DVP
Vizekanzler: Schmidt
Inneres: Wilhelm Sollmann (1881–1951) SPD
Finanzen: Rudolf Hilferding (1877–1941) SPD
Wirtschaft: v. Raumer
Arbeit: Brauns
Justiz: Radbruch
Reichswehr: Geßler
Post: Anton Höfle (1882–1925) Z
Verkehr: Oeser
Ernährung: Luther
Wiederaufbau: Schmidt
Besetzte Gebiete ab 24. Aug. 1923: Johannes Fuchs (1874–1965) Z

*Stresemann II* (6. Okt. bis 23. Nov. 1923) (DVP, Z, DDP, bis Nov. 1923 SPD)
Reichskanzler: Stresemann
Inneres: Sollmann
ab 3. Nov. 1923: Karl Jarres* (1874–1951) DVP
Finanzen: Luther
Wirtschaft: Joseph Koeth (1870–1936) parteilos
Arbeit: Brauns
Justiz bis 3. Nov. 1923: Radbruch
Reichswehr: Geßler
Post: Höfle
Verkehr: Oeser
Ernährung: Gerhard Gf. v. Kanitz (1885–1949) parteilos
Wiederaufbau bis 3. Nov. 1923: Schmidt
Besetzte Gebiete: Fuchs

*Marx I* (30. Nov. 1923 bis 26. Mai 1924) (Z, DDP, DVP, BVP)
Reichskanzler: Wilhelm Marx* (1863–1946) Z
Vizekanzler: Jarres
Auswärtiges: Stresemann
Inneres: Jarres
Finanzen: Luther
Wirtschaft: Eduard Hamm (1879–1944) DDP
Arbeit: Brauns
Justiz bis 15. April 1924: Erich Emminger (1880–1951) BVP
Reichswehr: Geßler
Post: Höfle
Verkehr: Oeser
Ernährung: v. Kanitz

*Marx II* (3. Juni bis 15. Dez. 1924) (Z, DDP, DVP)
Reichskanzler: Marx
Vizekanzler: Jarres
Auswärtiges: Stresemann
Inneres: Jarres
Finanzen: Luther
Wirtschaft: Hamm
Arbeit: Brauns
Reichswehr: Geßler
Post: Höfle
Verkehr bis 11. Okt. 1924: Oeser
Ernährung: v. Kanitz

*Luther I* (15. Jan. bis 5. Dez. 1925) (Z, DVP, BVP, bis Okt. 1925 DNVP)
Reichskanzler: Luther

Auswärtiges: Stresemann
Inneres bis 23. Okt. 1925: Martin Schiele* (1870–1939) DNVP
Finanzen bis 26. Okt. 1925: Otto v. Schlieben (1875–1932) DNVP
Wirtschaft bis 26. Okt. 1925: Albert Neuhaus (1873–1948) DNVP
Arbeit: Brauns
Justiz bis 21. Nov. 1925: Josef Frenken (1854–?) Z
Reichswehr: Geßler
Post: Stingl
Verkehr: Rudolf Krohne (1876–1953) DVP
Ernährung: v. Kanitz

*Luther II* (20. Jan. bis 12. Mai 1926) (Z, DDP, DVP, BVP)
Reichskanzler: Luther
Auswärtiges: Stresemann
Inneres: Wilhelm Külz (1875–1948) DDP
Finanzen: Peter Reinhold (1887–1955) DDP
Wirtschaft: Julius Curtius* (1877–1948) DVP
Arbeit: Brauns
Justiz: Marx
Reichswehr: Geßler
Post: Stingl
Verkehr: Krohne
Ernährung: Heinrich Haslinde (1881–1958) Z

*Marx III* (16. Mai bis 17. Dez. 1926) (Z, DDP, DVP, BVP)
Reichskanzler: Marx
Auswärtiges: Stresemann
Inneres: Külz
Finanzen: Reinhold
Wirtschaft: Curtius
Arbeit: Brauns
Justiz: Bell
Reichswehr: Geßler
Post: Stingl
Verkehr: Krohne
Ernährung: Haslinde

*Marx IV* (29. Jan. 1927 bis 12. Juni 1928) (Z, DNVP, DVP, BVP)
Reichskanzler: Marx
Vizekanzler: Oskar Hergt* (1869–1967) DNVP
Auswärtiges: Stresemann
Inneres: Walter v. Keudell (1884–1973) DNVP
Finanzen: Heinrich Köhler* (1878–1949) Z
Wirtschaft: Curtius
Arbeit: Brauns
Justiz: Hergt (s. o.)

Reichswehr: Geßler
ab 19. Jan. 1928: Groener
Post: Georg Schätzel (1874–1934) BVP
Verkehr: Wilhelm Koch (1877–1950) DNVP
Ernährung: Schiele

*Müller II* (28. Juni 1928 bis 27. März 1930) (SPD, Z, DVP, DDP)
Reichskanzler: Müller
Auswärtiges bis 3. Okt. 1929: Stresemann
ab 11. Nov. 1929: Curtius
Inneres: Karl Severing (1875–1952) SPD
Finanzen: Hilferding
ab 23. Dez. 1929: Paul Moldenhauer* (1876–1947) DVP
Wirtschaft: Curtius (s. o.)
ab 11. Nov. 1929: Moldenhauer (s. o.)
ab 23. Dez. 1929: Schmidt
Arbeit: Wissell
Justiz: Koch(-Weser)
ab 13. April 1929: Theodor v. Guérard* (1863–1943) Z
Reichswehr: Groener
Post: Schätzel
Verkehr bis 6. Febr. 1929: v. Guérard (s. o.)
ab 13. April 1929: Adam Stegerwald* (1874–1945) Z
Ernährung: Hermann R. Dietrich* (1879–1954) DDP
Besetzte Gebiete ab 13. April 1929: Wirth

*Brüning I* (30. März 1930 bis 7. Okt. 1931) (Präsidialkabinett)
Reichskanzler: Heinrich Brüning* (1885–1970) Z
Vizekanzler: Dietrich
Auswärtiges: Curtius
Inneres: Wirth
Finanzen: Moldenhauer
ab 26. Juni 1930: Dietrich (s. o.)
Wirtschaft bis 26. Juni 1930: Dietrich (s. o.)
Arbeit: Stegerwald
Justiz bis 5. Dez. 1930: Johann Viktor Bredt (1879–1940) Wirtschaftspartei
Reichswehr: Groener
Post: Schätzel
Verkehr: v. Guérard
Ernährung: Schiele
Besetzte Gebiete bis 30. Sept. 1930: Gottfried R. Treviranus* (1891–1971) Kons. Volkspartei
Ohne Geschäftsbereich ab 1. Okt. 1930: Treviranus (s. o.).

*Brüning II* (9. Okt. 1931 bis 30. Mai 1932) (Präsidialkabinett)
Reichskanzler: Brüning*
Vizekanzler: Dietrich DSTP
Auswärtiges: Brüning*
Inneres: Groener
Finanzen: Dietrich (s. o.)
Wirtschaft bis 6. Mai 1932: Hermann Warmbold* (1876–1976) parteilos
Arbeit: Stegerwald
Justiz: Curt Joël (1865–1945) parteilos
Reichswehr bis 12. Mai 1932: Groener
Post: Schätzel
Verkehr: Treviranus
Ernährung: Schiele, Christl. Landvolk

*von Papen* (1. Juni bis 17. Nov. 1932) (Präsidialkabinett)
Reichskanzler: Franz v. Papen* (1879–1969) Z
Auswärtiges: Konstantin Frhr. v. Neurath* (1873–1956) parteilos
Inneres: Wilhelm Frhr. v. Gayl (1879–1950) DNVP
Finanzen: Johann Ludwig Gf. Schwerin v. Krosigk (1887–1977) parteilos
Wirtschaft: Warmbold
Arbeit: Warmbold (s. o.)
ab 6. Juni 1932: Hugo Schäffer (1875–1969) parteilos
Justiz: Franz Gürtner (1881–1941) DNVP
Reichswehr: Kurt v. Schleicher* (1882–1934) parteilos
Post und Verkehr: Paul Frhr. Eltz v. Rübenach* (1875–1943) parteilos
Ernährung: Magnus Frhr. v. Braun (1878–1972) DNVP
Ohne Geschäftsbereich ab 29. Okt. 1932: Franz Bracht* (1877–1933) parteilos
Johannes Popitz (1884–1945) parteilos

*von Schleicher* (3. Dez. 1932 bis 28. Jan. 1933) (Präsidialkabinett)
Reichskanzler: v. Schleicher
Auswärtiges: v. Neurath
Inneres: Bracht
Finanzen: Schwerin v. Krosigk
Wirtschaft: Warmbold
Arbeit: Friedrich Syrup (1881–1945) parteilos
Justiz: Gürtner
Post und Verkehr: Eltz v. Rübenach
Ernährung: v. Braun
Ohne Geschäftsbereich: Popitz

*Hitler* (30. Jan. 1933 bis 30. April 1945) (Präsidialkabinett, seit 24. März 1933 mit diktatorischen Vollmachten)
Reichskanzler: Adolf Hitler* (1889–1945) NSDAP
Vizekanzler bis 7. Aug. 1934: v. Papen
Auswärtiges: v. Neurath
ab 4. Febr. 1938: Joachim v. Ribbentrop (1893–1946) NSDAP
Inneres: Wilhelm Frick* (1877–1946) NSDAP
ab 24. Aug. 1943: Heinrich Himmler (1900–1945) NSDAP
Finanzen: Schwerin v. Krosigk
Wirtschaft: Alfred Hugenberg* (1865–1951) DNVP
ab 29. Juni 1933: Kurt Schmitt (1886–1950) (ab 3. Aug. 1934 beurlaubt)
ab 4. Febr. 1938: Walther Funk (1890–1960) (bis 3. April 1945)
Arbeit: Franz Seldte (1882–1947) Stahlhelm bzw. NSDAP
Justiz bis 29. Jan. 1941: Gürtner
ab 24. Aug. 1942: Otto Georg Thierack (1889–1946) NSDAP
Reichswehr bis 4. Febr. 1938: Werner v. Blomberg (1878–1946) parteilos
Post: Eltz v. Rübenach
ab 2. Febr. 1937: Wilhelm Ohnesorge (1872–1962) NSDAP
Verkehr: Eltz v. Rübenach
ab 2. Febr. 1937: Julius Dorpmüller (1869–1945) NSDAP
Ernährung: Hugenberg (s. o.)
ab 29. Juni 1933: Walter Darré (1895–1953) NSDAP
ab 6. April 1944: Herbert Backe (1896–1947) NSDAP
Volksaufklärung und Propaganda ab 13. März 1933: Josef Goebbels (1897–1945) NSDAP
Luftfahrt ab 5. Mai 1933: Hermann Göring* (1893–1946) NSDAP (bis 24. April 1945)
Wissenschaft ab 1. Mai 1934: Bernhard Rust (1883–1945) NSDAP
Forsten ab 3. Juli 1934: Göring (s. o.) (bis 24. April 1945)
Kirchen ab 18. Juli 1935: Hanns Kerrl* (1887–1941) NSDAP (bis 13. Dez. 1941)
Bewaffnung und Munition ab 17. März 1940: Fritz Todt (1891–1942)
ab 9. Febr. 1942: Albert Speer (1905–1982)
Besetzte Ortsgebiete ab 17. Juli 1941: Alfred Rosenberg (1893–1946) NSDAP
Reichskanzlei ab 26. Nov. 1937: Hans Heinrich Lammers (1879–1962) NSDAP
Parteikanzlei ab 29. Mai 1941: Martin Bormann (1900–1945) NSDAP
Ohne Geschäftsbereich: bis 5. Mai 1933: Göring (s. o.)
ab 1. Dez. 1933 bis 30. Juni 1934: Ernst Röhm (1887–1934) NSDAP
ab 1. Dez. 1933 bis 10. Mai 1941: Rudolf Heß (1894–1987) NSDAP
ab 16. Juni 1934 bis 18. Juli 1935: Kerrl (s. o.)
ab 19. Dez. 1934: Hans Frank (1900–1946) NSDAP
ab 26. Nov. 1937 bis 22. Jan. 1943: Hjalmar Schacht (1877–1970)

ab 1. Dez. 1937: Otto Meißner (1880–1953) NSDAP
ab 5. Febr. 1938: v. Neurath (s. o.)
ab 24. Aug. 1943: Frick (s. o.)
ab 1. Mai 1939: Arthur Seyß-Inquart* (1892–1946) NSDAP

# BUNDESREPUBLIK DEUTSCHLAND

Föderative, demokratische Republik, begründet 24. Mai 1949 (Inkrafttreten des Grundgesetzes), am 1. Januar 1957 um das Saarland, am 3. Oktober 1990 um das Gebiet der Deutschen Demokratischen Republik (vgl. diese) erweitert.

Bundespräsidenten:

| | |
|---|---|
| Theodor Heuss (1884–1963) FDP | 12. Sept. 1949–12. Sept. 1959 |
| Heinrich Lübke* (1894–1972) CDU | 13. Sept. 1959–30. Juni 1969 |
| Gustav Heinemann* (1899–1976) SPD | 1. Juli 1969–30. Juni 1974 |
| Walter Scheel* (1919) FDP | 1. Juli 1974–30. Juni 1979 |
| Karl Carstens (1914–1992) CDU | 1. Juli 1979–30. Juni 1984 |
| Richard v. Weizsäcker* (1920) CDU | 1. Juli 1984– |

Bundeskanzler:

| | |
|---|---|
| Konrad Adenauer* (1876–1967) CDU | 20. Sept. 1949–15. Okt. 1963 |
| Ludwig Erhard* (1897–1977) CDU | 16. Okt. 1963–30. Nov. 1966 |
| Kurt Georg Kiesinger* (1904–1988) CDU | 1. Dez. 1966–20. Okt. 1969 |
| Willy Brandt* (1913–1992) SPD | 21. Okt. 1969–7. Mai 1974 |
| Helmut Schmidt* (1918) SPD | 16. Mai 1974–1. Okt. 1982 |
| Helmut Kohl* (1930) CDU | 1. Okt. 1982– |

Kabinette:

*1. Kabinett* (Koalition aus CDU/CSU, FDP und DP)
Bundestagswahl 14. Aug. 1949, Wahl des Bundeskanzlers 15. Sept. 1949, Vereidigung des Kabinetts 20. Sept. 1949.

Kanzler:

| | |
|---|---|
| Konrad Adenauer* (1876–1967) CDU | |

Auswärtiges:

| | |
|---|---|
| Adenauer* (s. o.) | ab 15. März 1951 |

Inneres:

| | |
|---|---|
| Gustav Heinemann* (1899–1976) CDU | bis 11. Okt. 1950 |
| Robert Lehr (1883–1956) CDU | ab 13. Okt. 1950 |

Justiz:
Thomas Dehler (1897–1967) FDP
Finanzen:
Fritz Schäffer* (1888–1967) CSU
Wirtschaft:
Ludwig Erhard* (1897–1977) CDU
Arbeit:
Anton Storch (1892–1975) CDU
Ernährung:
Wilhelm Niklas (1887–1957) CSU
Post:
Hans Schuberth (1897–1976) CSU
Verkehr:
Hans-Christoph Seebohm (1903–1967) DP
Wohnungsbau:
Eberhard Wildermuth (1890–1952) FDP — bis 9. März 1952
Fritz Neumayer* (1884–1973) FDP — ab 19. Juli 1952
Marshallplan:
Franz Blücher (1896–1959) FDP
Gesamtdeutsche Fragen:
Jakob Kaiser (1888–1961) CDU
Vertriebene:
Hans Lukaschek (1885–1960) CDU
Bundesrat:
Heinrich Hellwege* (1908–1991) DP

*2. Kabinett* (Koalition aus CDU/CSU, FDP [bis Febr. 1956, danach FVP], DP und GB/BHE [bis Juli 1955])
Bundestagswahl 6. Sept. 1953, Wahl des Bundeskanzlers 9. Okt. 1953, Vereidigung des Kabinetts 20. Okt. 1953.

Kanzler:
Adenauer*
Auswärtiges:
Adenauer* — bis 6. Juni 1955
Heinrich v. Brentano (1904–1964) CDU — ab 8. Juni 1955
Inneres:
Gerhard Schröder* (1910–1989) CDU

| | |
|---|---|
| Justiz: | |
| Neumayer*, ab April 1956 FVP | bis 16. Okt. 1956 |
| Hans-Joachim v. Merkatz* (1905–1982) DP | ab 16. Okt. 1956 |
| Verteidigung: | |
| Theodor Blank* (1905–1973) CDU | ab 7. Juni 1955<br>bis 16. Okt. 1956 |
| Franz Josef Strauß* (1915–1988) CSU | ab 16. Okt. 1956 |
| Finanzen: | |
| Schäffer* | |
| Wirtschaft: | |
| Erhard* | |
| Arbeit: | |
| Storch | |
| Ernährung: | |
| Heinrich Lübke* (1894–1972) CDU | |
| Post: | |
| Siegfried Balke* (1902–1984) CSU | ab 10. Dez. 1953<br>bis 14. Nov. 1956 |
| Ernst Lemmer* (1898–1970) CDU | ab 15. Nov. 1956 |
| Verkehr: | |
| Seebohm | |
| Familie: | |
| Franz-Josef Wuermeling (1900–1986) CDU | |
| Wohnungsbau: | |
| Victor-Emanuel Preusker (1913–1991) FDP, ab April 1956 FVP | |
| Atomfragen: | |
| Strauß* | ab 20. Okt. 1955<br>bis 16. Okt. 1956 |
| Balke* | ab 16. Okt. 1956 |
| Wirtschaftl. Zusammenarbeit: | |
| Blücher, ab April 1956 FVP | |
| Gesamtdeutsche Fragen: | |
| Kaiser | |
| Vertriebene: | |
| Theodor Oberländer (1905) GB/BHE, ab März 1956 CDU | |

| | |
|---|---|
| Bundesrat: | |
| Hellwege* | bis 7. Juni 1955 |
| v. Merkatz* | ab 8. Juni 1955 |
| Bes. Aufgaben: | |
| Hermann Schäfer (1882–1966) FDP, ab April 1956 FVP | bis 16. Okt. 1956 |
| Waldemar Kraft (1898–1977) GB/BHE, seit Juli 1955 CDU | bis 16. Okt. 1956 |
| Strauß* | bis 19. Okt. 1955 |
| Robert Tillmanns (1896–1955) CDU | bis 12. Nov. 1955 |

*3. Kabinett* (Koalition aus CDU/CSU und DP [bis 1. Juli 1960], danach Alleinregierung der CDU/CSU)
Bundestagswahl 15. Sept. 1957, Wahl des Bundeskanzlers 22. Okt. 1957, Vereidigung des Kabinetts 28. Okt. 1957.

| | |
|---|---|
| Kanzler: | |
| Adenauer* | |
| Auswärtiges: | |
| v. Brentano | bis 30. Okt. 1961 |
| Inneres: | |
| Schröder* | |
| Justiz: | |
| Schäffer* | |
| Verteidigung: | |
| Strauß* | |
| Finanzen: | |
| Franz Etzel (1902–1970) CDU | |
| Wirtschaft: | |
| Erhard* | |
| Arbeit: | |
| Blank* | |
| Ernährung: | |
| Lübke* | bis 15. Sept. 1959 |
| Werner Schwarz (1900–1982) CDU | ab 14. Okt. 1959 |
| Post: | |
| Richard Stücklen (1916) CSU | |
| Verkehr: | |
| Seebohm, ab. Sept. 1960 CDU | |
| Familie: | |
| Wuermeling | |
| Wohnungsbau: | |
| Paul Lücke* (1914–1976) CDU | |

| | |
|---|---|
| Atomenergie: | |
| Balke* | |
| Gesamtdeutsche Fragen: | |
| Lemmer* | |
| Vertriebene: | |
| Oberländer | bis 4. Mai 1960 |
| v. Merkatz*, ab Aug. 1960 CDU | ab 27. Okt. 1960 |
| Bundesrat: | |
| v. Merkatz* | |
| Wirtschaftl. Besitz: | |
| Hermann Lindrath (1896–1960) CDU | bis 27. Febr. 1960 |
| Hans Wilhelmi (1899–1970) CDU | ab 4. Mai 1960 |

*4. Kabinett* (Koalition aus CDU/CSU und FDP)
Bundestagswahl 17. Sept. 1961, Wahl des Bundeskanzlers 7. Nov. 1961, Vereidigung des Kabinetts 14. Nov. 1961.

Kanzler:
Adenauer*
Auswärtiges:
Schröder*
Inneres:
Hermann Höcherl* (1912–1989) CSU
Justiz:
Wolfgang Stammberger (1920–1982) FDP
Verteidigung:
Strauß*
Finanzen:
Heinz Starke (1911) FDP
Wirtschaft:
Erhard*
Arbeit:
Blank*
Ernährung:
Schwarz
Post:
Stücklen
Verkehr:
Seebohm

Gesundheit:
Elisabeth Schwarzhaupt
(1901–1986) CDU
Familie:
Wuermeling
Wohnungswesen:
Lücke*
Atomenergie:
Balke*
Wirtschaftl. Zusammenarbeit:
Walter Scheel* (1919) FDP
Gesamtdeutsche Fragen:
Lemmer*
Vertriebene:
Wolfgang Mischnick (1921) FDP
Bundesrat:
v. Merkatz*
Wirtschaftl. Besitz:
Hans Lenz* (1907–1968) FDP
Bes. Aufgaben:
Heinrich Krone (1895–1989) CDU

5. *Kabinett* (Koalition aus CDU/CSU und FDP)
Vereidigung des Kabinetts 14. Dez. 1962.

Kanzler:
Adenauer*
Auswärtiges:
Schröder*
Inneres:
Höcherl*
Justiz:
Ewald Bucher* (1914–1991) FDP
Verteidigung:
Kai-Uwe v. Hassel* (1913) CDU — ab 9. Jan. 1963
Finanzen:
Rolf Dahlgrün (1908–1969) FDP
Wirtschaft:
Erhard*
Arbeit:
Blank*
Ernährung:
Schwarz

Post:
Stücklen
Verkehr:
Seebohm
Gesundheit:
Schwarzhaupt
Familie:
Bruno Heck (1917–1989) CDU
Wohnungswesen:
Lücke*
Wiss. Forschung:
Lenz*
Wirtschaftl. Zusammenarbeit:
Scheel*
Gesamtdeutsche Fragen:
Rainer Barzel (1924) CDU
Vertriebene:
Mischnick
Bundesrat:
Alois Niederalt (1911) CSU
Bundesschatz:
Werner Dollinger* (1918) CSU
Bes. Aufgaben:
Krone

*6. Kabinett* (Koalition aus CDU/CSU und FDP)
Wahl des Bundeskanzlers 16. Okt. 1963, Vereidigung des Kabinetts 17. Okt. 1963.

Kanzler:
Erhard*
Auswärtiges:
Schröder*
Inneres:
Höcherl*
Justiz:
Bucher* — bis 27. März 1965
Karl Weber (1898–1985) CDU — ab 1. April 1965
Verteidigung:
v. Hassel*
Finanzen:
Dahlgrün
Wirtschaft:
Kurt Schmücker* (1919) CDU
Arbeit:
Blank*

Ernährung:
  Schwarz
Post:
  Stücklen
Verkehr:
  Seebohm
Gesundheit:
  Schwarzhaupt
Familie:
  Heck
Wohnungswesen:
  Lücke*
Wiss. Forschung:
  Lenz*
Wirtschaftl. Zusammenarbeit:
  Scheel*
Gesamtdeutsche Fragen:
  Erich Mende (1916) FDP
Vertriebene:

| | |
|---|---|
| Hans Krüger (1902–1971) CDU | bis 7. Febr. 1964 |
| Lemmer* | ab 19. Febr. 1964 |

Bundesrat:
  Niederalt
Bundesschatz:
  Dollinger*
Bes. Aufgaben:

| | |
|---|---|
| Krone | ab 13. Juli 1964 |
| Ludger Westrick (1894–1990) CDU | ab 16. Juni 1964 |

7. *Kabinett* (Koalition aus CDU/CSU und FDP)
Bundestagswahl 19. Sept. 1965, Wahl des Bundeskanzlers 20. Okt. 1965, Vereidigung des Kabinetts 26. Okt. 1965.

Kanzler:
  Erhard*
Auswärtiges:
  Schröder*
Inneres:
  Lücke*
Justiz:
  Richard Jaeger (1913) CSU
Verteidigung:
  v. Hassel*

Finanzen:
Dahlgrün bis 27. Okt. 1966
Wirtschaft:
Schmücker*
Arbeit:
Hans Katzer (1919) CDU
Ernährung:
Höcherl*
Post:
Stücklen
Verkehr:
Seebohm
Gesundheit:
Schwarzhaupt
Familie:
Heck
Wohnungswesen:
Bucher* bis 27. Okt. 1966
Wiss. Forschung:
Gerhard Stoltenberg* (1928) CDU
Wirtschaftl. Zusammenarbeit:
Scheel* bis 27. Okt. 1966
Gesamtdeutsche Fragen:
Mende bis 27. Okt. 1966
Vertriebene:
Johann Baptist Gradl (1904–1988) CDU
Bundesrat:
Niederalt
Bundesschatz:
Dollinger*
Bes. Aufgaben:
Krone
Westrick

*8. Kabinett* (Koalition aus CDU/CSU und SPD)
Wahl des Bundeskanzlers und Vereidigung des Kabinetts 1. Dez. 1966.

Kanzler:
Kurt Georg Kiesinger* (1904–1988) CDU
Auswärtiges:
Willy Brandt* (1913–1992) SPD

| | |
|---|---|
| Inneres: | |
| Lücke* | bis 2. April 1968 |
| Ernst Benda (1925) CDU | ab 2. April 1968 |
| Justiz: | |
| Heinemann* SPD | bis 26. März 1969 |
| Horst Ehmke* (1927) SPD | ab 26. März 1969 |
| Verteidigung: | |
| Schröder* | |
| Finanzen: | |
| Strauß* | |
| Wirtschaft: | |
| Karl Schiller* (1911) SPD | |
| Arbeit: | |
| Katzer | |
| Ernährung: | |
| Höcherl* | |
| Post: | |
| Dollinger* | |
| Verkehr: | |
| Georg Leber* (1920) SPD | |
| Gesundheit: | |
| Käte Strobel* (1907) SPD | |
| Familie: | |
| Heck | bis 2. Okt. 1968 |
| Aenne Brauksiepe (1912) CDU | ab 2. Okt. 1968 |
| Wohnungswesen: | |
| Lauritz Lauritzen* (1910–1980) SPD | |
| Wiss. Forschung: | |
| Stoltenberg* | |
| Wirtschaftl. Zusammenarbeit: | |
| Hans-Jürgen Wischnewski (1922) SPD | bis 2. Okt. 1968 |
| Erhard Eppler (1926) SPD | ab 2. Okt. 1968 |
| Gesamtdeutsche Fragen: | |
| Herbert Wehner (1906–1990) SPD | |
| Vertriebene: | |
| v. Hassel* | bis 5. Febr. 1969 |
| Heinrich Windelen* (1921) CDU | ab 7. Febr. 1969 |
| Bundesrat: | |
| Carlo Schmid* (1896–1979) SPD | |
| Bundesschatz: | |
| Schmücker* | |

*9. Kabinett* (Koalition aus SPD und FDP)
Bundestagswahl 28. Sept. 1969, Wahl des Bundeskanzlers 21. Okt. 1969, Vereidigung des Kabinetts 22. Okt. 1969.

| | |
|---|---|
| Kanzler: | |
| Brandt* | |
| Auswärtiges: | |
| Scheel* | |
| Inneres: | |
| Hans-Dietrich Genscher* (1927) FDP | |
| Justiz: | |
| Gerhard Jahn (1927) SPD | |
| Verteidigung: | |
| Helmut Schmidt* (1918) SPD | bis 7. Juli 1972 |
| Leber* | ab 7. Juli 1972 |
| Finanzen: | |
| Alex Möller (1903–1985) SPD | bis 13. Mai 1971 |
| Schiller* | ab 13. Mai 1971 bis 7. Juli 1972 |
| Schmidt* | ab 7. Juli 1972 |
| Wirtschaft: | |
| Schiller* | bis 7. Juli 1972 |
| Schmidt* | ab 7. Juli 1972 |
| Arbeit: | |
| Walter Arendt (1925) SPD | |
| Ernährung: | |
| Josef Ertl (1925) FDP | |
| Post: | |
| Leber* | bis 7. Juli 1972 |
| Lauritzen* | ab 7. Juli 1972 |
| Verkehr: | |
| Leber* | bis 7. Juli 1972 |
| Lauritzen* | ab 7. Juli 1972 |
| Jugend: | |
| Strobel* | |
| Städtebau: | |
| Lauritzen* | |
| Bildung: | |
| Hans Leussink (1912) | bis 15. März 1972 |
| Klaus v. Dohnanyi* (1928) SPD | ab 15. März 1972 |
| Wirtschaftl. Zusammenarbeit: | |
| Eppler | |
| Innerdt. Bez.: | |
| Egon Franke (1913) SPD | |
| Bes. Aufgaben: | |
| Ehmke* | |

*10. Kabinett* (Koalition aus SPD und FDP)
Bundestagswahl 19. Nov. 1972, Wahl des Bundeskanzlers 14. Dez. 1972, Vereidigung des Kabinetts 15. Dez. 1972.

Kanzler:
Brandt* bis 6. Mai 1974
Auswärtiges:
Scheel*
Inneres:
Genscher*
Justiz:
Jahn
Verteidigung:
Leber*
Finanzen:
Schmidt*
Wirtschaft:
Hans Friderichs (1931) FDP
Arbeit:
Arendt
Ernährung:
Ertl
Post:
Ehmke*
Verkehr:
Lauritzen*
Jugend:
Katharina Focke (1922) SPD
Raumordnung:
Hans-Jochen Vogel* (1926) SPD
Bildung:
v. Dohnanyi*
Forschung:
Ehmke*
Wirtschaftl. Zusammenarbeit:
Eppler
Innerdt. Bez.:
Franke
Bes. Aufgaben:
Egon Bahr* (1922) SPD bis 7. Mai 1974
Werner Maihofer* (1918) FDP bis 7. Mai 1974

*11. Kabinett* (Koalition aus SPD und FDP)
Wahl des Bundeskanzlers 16. Mai 1974, Vereidigung des Kabinetts 17. Mai 1974.

Kanzler:
  Schmidt*
Auswärtiges:
  Genscher*
Inneres:
  Maihofer*
Justiz:
  Vogel*
Verteidigung:
  Leber*
Finanzen:
  Hans Apel* (1932) SPD
Wirtschaft:
  Friderichs
Arbeit:
  Arendt
Ernährung:
  Ertl
Post:
  Kurt Gscheidle* (1924) SPD
Verkehr:
  Gscheidle*
Jugend:
  Focke
Raumordnung:
  Karl Ravens (1927) SPD
Bildung:
  Helmut Rhode (1925) SPD
Forschung:
  Hans Matthöfer* (1925) SPD
Wirtschaftl. Zusammenarbeit:
  Eppler bis 8. Juli 1974
  Bahr* ab 8. Juli 1974
Innerdt. Bez.:
  Franke

*12. Kabinett* (Koalition aus SPD und FDP)
Bundestagswahl 3. Okt. 1976, Wahl des Bundeskanzlers 15. Dez. 1976, Vereidigung des Kabinetts 16. Dez. 1976.

| | |
|---|---|
| Kanzler: | |
| Schmidt* | |
| Auswärtiges: | |
| Genscher* | |
| Inneres: | |
| Maihofer* | bis 8. Juni 1978 |
| Gerhart Rudolf Baum (1932) FDP | ab 8. Juni 1978 |
| Justiz: | |
| Vogel* | |
| Verteidigung: | |
| Leber* | bis 16. Febr. 1978 |
| Apel* | ab 16. Febr. 1978 |
| Finanzen: | |
| Apel* | bis 16. Febr. 1978 |
| Matthöfer* | ab 16. Febr. 1978 |
| Wirtschaft: | |
| Friderichs | bis 7. Okt. 1977 |
| Otto Gf. Lambsdorff (1926) FDP | ab 7. Okt. 1977 |
| Arbeit: | |
| Herbert Ehrenberg (1926) SPD | |
| Ernährung: | |
| Ertl | |
| Post: | |
| Gscheidle* | |
| Verkehr: | |
| Gscheidle* | |
| Jugend: | |
| Antje Huber (1924) SPD | |
| Raumordnung: | |
| Ravens | bis 16. Febr. 1978 |
| Dieter Haack (1934) SPD | ab 16. Febr. 1978 |
| Bildung: | |
| Rhode | bis 16. Febr. 1978 |
| Jürgen Schmude* (1936) SPD | ab 16. Febr. 1978 |
| Forschung: | |
| Matthöfer* | bis 16. Febr. 1978 |
| Volker Hauff* (1940) SPD | ab 16. Febr. 1978 |

| | |
|---|---|
| Wirtschaftl. Zusammenarbeit: | |
| Marie Schlei (1919–1983) SPD | bis 16. Febr. 1978 |
| Rainer Offergeld (1937) SPD | ab 16. Febr. 1978 |
| Innerdt. Bez.: | |
| Franke | |

*13. Kabinett* (Koalition aus SPD und FDP)
Bundestagswahl 5. Okt. 1980, Wahl des Bundeskanzlers 5. Nov. 1980, Vereidigung des Kabinetts 6. Nov. 1980.

| | |
|---|---|
| Kanzler: | |
| Schmidt* | |
| Auswärtiges: | |
| Genscher* | bis 17. Sept. 1982 |
| Inneres: | |
| Baum | bis 17. Sept. 1982 |
| Justiz: | |
| Vogel* | bis 22. Jan. 1981 |
| Schmude* | ab 28. Jan. 1981 |
| Verteidigung: | |
| Apel* | |
| Finanzen: | |
| Matthöfer* | bis 28. April 1982 |
| Manfred Lahnstein (1937) SPD | ab 28. April 1982 |
| Wirtschaft: | |
| Gf. Lambsdorff | bis 17. Sept. 1982 |
| Arbeit: | |
| Ehrenberg | bis 28. April 1982 |
| Heinz Westphal (1924) SPD | ab 28. April 1982 |
| Ernährung: | |
| Ertl | bis 17. Sept. 1982 |
| Post: | |
| Gscheidle* | bis 28. April 1982 |
| Matthöfer* | ab 28. April 1982 |
| Verkehr: | |
| Hauff* | |
| Jugend: | |
| Huber | bis 28. April 1982 |
| Anke Fuchs (1937) SPD | ab 28. April 1982 |
| Raumordnung: | |
| Haack | |
| Bildung: | |
| Schmude* | bis 28. Jan. 1981 |
| Björn Engholm* (1939) SPD | ab 28. Jan. 1981 |

Forschung:
Andreas v. Bülow (1937) SPD
Wirtschaftl. Zusammenarbeit:
Offergeld
Innerdt. Bez.:
Franke

*14. Kabinett* (Koalition aus CDU/CSU und FDP)
Wahl des Bundeskanzlers durch konstruktives Mißtrauensvotum 1. Okt. 1982, Vereidigung des Kabinetts 4. Oktober 1982.

Kanzler:
Helmut Kohl* (1930) CDU
Auswärtiges:
Genscher*
Inneres:
Friedrich Zimmermann* (1925) CSU
Justiz:
Hans A. Engelhard (1934) FDP
Verteidigung:
Manfred Wörner (1934) CDU
Finanzen:
Stoltenberg*
Wirtschaft:
Gf. Lambsdorff
Arbeit:
Norbert Blüm (1935) CDU
Ernährung:
Ertl
Post:
Christian Schwarz-Schilling (1930) CDU
Verkehr:
Dollinger*
Jugend:
Heiner Geißler (1930) CDU
Raumordnung:
Oscar Schneider (1927) CSU
Bildung:
Dorothee Wilms* (1929) CDU
Forschung:
Heinz Riesenhuber (1935) CDU
Wirtschaftl. Zusammenarbeit:
Jürgen Warnke* (1932) CSU
Innerdt. Bez.:
Barzel

*15. Kabinett* (Koalition aus CDU/CSU und FDP)
Bundestagswahl 6. März 1983, Wahl des Bundeskanzlers 29. März 1983, Vereidigung des Kabinetts 30. März 1983.

| | |
|---|---|
| Kanzler: | |
| Kohl* | |
| Auswärtiges: | |
| Genscher* | |
| Inneres: | |
| Zimmermann* | |
| Justiz: | |
| Engelhard | |
| Verteidigung: | |
| Wörner | |
| Finanzen: | |
| Stoltenberg* | |
| Wirtschaft: | |
| Gf. Lambsdorff | bis 27. Juni 1984 |
| Martin Bangemann (1934) FDP | ab 27. Juni 1984 |
| Arbeit: | |
| Blüm | |
| Ernährung: | |
| Ignaz Kiechle (1930) CSU | |
| Post: | |
| Schwarz-Schilling | |
| Verkehr: | |
| Dollinger* | |
| Jugend: | |
| Geißler | bis 26. Sept. 1985 |
| Rita Süssmuth (1937) CDU | ab 26. Sept. 1985 |
| Raumordnung: | |
| Schneider | |
| Bildung: | |
| Wilms* | |
| Forschung: | |
| Riesenhuber | |
| Wirtschaftl. Zusammenarbeit: | |
| Warnke* | |
| Innerdt. Bez.: | |
| Windelen* | |
| Umwelt: | |
| Walter Wallmann* (1932) CDU | ab 6. Juni 1986 |
| Bes. Aufgaben: | |
| Wolfgang Schäuble* (1942) CDU | ab 15. Nov. 1984 |

*16. Kabinett* (Koalition aus CDU/CSU und FDP)
Bundestagswahl 25. Jan. 1987, Wahl des Bundeskanzlers 11. März 1987, Vereidigung des Kabinetts 12. März 1987.

| | |
|---|---|
| Kanzler: | |
| Kohl* | |
| Auswärtiges: | |
| Genscher* | |
| Inneres: | |
| Zimmermann* | bis 13. April 1989 |
| Schäuble* | ab 13. April 1989 |
| Justiz: | |
| Engelhard | |
| Verteidigung: | |
| Wörner | bis 18. Mai 1988 |
| Rupert Scholz (1937) CDU | ab 18. Mai 1988 bis 13. April 1989 |
| Stoltenberg* | ab 13. April 1989 |
| Finanzen: | |
| Stoltenberg* | bis 13. April 1989 |
| Theo Waigel (1939) CSU | ab 13. April 1989 |
| Wirtschaft: | |
| Bangemann | bis 9. Dez. 1988 |
| Helmut Haussmann (1943) FDP | ab 9. Dez. 1988 |
| Arbeit: | |
| Blüm | |
| Ernährung: | |
| Kiechle | |
| Post: | |
| Schwarz-Schilling | |
| Verkehr: | |
| Warnke* | bis 13. April 1989 |
| Zimmermann* | ab 13. April 1989 |
| Jugend: | |
| Süssmuth | bis 25. Nov. 1988 |
| Ursula Lehr (1930) CDU | ab 9. Dez. 1988 |
| Raumordnung: | |
| Schneider | bis 13. April 1989 |
| Gerda Hasselfeldt* (1950) CSU | ab 13. April 1989 |
| Bildung: | |
| Jürgen W. Möllemann* (1945) FDP | |
| Forschung: | |
| Riesenhuber | |
| Wirtschaftl. Zusammenarbeit: | |
| Hans Klein* (1931) CSU | bis 13. April 1989 |
| Warnke* | ab 13. April 1989 |

| | |
|---|---|
| Innerdt. Bez.: | |
| Wilms* | |
| Umwelt: | |
| Wallmann* | bis 22. April 1987 |
| Klaus Töpfer (1938) CDU | ab 7. Mai 1987 |
| Bes. Aufgaben: | |
| Schäuble* | bis 13. April 1989 |
| Klein* | ab 13. April 1989 |
| Ohne Geschäftsbereich: | |
| Lothar de Maizière* (1940) CDU | ab 4. Okt. 1990 bis 17. Dez. 1990 |
| Sabine Bergmann-Pohl* (1947) CDU | ab 4. Okt. 1990 |
| Günther Krause* (1953) CDU | ab 4. Okt. 1990 |
| Rainer Ortleb* (1944) FDP | ab 4. Okt. 1990 |
| Hansjoachim Walther (1939) DSU | ab 4. Okt. 1990 |

*17. Kabinett* (Koalition aus CDU/CSU und FDP)
Bundestagswahl 2. Dez. 1990, Wahl des Bundeskanzlers 17. Jan. 1991, Vereidigung des Kabinetts 18. Jan. 1991.

| | |
|---|---|
| Kanzler: | |
| Kohl* | |
| Auswärtiges: | |
| Genscher* | bis 18. Mai 1992 |
| Klaus Kinkel* (1936) FDP | ab 18. Mai 1992 |
| Inneres: | |
| Schäuble* | bis 26. Nov. 1991 |
| Rudolf Seiters* (1937) CDU | ab 26. Nov. 1991 bis 7. Juli 1993 |
| Manfred Kanther (1939) CDU | ab 7./12. Juli 1993 |
| Justiz: | |
| Kinkel* | bis 18. Mai 1992 |
| Sabine Leutheußer-Schnarrenberger (1951) FDP | ab 18. Mai 1992 |
| Verteidigung: | |
| Stoltenberg* | bis 31. März 1992 |
| Volker Rühe (1942) CDU | ab 1. April 1992 |
| Finanzen: | |
| Waigel | |
| Wirtschaft: | |
| Möllemann* | bis 21. Jan. 1993 |
| Günther Rexrodt (1941) FDP | ab 21. Jan. 1993 |
| Arbeit: | |
| Blüm | |

| | |
|---|---|
| Ernährung: | |
| Kiechle | bis 21. Jan. 1993 |
| Jochen Borchert (1940) CDU | ab 21. Jan. 1993 |
| Post: | |
| Schwarz-Schilling | bis 14. Dez. 1992 |
| Wolfgang Bötsch (1938) CSU | ab 21. Jan. 1993 |
| Verkehr: | |
| Krause* | bis 13. Mai 1993 |
| Matthias Wissmann* (1949) CDU | ab 13. Mai 1993 |
| Jugend und Frauen: | |
| Angela Merkel (1954) CDU | |
| Familie und Senioren: | |
| Hannelore Rönsch (1942) CDU | |
| Gesundheit: | |
| Hasselfeldt* | bis 27. April 1992 |
| Horst Seehofer (1949) CSU | ab 6. Mai 1992 |
| Umwelt: | |
| Töpfer | |
| Raumordnung: | |
| Irmgard Schwaetzer (1942) FDP | |
| Forschung: | |
| Riesenhuber | bis 21. Jan. 1993 |
| Wissmann* | 21. Jan. bis 13. Mai 1993 |
| Paul Krüger CDU | ab 13. Mai 1993 |
| Bildung: | |
| Ortleb* | |
| Wirtschaftl. Zusammenarbeit: | |
| Carl Dieter Spranger (1939) CSU | |
| Bes. Aufgaben: | |
| Seiters* | bis 26. Nov. 1991 |
| Friedrich Bohl (1945) CDU | ab 26. Nov. 1991 |

## DEUTSCHE DEMOKRATISCHE REPUBLIK

Kommunistische Volksrepublik, begründet 7. Oktober 1949, erste freie Wahl 18. März 1990, am 3. Oktober 1990 in der Bundesrepublik Deutschland aufgegangen.

Staatsoberhäupter:

| | |
|---|---|
| Wilhelm Pieck* (1876–1960) SED | 11. Okt. 1949–7. Sept. 1960 |
| Walter Ulbricht* (1893–1973) SED | 12. Sept. 1960–1. Aug. 1973 |
| Willi Stoph* (1914) SED | 3. Okt. 1973–29. Okt. 1976 |
| Erich Honecker* (1912) SED | 29. Okt. 1976–18. Okt. 1989 |
| Egon Krenz* (1937) SED | 24. Okt. 1989–6. Dez. 1989 |
| Manfred Gerlach (1928) LDPD | 6. Dez. 1989–10. April 1990 |
| Sabine Bergmann-Pohl* (1947) CDU | 10. April 1990–3. Okt. 1990 |

Regierungschefs:

| | |
|---|---|
| Otto Grotewohl* (1894–1964) SED | 11. Okt. 1949–21. Sept. 1964 |
| Willi Stoph* (1914) SED | 24. Sept. 1964–3. Okt. 1973 |
| Horst Sindermann (1915–1990) SED | 3. Okt. 1973–29. Okt. 1976 |
| Stoph (2. Mal) | 29. Okt. 1976–17. Nov. 1989 |
| Hans Modrow (1928) SED bzw. PDS | 17. Nov. 1989–12. April 1990 |
| Lothar de Maizière* (1940) CDU | 12. April 1990–3. Okt. 1990 |

Parteichefs der SED bis zur Streichung des Führungsanspruchs aus der Verfassung 1. Dezember 1989:

| | |
|---|---|
| Wilhelm Pieck* (1876–1960) und Otto Grotewohl* (1894–1964) | 22. April 1946–25. Juli 1953 |
| Walter Ulbricht* (1893–1973) | 26. Juli 1953–3. Mai 1971 |
| Erich Honecker* (1912) | 3. Mai 1971–18. Okt. 1989 |
| Egon Krenz* (1937) | 18. Okt. 1989–3. Dez. 1989 |

# BUNDESLÄNDER DER BUNDESREPUBLIK DEUTSCHLAND

## Baden

1946/47 konstituiertes Land der französischen Zone, 1949 Bundesland, 1952 zu Baden-Württemberg (vgl. dieses).

| Präs. d. Staatssekretariats/Staatspräsident: | |
|---|---|
| Leo Wohleb (1888–1955) BCSV bzw. CDU | 3. Dez. 1946/24. Juli 1947–17. Mai 1952 |

## Baden-Württemberg

Durch Zusammenschluß von Baden, Württemberg-Baden und Württemberg-Hohenzollern (vgl. diese) am 25. April 1952 konstituiertes Bundesland.

| Ministerpräsidenten: | |
|---|---|
| Reinhold Maier* (1889–1971) FDP/DVP | 25. April 1952–30. Sept. 1953 |
| Gebhard Müller* (1900–1990) CDU | 30. Sept. 1953–9. Dez. 1958 |
| Kurt Georg Kiesinger* (1904–1988) CDU | 17. Dez. 1958–1. Dez. 1966 |
| Hans Filbinger (1913) CDU | 16. Dez. 1966–21. Aug. 1978 |
| Lothar Späth (1937) CDU | 30. Aug. 1978–13. Jan. 1991 |
| Erwin Teufel (1939) CDU | 22. Jan. 1991– |

## Bayern

1945 konstituiertes Land der amerikanischen Zone, 1949 Bundesland.

| Ministerpräsidenten: | |
|---|---|
| Fritz Schäffer* (1888–1967) BVP bzw. CSU | 28. Mai 1945–28. Sept. 1945 |
| Wilhelm Hoegner (1887–1980) SPD | 3. Okt. 1945–16. Dez. 1946 |
| Hans Ehard (1887–1980) CSU | 21. Dez. 1946–13. Dez. 1954 |
| Hoegner (2. Mal) | 14. Dez. 1954–8. Okt. 1957 |
| Hanns Seidel (1901–1961) CSU | 16. Okt. 1957–22. Jan. 1960 |
| Ehard (2. Mal) | 26. Jan. 1960–11. Dez. 1962 |
| Alfons Goppel (1905–1991) CSU | 11. Dez. 1962–6. Nov. 1978 |

| | |
|---|---|
| Franz Josef Strauß* (1915–1988) CSU | 6. Nov. 1978–3. Okt. 1988 |
| Max Streibl (1932) CSU | 19. Okt. 1988–27. Mai 1993 |
| Edmund Stoiber (1941) CSU | 28. Mai 1993– |

**Berlin**

West-Berlin 1950 konstituiertes Land unter Viermächtestatut (1990 aufgehoben), 1990 mit Ost-Berlin (wieder)vereinigt und Bundesland.

Regierende Bürgermeister:

| | |
|---|---|
| Ernst Reuter (1889–1953) SPD (zunächst als Oberbürgermeister) | 14. Jan. 1949–29. Sept. 1953 |
| Walther Schreiber (1884–1958) CDU | 22. Okt. 1953–11. Jan. 1955 |
| Otto Suhr (1894–1957) SPD | 11. Jan. 1955–30. Aug. 1957 |
| Willy Brandt* (1913–1992) SPD | 3. Okt. 1957–1. Dez. 1966 |
| Heinrich Albertz (1915–1993) SPD | 14. Dez. 1966–26. Sept. 1967 |
| Klaus Schütz (1926) SPD | 19. Okt. 1967–29. April 1977 |
| Dietrich Stobbe (1938) SPD | 2. Mai 1977–15. Jan. 1981 |
| Hans-Jochen Vogel* (1926) SPD | 23. Jan. 1981–11. Juni 1981 |
| Richard v. Weizsäcker* (1920) CDU | 11. Juni 1981–9. Febr. 1984 |
| Eberhard Diepgen (1941) CDU | 9. Febr. 1984–16. März 1989 |
| Walter Momper (1945) SPD | 16. März 1989–24. Jan. 1991 |
| Diepgen (2. Mal) | 24. Jan. 1991– |

**Brandenburg**

1946/47 konstituiertes Land (bis 24. Juli 1947 Provinz) der sowjetischen Zone, im Juli 1952 aufgelöst, im Oktober 1990 mit veränderten Grenzen wiederbegründet und Bundesland.

Ministerpräsidenten:

| | |
|---|---|
| Karl Steinhoff (1892–1981) SED | 20. Dez. 1946–5. Dez. 1949 |
| Rudi Jahn (1906–1990) SED | 5. Dez. 1952–23. Juli 1952 |
| | |
| Manfred Stolpe (1935) SPD | 1. Nov. 1990– |

**Bremen**
1946 konstituiertes Land der amerikanischen Zone, 1949 Bundesland.

Senatspräsidenten:

| | |
|---|---|
| Wilhelm Kaisen (1887–1979) SPD | 1. Aug. 1945–17. Juli 1965 |
| Willy Dehnkamp (1903) SPD | 20. Juli 1965–28. Nov. 1967 |
| Hans Koschnick (1929) SPD | 28. Nov. 1967–17. Sept. 1985 |
| Klaus Wedemeier (1944) SPD | 18. Sept. 1985– |

**Hamburg**
1946 konstituiertes Land der britischen Zone, 1949 Bundesland.

Erste Bürgermeister:

| | |
|---|---|
| Rudolf Petersen (1879–1962) parteilos | 15. Mai 1945–15. Nov. 1946 |
| Max Brauer (1887–1973) SPD | 15. Nov. 1946–2. Dez. 1953 |
| Kurt Sieveking (1897–1986) CDU | 2. Dez. 1953–27. Nov. 1957 |
| Brauer (2. Mal) | 4. Dez. 1957–31. Dez. 1960 |
| Paul Nevermann (1902–1979) SPD | 1. Jan. 1961–9. Juni 1965 |
| Herbert Weichmann (1896–1983) SPD | 9. Juni 1965–9. Juni 1971 |
| Peter Schulz (1930) SPD | 16. Juni 1971–4. Nov. 1974 |
| Hans-Ulrich Klose (1937) SPD | 12. Nov. 1974–25. Mai 1981 |
| Klaus v. Dohnanyi* (1928) SPD | 24. Juni 1981–1. Juni 1988 |
| Henning Voscherau (1941) SPD | 8. Juni 1988– |

**Hessen**
1945 konstituiertes Land der amerikanischen Zone, 1949 Bundesland.

Ministerpräsidenten:

| | |
|---|---|
| Karl Geiler (1878–1953) | 12. Okt. 1945–3. Jan. 1947 |
| Christian Stock (1884–1967) SPD | 3. Jan. 1947–9. Jan. 1951 |
| Georg August Zinn (1901–1976) SPD | 10. Jan. 1951–3. Okt. 1969 |
| Albert Osswald (1919) SPD | 3. Okt. 1969–19. Okt. 1976 |
| Holger Börner (1931) SPD | 20. Okt. 1976–23. April 1987 |
| Walter Wallmann* (1932) CDU | 23. April 1987–5. April 1991 |
| Hans Eichel (1941) SPD | 5. April 1991– |

**Mecklenburg-Vorpommern**

1946/47 konstituiertes Land der sowjetischen Zone, im Juli 1952 aufgelöst, im Oktober 1990 mit veränderten Grenzen wiederbegründet und Bundesland.

Ministerpräsidenten:

| | |
|---|---|
| Willi Höcker (1886–1955) SED | 9. Dez. 1946–20. Juli 1951 |
| Kurt Bürger (1894–1951) SED | 20. Juli 1951–28. Juli 1951 |
| Bernhard Quandt (1903) SED | 30. Juli 1951–23. Juli 1952 |
| Alfred Gomolka (1942) CDU | 27. Okt. 1990–19. März 1992 |
| Berndt Seite (1940) CDU | 19. März 1992– |

**Niedersachsen**

1946 konstituiertes Land der britischen Zone, 1949 Bundesland.

Ministerpräsidenten:

| | |
|---|---|
| Hinrich Wilhelm Kopf (1893–1961) SPD | 23. Nov. 1946–26. Mai 1955 |
| Heinrich Hellwege* (1908–1991) DP | 26. Mai 1955–12. Mai 1959 |
| Kopf (2. Mal) | 12. Mai 1959–21. Dez. 1961 |
| Georg Diederichs (1900–1983) SPD | 29. Dez. 1961–8. Juli 1970 |
| Alfred Kubel (1909) SPD | 8. Juli 1970–15. Jan. 1976 |
| Ernst Albrecht (1930) CDU | 6. Febr. 1976–21. Juni 1990 |
| Gerhard Schröder (1944) SPD | 21. Juni 1990– |

**Nordrhein-Westfalen**

1946 konstituiertes Land der britischen Zone, 1949 Bundesland.

Ministerpräsidenten:

| | |
|---|---|
| Rudolf Amelunxen (1888–1969) Z | 17. Aug. 1946–17. Juni 1947 |
| Karl Arnold (1901–1958) CDU | 17. Juni 1947–20. Febr. 1956 |
| Fritz Steinhoff (1897–1969) SPD | 20. Febr. 1956–21. Juli 1958 |
| Franz Meyers (1908) CDU | 21. Juli 1958–8. Dez. 1966 |
| Heinz Kühn (1912–1992) SPD | 8. Dez. 1966–20. Sept. 1978 |
| Johannes Rau (1931) SPD | 20. Sept. 1978– |

**Rheinland-Pfalz**
1946 konstituiertes Land der französischen Zone, 1949 Bundesland.

Ministerpräsidenten:

| | |
|---|---|
| Wilhelm Boden (1890–1961) CDU | 2. Dez. 1946–9. Juli 1947 |
| Peter Altmeier (1899–1977) CDU | 9. Juli 1947–19. Mai 1969 |
| Helmut Kohl* (1930) CDU | 19. Mai 1969–2. Dez. 1976 |
| Bernhard Vogel* (1932) CDU | 2. Dez. 1976–2. Dez. 1988 |
| Carl-Ludwig Wagner (1930) CDU | 8. Dez. 1988–21. Mai 1991 |
| Rudolf Scharping (1947) SPD | 21. Mai 1991– |

**Saarland**
1947 konstituiertes Land unter französischer Oberhoheit, 1957 Bundesland.

Ministerpräsidenten:

| | |
|---|---|
| Johannes Hoffmann (1890–1967) CVP | 15. Dez. 1947–23. Okt. 1955 |
| Heinrich Welsch (1888) | 29. Okt. 1955–10. Jan. 1956 |
| Hubert Ney (1892–1984) CDU | 10. Jan. 1956–4. Juni 1957 |
| Egon Reinert (1908–1959) CDU | 4. Juni 1957–23. April 1959 |
| Franz Josef Röder (1909–1979) CDU | 30. April 1959–26. Juni 1979 |
| Werner Zeyer (1929) CDU | 5. Juli 1979–9. April 1985 |
| Oskar Lafontaine (1943) SPD | 9. April 1985– |

**Sachsen**
1945 konstituiertes Land der sowjetischen Zone, im Juli 1952 aufgelöst, im Oktober 1990 mit veränderten Grenzen wiederbegründet und Bundesland.

Ministerpräsidenten:

| | |
|---|---|
| Rudolf Friedrichs (1892–1947) SPD bzw. SED | Juli 1945–13. Juni 1947 |
| Max Seydewitz (1892–1987) SED | 31. Juli 1947–23. Juli 1952 |
| Kurt H. Biedenkopf (1930) CDU | 27. Okt. 1990– |

**Sachsen-Anhalt**

1945/47 konstituiertes Land (bis 21. Juli 1947 Provinz) der sowjetischen Zone, im Juli 1952 aufgelöst, im Oktober 1990 mit veränderten Grenzen wiederbegründet und Bundesland.

Ministerpräsidenten:

| | |
|---|---|
| Erhard Hübener (1881–1952) LDP | Aug. 1945–13. Aug. 1949 |
| Werner Bruschke (1898) SED | 13. Aug. 1949–23. Juli 1952 |
| | |
| Gerd Gies (1943) CDU | 28. Okt. 1990–4. Juli 1991 |
| Werner Münch (1940) CDU | 4. Juli 1991–28. Nov. 1993 |
| Christoph Bergner (1948) CDU | 2. Dez. 1993– |

**Schleswig-Holstein**

1946 konstituiertes Land der britischen Zone, 1949 Bundesland.

Ministerpräsidenten:

| | |
|---|---|
| Theodor Steltzer (1885–1967) CDU | 12. Sept. 1946–29. April 1947 |
| Hermann Lüdemann (1880–1959) SPD | 29. April 1947–29. Aug. 1949 |
| Bruno Diekmann (1897–1982) SPD | 29. Aug. 1949–5. Sept. 1950 |
| Walter Bartram (1893–1971) CDU | 5. Sept. 1950–23. Juni 1951 |
| Friedrich Wilhelm Lübke (1887–1954) CDU | 25. Juni 1951–2. Okt. 1954 |
| Kai-Uwe v. Hassel* (1913) CDU | 11. Okt. 1954–7. Jan. 1963 |
| Helmut Lemke (1907–1990) CDU | 14. Jan. 1963–14. Mai 1971 |
| Gerhard Stoltenberg* (1928) CDU | 24. Mai 1971–4. Okt. 1982 |
| Uwe Barschel (1944–1987) CDU | 14. Okt. 1982–2./11. Okt. 1987 |
| Henning Schwarz (1928–1993) CDU geschäftsf. | 2./11. Okt. 1987–31. Mai 1988 |
| Björn Engholm* (1939) SPD | 31. Mai 1988–3. Mai 1993 |
| Heide Simonis (1943) SPD | 19. Mai 1993– |

**Thüringen**

1945/46 konstituiertes Land der sowjetischen Zone, im Juli 1952 aufgelöst, im Oktober 1990 mit veränderten Grenzen wiederbegründet und Bundesland.

Ministerpräsidenten:

| | |
|---|---|
| Rudolf Paul (1893–1978) SPD bzw. SED | Juli 1945–1. Sept. 1947 |
| Werner Eggerath (1900–1977) SED | 9. Okt. 1947–23. Juli 1952 |
| Josef Duchač (1938) CDU | 8. Nov. 1990–5. Febr. 1992 |
| Bernhard Vogel* (1932) CDU | 5. Febr. 1992– |

**Württemberg-Baden**

1945 konstituiertes Land der amerikanischen Zone, 1949 Bundesland, 1952 zu Baden-Württemberg (vgl. dieses).

Ministerpräsident:

| | |
|---|---|
| Reinhold Maier* (1889–1971) FDP/DVP | 14./24. Sept. 1945–25. April 1952 |

**Württemberg-Hohenzollern**

1945/47 konstituiertes Land der französischen Zone, 1949 Bundesland, 1952 zu Baden-Württemberg (vgl. dieses).

Präs. d. Staatssekretariats:

| | |
|---|---|
| Carlo Schmid* (1896–1979) SPD | 16. Okt. 1945/9. Dez. 1946–22. Juli 1947 |

Staatspräsidenten:

| | |
|---|---|
| Lorenz Bock (1883–1948) CDU | 22. Juli 1947–4. Aug. 1948 |
| Gebhard Müller* (1900–1990) CDU | 13. Aug. 1948–17. Mai 1952 |

# ANHANG

# ZUR EINRICHTUNG DES BANDES

Nicht alle Staatsbildungen der durch schriftliche Überlieferung belegbaren Weltgeschichte konnten in das vorliegende Kompendium aufgenommen werden. Die wichtigsten Kriterien für Auswahl und Gliederung seien deshalb an dieser Stelle knapp umrissen.

Die vorab getroffene Unterscheidung in historische (Teil I) und moderne Staaten (Teil II) geschah mit der Absicht, Kontinuitätsbrüche als solche zu verdeutlichen. So endete beispielsweise das Römische Weltreich trotz der renovatio imperii durch Karolinger und Ottonen und trotz der Legende vom »Dritten Rom« in Moskau im 5., spätestens jedoch im 7. Jahrhundert, als der griechische Charakter des (ost-)römischen (byzantinischen) Reichs eine klare Ausprägung erfuhr. Moderne Nachfolge hat das Reich, an dessen Ewigkeit unzählige Generationen geglaubt haben, nicht gefunden. China dagegen blickt auf eine vergleichsweise ungebrochene staatliche Tradition (wenngleich nicht durchweg als Einheitsstaat) von mindestens 3500 Jahren zurück. Diese unterschiedlichen Entwicklungen finden in der Anordnung der Artikel ihren Niederschlag.

Wenn für Deutschland ein eigener Teil (III) reserviert wurde, so geschah dies nicht bloß mit Rücksicht auf vermutete Interessen und Wünsche der Benutzer, sondern auch aus sachlichen Gründen. Moderne Staatlichkeit entwickelte sich in Deutschland in den Territorien, nicht auf der Ebene des Reiches. Ein deutscher Nationalstaat ist erst 1866/1871 entstanden. Zuvor hatte sich nach der Niederlegung der Kaiserkrone durch Franz II. Staatlichkeit sogar ausschließlich in den Ländern manifestiert. Und auch nach der Reichsgründung kam diesen Ländern mindestens bis 1914/1918 eine bedeutsame Rolle zu. In veränderter Gestalt sind sie 1945–1949 dann noch einmal zu exklusiven Hütern der Staatlichkeit in Deutschland geworden. Die deutsche Geschichte ist also ungleich komplexer als jene der großen westeuropäischen Nationalstaaten. Dieser Komplexität Rechnung zu tragen, die schwierige Genese deutscher Staatlichkeit anschaulich zu machen, dient die ausführlichere Behandlung der deutschen Staatenwelt in einem eigenen Teil.

Für die Auswahl der historischen Staaten lassen sich präzise

Kriterien nur schwer entwickeln. Selbstverständlich konnten nur solche Staaten aufgenommen werden, für die wir fortlaufende Herrscherlisten oder doch wenigstens einige Namen besitzen. Die alten Induskulturen schieden daher aus – auch wenn sie uns eindrucksvolle Kulturdenkmale hinterlassen haben. Bei den Staaten, wo wir die Namen der Herrschenden vollständig oder teilweise kennen, galten Größe, historische Bedeutung und identitätsstiftende Wirkung als wichtigste Auswahlkriterien. Von den Staatsbildungen mit imperialem Anspruch fehlt daher keine. Was Europa anlangt, so wurden hier auch kleinere Staaten aufgenommen – vor allem dann, wenn diese in der Neuzeit noch eine gewisse Bedeutung besaßen – wie etwa die italienischen Mittel- und Kleinstaaten – oder allein durch ihre bloße Existenz welthistorischen Rang behaupten, was z.B. unbestreitbar für die Kreuzfahrerstaaten gilt.

Sehr viel schwieriger gestaltete sich die Auswahl der außereuropäischen historischen Staaten – nicht so sehr im Falle Amerikas, wo wir eben nur für das Azteken- und das Inkareich einigermaßen zuverlässige Herrscherlisten besitzen, wohl aber im Falle Asiens und Afrikas. Hier konnten nur die wichtigsten Staatsbildungen berücksichtigt werden. Trotz dieser Beschränkung wird der Benutzer aus den entsprechenden Tabellen unschwer ersehen, daß in Übersee schon lange vor Ankunft der Europäer hochentwickelte Staatswesen bestanden, daß die moderne Staatlichkeit dort jedenfalls nicht nur aus kolonialen Wurzeln erwachsen ist. Eingefügt wurde im Anschluß ein Abschnitt Kurzlebige nachkoloniale Staaten.

In den Teil Moderne Staaten wurden mit ganz wenigen Ausnahmen sämtliche souveräne Staaten aufgenommen, die am 31. Oktober 1993 existierten. Die erste Ausnahme bildet der europäische Zwergstaat San Marino, dessen komplizierte Verfassungsstruktur eine Aufnahme verbot. Hier erfüllen jeweils zwei für sechs Monate gewählte Capitani Reggenti gemeinsam die Funktion des Staatsoberhaupts. Eine Liste dieser Amtsträger erschien angesichts der geringen Bedeutung der Ämter wie des Staates selbst entbehrlich. Die zweite Ausnahme betrifft die südafrikanischen ehemaligen Bantustans Transkei, Bophuthatswana, Venda und Ciskei, die im Verlaufe der letzten Jahre zwar offiziell ihre Unabhängigkeit erlangten, aber außer von Südafrika von keinem Staat anerkannt wurden und damit international respektierter Souveränität ermangeln (bei der »Türkischen Republik von Nordcypern«, auf die Vergleichbares zutrifft, die aber dennoch unter dem Hauptartikel Cypern Aufnahme fand, dürfte der angebrachte Hinweis vor Mißverständnissen schützen).

Die dritte Ausnahme schließlich betrifft die Nachfolgestaaten der Sowjetunion. Die souveränen Mitglieder der Gemeinschaft Unabhängiger Staaten (GUS) sind nicht alphabetisch eingeordnet; sie folgen vielmehr dem Hauptartikel Rußland/Sowjetunion – und zwar unter Einschluß des erst vor kurzem beigetretenen Georgien. Zwar sind die meisten Republiken der ehemaligen Sowjetunion noch im Jahr 1991 als unabhängige Staaten von der Völkergemeinschaft akzeptiert worden, doch bleibt abzuwarten, ob sie nicht unter Führung Rußlands zu einer neuen (kon-)föderativen Ordnung finden. Die drei baltischen Republiken sind demgegenüber wohl definitiv aus dem russischen Staatsverband ausgeschieden und entsprechend als Hauptartikel unter die souveränen Staaten Europas aufgenommen.

Problematischer noch als Aufnahme oder Ausschluß der angesprochenen Staaten sind in Teil II die durch die Artikel implizit getroffenen Entscheidungen über Kontinuität und Diskontinuität der staatlichen Entwicklung einzelner Länder. Hier wird mancher Spezialist, erst recht aber jener, der nationalen Ideologien und Legenden verpflichtet ist, einiges auszusetzen finden. Die getroffenen Entscheidungen scheinen indes vertretbar. Denn obwohl das moderne Bulgarien ganz selbstverständlich seine Wurzeln in den alten Reichsbildungen des frühen und hohen Mittelalters sucht, Kontinuitäten geradezu beschwört (man denke etwa an die Namengebung der letzten bulgarischen Könige!), und obwohl – um ein anderes Beispiel zu zitieren – das heutige Mexico Identifikation sucht mit den alten indianischen Kulturen auf seinem Boden, dem letzten Aztekenherrscher gar ein Nationaldenkmal errichtete, so ist doch ganz unbestreitbar, daß die vielhundertjährige Fremdherrschaft der Türken bzw. der Spanier tiefgreifende Änderungen der nationalen Kultur wie des sozialen Systems bewirkte, die es ausschließen, durch die Gestaltung der Artikel nicht vorhandene Kontinuitäten aufzuweisen. Ganz zweifellos gehören die bulgarischen und andere Reichsbildungen, die Reiche der Khmer, der Almoraviden, der Azteken und Inka in den Bereich der historischen Staaten, auch wenn man in Bulgarien, Kambodscha, Marokko, Mexico und Peru die Tradition des heutigen Staatswesens in die Vergangenheit zu verlängern sucht und große Herrscher längst vergangener Zeiten als Nationalheroen verehrt. Andererseits ist aber auch unbestreitbar, daß z. B. die 125-jährige Fremdherrschaft von Russen, Deutschen und Österreichern in Polen dessen nationale Kontinuität nicht zu zerstören vermochte, so daß in diesem Falle eine von den Piasten bis in die Gegenwart reichende Kontinuitätslinie gezogen werden darf.

Anordnung und Einrichtung der Artikel folgen also historisch begründeten Gesichtspunkten, nicht den jeweiligen nationalen Identitätslegenden, die beispielsweise im Iran dahin führten, daß man im Oktober 1971 prunkvoll das 2500-jährige Bestehen der persischen Monarchie feierte. Hier wie auch in Ägypten, im Irak, in Israel und in anderen Gebieten mit Überresten ältester Hochkulturen besteht in aller Regel keine Kontinuität über die Jahrtausende hinweg. Das ausführliche Register der Staaten, Länder, Großräume und Dynastien gestattet freilich, die unterschiedlichen Herrschaftsbildungen auf immer demselben Boden zu verfolgen und dergestalt auch nationale Identitätslegenden nachzuvollziehen.

In Teil III folgen dem Heiligen Römischen Reich die hochmittelalterlichen (Stammes-)Herzogtümer mit Ausnahme Österreichs und Lothringens sowie sämtliche spätmittelalterlichen und frühneuzeitlichen Territorien, die bis zum Ende des Reiches in den Besitz der Kurwürde gelangten. Die Länder des Deutschen Bundes (und des späteren Kaiserreichs) wurden mit Ausnahme der Freien Städte (Lübeck, Frankfurt, Bremen und Hamburg) und jener Gebiete, die in Personalunion mit auswärtigen Mächten verbunden waren (Holstein, Luxemburg-Limburg, Lauenburg), sowie mit Ausnahme Österreichs und Liechtensteins vollständig gemäß der Reichsverfassung vom 28. März 1849 aufgenommen. Bei Österreich und Liechtenstein wurde entgegen dem Postulat der historisch begründeten Einordnung die Tatsache berücksichtigt, daß diese Staaten schon 1866 mit der Auflösung des Deutschen Bundes aus dem deutschen Staatsverband hinausgedrängt wurden und im Verlaufe des 20. Jahrhunderts langsam eine spezifische Staatsidentität zu gewinnen vermochten.

Die Kontinuität der behandelten Länder reicht im allgemeinen bis 1945. Dennoch wurden die Regierungschefs der nationalsozialistischen Zeit in der Regel nicht nachgewiesen, weil sie den Reichsstatthaltern stets vollständig untergeordnet blieben, und die Länder überhaupt nahezu sämtliche Merkmale eigenständiger Staatlichkeit eingebüßt hatten. Für das Deutsche Reich bis 1945 und die Bundesrepublik Deutschland werden vollständige (vor

1918 war der Reichskanzler der einzige verantwortliche Reichsminister) Kabinettslisten geboten, für die Deutsche Demokratische Republik nur die Inhaber der wichtigsten Ämter. Die abschließende Liste der Bundesländer ist natürlich vollständig und schließt die schon zur Geschichte gewordenen ehemaligen Länder des deutschen Südwestens ebenso ein wie das erst 1957 beigetretene Saarland und die 1990 wiederbegründeten und in das Bundesgebiet eingegliederten Länder, die schon zwischen 1946/47 und 1952 in der SBZ bzw. DDR bestanden hatten.

In der Hauptsache stützen sich die vorliegenden Tabellen auf die S. 398ff. verzeichnete Literatur, deren Quellennähe freilich sehr unterschiedlich ist. Exzellenten Forschungsarbeiten wie z. B. der Römischen Kaisertabelle von D. Kienast, die direkt aus den Quellen geschöpft ist, stehen hier eher anspruchslose Kompilationen gegenüber, denen jeglicher Bezug zu den Quellen fehlt. In jedem Fall wurde schon mit Rücksicht auf die großen Unsicherheiten bezüglich der Tagesangaben versucht, unterschiedliche Vorlagen vergleichend heranzuziehen, wobei in der Regel jene den Vorzug erhielt, die einen Quellenbeleg enthielt. Oft fußt dergestalt ein einzelner Artikel auf mehreren Autoren, weshalb sich ein durchgängiges Belegsystem schon aus Raumgründen verbot.

Sämtliche für die Zeit vor dem 7. Jahrhundert v. Chr. genannten Daten sind unsicher und können lediglich ungefähre Anhaltspunkte liefern. Für Ägypten herrscht über den Beginn des Mittleren Reiches zwar weitgehendes Einvernehmen, alle weiteren Daten jedoch bis zu den Anfängen der XXVI. Dynastie sind nicht wirklich gesichert, da gerade durch die jüngste Forschung das chronologische Gerüst des Neuen Reiches wieder ins Wanken geraten ist. Für die mesopotamischen Reiche ist durchgängig der Ansatz der Mittleren Chronologie gewählt worden, deren Unterschied zur Kurzen Chronologie 64 Jahre beträgt, was allein schon hinreichend deutlich macht, wie unsicher die Datierungen im 2. vorchristlichen Jahrtausend sind. Bei den Zeitgenossen Rimsin I. von Larsa, Hammurabi von Babylon und Šamši-Adad I. von Assur ist der Ansatz der Kurzen Chronologie in Klammern beigefügt. Immerhin können die Angaben wenigstens hinsichtlich der Länge der Regierungszeiten als einigermaßen zuverlässig gelten.

Der Benutzer wird auch bei jüngeren Staaten immer wieder mit großen Unsicherheiten in der Datierung konfrontiert, die in aller Regel durch ein ? oder durch ein vorgestelltes »um« als solche ausgewiesen werden. Freilich geschieht es mitunter auch, daß ein längst als gesichert geltendes Datum wieder fraglich wird. Als Beispiel sei hier das Geburtsjahr Karls des Großen genannt, der nicht – wie fast alle Nachschlagewerke angeben – 741, sondern nach Ausweis der jüngeren Forschung (K. F. Werner: Das Geburtsdatum Karls des Großen, in: FRANCIA 1 (1972), S. 115ff.) 747 geboren wurde. Derartige Forschungsergebnisse wurden so weit wie möglich berücksichtigt und eingearbeitet. Vollständigkeit diesbezüglich kann aber natürlich nicht zugesichert werden.

Für die Gestaltung der Artikel galt generell, daß sie den Ablauf der Ereignisse möglichst wirklichkeitsnah wiedergeben sollten. Das heißt, daß z.B. Perioden der Fremdbeherrschung als solche ausgewiesen werden, besonders dann, wenn ein fremder Monarch einen formalen Rechtstitel zur Beherrschung eines Landes faktisch durchzusetzen vermochte – wie etwa Ludwig XII. und Franz I. von Frankreich für jeweils einige Jahre im Herzogtum Mailand. Inhaltsleere, also faktisch nicht durchgesetzte Rechtsansprüche – wie der des englischen Königs auf den französischen Thron bis zum Beginn des 19. Jahrhunderts – wurden dagegen nicht angegeben.

Wirklichkeitsnähe bedeutet ferner, daß generell nur die tatsächlich im Besitz der Macht befindlichen Regierungen und Herrscher genannt werden – ungeachtet der rechtlichen Situation. Als Beispiel diene hier Kambodscha, für das seit Januar 1979 das weltweit keineswegs anerkannte Regime Heng Samrin als faktisch regierend dargestellt wird, während die Untergrundregierungen Pol Pot und Khieu Samphan wie alle Untergrund-, Gegen- und Exilregierungen nicht erscheinen.

Durch das Postulat der Wirklichkeitsnähe wurde auch die Entscheidung beeinflußt, für jene Präsidenten eines Landes, die unter ihrem verstorbenen Vorgänger als Vizepräsidenten gedient hatten und diesem daher unmittelbar nachfolgten, später aber die Präsidentschaft durch Wahl oder Einsetzung aus eigenem Recht erlangten, das frühestmögliche Datum zu nennen. Für die beiden ägyptischen Präsidenten Sadat und Mubarak beispielsweise bedeutet dies, daß nicht ihre eigene Wahl zum Präsidenten, sondern das Sterbedatum des jeweiligen Amtsvorgängers als Beginn ihrer Regierungszeit bezeichnet ist, da sie von diesem Tage an faktisch regierten.

Interimistische Präsidenten, die für einige Wochen zwischen dem Tod eines Staatsoberhaupts und der Neuwahl des Nachfolgers fungierten, sind mit wenigen Ausnahmen nicht genannt. Es fehlen also z. B. W. Simons, der zwischen dem Tode Eberts und der Wahl Hindenburgs provisorischer Reichspräsident war, und A. Poher, der zweimal – zwischen dem Rücktritt de Gaulles und der Wahl Pompidous und vom Tode des letzteren bis zur Wahl Giscard d'Estaings die Funktion eines Präsidenten der Französischen Republik erfüllte. Für einige südamerikanische Staaten dagegen sind auch provisorische Präsidenten genannt, da ihnen oft mehr als nur zeremonielle Bedeutung zukam.

Für Staatsoberhäupter und Regierungschefs, die bereits vor der Unabhängigkeit eines Landes die Geschäfte führten, weil die Kolonialmacht etappenweise die Selbstverwaltung zugestanden hatte, wird erst der Tag der völligen Unabhängigkeit als eigentlicher Regierungsbeginn bezeichnet. Das gelegentlich vorangestellte erste Datum nennt demgegenüber den Amtsantritt während der Kolonialzeit. So sind beispielsweise für Lee Kuan Yew, den langjährigen Regierungschef Singapurs, beide Daten genannt.

Überhaupt herrscht in vielen Fällen über den Regierungsbeginn große Unsicherheit, da diesen verschiedene Rechtsakte markieren können – z. B. der Auftrag zur Regierungsbildung, die Wahl zum Regierungschef, die Vereidigung des Kabinetts oder im Falle monarchischer Regierung der Tod des Vorgängers, die Wahl, Weihe oder Krönung usw. Im allgemeinen wurde das Datum gewählt, von dem an die Regierungsgeschäfte wirklich geführt wurden, weshalb auch Mündigkeitserklärungen in aller Regel aufgeführt sind. Bei den Bischöfen und Päpsten schwanken die Angaben zwischen Wahl und Weihe (oder Krönung). Bei den Päpsten wird im allgemeinen der Tag der Wahl, nur bei Leo IV., Benedikt III., Klemens II., Damasus II., Leo IX., Viktor II. und Stephan X. der Tag der Weihe genannt.

Besonderen Schwierigkeiten begegnet die Angabe des Endes der Amtszeit einer parlamentarischen Regierung. Hier konnte leider keine für alle Staaten und alle Zeiten gültige einheitliche Lösung gefunden werden. Zwischen dem Rücktritt einer Regierung und der Neuwahl des Parlaments oder der Konstituierung eines neuen Kabinetts vergehen oft mehrere Monate. Für gewöhnlich bleibt die zurückgetretene oder gestürzte Regierung derweil geschäftsführend im Amt, so daß sie faktisch erst am Tag der Bestellung eines neuen Regierungschefs zu regieren aufhört. In aller Regel werden daher die geschäftsführenden Regierungen als im Amt befindlich ausgewiesen. In einer geringeren Zahl von

Fällen werden dagegen die offiziellen Rücktrittsdaten genannt. Doch bleibt auch hier zu beachten, daß die zurückgetretene Regierung meist noch für Tage oder Wochen im Amt war.

Lange und trefflich ließe sich über die Definition von Absetzung und Abdankung streiten – besonders dann, wenn ein Friedensschluß den Thronverlust mit sich brachte. Natürlich waren die meisten Abdankungen erzwungen, so daß sie politisch gesehen Absetzungen gleichkamen. Man denke nur an den Thronverlust der deutschen Fürsten im Jahre 1918, den gerade jüngst H. Neuhaus gründlicher untersucht hat (Das Ende der Monarchien in Deutschland, in: Hist. Jb. 111 (1991), S. 102ff.). Dennoch steht das Zeichen r. immer dann, wenn ein Herrscher formell resignierte, auch wo er dies unter äußerem Druck und Zwang tat. Es sei daher ausdrücklich angemerkt, daß nur in ganz wenigen Fällen (etwa bei Kaiser Karl V.) ein Thronverzicht freiwillig erfolgte.

Bei den Lebensdaten kann Vollständigkeit nicht beansprucht werden. In einigen seltenen Fällen ist es möglich, daß eine als lebend ausgewiesene Person mittlerweile bereits verstorben ist. Grund dafür ist, daß der Tod ehemaliger Staats- oder Regierungschefs entlegener oder wenig bedeutender Länder nicht immer bekannt wird – besonders dann, wenn die Zeit der politischen Wirkung lange zurückliegt.

In der Regel wurden alle Daten seit dem Ende des 16. Jahrhunderts auf den neuen Stil umgerechnet, obwohl die Gregorianische Kalenderreform von 1582 in den meisten protestantischen Ländern erst im 18. Jahrhundert, in den orthodoxen gar erst im oder nach dem Ersten Weltkrieg durchgeführt wurde. Der Unterschied zwischen altem (julianischem) und neuem (gregorianischem) Stil beträgt bis 1700 zehn, im 18. Jahrhundert elf, im 19. Jahrhundert zwölf und im 20. Jahrhundert dreizehn Tage. Für Großbritannien wurde allerdings davon abweichend bis zur Durchführung der Kalenderreform im Jahre 1752 der alte Stil belassen, so daß sich für einige Könige, die in England/Großbritannien und gleichzeitig auch auf dem Kontinent regierten, unterschiedliche Daten ergeben. Dies ist für Wilhelm III. (er regierte in England und den Niederlanden), Georg I. und Georg II. (beide regierten in Großbritannien und Hannover) der Fall. Auch für Rußland bzw. die Sowjetunion wurden die Angaben nach dem alten Stil, der dort bis Februar 1918 galt, belassen, so daß die Oktoberrevolution als solche auch erscheint. Für den Benutzer bleibt indes zu beachten, daß sie nach den damals in Deutschland geltenden Kalenderregeln im November stattfand.

Fremde Herrschernamen werden grundsätzlich in der deutschen Form gebracht. Lediglich für einzelne italienische Herrscherhäuser ist auch in Deutschland die Verwendung der Originalschreibweise gebräuchlich, weshalb diese den Vorzug erhielt. Nichtlateinische Namen werden (allerdings uneinheitlich, wie es auch in großen Nachschlagewerken Usus ist) möglichst in einer dem deutschen Leser vertrauten Form gebracht, die wissenschaftlichen Ansprüchen natürlich nicht immer genügt.

Bei den Parteibezeichnungen wird meist nur die politische Richtung und nicht der Eigenname der Partei angezeigt. Dem Leser soll auf engstem Raum ein Maximum an Information geboten werden. Deshalb werden z.B. die konkurrierenden Parteien auf Barbados, die »Democratic Labour Party« und die »Barbados Labour Party«, nicht namentlich genannt, sondern hinsichtlich ihrer politischen Richtung unterschieden.

# LITERATURVERZEICHNIS

Allgemeine deutsche Biographie. Hg. durch die historische Commission bei der Kgl. Akademie der Wissenschaften. 56 Bde, Leipzig 1875–1912

T. A. Bailey: A Diplomatic History of the American People. 10. Aufl. New York 1980

A. Bausani: Die Perser. Von den Anfängen bis zur Gegenwart. Stuttgart 1965

J. von Beckerath: Abriß der Geschichte des alten Ägypten. München, Wien 1971

M. A. Beek: Geschichte Israels. Von Abraham bis Bar Kochba. 3. Aufl. Stuttgart 1973

H. Bengtson: Griechische Geschichte von den Anfängen bis in die römische Kaiserzeit. 5. Aufl. München 1977

H. Bengtson: Grundriß der römischen Geschichte mit Quellenkunde. Republik und Kaiserzeit bis 284 n. Chr. 3. Aufl. München 1982

R. Bersihand: Geschichte Japans von den Anfängen bis zur Gegenwart. Stuttgart 1963

E. J. Bickerman: Chronology of the Ancient World. London 1968

Biographisches Lexikon zur Weltgeschichte. Hg. v. H. Herzfeld. Frankfurt 1970

Biographisches Wörterbuch zur deutschen Geschichte. Begr. v. H. Rössler und G. Franz. 2. Aufl. in 3 Bden, bearb. v. K. Bosl, G. Franz u. H. H. Hofmann. München 1973–75

L. Böhm: Geschichte Burgunds. Politik – Staatsbildungen – Kultur. 2. Aufl. Stuttgart 1979

J. F. Böhmer: Regesten zur Geschichte der Mainzer Erzbischöfe. Von Bonifatius bis Heinrich II., 742?–1288. 2 Bde, hg. v. C. Will. Innsbruck 1877–86; ND Aalen 1966

C. E. Bosworth: The Islamic Dynasties. A Chronological and Genealogical Handbook (= Islamic Surveys 5). Edinburgh 1967

U. Bracher: Geschichte Skandinaviens. Stuttgart 1968

Britannica Book of the Year 1962 ff. (Events of 1961 ff.) (seit 1985 mit Britannica World Data)

C. Cahen: Der Islam I. Vom Ursprung bis zu den Anfängen des Osmanenreiches (= Fischer Weltgesch. 14). Frankfurt 1968

The Cambridge Ancient History. 3. Aufl., Bde I/2 – II/1–2, hg. v. I. E. S. Edwards u. a. Cambridge 1971–75

A. Cappelli: Cronologia, cronografica e calendario perpetuo dal principio dell'èra Cristiana ai nostri giorni. Tavole cronologico-sincrone e quadri sinottici per verificare le date storiche. 3. Aufl. Mailand 1969

E. Cassin, J. Bottéro u. J. Vercoutter (Hgg.): Die altorientalischen Reiche I–III (= Fischer Weltgesch. 2–4). 3 Bde, Frankfurt 1965–67

D. Claude: Geschichte der Westgoten. Stuttgart 1970
F. Cornelius: Geschichte der Hethiter. Mit besonderer Berücksichtigung der geographischen Verhältnisse und der Rechtsgeschichte. 4. Aufl. Darmstadt 1990
Current History. A World Affairs Journal. Bd. 71 ff.
N. C. Debevoise: A Political History of Parthia. Chicago 1938
A. Demandt: Die Spätantike. Römische Geschichte von Diocletian bis Justinian 284–565 n. Chr. München 1989
K. E. Demandt: Geschichte des Landes Hessen. 2. Aufl. Kassel 1972
H. A. Dettmer: Einführung in das Studium der japanischen Geschichte. Darmstadt 1987
Deutsche Geschichte in Daten. Bd. 1: Von den Anfängen bis 1770. Von A. van Dülmen. München 1979 (dtv 3194); Bd. 2: 1770–1918. Von J. Schmidt-Liebich. München 1981 (dtv 3195)
H. D. Disselhoff: Das Imperium der Inka und die indianischen Frühkulturen. Berlin 1972
G. Dunbar: Geschichte Indiens von den ältesten Zeiten bis zur Gegenwart. München, Berlin 1937
W. Eberhard: Geschichte Chinas. Von den Anfängen bis zur Gegenwart. 3. Aufl. Stuttgart 1980
A. T. Embree u. F. Wilhelm: Indien. Geschichte des Subkontinents von der Induskultur bis zum Beginn der englischen Herrschaft (= Fischer Weltgesch. 17). Frankfurt 1967
Enciclopedia Universal Illustrada Europeo-Americana. 80 Bde, Bilbao 1905–33
Encyclopaedia Britannica. 32 Bde, Chicago, London 1990
The Encyclopaedia of Islam. Bd. 1–(6), Leiden 1960–(1991)
The Encyclopedia of American Facts and Dates. Hg. v. G. Carruth u. a. 7. Aufl. New York 1979
Enzyklopädie des Islam. Geographisches, ethnographisches und biographisches Wörterbuch der muhammedanischen Völker. Hg. v. M. T. Houtsma. 4 Bde und Erg. bd., Leiden, Leipzig 1913–38
M. Erbe: Geschichte Frankreichs von der Großen Revolution bis zur Dritten Republik 1789–1884. Stuttgart etc. 1982
Europa-Archiv. Zeitschrift für internationale Politik. Begr. v. W. Cornides. Bd. 1 ff., Bonn 1947 ff.
John K. Fairbank: Geschichte des modernen China 1800–1985. München 1989 (dtv 4497)
Der Fischer Weltalmanach. Jg. 1960 ff., Frankfurt 1959 ff.
W. G. G. Forrest: A History of Sparta 950–192 B. C. New York, London 1968
H. Franke u. R. Trauzettel (Hgg.): Das Chinesische Kaiserreich (= Fischer Weltgesch. 19). Frankfurt 1968
R. N. Frye: The History of Ancient Iran. München 1984
P. B. Gams: Series episcoporum ecclesiae catholicae. Regensburg 1873–85

B. Gebhardt: Handbuch der deutschen Geschichte. 5. Aufl., hg. v. F. Hirsch. 2 Bde, Stuttgart, Berlin, Leipzig 1913. 9. Aufl., hg. v. H. Grundmann. 4 Bde, Stuttgart 1970–76; Tb. München, 22 Bde, 1973–1980 (dtv 4201–4222)

Genealogisches Handbuch des Adels. Bearb. v. F. v. Ehrenkrook. Bd. 1ff., Glücksburg (ab 1958 Limburg/Lahn) 1951ff.

Die Geschichte Hessens. Hg. v. U. Schultz. Stuttgart 1983

F. Geyer: Makedonien bis zur Thronbesteigung Philipps II. München, Berlin 1930

C. C. Giurescu u. D. Giurescu: Geschichte der Rumänen. Bukarest 1980

K. Gladt: Kaisertraum und Königskrone. Aufstieg und Untergang einer serbischen Dynastie. Graz, Wien, Köln 1972

Gothaischer genealogischer Hof-Kalender nebst diplomatisch-statistischem Jahrbuche. Bd. 86–156 (1849–1919). Gotha

Gothaischer Kalender. Genealogischer Hofkalender und diplomatisch-statistisches Jahrbuch. Bd. 157–162 (1920–1925). Gotha

Gothaischer Hofkalender. Genealogisches Taschenbuch der fürstlichen Häuser. Bd. 163–176 (1926–1938). Gotha

Gothaisches genealogisches Taschenbuch. Fürstliche Häuser (Hofkalender). Bd. 176–179 (1939–1942). Gotha

H. Grotefend: Taschenbuch der Zeitrechnung des deutschen Mittelalters und der Neuzeit. 12. Aufl., bearb. v. J. Asch. Hannover 1982

R. Grousset: Histoire de l'Arménie des origines à 1071. Paris 1947; ND 1973

V. Grumel: La chronologie (= Traité d'études Byzantines I). Paris 1958

C. Haeutle: Genealogie des erlauchten Stammhauses Wittelsbach von dessen Wiedereinsetzung in das Herzogthum Bayern bis herab auf unsere Tage. München 1870

G. Hambly (Hg.): Zentralasien (= Fischer Weltgesch. 16). Frankfurt 1966

N. G. L. Hammond u. G. T. Griffith: A History of Macedonia. Bd. II: 550–336 B. C. Oxford 1979

P. C. Hammond: The Nabataeans. Their History, Culture and Archaeology. Lund 1973

Handbuch der bayerischen Geschichte. Hg. v. M. Spindler. 4 Bde, München 1967–75

Handbuch der europäischen Geschichte. Hg. v. Th. Schieder. 7 Bde, Stuttgart 1968–87

Handbuch der Geschichte der böhmischen Länder. Hg. im Auftrag d. Collegium Carolinum v. K. Bosl. 4 Bde, Stuttgart 1967–74

M. Hellmann: Grundzüge der Geschichte Litauens und des litauischen Volkes. 4. Aufl. Darmstadt 1990

M. Hellmann: Daten der polnischen Geschichte. München 1985 (dtv 3268)

E. K. F. Heyck: Geschichte der Herzöge von Zähringen. Freiburg 1891–92; ND Aalen 1980

Hierarchia Catholica. Bearb. v. K. Eubel u. a. 6 Bde, 1913–58

J. N. Hillgarth: The Spanish Kingdoms 1250–1516. Oxford 1976
O. Hintze: Die Hohenzollern und ihr Werk. Fünfhundert Jahre vaterländischer Geschichte. Berlin 1915; ND 1987
R. Holtzmann: Geschichte der sächsischen Kaiserzeit. 6. Aufl. München 1979
E. Hornung: Grundzüge der ägyptischen Geschichte. 3. Aufl. Darmstadt 1988
E. Hösch u. H.-J. Grabmüller: Daten der russischen Geschichte. Von den Anfängen bis 1917. München 1981 (dtv 3240)
E. Hösch u. H.-J. Grabmüller: Daten der sowjetischen Geschichte. Von 1917 bis zur Gegenwart. München 1981 (dtv 3241)
E. R. Huber: Deutsche Verfassungsgeschichte seit 1789. 7 Bde, Stuttgart 1957–84
The International Who's Who (zuletzt 57.ed.1993/94). London 1993
W. K. Prinz v. Isenburg: Stammtafeln zur Geschichte der europäischen Staaten. 2. Aufl., hg. v. F. Baron Freytag v. Loringhoven. Bde 1–2, Marburg 1953; Verb. ND 1965
A. Jepsen u. R. Hanhart: Untersuchungen zur israelitisch-jüdischen Chronologie. Berlin 1964
Keesings Archiv der Gegenwart (ab Bd. 26 Archiv der Gegenwart). Bd. 1ff., Zürich, Bonn, Wien (ab Jg. 1954 Essen, ab Jg. 1959 Essen, Wien, Zürich) 1931ff.
D. Kienast: Römische Kaisertabelle. Grundzüge einer römischen Kaiserchronologie. Darmstadt 1990
J. Ki-Zerbo: Die Geschichte Schwarzafrikas. 5. Aufl. Frankfurt 1990
K.-E. Klaar: Die Herrschaft der Eppensteiner in Kärnten. Klagenfurt 1966
Der Kleine Pauly. Bearb. v. K. Ziegler u. W. Sontheimer. 5 Bde, Stuttgart 1964–75; Tb. München 1979 (dtv 5963)
R. Kötzschke u. H. Kretzschmar: Sächsische Geschichte. Dresden 1935; Neuausgabe Frankfurt 1965
W. Krickeberg: Altmexikanische Kulturen. 2. Aufl. Berlin 1966
H. Kühner: Das Imperium der Päpste. Kirchengeschichte, Weltgeschichte, Zeitgeschichte. Von Petrus bis heute. Frankfurt 1980
S. Lauffer: Alexander der Große. München 1978 (dtv 4298)
S. Lauffer: Daten der griechischen und römischen Geschichte. München 1987 (dtv 3275)
K. Lechner: Die Babenberger. Markgrafen und Herzöge von Österreich 976–1246. Wien, Köln, Graz 1976
Lexikon der Alten Welt. Hg. v. C. Andresen, H. Erbse, O. Gigon, K. Schefold, K. F. Stroheker u. E. Zinn. Zürich, Stuttgart 1965; ND 1990
Lexikon der deutschen Geschichte. Personen, Ereignisse, Institutionen. Von der Zeitenwende bis zum Ausgang des 2. Weltkrieges. Hg. v. G. Taddey. 2. überarb. Aufl. Stuttgart 1983
Lexikon des Mittelalters. Bd. 1–(4). Zürich 1980–(1989)

Lexikon für Theologie und Kirche. 2. Aufl., hg. v. J. Höfer u. K. Rahner. 11 Bde, Freiburg 1957–67

J. Longnon: L'empire latin de Constantinople et la principauté de Morée. Paris 1949

F. G. Maier (Hg.): Die Verwandlung der Mittelmeerwelt (= Fischer Weltgesch. 9). Frankfurt 1968

F. G. Maier (Hg.): Byzanz (= Fischer Weltgesch. 13). Frankfurt 1973

H. E. Mayer: Geschichte der Kreuzzüge. 7. Aufl. Stuttgart 1989

Meyers Enzyklopädisches Lexikon. 26 Bde, 9. Aufl. Mannheim 1971–80 und Jahrbücher 1974–1983. Mannheim 1973–83

J. F. Michaud: Biographie universelle ancienne et moderne. 45 Bde, 2. Aufl. Paris 1854–65; ND Graz 1966–70

F. Millar (Hg.): Das Römische Reich und seine Nachbarn (= Fischer Weltgesch. 8). Frankfurt 1966

C. D. G. Müller: Grundzüge des christlich-islamischen Ägypten von der Ptolemäerzeit bis zur Gegenwart. Darmstadt 1969

Munzinger-Archiv. Internationales Biographisches Archiv. Lieferungen

Neue Deutsche Biographie. Hg. v. d. Hist. Kommission bei der Bayer. Akademie d. Wissenschaften. Bd. 1–(16). Berlin 1953–(90)

D. Nicol: The Despotate of Epiros. Cambridge 1984

J. F. A. O'Callaghan: A History of Medieval Spain. Ithaca, London 1975

E. M. Oettinger: Moniteur des Dates. 2 Bde, Leipzig 1866–82; ND Graz 1964

G. Ostrogorsky: Geschichte des byzantinischen Staates. Sonderausg. 2. Aufl. München 1980

The Oxford Classical Dictionary. Hg. v. N. G. L. Hammond u. H. H. Scullard. 2. Aufl. Oxford 1970

The Oxford History of India. 3. Aufl. Oxford 1958

R. Parker u. W. Dubberstein: Babylonian Chronology 626 B. C. – A. D. 75. Providence (R. I.) 1956

S. G. Payne: A History of Spain and Portugal. Bd. 1, Madison 1973

Der grosse Ploetz. Auszug aus der Geschichte. 29. Aufl. Freiburg, Würzburg 1980

M. Powicke u. E. B. Fryde: Handbook of British Chronology. 2. Aufl. London 1961

Preußen-Ploetz. Eine historische Bilanz in Daten und Deutungen. Hg. v. M. Schlenke. Freiburg, Würzburg 1983

Propyläen-Weltgeschichte. Eine Universalgeschichte. Hg. v. G. Mann, A. Heuß u. A. Nitschke. 10 Bde, Berlin, Frankfurt, Wien 1960–63

G. v. Rauch: Geschichte der baltischen Staaten. 3. Aufl. München 1990 (dtv 4297)

Die Regesten der Erzbischöfe von Köln im Mittelalter. Bd. 1–(6), Köln, Bonn 1901–(77)

Regesten der Erzbischöfe von Mainz von 1289–1396. Bearb. v. E. Vogt u. a. 3 Bde, Leipzig 1913–14 u. Darmstadt 1932–34

Regesten der Erzbischöfe von Trier von Hetti bis Johann II. 814–1503. Trier 1861; ND Aalen 1969

Regesten der Markgrafen von Baden und Hachberg. Bde I, III–IV. Innsbruck 1900–15
Regesten der Markgrafen von Brandenburg aus askanischem Hause. 12. Liefg. Berlin 1955
Regesten zur Geschichte der Mainzer Erzbischöfe. Von Bonifatius bis Heinrich II. 742?–1288, bearb. u. hg. v. C. Will. 2 Bde, Innsbruck 1877–86; ND Aalen 1966
Die Regierungen der deutschen Mittel- und Kleinstaaten 1815–1933. Hg. v. K. Schwabe. Boppard 1983
Rulers and Governments of the World. Hg. v. C. G. Allan. 3 Bde, London, New York 1971–78
S. Runciman: Geschichte der Kreuzzüge. Sonderausgabe, München 1968
F. Salentiny: Machu Picchu. Steinernes Rätsel im Lande des Kondor. Frankfurt 1979
A. E. Samuel: Ptolemaic Chronology. München 1962, 2. Aufl. 1973
D. A. de Santillán (Hg.): Gran Enciclopedia Argentina. 8 Bde, Buenos Aires 1956–63
U. Sautter: Geschichte der Vereinigten Staaten von Amerika. 3. Aufl. Stuttgart 1986
U. Sautter: Geschichte Kanadas. Das Werden einer Nation. Stuttgart 1972
A. Scharff u. A. Moortgat: Ägypten und Vorderasien im Altertum. München 1950
Th. Schieffer: Die deutsche Kaiserzeit (900–1250). Frankfurt, Berlin, Wien 1973
P. Schindler: Datenhandbuch zur Geschichte des Deutschen Bundestages 1949 bis 1982. 3. Aufl. Baden-Baden 1984; 1980 bis 1987. Baden-Baden 1988
L. Schmidt: Geschichte der Wandalen. 2. Aufl. München 1942
J. Schmidt-Liebich: Daten der englischen Geschichte. Von den Anfängen bis zur Gegenwart. München 1977 (dtv 3134)
H. Schmökel: Geschichte des alten Vorderasien. Leiden 1957
W. Frhr. von Schoen: Geschichte Mittel- und Südamerikas. München 1953
G. Schomaekers: Daten zur Geschichte der USA. München 1983 (dtv 3249)
J. Schultze: Die Mark Brandenburg. 5 Bde, Berlin 1961–69
F. X. Seppelt: Geschichte der Päpste. Bearb. v. E. Schwaiger. 5 Bde, 1./2. Aufl. München 1954–59
S. J. Shaw: History of the Ottoman Empire and Modern Turkey. 2 Bde, Cambridge, Mass. 1975–76
B. Spuler: Geschichte der Islamischen Länder. Die Chalifenzeit. Leiden 1952
B. Spuler: Geschichte der Islamischen Länder. Die Mongolenzeit. Leiden 1953
B. Spuler: Die Goldene Horde. Die Mongolen in Rußland 1223–1502. Leipzig 1943

B. Spuler: Regenten und Regierungen der Welt. Teil II. Bde 3–5. 2. Aufl. Würzburg 1962–72

The Statesman's Year-Book. Hg. v. J. Paxton. Ausg. 109ff., London 1972ff.

J. Stewart: African States and Rulers. An Encyclopedia of Native, Colonial and Independent States and Rulers Past and Present. Jefferson (N.C.)/London 1989

G. Stökl: Russische Geschichte von den Anfängen bis zur Gegenwart. 4. Aufl. Stuttgart 1983

B. Sütterlin: Geschichte Badens. Bd. 1: Frühzeit und Mittelalter. 2. Aufl. Karlsruhe 1968

H. Terrasse: Histoire du Maroc des origines à l'établissement du Protectorat français. 2 Bde, Casablanca 1949–50

Territorien-Ploetz. Geschichte der deutschen Länder. Hg. v. G. W. Sante. 2 Bde, Würzburg 1964–71

P. Truhart: Regenten der Nationen. Systematische Chronologie der Staaten und ihrer politischen Repräsentanten in Vergangenheit und Gegenwart. Ein biographisches Nachschlagewerk. 3 Bde, München, New York, London, Paris 1984–88

M. Tumler: Der Deutsche Orden im Werden, Wachsen und Wirken bis 1400 mit einem Abriß der Geschichte des Ordens von 1400 bis zur neuesten Zeit. Montreal, Wien 1955

J. Villiers (Hg.): Südostasien vor der Kolonialzeit (= Fischer Weltgesch. 18). Frankfurt 1965

W. Wagner: Europa zwischen Aufbruch und Restauration. München 1968 (dtv 4014)

F. v. Weech: Badische Geschichte. Karlsruhe 1890

J. Weik: MdL und Landtagsgeschichte von Baden-Württemberg 1945–1984. 3. Aufl. Stuttgart 1985

Wer ist's (ab Bd. 11: Wer ist wer?). Bd. 1ff., Leipzig (ab Bd. 10 Berlin) 1905ff.

Wer war wer – DDR. Ein biographisches Lexikon, hg. v. J. Cerný. Berlin 1992

D. Westermann: Geschichte Afrikas. Staatenbildungen südlich der Sahara. Köln 1952

W. Wolf: Das alte Ägypten. 2. Aufl. München 1978 (dtv 4332)

H. Wolfram: Geschichte der Goten. Von den Anfängen bis zur Mitte des sechsten Jahrhunderts. Entwurf einer historischen Ethnographie. München 1979

H. Wolfram: Das Reich und die Germanen. Zwischen Antike und Mittelalter. Berlin 1990

Die Zeit der Staufer. Geschichte – Kunst – Kultur. Katalog der Ausstellung Stuttgart 1977, 4 Bde

E. Zöllner: Geschichte der Franken bis zur Mitte des sechsten Jahrhunderts. München 1970

E. Zöllner: Geschichte Österreichs. Von den Anfängen bis zur Gegenwart. 7. Aufl. Wien, München 1984

# DIE MEHRFACH GENANNTEN PERSONEN

Das nachstehende Register enthält diejenigen Personen, die entweder in mehreren der behandelten Staaten regierten oder aber in einem Staat verschiedene Ämter innehatten – freilich nur sofern sie in den Tabellen auch namentlich erscheinen. Einfache Verweise auf Personal- oder Realunionen zwischen Staaten (z.B. zwischen Spanien und Portugal 1580–1640 oder England und Schottland seit 1603/1707) sowie Ämter, die nicht eigens aufgeführt werden, bleiben also unberücksichtigt.

Mehrere Herrscher des gleichen Namens sind – mit Ausnahme der Könige und Kaiser des Heiligen Römischen Reiches (deutscher Nation), die prinzipiell zuerst erscheinen – in alphabetischer Reihenfolge der von ihnen regierten Staaten aufgeführt.

Sind Namen und Ordnungszahl eines Monarchen für mehrere Staaten maßgebend, so erscheint er nur einmal – in der Regel für sein bedeutendstes Territorium. Trug dagegen ein Monarch in den verschiedenen Ländern seiner Herrschaft unterschiedliche Namen (z.B. Khubilai Khan, Großkhan der Mongolen = Shih-tsu, Kaiser von China) oder führte er unterschiedliche Ordnungszahlen (z.B. Kaiser Karl V. = König Karl I. von Spanien), so ist er mehrfach mit entsprechendem Verweis auf den Haupteintrag aufgeführt.

In den Tabellen sind die hier aufgelisteten Personen mit einem * gekennzeichnet.

Adams, John, Vereinigte Staaten, Präs. 1797–1801, Vizepräs. 1789–97

Adenauer, Konrad, Bundesrepublik Deutschland, Kanzler 1949–63, Außenmin. 1951–55

Adolf, Luxemburg, Ghzg. 1890–1905. Nassau, Hzg. 1839–66

Agnes, Hl. Röm. Reich, Regentin 1056–62. Bayern (Stammesherzogtum), Hg.in 1055–61

Albert, Heinrich, Dt. Reich, Schatzmin. 1922–23, Wiederaufbaumin. 1923.

Albrecht I., Hl. Röm. Reich, Kg. 1298–1308. Österreich, Hzg. 1282–1308

Albrecht II., Hl. Röm. Reich, Kg. 1438–39. Böhmen, Kg. 1438–39. Ungarn, Kg. 1438–39. Österreich, Hzg. 1404/11–39

Albrecht, Böhmen, Kg., vgl. Albrecht II., Hl. Röm. Reich

Albrecht I. d. Bär, Brandenburg, Mkgf. 1134/57–70. Sachsen (Stammesherzogtum), Hzg. 1138–42

Albrecht V., Österreich, Hzg., vgl. Albrecht II., Hl. Röm. Reich

Albrecht, Ungarn, Kg., vgl. Albrecht II., Hl. Röm. Reich

Alexander, Polen, Kg. 1501–06. Litauen (Großfürstentum), Großfst. 1492–1506

Alfons X. d. Weise, Hl. Röm. Reich, Kg. 1257–84. Kastilien, Kg. 1252–84

Alfons I., Aragón, Kg. 1104–34. Navarra, Kg. 1104–34

Alfons V., Aragón, Kg. 1416–58. Neapel, Kg. 1442–58

Alfons VI. d. Tapfere, Kastilien, Kg. 1072–1109. León, Kg. 1065–1109

Alfons VII., Kastilien, Kg. 1126–57. León, Kg. 1126–57

Alfons X. d. Weise, Kastilien, Kg., vgl. Hl. Röm. Reich

Alfons I., Neapel, Kg., vgl. Alfons V., Aragón

Alia, Ramiz, Albanien, Staatsoberhaupt 1982–92, Parteichef 1985–91

Amadeus VIII., Savoyen, Gf. und Hzg. 1391–1434. Vatikan, Gegenpapst Felix V. 1439–49

Amalrich II., Jerusalem, Kg. 1198–1205. Zypern, Kg. 1197–1205

Amalrich I., Zypern, Kg., vgl. Amalrich II., Jerusalem

Andropov, Juri, Sowjetunion, Staatsoberhaupt 1983–84, Parteichef 1982–84

Anno II., Hl. Röm. Reich, Regent 1062–63. Köln, Ebf., 1056–75

Apel, Hans, Bundesrepublik Deutschland, Finanzmin. 1974–78, Verteidigungsmin. 1978–82

Arthur, Chester A., Vereinigte Staaten, Präs. 1881–85, Vizepräs. 1881

Ashari, Ismail, Sudan, Staatsoberhaupt 1965–69, Reg.chef 1954–56

August II. d. Starke, Polen, Kg. 1697–1706 und 1710–33. Als Friedrich August I. Kfst. v. Sachsen 1694–1733

August III., Polen, Kg. 1733–63. Als Friedrich August II. Kfst. v. Sachsen 1733–63

Ayub Khan, Mohammed, Pakistan, Präs. und Reg.chef 1958–69

Bahr, Egon, Bundesrepublik Deutschland, Minister f. bes. Aufg. 1972–74, Minister f. wirtschaftl. Zusammenarbeit 1974–76

Balduin I. v. Boulogne, Jerusalem, Kg. 1100–18. Edessa, Gf., 1098–1100

Balduin II. v. Le Bourg, Jerusalem, Kg. 1118–31. Antiochien, Regent, 1119–26. Edessa, Gf. 1100–18

Balke, Siegfried, Bundesrepublik Deutschland, Postmin. 1953–56, Atommin. 1956–62

Batmunch, Jambyn, Mongolische Volksrepublik, Staatsoberhaupt 1984–90, Regierungschef 1974–84

Bauer, Gustav, Dt. Reich, Reichskanzler 1919–20, Arbeitsmin. 1919, Schatzmin. 1920 und 1921–22, Vizekanzler 1921–22

Bayar, Celal, Türkei, Staatspräs. 1950–60, Reg.chef 1937–39

Bell, Johannes, Dt. Reich, Verkehrsmin. 1919–20, Kolonialmin. 1919, Justizmin. 1926

Bergmann-Pohl, Sabine, DDR, prov. Staatsoberhaupt 1990. Bundesrepublik Deutschland, Minister o. Geschäftsber. 1990–91

Beust, Ferdinand Frhr. v., Österreich, Reichskanzler 1867, Außenmin. 1867–71. Sachsen (Königreich), Reg.chef 1858–66

Bhutto, Zulfikar Ali, Pakistan, Präs. 1971–73, Reg.chef 1971–77

Bierut, Boleslaw, Polen, Staatsoberhaupt 1947–52, Reg.chef 1952–54, Parteichef 1948–56

Bismarck, Otto Fst. v., Dt. Reich, Reichskanzler 1871–90. Preußen, Reg.chef 1862–73 und 1873–90

Blank, Theodor, Bundesrepublik Deutschland, Verteidigungsmin. 1955–56, Arbeitsmin. 1957–65

Boleslaw I. d. Tapfere, Polen, Hzg. und Kg. 992–1025. Böhmen, Hzg. 1003–04

Bolívar, Simón, (Groß)Kolumbien, Präs. 1821–30. Peru, Präs. 1823–29. Bolivien, Präs. 1825

Bonaparte, Louis Napoléon, vgl. Napoleon III.

Bonaparte, Napoléon, vgl. Napoleon I.

Botha, Pieter Willem, Südafrikan. Rep., Staatsoberhaupt 1984–89, Reg.chef 1978–84

Bracht, Franz, Dt. Reich, Minister o. Geschäftsber. 1932, Innenmin. 1932–33

Brandt, Willy, Bundesrepublik Deutschland, Kanzler 1969–74, Außenmin. 1966–69. Berlin, Reg. Bgm. 1957–66

Breschnew, Leonid, Sowjetunion, Staatsoberhaupt 1960–64 und 1977–82, Parteichef 1964–82

Brun I., Köln, Ebf. 953–65. Lothringen, Hzg. 953–65

Brüning, Heinrich, Dt. Reich, Reichskanzler 1930–32, Außenmin. 1931–32

Bucher, Ewald, Bundesrepublik Deutschland, Justizmin. 1962–65, Wohnungsbaumin. 1965–66

Bush, George, Vereinigte Staaten, Präs. 1989–93, Vizepräs. 1981–89

Cambacérès, Jean-Jacques Régis de, Frankreich, Konsul 1799–1804, Parma, Hzg. 1808–14

Caprivi, Georg Leo Gf. v., Dt. Reich, Reichskanzler 1890–94. Preußen Reg.chef 1890–92

Carmona, Antonio Oscar Fragoso, Portugal, Präs. 1928–51, Reg.chef 1926–28

Casimir-Périer, Jean Paul Pierre, Frankreich, Präs. 1894–95, Reg.chef 1893–94

Castro Ruz, Fidel, Cuba, Staatsoberhaupt 1976–, Reg.chef 1959–

Chamenei, Hajatoleslam Ali, Iran, Staatsoberhaupt 1981–89, Geistl. Oberhaupt 1989–

Ch'eng-tsung, China, Ks. vgl. Temür, Großkhan d. Mongolen

Chiang Kai-shek, China, Präs. 1928–31 und 1943–49. Taiwan, Präs. 1950–75

Choibalsang, Chorlogijn, Mongol. Volksrep., Staatsoberhaupt 1924–30, Reg.chef 1924–52

Christian I., Dänemark und Norwegen, Kg. 1448–81. Schweden, Kg. 1457–64 und 1470–71

Christian II., Dänemark und Norwegen, Kg. 1513–23. Schweden, Kg. 1520–23

Christian VIII., Dänemark, Kg. 1839–48. Als Christian Friedrich Kg. v. Norwegen 1814

Christian Friedrich, Norwegen, vgl. Christian VIII. v. Dänemark

Christoph III., Dänemark und Norwegen, Kg. 1440–48. Schweden, Kg. 1440–48

Christoph, Schweden, vgl. Christoph III. v. Dänemark und Norwegen

Chruschtschow, Nikita Sergejewitsch, Sowjetunion, Reg.chef 1958–64, Parteichef 1953–64

Coolidge, Calvin, Vereinigte Staaten, Präs. 1923–29, Vizepräs. 1921–23

Cossiga, Francesco, Italien, Präs. 1985–92, Reg.chef 1979–80

Curtius, Julius, Dt. Reich, Wirtschaftsmin. 1926–29, Außenmin. 1929–31

Cyrankiewicz, Jozef, Polen, Staatsoberhaupt 1970–72, Reg.chef 1947–52 und 1954–70

David, Eduard, Dt. Reich, Min. o. Geschäftsber. 1919–20, Innenmin. 1919

Demirel, Süleyman, Türkei, Staatspräs. 1993–, Reg.chef 1965–71, 1975–77, 1977, 1979–80, 1991–93

Dernburg, Bernhard, Dt. Reich, Vizekanzler und Finanzmin. 1919

Dietrich, Hermann Robert, Dt. Reich, Ernährungsmin. 1928–30, Wirtschaftsmin. 1930–31, Finanzmin. 1930–32, Vizekanzler 1930–32

Dobi, Istvan, Ungarn, Staatsoberhaupt 1952–67, Reg.chef 1948–52

Dohnanyi, Klaus v., Bundesrepublik Deutschland, Bildungsmin. 1972–74. Hamburg, 1. Bgm. 1981–88

Dollinger, Werner, Bundesrepublik Deutschland, Schatzmin. 1962–66, Postmin. 1966–69, Verkehrsmin. 1982–87

Doumergue, Gaston, Frankreich, Präs. 1924–31, Reg.chef 1913–14 und 1934

Duranovic, Veselin, Jugoslawien, Staatsoberhaupt 1984–85, Reg.chef 1977–82

Ehmke, Horst, Bundesrepublik Deutschland, Justizmin. 1969, Min. f. bes. Aufgaben 1969–72, Postmin. 1972–74, Forschungsmin. 1972–74

Eltz-Rübenach, Paul v., Dt. Reich, Post- und Verkehrsmin. 1932–37

Engholm, Björn, Bundesrepublik Deutschland, Bildungsmin. 1981–82. Schleswig-Holstein, Reg.chef 1988–93

Erhard, Ludwig, Bundesrepublik Deutschland, Kanzler 1963–66, Wirtschaftsmin. 1949–63

Erich VII., Dänemark und Norwegen, Kg. 1397–1439. Schweden, Kg. 1397–1439

Erich XIII., Schweden, vgl. Erich VII. v. Dänemark und Norwegen

Erzberger, Matthias, Dt. Reich, Vizekanzler 1919, Min. o. Geschäftsber. 1919, Finanzmin. 1919–20

Fallières, Armand, Frankreich, Präs. 1906–13, Reg.chef 1883

Farini, Luigi Carlo, Italien, Reg.chef 1862–63. Parma und Piacenza sowie Modena, Diktator 1859–60

Felix V., Vatikan, Gegenpapst, vgl. Amadeus VIII. v. Savoyen
Ferdinand I., Hl. Röm. Reich, Ks. 1556–64. Böhmen, Kg. 1527–64. Ungarn, Kg. 1526–64, Österreich, Erzhzg. 1521–64
Ferdinand II., Hl. Röm. Reich, Ks. 1619–37. Böhmen, Kg. 1617–37. Ungarn, Kg. 1618–37. Steiermark, Erzhzg. 1590–1619. Österreich, Erzhzg. 1619–37
Ferdinand III., Hl. Röm. Reich, Ks. 1637–57. Böhmen, Kg. 1627–57. Ungarn, Kg. 1625–57. Österreich, Erzhzg. 1637–57
Ferdinand IV., Hl. Röm. Reich, Kg. 1653–54. Böhmen, Kg. 1646–54. Ungarn, Kg. 1647–54
Ferdinand II., Aragón, vgl. Ferdinand V. v. Kastilien
Ferdinand I. d. Große, Kastilien, Kg. 1035–65. León, Kg. 1037–65
Ferdinand V., Kastilien, Kg. 1474–1516. Aragón, Kg. 1479–1516
Ferdinand I., Österreich, Ks. 1835–48. Böhmen und Ungarn, Kg. 1835–48
Ferdinand, Salzburg, Kfst., vgl. Ferdinand III., Ghzg. d. Toskana
Ferdinand III., Toskana, Ghzg. 1790–99 und 1814–24. Salzburg, Kfst. 1803–06, Würzburg, Kfst. 1806, Ghzg. 1806–14
Ferdinand V., Ungarn, Kg., vgl. Ferdinand I., Ks. v. Österreich
Ferdinand, Würzburg, vgl. Ferdinand III. der Toskana
Fillmore, Millard, Vereinigte Staaten, Präs. 1850–53, Vizepräs. 1849–50
Ford, Gerald, Vereinigte Staaten, Präs. 1974–77, Vizepräs. 1973–74
Franz I. Stephan, Hl. Röm. Reich, Ks. 1745–65. Als Franz Stefan Ghzg. d. Toskana 1737–65 und Hzg. v. Lothringen 1729–36
Franz II., Hl. Röm. Reich, Ks. 1792–1806. Österreich, Erzhzg. 1792–1804, Ks. 1804–35. Böhmen und Ungarn, Kg. 1792–1835. Mailand, Hzg. 1792–96 und 1814–15. Lombardo-Venetisches Königreich, Kg. 1815–35
Franz I., Frankreich, Kg. 1515–46. Mailand, Hzg. 1515–21 und 1524–25
Franz, Ungarn, Kg., vgl. Franz II. Ks. d. Hl. Röm. Reiches
Franz Joseph I., Österreich, Ks. 1848–1916. Böhmen und Ungarn, Kg. 1848–1916
Franz Ludwig v. Neuburg bei Rhein, Mainz, Kfst. 1729–32. Trier, Kfst. 1716–29
Franz Stefan, Toskana, Lothringen, vgl. Franz I. Stephan, Ks. d. Hl. Röm. Reiches
Frick, Wilhelm, Dt. Reich, Innenmin. 1933–43, Minister o. Geschäftsber. 1943–45
Friedrich I. Barbarossa, Hl. Röm. Reich, Kg. und Ks. 1152–90. Schwaben, Hzg. 1147–52
Friedrich II., Hl. Röm. Reich, Kg. und Ks. 1212/15–50. Sizilien, Kg. 1197–1250. Jerusalem, Kg. 1225–50. Schwaben, Hzg. 1212–16
Friedrich III., Hl. Röm. Reich, Kg. und Ks. 1440–1493. Österreich, Hzg. und Erzhzg. 1424–93

Friedrich (III.), Hl. Röm. Reich, Kg. 1314–30. Österreich, Hzg. 1298/1308–30

Friedrich III., Dt. Reich, Ks. 1888. Preußen, Kg. 1888

Friedrich I., Österreich, Hzg. 1250–68. Baden, Mkgf. 1250–68

Friedrich V., Österreich, Hzg. und Erzhzg., vgl. Friedrich III., Ks. d. Hl. Röm. Reiches

Friedrich V., Pfalz, Kfst. 1610–23. Böhmen, Kg. 1619–20

Friedrich III., Schwaben, Hzg., vgl. Friedrich I., Ks. d. Hl. Röm. Reiches

Friedrich VI., Schwaben, Hzg., vgl. Friedrich II., Ks. d. Hl. Röm. Reiches

Friedrich I., Schweden, Kg. 1720–51. Hessen-Kassel, Ldgf. 1730–51

Friedrich August I. d. Starke, Sachsen, Kfst., vgl. August II., Kg. v. Polen

Friedrich August II., Sachsen, Kfst., vgl. August III., Kg v. Polen

Friedrich August III. (I.), Sachsen, Kfst. und Kg. 1763–1827. Warschau, Ghzg. 1807–12/13

de Gaulle, Charles, Frankreich, Präs. 1959–69, Reg.chef 1944–46 und 1958–59

Genscher, Hans Dietrich, Bundesrepublik Deutschland, Innenmin. 1969–74, Außenmin. 1974–92

Georg I. (Ludwig), Großbritannien, Kg. 1714–27. Hannover, Kfst. 1698–1727

Georg II., Großbritannien, Kg. 1727–60. Hannover, Kfst. 1727–60

Georg III., Großbritannien, Kg. 1760–1820. Hannover, Kfst. 1760–1807, Kg. 1814–20

Georg IV., Großbritannien, Kg. 1820–30. Hannover, Kg. 1820–30

Geßler, Otto, Dt. Reich, Minister f. Wiederaufbau 1919–20, Reichswehrmin. 1920–28

Giovanni, Florenz, Stadtherr, vgl. Papst Leo X.

Giulio, Florenz, Stadtherr, vgl. Papst Klemens VII.

Gorbatschov, Michail, Sowjetunion, Staatsoberhaupt 1988–91, Parteichef 1985–91

Göring, Hermann, Dt. Reich, Luftfahrtmin. 1933–45. Preußen, Reg.-chef 1933–45

Gothein, Georg, Dt. Reich, Minister o. Geschäftsber. 1919, Schatzmin. 1919

Gottfried II. d. Bärtige, Oberlothringen, Hzg. 1044–47. Niederlothringen, Hzg. 1065–69

Gottfried IV. v. Bouillon, Niederlothringen, Hzg. 1089–1100. Jerusalem, Vogt. d. Hl. Grabes 1099–1100

Gottwald, Klement, Tschechoslowakei, Staatsoberhaupt 1948–53, Reg.-chef 1946–48, Parteichef 1945–53

Gozelo I., Niederlothringen, Hzg. 1023–44. Oberlothringen, Hzg. 1033–44

Gradnauer, Georg, Dt. Reich, Innenmin. 1921. Freistaat Sachsen, Reg.-chef 1919–20

Grinius, Kazys, Litauen, Präs. 1926, Reg.chef 1920–22

Groener, Wilhelm, Dt. Reich, Verkehrsmin. 1920–23, Reichswehrmin. 1928–32, Innenmin. 1931–32
Grosz, Karoly, Ungarn, Reg.chef 1987–88, Parteichef 1988–89
Grotewohl, Otto, DDR, Reg.chef 1949–64, Parteichef 1946–53
Gscheidle, Kurt, Bundesrepublik Deutschland, Verkehrsmin. 1974–80, Postmin. 1974–82
v. Guérard, Theodor, Dt. Reich, Justizmin. 1929–30, Verkehrsmin. 1928–29 und 1930–31
Gürcel, Kemal, Türkei, Präs. 1961–66, Reg.chef 1960–61
Hakon VI., Norwegen, Kg. 1343–80. Als Hakon Magnusson Kg. v. Schweden 1362–63
Hakon Magnusson, Schweden, vgl. Hakon VI., Kg. v. Norwegen
Hans, Dänemark und Norwegen, Kg. 1481–1513, Schweden. Kg. 1497–1501
Hardiknut, England, Kg. 1035–37 und 1040–42. Dänemark, Kg. 1035–42
v. Hassel, Kai-Uwe, Bundesrepublik Deutschland, Verteidigungsmin. 1963–66, Vertriebenenmin. 1966–69. Schleswig-Holstein, Reg.chef 1954–63
Hasselfeldt, Gerda, Bundesrepublik Deutschland, Raumordnungsmin. 1989–91, Gesundheitsmin. 1991–92
Hatto I., Mainz, Ebf. 891–913. Hl. Röm. Reich (Ostfränk. Reich), Regent 900–11
Hauff, Volker, Bundesrepublik Deutschland, Forschungsmin. 1978–80, Verkehrsmin. 1980–82
Heinemann, Gustav, Bundesrepublik Deutschland, Bundespräs. 1969–74, Innenmin. 1949–50, Justizmin. 1966–69
Heinrich I., Hl. Röm. Reich, Kg. 919–36. Sachsen, Hzg. 912–36
Heinrich II., Hl. Röm. Reich, Kg. und Ks. 1002–24. Bayern, Hzg. 995–1004 und 1009–17
Heinrich III., Hl. Röm. Reich, Kg. und Ks. 1028/39–56. Bayern, Hzg. 1026–42 und 1047–49. Schwaben, Hzg. 1038–45
Heinrich IV., Hl. Röm. Reich, Kg. und Ks. 1054/56–1106. Bayern, Hzg. 1053–54 und 1077–95
Heinrich VI., Hl. Röm. Reich, Kg. und Ks. 1169/90–97. Sizilien, Kg. 1194–97
Heinrich (VII.), Hl. Röm. Reich, Kg. 1222–35. Schwaben, Hzg. 1216–35
Heinrich I., Bayern, Hzg. 948–55. Lothringen, Hzg. 940
Heinrich II. d. Zänker, Bayern, Hzg. 955–76 und 985–95. Kärnten, Hzg. 989–95
Heinrich III., Bayern, Hzg. 983–85. Kärnten, Hzg. 976–78 und 983/85–89
Heinrich IV., Bayern, vgl. Heinrich II., Ks. d. Hl. Röm. Reiches
Heinrich VI., Bayern, vgl. Heinrich III., Ks. d. Hl. Röm. Reiches
Heinrich VIII., Bayern, vgl. Heinrich IV., Ks. d. Hl. Röm. Reiches

Heinrich X. d. Stolze, Bayern, Hzg. 1126–39. Sachsen, Hzg. 1137–39
Heinrich XI. Jasomirgott, Bayern, Hzg. 1143–56. Österreich, Mkgf. und Hzg. 1141–76
Heinrich XII. d. Löwe, Bayern, Hzg. 1156–80. Sachsen, Hzg. 1142–80
Heinrich v. Kärnten, Böhmen, Kg. 1307–10. Kärnten, Hzg. 1295–1335
Heinrich I., Frankreich, Kg. 1031–60. Burgund, Hzg. 1015–32
Heinrich III., Frankreich, Kg. 1574–89. Polen, Kg. 1573–74
Heinrich IV., Frankreich, Kg. 1589–1610. Niedernavarra, Kg. 1572–1610
Heinrich II., Jerusalem, Kg. 1286–1291/1324. Zypern, Kg. 1285–1324
Heinrich I., Kärnten, vgl. Heinrich III., Hzg. v. Bayern
Heinrich II., Kärnten, vgl. Heinrich II., Hzg. v. Bayern
Heinrich VI., Kärnten, vgl. Heinrich v. Kärnten, Kg. v. Böhmen
Heinrich, Lothringen, vgl. Heinrich I., Hzg. v. Bayern
Heinrich III., Niedernavarra, vgl. Heinrich IV., Kg. v. Frankreich
Heinrich II. Jasomirgott, Österreich, vgl. Heinrich XI., Hzg. v. Bayern
Heinrich v. Valois, Polen, vgl. Heinrich III., Kg. v. Frankreich
Heinrich d. Stolze, Sachsen, vgl. Heinrich X., Hzg. v. Bayern
Heinrich d. Löwe, Sachsen, vgl. Heinrich XII., Hzg. v. Bayern
Heinrich I., Schwaben, vgl. Heinrich III., Ks. d. Hl. Röm. Reiches
Heinrich II., Schwaben, vgl. Heinrich (VII.), Kg. d. Hl. Röm. Reiches
Heinze, Rudolf, Dt. Reich, Vizekanzler 1920–21, Justizmin. 1920–21 und 1922–23. Sachsen, Reg.chef 1918
Hellwege, Heinrich, Bundesrepublik Deutschland, Bundesratsmin. 1949–55. Niedersachsen, Reg.chef 1955–59
Heng Samrin, Kambodscha, Staatsoberhaupt 1979–91, Reg.chef 1979–81
Hergt, Oskar, Dt. Reich, Vizekanzler und Justizmin. 1927–28
Hermann VI., Österreich, Hzg. 1248–50. Baden, Mkgf. 1243–50
Hermes, Andreas, Dt. Reich, Ernährungsmin. 1920–22, Finanzmin. 1922–23
Hertling, Georg Gf., Dt. Reich, Reichskanzler 1917–18. Bayern, Reg.-chef 1912–17
Hitler, Adolf, Dt. Reich, Staatsoberhaupt 1934–45, Reichskanzler 1933–45
Höcherl, Hermann, Bundesrepublik Deutschland, Innenmin. 1961–65, Ernährungsmin. 1965–69
Hodscha, Enver, Albanien, Reg.chef 1944–54, Parteichef 1941–85
Hohenlohe-Schillingsfürst, Chlodwig Fst. zu, Dt. Reich, Reichskanzler 1894–1900. Bayern, Reg.chef 1866–70.
Honecker, Erich, DDR, Staatsoberhaupt 1976–89, Parteichef 1971–89
Hua Kuo-feng, China, Reg.chef 1976–80, Parteichef 1976–81
Hugenberg, Alfred, Dt. Reich, Wirtschafts- und Ernährungsmin. 1933
Hugo I., Jerusalem, Kg. 1269–84. Zypern, Kg. 1267–84
Hugo III., Zypern, vgl. Hugo I., Kg. v. Jerusalem

Husak, Gustav, Tschechoslowakei, Staatsoberhaupt 1975–89, Parteichef 1969–87
Inönü, Ismet, Türkei, Präs. 1938–50, Reg.chef 1923–24, 1925–37 und 1961–65
Jagiello, Litauen, vgl. Wladislaw II., Kg. v. Polen
Jakob II. d. Gerechte, Aragón, Kg. 1291–1327. Sizilien, Kg. 1285–96
Jakob I., England, Kg. 1603–25. Schottland, Kg. 1567–1625
Jakob VI., Schottland, vgl. Jakob I., Kg. v. England
Jakob I. d. Gerechte, Sizilien, vgl. Jakob II., Kg. v. Aragón
Jarres, Karl, Dt. Reich, Vizekanzler und Innenmin. 1923–24/25
Jaruzelski, Wojciech, Polen, Staatsoberhaupt 1985–90, Reg.chef 1981–85, Parteichef 1981–89
Jayawardene, Junius Richard, Sri Lanka, Präs. 1978–89, Reg.chef 1977–78
Jefferson, Thomas, Vereinigte Staaten, Präs. 1801–09, Vizepräs. 1797–1801
Jobst v. Mähren, Hl. Röm. Reich, Kg. 1410–11. Brandenburg, Kfst. 1388/95/97–1411
Johann II., Aragón, Kg. 1458–79. Navarra, Kg. 1425–79
Johann v. Brienne, Byzanz (Lateinisches Kaiserreich), Ks. 1231–37. Jerusalem, Kg. 1210–25
Johann II., Jerusalem und Zypern, Kg. 1284–85
Johann I., Zypern, vgl. Johann II., Kg. v. Jerusalem und Zypern
Johann Philipp v. Schönborn, Mainz, Ebf. 1647–73. Würzburg, Bf. 1642–73
Johnson, Andrew, Vereinigte Staaten, Präs. 1865–69, Vizepräs. 1865
Johnson, Lyndon B., Vereinigte Staaten, Präs. 1963–69, Vizepräs. 1961–63
Joseph I., Hl. Röm. Reich, Kg. und Ks. 1690/1705–1711. Böhmen, Kg. 1705–11. Ungarn, Kg. 1687–1711. Österreich, Erzhzg. 1705–11. Mailand, Hzg. 1706–07
Joseph II., Hl. Röm. Reich, Kg. und Ks. 1764/65–90. Böhmen und Ungarn, Kg. 1780–90. Österreich, Erzhzg. 1780–90
Joseph (Bonaparte), Spanien, Kg. 1808–13. Neapel, Kg. 1806–08
Kádár, János, Ungarn, Reg.chef 1956–58 und 1961–65, Parteichef 1956–88
Karamanlis, Konstantin, Griechenland, Präs. 1980–85 und 1990–, Reg. chef 1955–58, 1958–61 und 1974–80
Karl III. d. Dicke, Hl. Röm. Reich (Ostfränkisches Reich), Kg. und Ks. 876/82–87. Frankreich (Westfränkisches Reich), Kg. 885–87
Karl IV., Hl. Röm. Reich, Kg. und Ks. 1346/47–78. Böhmen, Kg. 1346–78
Karl V., Hl. Röm. Reich, Kg. und Ks. 1519–56. Spanien, Kg. 1516–56. Österreich, Erzhzg. 1519–21. Mailand, Hzg. 1525–29 und 1535–40
Karl VI., Hl. Röm. Reich, Ks. 1711–40. Böhmen, Kg. 1711–40. Ungarn, Kg. 1712–40. Österreich, Erzhzg. 1711–40. Neapel, Kg. 1707–

34. Sizilien, Kg. 1718–35. Mailand, Hzg. 1707–40. Mantua, Hzg. 1708–40. Parma und Piacenza, Hzg. 1736–40.

Karl VII., Hl. Röm. Reich, Ks. 1742–45. Als Karl Albert Kfst. v. Bayern 1726–45

Karl I., Böhmen, vgl. Karl IV., Ks. d. Hl. Röm. Reiches

Karl II., Böhmen, vgl. Karl VI., Ks. d. Hl. Röm. Reiches

Karl IV. d. Schöne, Frankreich und Navarra, Kg. 1322–28

Karl VIII., Frankreich, Kg. 1483–98. Neapel, Kg. 1495

Karl I., Navarra, vgl. Karl IV., Kg. v. Frankreich

Karl III. v. Durazzo, Neapel, Kg. 1381–86. Ungarn, Kg. 1385–86

Karl I., Österreich, Böhmen und Ungarn, Ks. und Kg. 1916–18

Karl I., Parma und Piacenza, vgl. Karl III., Kg. v. Spanien

Karl II. Ludwig, Parma und Piacenza, vgl. (Karl) Ludwig II. v. Etrurien (Toskana)

Karl I., Sizilien, Kg. 1266–82. Neapel, Kg. 1282–85

Karl IV., Sizilien, vgl. Karl III., Kg. v. Spanien

Karl I., Spanien, vgl. Karl V., Ks. d. Hl. Röm. Reiches

Karl III., Spanien, Kg. 1759–88. Sizilien, Kg. 1734–59. Parma und Piacenza, Hzg. 1731–36

Karl II. v. Durazzo, Ungarn, vgl. Karl III., Kg. v. Neapel

Karl III., Ungarn, vgl. Karl VI., Ks. d. Hl. Röm. Reiches

Karl IV., Ungarn, vgl. Karl I., Ks. v. Österreich

Karl Albert, Bayern, vgl. Karl VII., Ks. d. Hl. Röm. Reiches

Karl Anton, Hohenzollern-Sigmaringen, Fst. 1848–49. Preußen, Reg.-chef 1858–62

Karl Theodor, Pfalz, Kfst. 1742–77/99. Bayern, Kfst. 1777–99

Kasimir, Litauen, Großfst. 1440–92. Polen, Kg. 1444/47–92

Kasimir IV., Polen, vgl. Kasimir, Großfst. v. Litauen

Kekkonen, Urho, Finnland, Präs. 1956–81, Reg.chef 1950–53 und 1954–56

Kerrl, Hanns, Dt. Reich, Minister o. Geschäftsber. 1934–35, Kirchenmin. 1935–41

Khubilai Khan, Mongolenreich, Großkhan 1260–94. China, als Shih-tsu Ks. 1260–94

Kiesinger, Kurt Georg, Bundesrepublik Deutschland, Kanzler 1966–69. Baden-Württemberg, Reg.chef 1958–66

Kim Il Sung, (Nord-)Korea, Staatsoberhaupt 1972–, Reg.chef 1948–72

Kinkel, Klaus, Bundesrepublik Deutschland, Justizmin. 1991–92, Außenmin. 1992–

Klein, Hans, Bundesrepublik Deutschland, Minister f. wirtschaftl. Zusammenarbeit 1987–89, Minister f. bes. Aufgaben 1989–91

Klemens VII., Vatikan, Papst 1523–34. Florenz, als Giulio Stadtherr 1519–23

Knut d. Große, England, Kg. 1016–35. Dänemark, Kg. 1018–35. Norwegen, Kg. 1028–35

Kohl, Helmut, Bundesrepublik Deutschland, Kanzler 1982–. Rheinland-Pfalz, Reg.chef 1969–76
Köhler, Heinrich, Dt. Reich, Finanzmin. 1927–28. Baden, Staatspräs. 1923–24 und 1926–27
Koivisto, Mauno, Finnland, Präs. 1982–, Reg.chef 1968–70 und 1979–82
Kolarov, Vasil Petrov, Bulgarien, Staatsoberhaupt 1946–47, Reg.chef 1949–50
Konrad I., Hl. Röm. Reich (Ostfränkisches Reich), Kg. 911–18. Franken, fakt. Hzg. 902/06–18
Konrad, Hl. Röm. Reich, Mit- und Gegenkg. 1087–1101. Niederlothringen, Hzg. 1076–89
Konrad IV., Hl. Röm. Reich, Kg. 1237/50–54. Sizilien und Jerusalem, Kg. 1250–54. Schwaben, Hzg. 1235–54
Konrad II., Jerusalem, vgl. Konrad IV., Kg. d. Hl. Röm. Reiches
Konrad III., Jerusalem, vgl. Konradin, Kg. v. Sizilien
Konrad I. v. Wittelsbach, Mainz, Ebf. 1161–65 und 1183–1200. Salzburg, Ebf. 1177–83
Konrad III. v. Wittelsbach, Salzburg, vgl. Konrad I., Ebf. v. Mainz
Konrad III., Schwaben, vgl. Konrad IV., Kg. d. Hl. Röm. Reiches
Konrad IV., Schwaben, vgl. Konradin, Kg. v. Sizilien
Konradin, Sizilien, Kg. 1254–58 und 1266–68. Jerusalem, Kg. 1254–68. Schwaben, Hzg. 1254–68
Köster, Adolf, Dt. Reich, Außenmin. 1920, Innenmin. 1921–22
Krause, Günther, Bundesrepublik Deutschland, Minister o. Geschäftsber. 1990–91, Verkehrsmin. 1991–93
Krenz, Egon, DDR, Staatsoberhaupt 1989, Parteichef 1989
Ladislaus Postumus, Böhmen, Kg. 1440/53–57. Ungarn, Kg. 1440–57. Österreich, Hzg. und Erzhzg. 1440–57
Lauritzen, Lauritz, Bundesrepublik Deutschland, Wohnungsbaumin. 1966–72, Verkehrsmin. 1972–74, Postmin. 1972
Leber, Georg, Bundesrepublik Deutschland, Verkehrsmin. 1966–72, Postmin. 1969–72, Verteidigungsmin. 1972–78
Lebrun, Charles François, Frankreich, Konsul 1799–1804. Piacenza, Hzg. 1808–14
Lemmer, Ernst, Bundesrepublik Deutschland, Postmin. 1956–57, Minister f. Gesamtdt. Fragen 1957–62, Vertriebenenmin. 1964–65
Lenin, Wladimir Iljitsch, Sowjetunion, Reg.chef 1917–24, Parteichef 1917–22
Lenz, Hans, Bundesrepublik Deutschland, Schatzmin. 1961–62, Forschungsmin. 1962–65
Leo X., Vatikan, Papst 1513–21. Als Giovanni Stadtherr v. Florenz 1512–13
Leone, Giovanni, Italien, Präs. 1971–78, Reg.chef 1963 und 1968
Leopold I., Hl. Röm. Reich, Ks. 1658–1705. Böhmen, Kg. 1656–1705. Ungarn, Kg. 1655–1705. Österreich, Erzhzg. 1657–1705

Leopold II., Hl. Röm. Reich, Ks. 1790–92. Böhmen und Ungarn, Kg. 1790–92. Österreich, Erzhzg. 1790–92. Als Peter Leopold Großhzg. d. Toskana 1765–90
Leopold, Bayern, Hzg. 1139–41. Als Liutpold IV. Mkgf. v. Österreich 1136–41
Lindo, Juan, El Salvador, Präs. 1841–42. Honduras, Präs. 1847–52
Li Tsung-jön, China, Präs. 1949. Taiwan, Präs. 1949–50
Liutpold IV., Österreich, vgl. Leopold, Hzg. v. Bayern
Lon Nol, Kambodscha, Präs. 1972–75, Reg.chef 1969–72
Lothar III. v. Supplingenburg, Hl. Röm. Reich, Kg. und Ks. 1125–37. Sachsen, Hzg. 1106–37
Loubet, Émile, Frankreich, Präs. 1899–1906, Reg.chef 1892
Lübke, Heinrich, Bundesrepublik Deutschland, Bundespräs. 1959–69, Ernährungsmin. 1953–59
Lücke, Paul, Bundesrepublik Deutschland, Wohnungsbaumin. 1957–65, Innenmin. 1965–68
Ludwig III., Röm. Ks. 901–28. Italien, Kg. 900–28. Niederburgund, Kg. 890–928
Ludwig IV., Hl. Röm. Reich, Kg. und Ks. 1314–47. Pfalz, Pfalzgf. 1294–1329. Bayern, Hzg. 1294–1347
Ludwig I. d. Kelheimer, Bayern, Hzg. 1183–1231. Pfalz, Pfalzgf. 1214–31
Ludwig II. d. Strenge, Bayern, Hzg. 1253–94. Pfalz, Pfalzgf. 1253–94
Ludwig IV., Bayern und Pfalz, vgl. Ludwig IV., Ks. d. Hl. Röm. Reiches
Ludwig V. d. Ältere, Bayern, Hzg. 1347–61. Brandenburg, Mkgf. 1323–51
Ludwig VI. d. Römer, Bayern, Hzg. 1347–51. Brandenburg, Mkgf. und Kfst. 1351–65
Ludwig (III.), Niederburgund, vgl. Ludwig III., Röm. Ks.
Ludwig X., Frankreich, Kg. 1314–16. Navarra, Kg. 1305–16
Ludwig XII. d. Vater des Volkes, Frankreich, Kg. 1498–1515. Neapel, Kg. 1501–03. Mailand, Hzg. 1499–1500 und 1500–12
Ludwig (III.), Italien, vgl. Ludwig III., Röm. Ks.
Ludwig I., Navarra, vgl. Ludwig X., Kg. v. Frankreich
(Karl) Ludwig II., Etrurien, Kg. 1803–07. Parma und Piacenza, Hzg. 1847–48
Ludwig I. d. Große, Ungarn, Kg. 1342–82. Polen, Kg. 1370–82
Ludwig II., Ungarn und Böhmen, Kg. 1516–26
Luther, Hans, Dt. Reich, Reichskanzler 1925–26, Ernährungsmin. 1922–23, Finanzmin. 1923–24/25
Mac-Mahon, Marie Edme Patrice Maurice, Gf. v., Frankreich, Präs. 1873–79, Reg.chef 1873–74
Magnus I. d. Gute, Norwegen, Kg. 1035–47. Dänemark, Kg. 1042–47
Magnus VII., Norwegen, Kg. 1319–43. Schweden, Kg. 1319–63
Magnus II., Schweden, vgl. Magnus VII., Kg. v. Norwegen
Maier, Reinhold, Baden-Württemberg, Reg.chef 1952–53. Württemberg-Baden, Reg.chef 1945–52

Maihofer, Werner, Bundesrepublik Deutschland, Minister f. Bes. Aufgaben 1972–74, Innenmin. 1974–78
de Maizière, Lothar, DDR, Reg.chef 1990. Bundesrepublik Deutschland, Minister o. Geschäftsber. 1990
Mao Tse-tung, China, Staatsoberhaupt 1949–59, Parteichef 1945–76
Margarete I., Dänemark und Norwegen, Kg.in 1387–1412. Schweden, Kg.in 1389–1412
Maria Theresia, Böhmen, Kg.in 1743–80. Ungarn, Kg.in 1741–80. Österreich, Erhzg.in 1740–80. Mantua, Hzg.in 1740–45. Parma und Piacenza, Hzg.in 1740–48
Martin I., Aragón, Kg. 1395–1410. Sizilien, Kg. 1409–10
Martin II., Sizilien, vgl. Martin I., Kg. v. Aragón
Marx, Wilhelm, Dt. Reich, Reichskanzler 1923–24/25 und 1926–28, Justizmin. 1926. Preußen, Reg.chef 1925
Matthias, Hl. Röm. Reich, Ks. 1612–19. Böhmen, Kg. 1611–19. Ungarn, Kg. 1608–19. Österreich, Erzhzg. 1608–19
Matthias I. Corvinus, Ungarn, Kg. 1458–90. Böhmen, Kg. 1469–90
Matthias II., Ungarn, vgl. Matthias, Ks. d. Hl. Röm. Reiches
Matthöfer, Hans, Bundesrepublik Deutschland, Forschungsmin. 1974–78, Finanzmin. 1978–82
Maximilian I., Hl. Röm. Reich, Kg. und Ks. 1486/93–1519. Österreich, Erzhzg. 1493–1519
Maximilian II., Hl. Röm. Reich, Kg. und Ks. 1562/64–76. Böhmen, Kg. 1548–76. Ungarn, Kg. 1563–76. Österreich, Erzhzg. 1564–76
Maximilian I., Bayern, Hzg. und Kfst. 1597–1651. Pfalz, Regent 1623–48
Maximilian, Böhmen und Ungarn, vgl. Maximilian II., Ks. d. Hl. Röm. Reiches
Merkatz, Hans-Joachim v., Bundesrepublik Deutschland, Bundesratsmin. 1955–62, Justizmin. 1956–57, Vertriebenenmin. 1960–61
Michael II. d. Tapfere, Moldau, Fst. 1600. Walachei, Fst. 1593–1601
Millerand, Alexandre, Frankreich, Präs. 1920–24, Reg.chef 1920
Moldenhauer, Paul, Dt. Reich, Wirtschaftsmin. 1929, Finanzmin. 1929–30
Möllemann, Jürgen, Bundesrepublik Deutschland, Bildungsmin. 1987–91, Wirtschaftsmin. 1991–93
Müller, Gebhard, Baden-Württemberg, Reg.chef 1953–58. Württemberg-Hohenzollern, Reg.chef 1948–52
Müller, Hermann, Dt. Reich, Reichskanzler 1920 und 1928–30, Außenmin. 1919–20
Napoleon I. Bonaparte, Frankreich, Konsul 1799–1804, Ks. 1804–14/15. Italien, Kg. 1805–14
Napoleon III. Bonaparte, Frankreich, Präs. 1848–52, Ks. 1852–70
Neumayer, Fritz, Bundesrepublik Deutschland, Wohnungsbaumin. 1952–53, Justizmin. 1953–56
Neurath, Konstantin v., Dt. Reich, Außenmin. 1932–38, Min. o. Geschäftsber. 1938–45

Ne Win, Myanmar, Staatsoberhaupt 1962–81, Reg.chef 1958–60 und 1962–74
Nixon, Richard M., Vereinigte Staaten, Präs. 1969–74, Vizepräs. 1953–61
Nóvotny, Antonin, Tschechoslowakei, Staatsoberhaupt 1957–68, Parteichef 1953–68
Nyerere, Julius, Tanganjika, Präs. 1962–63/64, Reg.chef 1961–62. Tansania, Präs. 1963/64–85
Ochab, Edward, Polen, Staatsoberhaupt 1964–68. Parteichef 1956
Oeser, Rudolf, Dt. Reich, Innenmin. 1922–23, Verkehrsmin. 1923–24
Olaf IV., Dänemark, Kg. 1376–87. Norwegen, Kg. 1380–87
Ortleb, Rainer, Bundesrepublik Deutschland, Minister o. Geschäftsber. 1990–91, Bildungsminister 1991–
Otto I. d. Große, Hl. Röm. Reich, Kg. und Ks. 936–73. Sachsen, Hzg. 936–53/61
Otto IV., Hl. Röm. Reich, Kg. und Ks. 1198–1218. Schwaben, Hzg. 1208–12
Otto I., Bayern, Hzg. 976–82. Schwaben, Hzg. 973–82
Otto II. d. Erlauchte, Bayern, Hzg. 1231–53. Pfalz, Pfalzgf. 1214–53
Otto III., (Nieder)Bayern, Hzg. 1290–1312. Ungarn, Kg. 1305–07/08
Otto V. d. Faule, Bayern, Hzg. 1347–51 und 1375–79. Brandenburg, Markgf. und Kfst. 1351–73
Otto I., Schwaben, vgl. Otto I. v. Bayern
Otto IV., Schwaben, vgl. Otto IV., Ks. d. Hl. Röm. Reiches
Otto, Ungarn, vgl. Otto III., Hzg. v. (Nieder)Bayern
Ottokar II., Böhmen, Kg. 1253–78. Österreich, Hzg. 1251–76
Özal, Turgut, Türkei, Staatspräs. 1989–93, Reg.chef 1983–89
Papadopoulos, Giorgios, Griechenland, Staatsoberhaupt 1972–73, Reg.-chef 1967–73
Papen, Franz v., Dt. Reich, Reichskanzler 1932, Vizekanzler 1933–34
Päts, Konstantin, Estland, Präs. 1938–40, Reg.chef 1918–19, 1921–22, 1923–24, 1931–32, 1932–33 und 1933–38
Paulssen, Arnold, Thüringen, Reg.chef 1920–21. Sachsen-Weimar, Reg.chef 1919–20
Pavelić, Ante, Kroatien, Staatsoberhaupt 1941–45, Reg.chef 1941–43
Pétain, Henri Philippe, Frankreich, Staatsoberhaupt 1940–44, Reg.chef 1940
Peter I., Aragón, Kg. 1094–1104. Navarra, Kg. 1094–1104
Peter III. d. Große, Aragón, Kg. 1276–85. Sizilien, Kg. 1282–85
Peter I., Brasilien, Ks. 1822–31. Portugal, Kg. 1826
Peter IV., Portugal, vgl. Peter I., Ks. v. Brasilien
Peter I. Karajordjević, Serbien, Kg. 1903–18. (Jugoslawien), Kg. 1918–21
Peter I. d. Große, Sizilien, vgl. Peter III., Kg. v. Aragón
Peter Leopold, Toskana, vgl. Leopold II., Ks. d. Hl. Röm. Reiches
Philipp v. Schwaben, Hl. Röm. Reich, Kg. 1198–1208. Schwaben, Hzg. 1196–1208

Philipp IV. d. Schöne, Frankreich, Kg. 1285–1314. Navarra, Kg. 1284–1305
Philipp V., Frankreich, Kg. 1317–22. Navarra, Kg. 1316–22
Philipp I., Navarra, vgl. Philipp IV. d. Schöne v. Frankreich
Philipp II., Navarra, vgl. Philipp V. v. Frankreich
Philipp II., Spanien, Kg. 1556–98. Mailand, Hzg. 1540–98
Philipp V., Spanien, Kg. 1700–24 und 1724–46. Mailand, Hzg. 1701–06
Phomhivane, Kayson, Laos, Präs. 1991–93, Reg.chef 1975–91
Pieck, Wilhelm, DDR, Staatsoberhaupt 1949–60, Parteichef 1946–53
Poincaré, Raymond, Frankreich, Präs. 1913–20, Reg.chef 1912–13, 1922–24 und 1926–29
Pompidou, Georges, Frankreich, Präs. 1969–74, Reg.chef 1962–68
Premadesa, Ranasinghe, Sri Lanka, Präs. 1989–93, Reg.chef 1978–89
Rahman, Muijbur, Bangladesh, Präs. 1975, Reg.chef 1972–75
Rajai, Mohammed Ali, Iran, Präs. 1981, Reg.chef 1980–81
Rákosi, Mátyás, Ungarn, Reg.chef 1952–53, Parteichef 1945–56
Rakowski, Miecyslaw, Polen, Reg.chef 1988–89. Parteichef 1989–90
Rathenau, Walther, Dt. Reich, Außenmin. 1922, Wiederaufbaumin. 1921
Raumer, Hans v., Dt. Reich, Schatzmin. 1920–21, Wirtschaftsmin. 1923
René I. v. Anjou, Neapel, Kg. 1435–42. Lothringen, Hzg. 1431–53
Renner, Karl, Österreich, Bundespräs. 1945–50, Reg.chef 1919–20 und 1945
Robert II., Frankreich, Kg. 996–1031. Burgund, Hzg. 1004–15
Roosevelt, Theodore, Vereinigte Staaten, Präs. 1901–09, Vizepräs. 1901
Rudolf v. Rheinfelden, Hl. Röm. Reich, (Gegen)Kg. 1077–80. Schwaben, Hzg. 1057–77
Rudolf II., Hl. Röm. Reich, Kg. und Ks. 1576–1612. Böhmen, Kg. 1575–1611. Ungarn, Kg. 1572–1608. Österreich, Erzhzg. 1576–1608
Rudolf I., Bayern, Hzg. 1294–1319. Pfalz, Pfalzgf. 1294–1319
Rudolf (III.), Böhmen, Kg. 1307. Österreich, Hzg. 1298–1307
Rudolf, Frankreich, Kg. 923–36. Burgund, marchio, 921–23
Rudolf II., Italien, Kg. 922–26. Hochburgund, Kg. 912–37. Niederburgund, Kg. 933–37
Rudolf, Österreich und Ungarn, vgl. Rudolf II., Ks. d. Hl. Röm. Reiches
Ruprecht v. d. Pfalz, Hl. Röm. Reich, Kg. 1400–10. Pfalz, Kfst. 1398–1410
Ruprecht III., Pfalz, vgl. Ruprecht v. d. Pfalz, Kg. d. Hl. Röm. Reiches
Sancho I. Ramírez, Aragón, Kg. 1063–94. Navarra, Kg. 1076–94
Sancho V. Ramírez, Navarra, vgl. Sancho I. Ramírez, Kg. v. Aragón
Santa Cruz, Andrés, Peru, Präs. 1836–39. Bolivien, Präs. 1829–39
Schäffer, Fritz, Bundesrepublik Deutschland, Finanzmin. 1949–57, Justizmin. 1957–61. Bayern, Reg.chef 1945

Schäuble, Wolfgang, Bundesrepublik Deutschland, Minister f. bes. Aufgaben 1984–89, Innenmin. 1989–91
Scheel, Walter, Bundesrepublik Deutschland, Bundespräs. 1974–79, Minister f. wirtschaftl. Zusammenarbeit 1961–66, Außenmin. 1969–74
Schiele, Martin, Dt. Reich, Innenmin. 1925, Ernährungsmin. 1926–27
Schiffer, Eugen, Dt. Reich, Vizekanzler 1919 und 1919–20, Finanzmin. 1919, Justizmin. 1919–20 und 1921
Schiller, Karl, Bundesrepublik Deutschland, Wirtschaftsmin. 1966–72, Finanzmin. 1971–72
Schivkov, Todor, Bulgarien, Staatsoberhaupt 1971–89, Reg.chef 1962–71
Schleicher, Kurt v., Dt. Reich, Reichskanzler 1932–33, Reichswehrmin. 1932
Schmid, Carlo, Bundesrepublik Deutschland, Bundesratsmin. 1966–69. Württemberg-Hohenzollern, Reg.chef 1945/46–47
Schmidt, Helmut, Bundesrepublik Deutschland, Bundeskanzler 1974–82, Verteidigungsmin. 1969–72, Finanzmin. 1972–74, Wirtschaftsmin. 1972
Schmücker, Kurt, Bundesrepublik Deutschland, Wirtschaftsmin. 1963–66, Schatzmin. 1966–69
Schmude, Jürgen, Bundesrepublik Deutschland, Bildungsmin. 1978–81, Justizmin. 1981–82
Schröder, Gerhard, Bundesrepublik Deutschland, Innenmin. 1953–61, Außenmin. 1961–66, Verteidigungsmin. 1966–69
Segni, Antonio, Italien, Präs. 1962–64, Reg.chef 1955–57 und 1959–60
Seleukos I. Nikator, Seleukidenreich, Kg. 305–281. Makedonien, Kg. 281
Seiters, Rudolf, Bundesrepublik Deutschland, Min. f. bes. Aufg. 1991, Innenmin. 1991–93
Seyß-Inquart, Arthur, Dt. Reich, Minister o. Geschäftsber. 1939–45. Österreich, Reg.chef 1938
Shih-tsu, China, vgl. Khubilai Khan, Großkhan der Mongolen
Sigismund, Hl. Röm. Reich, Kg. und Ks. 1410–37. Böhmen, Kg. 1420–37. Ungarn, Kg. 1387–1437. Brandenburg, Kfst. 1378–1415 m. Unterbrechungen
Sigismund II., Litauen, vgl. Sigismund I., Kg. v. Polen
Sigismund III., Litauen, vgl. Sigismund II. August I., Kg. v. Polen
Sigismund I., Polen, Kg. 1507–48. Litauen, Großfst. 1506–48
Sigismund II. August I., Polen, Kg. 1548–72. Litauen, Großfst. 1548–69/72
Sigismund III. Wasa, Polen, Kg. 1587–1632. Schweden, Kg. 1592–1600
Sigismund, Schweden, vgl. Sigismund III., Kg. v. Polen
Soares, Mario, Portugal, Präs. 1986–, Reg.chef 1976–78 und 1983–85
Spiljak, Mika, Jugoslawien, Staatsoberhaupt 1983–84, Reg.chef 1967–69
Stalin, Iosif Wissarionowitsch, Sowjetunion, Reg.chef 1941–53, Parteichef 1922–53

Stambolić, Petar, Jugoslawien, Staatsoberhaupt 1982–83, Reg.chef 1963–67
Stanislaus Leszczynski, Polen, Kg. 1704–09 und 1733–36. Lothringen, Hzg. 1736–66
Stegerwald, Adam, Dt. Reich. Verkehrsmin. 1929–30, Arbeitsmin. 1930–32. Preußen, Reg.chef 1921
Stevens, Siaka, Sierra Leone, Präs. 1971–85, Reg.chef 1967 und 1968–71
Stoltenberg, Gerhard, Bundesrepublik Deutschland, Forschungsmin. 1965–69, Finanzmin. 1982–89, Verteidigungsmin. 1989–92. Schleswig-Holstein, Reg.chef 1971–82
Stoph, Willi, DDR, Staatsoberhaupt 1973–76, Reg.chef 1964–73 und 1976–89
Strauß, Franz Josef, Bundesrepublik Deutschland, Minister f. bes. Aufgaben 1953–55, Atomminister 1955–56, Verteidigungsmin. 1956–62, Finanzmin. 1966–69. Bayern, Reg.chef 1978–88
Stresemann, Gustav, Dt. Reich, Reichskanzler 1923, Außenmin. 1923–29
Strobel, Käthe, Bundesrepublik Deutschland, Gesundheitsmin. 1966–69, Familien- und Gesundheitsmin. 1969–72
Sven Gabelbart, Dänemark, Kg. 986–1014. England, Kg. 1013–14
Temür, Mongolisches Reich, Großkhan 1294–1307. China, als Ch'eng-tsung Ks. 1294–1307
Theoderich d. Große, Ostgotenreich, Kg. 474/93–526. Westgotenreich, Kg. 511–26
Thièrs, Adolphe, Frankreich, Präs. 1871–73, Reg.chef 1836, 1840, 1848 und 1871–73
Tigranes d. Große, Seleukidenreich, Kg. 83–69. Armenien, Kg. 95–55
Tildy, Zoltán, Ungarn, Staatsoberhaupt 1946–48, Reg.chef 1945–46
Tito, Josip Broz, Jugoslawien, Staatsoberhaupt 1953–80, Reg.chef 1945–63
Treviranus, Gottfried R., Dt. Reich, Minister f. besetzte Gebiete 1930, Minister ohne Geschäftsber. 1930–31, Verkehrsmin. 1931–32
Truman, Harry S., Vereinigte Staaten, Präs. 1945–53, Vizepräs. 1945
Tschernenko, Konstantin, Sowjetunion, Staatsoberhaupt und Parteichef 1984–85
Tsedenbal, Jumshagijn, Mongolische Volksrepublik, Staatsoberhaupt 1974–84, Reg.chef 1952–74
Tyler, John, Vereinigte Staaten, Präs. 1841–45, Vizepräs. 1841
Ulbricht, Walter, DDR, Staatsoberhaupt 1960–73, Parteichef 1953–71
Ulmanis, Karlis, Lettland, Präs. 1936–40, Reg.chef 1918–21, 1925–26, 1931 und 1934–40
U Maung Maung Kha, Myanmar, Staatsoberhaupt 1988, Reg.chef 1977–88
Urraca, Kastilien und León, Kg.in 1109–26
Valera, Eamon de, Irland, Präs. 1959–73, Reg.chef 1921–22, 1932–48, 1951–54 und 1957–59
Van Buren, Martin, Vereinigte Staaten, Präs. 1837–41, Vizepräs. 1833–37

Viktor Amadeus II., Savoyen, Hzg. 1675–1720/30. Sizilien, Kg. 1713–18. Sardinien, Kg. 1720–30
Viktor Emmanuel II., Sardinien, Kg. 1849–61. Italien, Kg. 1861–78
Vogel, Bernhard, Rheinland-Pfalz, Reg.chef 1976–88. Thüringen, Reg.chef 1992–
Vogel, Hans-Jochen, Bundesrepublik Deutschland, Wohnungsbaumin. 1972–74, Justizmin. 1974–81. (West)Berlin, Reg. Bgm. 1981
Vorster, Balthazar, Südafrikan. Rep., Präs. 1978–79, Reg.chef 1966–78
Wallmann, Walter, Bundesrepublik Deutschland, Umweltmin. 1986–87. Hessen, Reg.chef 1987–91
Warmbold, Hermann, Dt. Reich, Wirtschaftsmin. 1931–33, Arbeitsmin. 1932
Warnke, Jürgen, Bundesrepublik Deutschland, Minister f. wirtschaftl. Zusammenarbeit 1982–87 und 1989–91, Verkehrsmin. 1987–89
Weizsäcker, Richard v., Bundesrepublik Deutschland, Bundespräs. 1984–. (West)Berlin, Reg. Bgm. 1981–84
Wenzel, Hl. Röm. Reich, Kg. 1376/78–1400. Böhmen, Kg. 1378–1419. Brandenburg, Kfst. 1373–78
Wenzel II., Böhmen, Kg. 1278–1305. Polen, Kg. 1291–1305
Wenzel III., Böhmen, Kg. 1305–06. Polen, Kg. 1305–06. Ungarn, Kg. 1301–05
Wenzel IV., Böhmen, vgl. Wenzel, Kg. d. Hl. Röm. Reiches
Wenzel, Ungarn, vgl. Wenzel III., Kg. v. Böhmen
Wijetunge, Dingiri Banda, Sri Lanka, Präs. 1993–, Reg.chef 1989–93
Wilhelm I., Dt. Reich, Ks. 1871–88. Preußen, Kg. 1861–88
Wilhelm II., Dt. Reich, Ks. 1888–1918. Preußen, Kg. 1888–1918
Wilhelm III., England, Kg. 1689–1702. Niederlande, Statthalter v. Holland, Utrecht und Seeland 1672–1702
Wilhelm IV., Großbritannien, Kg. 1830–37. Hannover, Kg. 1830–37
Wilhelm, Hannover, vgl. Wilhelm IV., Kg. v. Großbritannien und Irland
Wilms, Dorothee, Bundesrepublik Deutschland, Bildungsmin. 1982–87, Ministerin f. innerdt. Bez. 1987–91
Windelen, Heinrich, Bundesrepublik Deutschland, Vertriebenenmin. 1969, Minister f. innerdt. Bez. 1983–87
Wirth, Joseph, Dt. Reich, Reichskanzler 1921–22, Finanzmin. 1920–21, Minister f. besetzte Gebiete 1929–30, Innenmin. 1930–31
Wissell, Rudolf, Dt. Reich, Wirtschaftsmin. 1919, Arbeitsmin. 1928–30
Wissmann, Matthias, Bundesrepublik Deutschland, Forschungsmin. 1993, Verkehrsmin. 1993–
Wladislaw, Böhmen, Kg. 1471–1516. Ungarn, Kg. 1490–1516
Wladislaw II. Jagiello, Polen, Kg. 1386–1434. Litauen, Großfst. 1377–81 und 1382–87, nom. supremus dux 1387–1434
Wladislaw, Rußland, Zar 1610–12. Polen, Kg. 1632–48
Wladislaw IV. Wasa, Polen, vgl. Wladislaw Zar v. Rußland
Yahya Khan, Agha Mohammed, Pakistan, Präs. und Reg.chef 1969–71
Zapotocky, Antonin, Tschechoslowakei, Präs. 1953–57, Reg.chef 1948–53

Zemin, Jiang, China, Staatsoberhaupt 1993–, Parteichef der KPCh 1989–
Zhao Ziyang, China, Reg.chef 1980–88, Parteichef 1987–89
Zia ul-Haq, Mohammed, Pakistan, Präs. 1978–88, Reg.chef 1977–85
Zia ur Rahman, Bangladesh, Präs. 1977–81, Reg.chef 1975–78
Zimmermann, Friedrich, Bundesrepublik Deutschland, Innenmin. 1982–89, Verkehrsmin. 1989–91

# REGISTER DER STAATEN, LÄNDER, GROSSRÄUME UND DYNASTIEN


Abbasiden 94f.
Abessinien vgl. Äthiopien
Achämeniden 28
»Adoptivkaiser« 38
Afghanistan 176
Afschariden 187
Agiaden 30
Agilolfinger 301
Ägypten. Pharaonenzeit 13ff. Unter den Ptolemäern 33f. Unter islamischen Lokaldynastien 96f. Moderner Staat 117
Akkad(e) 19
al-Andalus vgl. Omaijaden in Spanien
Alauiten 99f., 126
Albanien 212
Algerien 118
Almohaden 99
Almoraviden 98
Altbabylonisches Reich 20f.
Amorische Dynastie 46f.
Andalusien vgl. Omaijaden in Spanien
Andorra 213
Angeloi 48, 49f.
Angola 118
Anhalt 352f.
Anhalt-Bernburg 352
Anhalt-Dessau 352f.
Anhalt-Köthen 352
Anjou (Dyn.) 73, 75, 259, 281
Anjou-Plantagenet 233
Antigoniden 33
Antigua und Barbuda 134
Antiochien (Antiochia, Antakya). Fürstentum 77
Äquatorialguinea 118
Arabien 42, 94f., 203
Arabische Emirate vgl. Vereinigte Arabische Emirate
Aragón (Krone und Dyn.) 58f., 74f.
Ardennerhaus-Bar 81
Ardennerhaus-Verdun 81
Arelat vgl. Burgund (Königreiche) und Heiliges Römisches Reich
Argeaden 31f.
Argentinien 134f.
Armenien. Antike 42ff. Mittelalter 44, 78. Moderner Staat 270f.
Arpaden 280
Arsakiden 28f., 43f.
Artaxiaden 43
Aserbeidschan 270
Askanier 300, 318, 320, 352f.
Assur, Assyrisches Reich 23f.
Asturien 56
Athen (zur Zeit der Tyrannis) 31
Äthiopien 118f.
Attaliden 36
Australien 177
Avis 261
Ayyubiden 96f.
Aztekenreich 109

Babenberger 250, 302
Babylon, Babylonisches Reich 20ff.
Baden. Markgrafschaft(en) und Kurfürstentum 332ff. Großherzogtum und Republik 344ff. Land 389
Baden-Baden 333
Baden-Durlach 334
Baden-Württemberg 389
Bagratiden 44, 78
Bahamas 135
Bahrein 178
Bahriden 97
Bakchiaden 31
Bangladesh 178
Barbados 136
Batavische Republik 247
Battenberg 214
Bayern. Stammesherzogtum 300ff. Herzogtum und Kurfürstentum 321ff. Königreich und Freistaat 340f. Land 389f.
Bayern-Ingolstadt 324
Bayern-Landshut 324
Bayern-München 324
Belgien 213f.
Belize 136
Benin 119
Berlin. Land 390
Bernadotte 274

Bhutan 178
Billunger 300
Birma vgl. Myanmar
Biron 92
Bithynien 35
Blois (Dyn.) 233
Böhmen 313ff.
Bolivien 136ff.
Bonaparte 73, 74, 222f., 247, 277
Bosnien-Herzegowina 214
Botswana 120
Bourbonen 60, 64, 66f., 73, 222f., 277f.
Braganca (Dyn.) 138, 262
Brandenburg. Markgrafschaft und Kurfürstentum 320f. Land 390
Brasilien 138f.
Braunschweig. Herzogtum und Freistaat 349
Braunschweig-Calenberg 328
Braunschweig-Grubenhagen 326
Braunschweig-Wolfenbüttel 326ff.
Braunschweig und Lüneburg. Herzogtum 325ff.
Bremen. Land 391
Brunei 179
Buenos Aires. Unabhängige Provinz 134
Buhaiwiden 100
Bulgarien. Mittelalter 82ff. Moderner Staat 214f.
Bundesrepublik Deutschland 368ff.
Burdschiten 97
Burgund. Burgunderreich 51f. Königreich(e) 56. Herzogtum 79f. Dyn. 220, 261
Burkina Faso 120
Burma vgl. Myanmar
Burundi (Urundi) 120
Byzanz, Byzantinisches Reich 45ff.

Calenberg/Hannover 328
Canada vgl. Kanada
Celle. Fürstentum 328
Ceylon vgl. Sri Lanka
Chaldäerreich 22
Champagne (Dyn.) 59
Chanigalbat vgl. Mitanni-Reich
Chatenois 81f.
Chèn-Dyn. 180
Chì-Dyn. 180
Childschi (Dyn.) 102
Chile 140f.
Chin-Dyn. 179, 181
China. Kaiserreich 179ff. Republik 183f. Volksrepublik 184. Republik auf Taiwan (ROC) vgl. Taiwan
Chìng-Dyn. 183
Chou-Dyn. 179, 181
Chu 182
Cisalpinische Republik 65
Costa Rica 141ff.
Côte d'Ivoire 120f.
Cuba 143
Cypern. Republik 184f. Königreich vgl. Zypern

Dahomé, Dahomey vgl. Benin
Dänemark 215ff.
Deutsche Demokratische Republik 388
Deutsches Reich 358ff. Vor 1806 vgl. Heiliges Römisches Reich
Deutschland vgl. Heiliges Römisches Reich, Deutsches Reich, Bundesrepublik Deutschland, Deutsche Demokratische Republik
Deutschordensstaat 90f.
Djiboiuti (Dschibuti) 121
Dominica 144
Dominikanische Republik 144ff.

Ecuador, Ekuador 146f.
Edessa. Grafschaft 78
Elfenbeinküste vgl. Côte d'Ivoire
Ellice-Inseln vgl. Tuvalu
El Salvador 147ff.
England vgl. Großbritannien und Nordirland
Epiros, Epirus 49f.
Eppensteiner 304
Eritrea 121
Este (Dyn.) 67f.
Estland 218
Estriden 215f.
Etrurien vgl. Toskana
Eurypontiden 30f.
Evreux (Dyn.) 60
Ezzonen 302

Farnese 66
Fatimiden 96
Ferrara. Herzogtum 67f.
Fidschi, Fiji 185
Finnland 218ff.

Flavier 38
Florenz, Stadtherrschaft und Herzogtum 71f.
Folkunger 216, 249, 272
Formosa vgl. Taiwan
Franken. Stammesherzogtum 303
Frankenreich 53ff.
Frankfurt. Großherzogtum 308
Frankreich 220ff.
Frühe Sung 180
Früheres Shu 181

Gabun 121
Gambia 121
Gao vgl. Songhai
Gediminiden vgl. Jagellonen
Georgien 271
Ghana 121f.
Ghasnawiden 100
Gilbert-Inseln vgl. Kiribati
Glücksburger 217, 230, 249
Godunov (Dyn.) 267
Godwin (Dyn.) 233
Goldenen Horde, Reich der 107f.
Gonzaga 65
Gonzaga-Nevers 66
Gröz-Tirol (Dyn.) 304, 314
Granadinische Föderation vgl. Kolumbien
Grenada 149
Griechenland. Antike vgl. Sparta, Korinth, Athen, Syrakus, Makedonien, Mittelalter vgl. Byzantinisches Reich. Moderner Staat 229ff.
Grimaldi 247
Großbritannien und Nordirland 232ff.
Großkolumbien vgl. Kolumbien, Venezuela und Ecuador
Großmährisches Reich 84
Guatemala 149f.
Guayana, Guyana 151
Guinea 122
Guinea-Bissau 122
Guptareich 106

Habsburger 64ff., 74f., 251ff., 276f., 281, 297f., 314f.
Habsburg-Este 68
Habsburg-Lothringer 64, 72f., 253, 281, 298f.
Haiti 151f.
Hamburg. Land 391
Han-Dyn. 179f.
Hannover. Kurfürstentum 328. Königreich 343. Dyn. 235, 328, 343
Haryanka (Dyn.) 105
Haschemiten 186, 192f., 203
Hasmonäer 27
Hauteville (Dyn.) 74
Hedschas vgl. Saudi-Arabien
Heiliger Stuhl vgl. Vatikan
Heiliges Römisches Reich (Deutscher Nation) 295ff.
Herakleios, Dyn. des 45f.
Herakliden 25
Herodeerreiche 27
Hessen. Landgrafschaft(en) 334ff. Großherzogtum und Volksstaat 346f. Kurfürstentum 346. Land 391
Hessen-Darmstadt 336, 346f.
Hessen-Homburg 356
Hessen-Kassel 274, 335, 346
Hessen-Marburg 335
Hessen-Rheinfels 336
Hethiterreich 24f.
Hochburgund 56
Hohenstaufen vgl. Staufer
Hohenzollern (Dyn.) 321, 339, 354, 358
Hohenzollern-Hechingen 354
Hohenzollern-Sigmaringen 354
Holland. Königreich 247
Holstein-Gottorp (-Romanov) 267f., 274, 349f.
Honduras 153f.
Hsia-Dyn. 179
Hsin-Dyn. 179
Hunyadi 281, 315

Ichschididen 96
Idrisiden 98
Ilchane 101
Indien, Altertum 105f. Islamische Dynastien 102ff. Moderner Staat 185f.
Indonesien 186
Inkareich 109f.
Irak 186
Iran. Altertum 27ff. Islamische Dynastien 100f. Moderner Staat 187ff.
Irland 238
Isin 19f., 22
Island 239
Israel. Altertum 26. Moderner Staat 189

Italien. Königreich im Mittelalter. Moderner Staat 239ff. Vgl. auch Langobardenreich, Frankenreich, Heiliges Römisches Reich, Savoyen-Sardinien, Mailand, Mantua, Parma und Piacenza, Modena mit Reggio und Ferrara, Venedig, Toskana, Neapel, Sizilien, Vatikan

Jagellonen 92f., 259, 281, 315
Jamaika, Jamaica 154
Japan 190ff.
Jelling-Dyn. 215, 233, 248
Jemen 112, 192
Jerusalem. Königreich 76f.
Joannina. Despotat 50
Jordanien 192f.
Juda 25f.
Jüdische Staatsbildungen im Altertum 25ff.
Jugoslawien 242f.
Julisch-Claudisches Haus 38
Justinian, Dyn. des 45

Kadscharen 188
Kalifat. Vgl. Kalifenreich, Ägypten unter islamischen Lokaldynastien, Marokko (Lokaldyn.) Omaijaden in Spanien, Türkei
Kalifenreich 94f.
Kambodscha 193
Kamerun 123
Kampuchea vgl. Kambodscha
Kanada 154f.
Kanva (Dyn.) 105
Kapetinger 59, 79f., 220f.
Kappadokien 36f.
Kap Verde 123
Karajordjević 85f., 242
Kärnten 251f., 303f.
Karolinger 55, 220, 295
Kasachstan 270
Kassitenreich 21f.
Kastilien 57f.
Katar 194
Kenia 123
Kettler (Dyn.) 92
Khmer. Reich der 106f. Republik vgl. Kambodscha
Kiew. Fürstentum und Großfürstentum 265
Kirchenstaat vgl. Vatikan
Kirgisien, Kyrgystan 271
Kiribati 194
Kleinarmenien 78
Kleinasien vgl. Mitanni-Reich, Hethiterreich, Urartu, Lydien, Seleukidenreich, Bithynien, Pontus, Pergamenisches Reich, Kappadokien, Armenien, Byzantinisches Reich, Kleinarmenien, Edessa, Reich der Rum-Seldschuken, Türkei
Köln. Kurerzstift 309ff.
Kolumbien 155ff.
Komnenen 48, 50
Komoren 123
Konföderierte Staaten von Amerika 111f.
Kongo. Republik 124. Vgl. auch Zaire
Königreich beider Sizilien vgl. Neapel, Sizilien
Konradiner 302f.
Korea 194f.
Korinth (zur Zeit der Tyrannis) 31
Kreuzfahrerstaaten vgl. Jerusalem, Antiochien, Tripolis, Edessa
Kroatien. Königreich 84. Satellitenstaat der Achsenmächte 93. Republik 243
Kuba vgl. Cuba
Kurland 92
Kuschanreich 105
Kuweit, Kuwait 195
Kypseliden 31

Lagas 18f.
Lagiden 33f.
Lancaster (Dyn.) 233f.
Langobardenreich 52
Laos 195f.
Larsa 20
Laskariden 48
Lateinisches Kaiserreich 49
León 57
Lesotho 124
Lettland 243f.
Liang-Dyn. 180f.
Libanon 196
Liberia 124
Libyen 125
Liechtenstein 244
Lippe 356
Litauen. Großfürstentum 92f. Republik 244f.
Liudolfinger 295f., 300f.

Lodi (Dyn.) 103
Lombardo-Venetisches Königreich 65
Lothringen 80ff.
Luitpoldinger 301
Lüneburg vgl. Braunschweig und Lüneburg
Luxemburg 245f.
Luxemburger 281, 297f., 314, 320f.
Lydien 25

Madagaskar 125
Magadha 105f.
Maghreb vgl. Marokko, Algerien, Tunesien
Mähren vgl. Großmährisches Reich, Böhmen
Mailand. Stadtherrschaft und Herzogtum 63ff.
Mainz. Kurerzstift 306ff.
Makedonien, Antike 31ff. Mittelalter 83. Moderner Staat vgl. Mazedonien
Makedonische Dyn. 47
Makkabäerreich 27
Malawi 125
Malaysia 196f.
Malediven 197
Mali. Großreich 108. Moderner Staat 125
Malta 246
Mamelucken, Mamluken 97
Mandschu vgl. Chìng-Dyn.
Mantua. Fürstentum 65f.
Marokko. Islamische Lokaldynastien 98ff. Moderner Staat 126
Marshall-Inseln 197
Mauretanien. Antike 42. Moderner Staat 126
Mauritius 126
Maurya (Dyn.) 105
Mazedonien. Republik 246. Antike und Mittelalter vgl. Makedonien
Mecklenburg (Dyn.) 272, 347f.
Mecklenburg-Schwerin 347f.
Mecklenburg-Strelitz 348
Mecklenburg-Vorpommern 392
Mederreich 28
Medici (Dyn.) 71f.
Meißen. Markgrafschaft 318
Meriniden 99
Mermnaden 25
Merowinger 54f.
Mesopotamien. Vgl. Lagas, Akkad(e), Ur III, Isin, Larsa, Babylon, Mitanni-Reich, Assur, Iran (Altertum), Seleukidenreich, Kalifenreich, Türkei, Irak
Mexiko, Mexico 157ff.
Mikronesien 197
Min 181
Ming-Dyn. 183
Mitanni-Reich 22f.
Mocambique, Mosambik 126
Modena. Herzogtum 67f.
Moguln 103f.
Moldau. Fürstentum 88ff. Moderner Staat (Moldawien) 271
Monaco 247
Mongolenreiche 101, 107f.
Mongolische (Volks-)Republik 198
Montenegro 86
Moskau. Fürstentum und Großfürstentum 266
Myanmar 198f.

Nabatäerreich 42
Namibia 127
Nanda (Dyn.) 105
Nan Han 181
Nan P'ing 182
Nan T'ang 181
Naschd vgl. Saudi-Arabien
Nassau (auch Dyn.) 245, 348
Nassau-Oranien (Dyn.) 235, 247f.
National-China vgl. Taiwan
Nauru 199
Navarra 59f.
Neapel. Königreich 73f.
Nepal 199f.
Neubabylonisches Reich 22
Neue Hebriden vgl. Vanuatu
Neu-Granada vgl. Kolumbien
Neuseeland 200
Nicaragua, Nikaragua 159ff.
Niederbayern 322
Niederbayern-Landshut 322, 324
Niederbayern-Straubing 322f.
Niederburgund 56
Niederlande 247f.
Niederlothringen 80f.
Niedernavarra. Vgl. auch Frankreich
Niedersachsen 392
Niger 127
Nigeria 127

Nikaia. Kaiserreich 48
Nordkorea 194
Nördliche Ch'i 180
Nördliche Chou 180
Nördliche Wei 180
Nordrhein-Westfalen 392
Normannen (Dyn.) 233. (Hauteville, Dyn.) 74
Norwegen 248 ff.
Nowgorod. Fürstentum 265
Numidien 42

Oberbayern 322 f.
Oberlothringen 81 f.
Oberpfalz 315
Obervolta vgl. Burkina Faso
Obrenović 85 f.
Odoaker, Reich des 51
Oldenburg (auch Dyn.) 216 f., 249, 273, 349 f.
Omaijaden, Omayyaden 94. In Spanien 97 f.
Oman 201
Oranien vgl. Nassau-Oranien
Oranje-Freistaat 112
Orsini (Dyn.) 50
Osmanen, Osmanisches Reich 206 ff.
Österreich 250 ff.
Ostfränkisches Reich 295
Ostgotenreich 51
Östliche Chin 180
Östliche Wei 180
Oströmisches Reich vgl. Byzanz, Byzantinisches Reich
Ottonen vgl. Sachsen (Dyn.)

Pahlevi (Dyn.) 188
Pakistan 201 f.
Paläologen, Palaiologen 48 f., 50
Palästina vgl. Jüdische Staatsbildungen im Altertum, Jerusalem (Königreich), Israel, Jordanien
Panama 161 f.
Päpste 283 ff.
Papua-Neuguinea 202
Paraguay 162 ff.
Parma und Piacenza. Herzogtum 66 f.
Parthenopäische Republik 74
Partherreich 28 f.
Pei Han 182
Peisitratiden 31
Pergamenisches Reich, Pergamon 36
Perserreich 28
Persien vgl. Iran
Peru 164 f.
Pfalz 315 ff.
Pfalz-Birkenfeld 315, 340
Pfalz-Lautern 315, 317
Pfalz-Mosbach 315
Pfalz-Neuburg 315 ff.
Pfalz-Simmern 315 ff.
Pfalz-Sulzbach 315, 317
Pfalz-Veldenz 315
Pfalz-Zweibrücken 273, 315
Philippinen 202
Piacenza vgl. Parma und Piacenza
Piasten 258 f.
Podiebrad (Dyn.) 315
Polen 257 ff.
Pommern (Dyn.) 216, 272
Pontus 35 f.
Portugal 261 ff.
Preußen. Herzogtum 91. Königreich und Freistaat 321, 339 f.
Przemysliden 251, 259, 280, 313 f.
Ptolemäerreich 33 f.

Regensburg. Fürstentum 308
Reggio vgl. Modena
Reuß ältere Linie 354 f.
Reuß jüngere Linie 355
Rhamadhibadi (Dyn.) 205 f.
Rheinland-Pfalz 393
Romanov 267 f.
Römisches (Kaiser)Reich 37 ff.
Ruanda vgl. Rwanda
Rumänien 264
Rum-Seldschuken, Reich der 101
Rurikiden 264 ff.
Rußland 264 ff. Moderner Staat 270
Rwanda 127

Saadier 99
Saarland 393
Sachsen (Dyn.) 295 f., 300 f.
Sachsen. Stammesherzogtum 300. Herzogtum und Kurfürstentum 317 ff. Königreich und Freistaat 342 f. Land 393
Sachsen-Altenburg 351
Sachsen-Anhalt 394
Sachsen-Coburg-Gotha (auch Dyn.) 213, 235, 351
Sachsen-Coburg-Koháry (Dyn.) 214

Sachsen-Coburg-Saalfeld (Dyn.) 262
Sachsen-Meiningen 352
Sachsen-Weimar-Eisenach 350
Sachsen-Wittenberg 318
Safawiden 187
Saffariden 100
Saint Kitts und Nevis, St. Christopher and Nevis 166
Saint Lucia 166
Saint Vincent und die Grenadinen 166
Sajjid (Dyn.) 102f.
Salier 296, 301f., 304
Salomonen 203
Salzburg. Erzstift und Kurfürstentum 329ff.
Samaniden 100
Sambia 128
Samoa vgl. Westsamoa
Sansibar vgl. Oman, Tansania
Sao Tomé und Principe 128
Sardinien 63
Sassanidenreich 29f.
Saudi-Arabien 203
Savoyen (auch Dyn.) 61ff., 75, 239, 277
Schaumburg-Lippe 355
Schischunaga (Dyn.) 105
Schleswig-Holstein 394
Schottland 60f.
Schwaben 302f.
Schwarzburg (Dyn.) 297, 353
Schwarzburg-Rudolstadt 353
Schwarzburg-Sondershausen 353
Schweden 272ff.
Schweiz 274ff.
Seldschuken 100f.
Seleukidenreich 34f.
Senegal 128
Serbien. Großreich 85. Fürstentum und Königreich 85f.
Severer 38f.
Seychellen 128
Sforza 64
Shang-Dyn. 179
Shu-Dyn. 180
Shunga (Dyn.) 105
Siam vgl. Thailand
Sierra Leone 128f.
Simbabwe vgl. Zimbabwe
Singapur 203f.
Sizilien. Antike (Syrakus) 37. Königreich 74ff.
Sklavendyn. 102
Slowakei. Als Satellitenstaat NS-Deutschlands 93. Moderner Staat 276
Slowenien 276
Somalia 129
Songhai 108f.
Sowjetunion 268f.
Spanheimer 304
Spanien 276ff. Vgl. auch Westgotenreiche, Omaijaden, Asturien, León, Kastilien, Navarra, Aragón
Sparta 30f.
Späteres Shu 181
Sri Lanka 204
Staufer 75, 77, 296f., 303
Steiermark 251ff., 303
Stenkil-Geschlecht 272
Stewart, Stuart 61, 234f.
Südafrikanische Republik. Burenstaat 112. Moderner Staat 129f.
Sudan 130
Südjemen 112
Südkorea 195
Südliche Ch'i-Dyn. 180
Südstaaten (USA) vgl. Konföderierte Staaten von Amerika
Südvietnam 112f.
Südwestafrika vgl. Namibia
Sui-Dyn. 180
Sumerer vgl. Lagas, Ur III
Sung-Dyn. 180, 182
Suri-Dyn. 103
Surinam(e) 166f.
Sverker- und Erichsgeschlecht 272
Swaziland 130
Syrakus. Tyrannis und Königreich 37
Syrien 205
Syrische Dyn. 46

Tadschikistan 271
Tahiriden 100
Taiwan 205
T'ang-Dyn. 181
Tansania 131
Texas 111
Thailand 205f.
Theodosius, Dyn. des 45
Thessaloniki. Kaiserreich 49
Thrakische Dyn. 45
Thüringen. Freistaat 356f. Land 395
Timuriden 101
Tirol 251ff.
Togo 131

Tokugawa (Dyn.) 190
Tolosanisches Reich vgl. Westgotenreiche
Tonga 206
Toskana 71 ff.
Transvaal 112
Trapezunt. Kaiserreich 50 f.
Trastámara (Dyn.) 58 f.
Trier. Kurerzstift 311 ff.
Trinidad und Tobago 167
Tripolis. Grafschaft 77 f.
Tschad 131
Tschechische Republik 278 f.
Tschechoslowakei 278 f.
Tudor 234
Tughluk (Dyn.) 102
Tunesien 131 f.
Tuluniden 96
Türkei 206 ff.
Turkmenistan 271
Tuvalu 210

Uganda 132
Ukraine 270
Ungarn 279 ff.
Ur III 19
Urartu 25
Uruguay 167 f.
USA vgl. Vereinigte Staaten von Amerika
Usbekistan 270

Valois 80, 221
Vanuatu 210
Vasa vgl. Wasa
Vatikan 283 ff.
Vaudémont (Dyn.) 82
Venedig. Republik 69 ff.
Venezuela 168 ff.
Vereinigte Arabische Emirate 210
Vereinigte Arabische Republik vgl. Ägypten (moderner Staat), Syrien
Vereinigtes Königreich vgl. Großbritannien und Nordirland
Vereinigte Staaten am Rio de la Plata vgl. Argentinien
Vereinigte Staaten von Amerika 170 ff.
Vietnam 112 f., 210 f.
Visconti 63

Walachei 86 ff.
Waldeck und Pyrmont 354
Waldemare 216
Wandalenreich 51
Warschau. Großherzogtum 260
Wasa 259, 267, 273
Wattasiden 99
Wei 180
Weißrußland 270
Welfen 297, 300 ff., 304, 325 ff., 343, 349
Wessex 232 f.
West-Berlin vgl. Berlin. Land
Westfränkisches Reich vgl. Frankreich
Westgotenreiche 52 f.
Westliche Chin 180
Westliche Wei 180
Weströmisches Reich 41
Westsamoa 211
Wettiner 259 f., 318 f., 342, 350 ff.
Windsor (Dyn.) 235
Wittelsbacher 216, 230, 273, 280, 297 f., 316 f., 321 ff., 340
Wladimir. Großfürstentum 266
Wolfenbüttel. Herzogtum vgl. Braunschweig-Wolfenbüttel
Wu 180 f.
Württemberg. Grafschaft, Herzogtum und Kurfürstentum 331 f. Königreich und Freistaat 344
Württemberg-Baden 395
Württemberg-Hohenzollern 395
Würzburg. Hochstift, Kurfürstentum und Großherzogtum 336 ff.
Wu-Yüeh 181

Ynglinge 248 f., 272
York (Dyn.) 234
Yüan-Dyn. 182 f.

Zähringer 251, 304, 332 ff., 344 f.
Zaire 132
Zambia vgl. Sambia
Zand (Dyn.) 187 f.
Zentralafrikanische Republik 133
Zentralamerikanische Konföderation 111
Zimbabwe 133
Ziyariden 100
Zypern. Königreich 79. Republik vgl. Cypern

# Atlas zur Welt-geschichte

**dtv-Atlas zur Weltgeschichte**
von Hermann Kinder und
Werner Hilgemann
Karten und chronologischer
Abriß
Band 1: Von den Anfängen bis
zur Französischen Revolution
Band 2: Von der Französischen
Revolution bis zur Gegenwart
Originalausgabe
2 Bände

dtv 3001/3002

dtv

# Literaturgeschichte als Lesestoff

Deutsche Literaturgeschichte vom Mittelalter bis zur Gegenwart in 12 Bänden

Daß Literaturgeschichte nicht abstrakt und theoretisch sein muß, daß sie lebendig, erzählerisch und unterhaltend sein kann – nicht weniger will diese Geschichte der deutschen Literatur: Die bedeutendsten Dichtungen jeder Epoche werden ausführlich nacherzählt und interpretiert. Eingeflochten ist außerdem eine stattliche Zahl von Zitaten, dazu gedacht, den besonderen Stil, die Tonlage und Atmosphäre der Werke zu belegen. Dergestalt entsteht ein Bild der geistigen Bewegungen, in dem beides – Erklärung und Original, Kommentar und Kommentiertes – zusammenwirkt, um den Leser auf anschaulichste Weise durch die verschiedenen Epochen der deutschen Literatur zu führen.

Bereits erschienen:

Ernst und Erika von Borries (Band 1 - 4)

**Mittelalter, Humanismus, Reformationszeit, Barock**
dtv 3341

**Aufklärung und Empfindsamkeit, Sturm und Drang**
dtv 3342

**Die Weimarer Klassik, Goethes Spätwerk**
dtv 3343

**Zwischen Klassik und Romantik: Hölderlin, Kleist, Jean Paul**
dtv 3344

Annemarie und Wolfgang van Rinsum (Band 6, 7)

**Frührealismus 1815 – 1848**
dtv 3346

**Realismus und Naturalismus**
dtv 3347

In Vorbereitung:

Ernst und Erika von Borries (Band 5)

**Romantik**

Ingo Leiß und Hermann Stadler (Band 8 - 10)

**Wege in die Moderne: 1900 – 1918**

**Weimarer Republik: 1918 – 1933**

**Drittes Reich und Exil: 1933 – 1945**

Heinz Forster und Paul Riegel (Band 11, 12)

**Die Nachkriegszeit: 1945 – 1968**

**Die Gegenwart: 1969 – 1985**

dtv
Lexikon
Band 20
Wel-Zz

DIERCKE-
Taschenatlas
der Welt

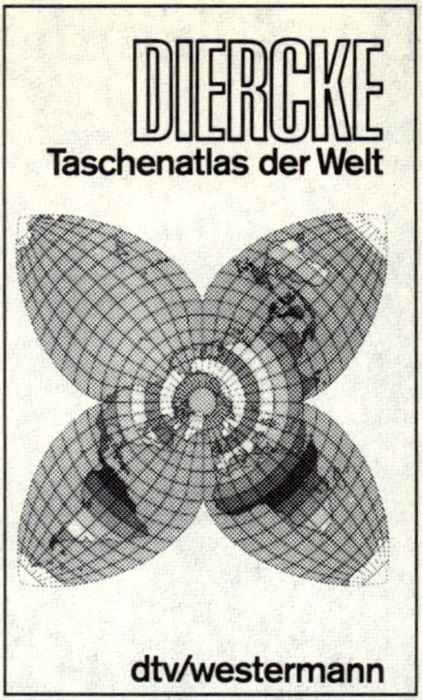


Physische
und politische
Karten
Insgesamt
238 Seiten
dtv/westermann
3400

Der ›DIERCKE-Taschenatlas der Welt‹ bietet auf 180 farbigen Seiten topographische Grundinformationen über alle Länder der Erde: Physische Übersichts- und Detailkarten mit reichhaltiger Beschriftung, Deutschland-Karten in großem Maßstab, politische Karten der Kontinente, physische und politische Erdkarten. Mit ausführlichem Inhaltsverzeichnis nach Staaten geordnet und mit allen Staatsflaggen, Namensregister.